本著作获教育部人文社会科学研究青年基金项目（13YJC890044）、咸阳师范学院学术著作出版基金资助

张宝强 著

留学生与中国体育发展研究

（1903—1963）

中国社会科学出版社

图书在版编目（CIP）数据

留学生与中国体育发展研究（1903—1963）/ 张宝强著 . —北京：中国社会科学
出版社，2015.10

ISBN 978 – 7 – 5161 – 6567 – 6

Ⅰ.①留…　Ⅱ.①张…　Ⅲ.①留学教育—关系—体育—事业—发展—研究—
中国　Ⅳ.①G648.9②G812

中国版本图书馆 CIP 数据核字（2015）第 246393 号

出 版 人	赵剑英
责任编辑	张　林
特约编辑	吴连生
责任校对	高建春
责任印制	戴　宽

出　　版	中国社会科学出版社
社　　址	北京鼓楼西大街甲 158 号
邮　　编	100720
网　　址	http://www.csspw.cn
发 行 部	010 – 84083685
门 市 部	010 – 84029450
经　　销	新华书店及其他书店

印　　刷	北京明恒达印务有限公司
装　　订	廊坊市广阳区广增装订厂
版　　次	2015 年 10 月第 1 版
印　　次	2015 年 10 月第 1 次印刷

开　　本	710×1000　1/16
印　　张	20.5
插　　页	2
字　　数	348 千字
定　　价	68.00 元

凡购买中国社会科学出版社图书,如有质量问题请与本社营销中心联系调换
电话:010 – 84083683

序

周登嵩

　　该著作是张宝强博士在其博士学位论文的基础上修改、充实而完成的。张宝强是福建师范大学与首都体育学院联合培养的 2011 届博士生，我担任他的导师。其毕业论文因质量较高荣获福建师范大学优秀博士学位论文。

　　体育留学教育是中国近代以来教育制度的基本组成部分，体育留学生是中国留学生群体中的一员。目前学界对体育留学教育、体育留学生问题关注不多，也鲜有全面、系统的探讨。张宝强博士的这一研究成果，在拓展留学史、体育史等研究领域，具有较高的理论价值和现实意义。

　　从总体上看，该书具有这样几个特点：一是选题较新，有研究价值。从理论上来看，该研究属于尚需开发的一个新领域。同时当前赴海外留学大潮方兴未艾，在实践上有许多问题亟须进行探索和回应。二是跨学科研究特色明显。该选题至少涉及历史学、教育学、体育学、传播学、跨文化交流学等领域，正是在这些学科的交叉地带，容易出新思路、新观点与新成果。三是逻辑清晰，分析全面。全书既有纵向的历史梳理，也有横向的贡献总结；既有群体研究，也有个案分析。特别是把研究的主体部分——体育留学生在中国体育发展过程中的众多贡献，从器物层、制度层、思想层等三个层面进行归纳、总结，让人对体育留学生的历史作用一目了然。四是有新的见解和新的贡献。如作者对近代以来体育留学教育中"主导作用递减"等规律的凝练，对体育留学生"享有突出的跨文化比较优势"等文化特质的概括，以及"维护世界体育文化多样化"等历史使命的提出等，是作者得出的新观点、新见解，在该领域有一定的独到性，颇具学术价值。而《中国体育留学生名录（1903—1963）》的编制，又是在文献资料方面对该领域的重要贡献。另外，全书资料丰富，引证严谨，文笔简练，行文流畅，具有一定的思想性和可读性。

该书纵贯 60 年，横跨多学科，虽成果丰硕，但也略有不足。如在研究方法方面，若在文献分析的基础上结合口述史研究，方法上会更丰满，论证上也更具说服力；研究对象多集中于体育专业留学生范畴，而在近代史上许多非体育专业的留学生对中国体育也做出了重要成就，如张伯苓（出国学习教育）、王正廷（赴海外攻读法律）、陈家琦（出国学习医学）等，如对这些重要历史人物有所关照与对比，研究会更全面一些。

明末清初著名学者顾炎武在《日知录》卷十九"著书之难"中指出，凡著书立说必须"古人之所未及就，后世之所不可无，而后为之"。这句话对当今著书、撰文仍有重要的启示意义。希望张宝强博士以此书的出版为契机，再接再厉，继续攀登，在体育学术道路上不断前进，是为序。

周登嵩于北京

2015 年 3 月

目　　录

绪　　论

近代以来，一批又一批中国人远离故土，负笈海外，沐浴欧风美雨，学习世界各国先进的科学文化。他们归国后，成为中国现代化发展进程中的排头兵，扮演着中西文化交流使者的角色，对中国的现代化事业做出了不可磨灭的贡献。留学史研究的开创者舒新城在其1928年出版的专著中指出："现在的中国，留学问题几乎为一切教育问题或政治问题的根本：从近来言论发表的意见，固然足以表示此问题之重要，从国内政治教育实业诸事业无不直接间接为留学生所主持、所影响的事实来看，更足见留学问题关系之重大。"① 这段话表明了留学问题在当时的重要性。中国近代留学问题研究权威李喜所教授则揭示了近代留学生研究的当代意义："在中国学术文化走向世界的过程中，那些顶尖级的学术大家，基本上是学成归国的留学生。中国现代学科的创建，如现代数学、物理学、化学、天文地理、建筑、桥梁、矿冶、水利、工程等，多由归国留学生一手创办。""只有理清楚了中国留学生的发展轨迹，才能真正弄明白中国学术现代化的历程……留学生是探讨中国学术史的一把钥匙，中国现代学术文化则是考察中国留学生历史不可或缺的一个平台。"② 在一波波留学浪潮中，也有一定数量的体育专业留学生（为表述方便，本书以下统一简称"体育留学生"——笔者注），把西方先进的体育文化传向中国，在中国由传统体育向现代体育的发展过程中起了重要的作用。研究留学生与中国体育发展这一课题，具有一定的理论价值和现

---

① 舒新城：《东西方文化研究影印文库·近代中国留学史》，上海文化出版社1989年版，第1页。

② 李喜所：《学术文化事业下的中国留学生研究》，《史学月刊》2005年第8期，第6—8页。

实意义。

第一节　选题依据

一　留学生在中国现代化进程中的重要作用

清朝后期，在世界历史舞台上，中国逐渐失去封建社会前期的辉煌，日益从中心社会沦为边陲社会。在这样一种世界格局中，欧美等中心社会对近代中国的政治、经济、军事、教育等方面产生了深远的影响，而逐渐落后的中国只得主动或被动地接受西方先进文化。尤其是 19 世纪中期以后，西方列强以坚船利炮打开中国的大门，一方面给闭关自守的清政府以极大震慑，另一方面也促使中国的仁人志士不得不思考救亡图存的道路。于是，出国留学成为一条追求真理的重要途径。

1847 年，容闳、黄胜和黄宽三人由传教士带往美国求学，掀开中国近代留学运动的序幕。1872 年 8 月 11 日，首批 30 名晚清幼童从上海乘船驶向美国旧金山，标志着中国官派留学的开始。从此，出国留学云蒸霞蔚，连绵不绝，特别是中日甲午战争以后，中国大地出现了阵阵留学浪潮。数据显示：1850—1949 年的一百年间，中国共有 18600 人赴美留学；1896—1937 年间，中国赴日留学人数不少于 50000 人；清末至 1949 年，中国前往欧洲的留学人员约为 20000 人；1949—1965 年，中国向苏联、东欧等社会主义国家派遣留学生 10678 人[1]。

这些莘莘学子背井离乡，负笈海外，在不断汲取西方先进文化和扬弃中国传统文化的新陈代谢过程中，充当了近代中国社会转型和发展的排头兵。他们学成归国后，在中国的政治革命、教育科技、思想文化、社会风气以及中外文化交流等方面进行了辛勤的工作，做出了积极的贡献，成为近代以来西方先进思想文化的传播者、中国革命事业的发动者和教育科技制度的开创者。在中国由传统社会向现代社会的发展进程中，留学生发挥了举足轻重的作用，成为中国近现代史上不可忽视的、值得重视和研究的一个群体。

---

[1]　教育部国际合作与交流司：《出国留学工作 20 年》，高等教育出版社 1999 年版，第 254—256 页。

二　学界对体育留学教育问题研究的欠缺

在中国向国外派遣的留学生中，也有一定数量的体育生。资料显示：清政府时期，仅 1901—1907 年，留日学生已达 15000 余人，其中学习体育专业的有近百人。民国时期，辛亥革命后出国学习体育专业的留学生约有 70 多人①；1927—1937 年间出国学习体育专业的留学生约有 20 多人②；新中国成立至 20 世纪 60 年代，我国派往苏联学习体育的留学生有 30 多人③。近代以来，这些留学生积极吸取西方体育的"合理内核"，在传播西方先进体育文化、发展中国学校体育、组织运动竞赛、开展奥林匹克运动以及进行体育科学研究等方面，做了许多卓有成效的工作。体育留学生在中国体育现代化进程中起了积极的作用，他们的思想和实践值得我们学习和研究。

1927 年，舒新城的《近代中国留学史》出版，这是我国第一部关于留学问题的专著，标志着我国专门研究留学问题正式开始。通过全面检索、浏览所有相关的文献发现，留学界的研究相当繁荣，并形成了一定的规模和体系。其探讨的内容主要包括历史研究（分为留学通史研究、留学断代史研究）和专题研究（分为国别研究、地区研究、学科研究、人物研究等）两个方面。但是，除了个别著作的部分章节略有涉及外，目前留学界还没有人对近代以来的体育留学教育和体育留学生问题（为表述方便，本书以下统称"体育留学问题"——笔者注）进行有针对性的探讨。在体育界，部分体育史著作只是提到了留学生与体育的问题，部分期刊论文对留学生与中国体育发展问题进行了专门研究，但数量太少，内容单薄，研究的广度、深度不够。到目前，教育界、留学界、体育界和其他学术界还没有人对近代以来体育留学问题进行全面、系统的研究。

三　本课题的学术价值

毛泽东同志说过："学习我们的历史遗产，用马克思主义的方法给以批判的总结，是我们学习的另一任务……我们是马克思主义的历史主义

---

① 何启君、胡晓风：《中国近代体育史》，北京体育学院出版社 1989 年版，第 76、216 页。

② 体育院系教材编审委员会、中国近代体育史组：《中国近代体育史》，人民体育出版社 1985 年版，第 122 页。

③ 郝世昌、李亚晨：《留苏教育史稿》，黑龙江教育出版社 2001 年版，第 353—370 页。

者，我们不应当割断历史。从孔子到孙中山，我们应当给以总结，继承这一份珍贵的遗产。这对于指导当前的伟大运动是有重要的帮助的。"① 历史研究应是全面的，不应有缝隙和间断。这一课题的研究，一方面可以拓展留学史的研究领域。在近现代史上，中国政府曾陆续向日、美、苏等国家派遣过许多体育专业的留学生。同时，其他专业的留学生出国后，也接触了西方体育，回国后进行了一定程度的传播。这些重要的留学活动，由于主观或客观的原因，并没有得到留学史界的重视，至今还是一片荒芜，需要及时予以补缺。另一方面，这一研究可以丰富体育史的研究内容。在中国近现代体育史上，留学生远离故土亲人，克服重重困难，学习、引介西方先进的体育文化，为推进中国体育的现代化做出了积极的贡献，应成为体育史的研究内容。对这一领域进行全面、系统的发掘，将进一步丰富、拓展体育史的研究内容和范围。

四　本课题的实践意义

在全球化步伐加快的今天，在迈向体育强国的进程中，我国必将进一步加大包括体育专业学生在内的留学生派遣力度。在体育留学生派遣、管理以及体育文化交流等过程中发生的问题，许多可以在历史中找到答案。一方面，通过研究近代以来有关我国派遣体育留学生的制度、过程和效果，总结体育专业留学的特征和规律，可以为当前体育留学教育、体育留学生选派等问题的决策提供参考。另一方面，通过分析和总结近代以来体育留学生在汲取西方体育文化、推介中国传统文化的活动及其经验，为进一步扩大体育改革开放、繁荣体育学术文化、加强中西体育文化交流提供借鉴。

第二节　文献综述

1847 年容闳、黄胜和黄宽三人前往美国求学，掀开中国近代留学运动的序幕。此后，学术界也陆续开始对中国留学问题的关注与研究。在研究本课题之前，首先对有关留学教育的研究成果进行回顾和总结。关于留学教育和留学生问题的研究情况，以下从国外和国内两部分进行论述。

---

① 《毛泽东选集》（第 2 卷），人民出版社 1991 年版，第 533—534 页。

一　国外研究情况

在国外，日本、美国、德国、法国等国的学者比较关注中国的留学教育及留学生问题，并取得了一定的研究成果。

中国近代到日本留学的人数最多，持续时间长，归国学生对中国社会的影响也较大，引起了日本学者的兴趣。日本学界关于中国留学问题的研究成果主要有松本龟次郎的《中华留学生教育小史》（1931）、高桥君平的《留日学生名簿》（1933）、实藤惠秀的《中国人留学日本史》（1960）、森时彦的《留法勤工俭学小史》（1985）、小岛淑男的《留学生与辛亥革命》（1989）、阿部兼也的《鲁迅的仙台时代：鲁迅在日本留学研究》（1999）、周一川的《中国女性日本留学史研究》（2000）、大里浩秋的《中国人日本留学史的现阶段》（2002）等。其中，实藤惠秀的《中国人留学日本史》① 是外国学者研究中国人留学日本最为全面、客观的一部专著，记载了1896—1937年间中国人留学日本的情况。该书系统论述了中国人留学日本的原因、留学日本的历史过程、中国留学生在日本的生活、中国留学生与日本人的关系以及中国留学生的翻译活动。该书首次从国别史角度研究中国的留学生问题，体例完整，资料翔实，是关于中国留日学生问题研究的经典著作。高桥君平的《留日学生名簿》② 记录了近代在日本90多所学校留学的中国学生的基本情况，其中包括留学学校名称、留学生姓名、所学专业、留学经费、学生籍贯以及出国前就读学校等，记录有中国体育留学生的信息。该书是研究中国赴日留学问题的重要资料。

美国对中国留学问题的研究主要有拉法格（Thamas Lafargue）的 *China's First Hundred*（1942）③、汪一驹（Y. C. Wange）的 *Intellectuals and the West 1872 – 1949*（1966）④、廷斯曼（Marilyn Tipsman）的《中国及其归国留学生史》（1983）、李又宁（Li Yuning）的《华族留美史：150 年的学习与成就》（1999）、叶伟丽（Wei Liye）的《1900—1927 年在美国

---

① ［日］实藤惠秀：《中国人留学日本史》，谭汝谦、林启彦译，生活·读书·新知三联书店 1983 年版。

② ［日］高桥君平：《留日学生名簿》，《日华学会》，1933 年。

③ ［美］拉法格：《中国幼童留美史：现代化的初探》，高宗鲁译，华欣文化事业中心出版社 1982 年版。

④ ［美］汪一驹：《中国知识分子与西方：留学生与近代中国》，梅寅生译，枫城出版社 1978 年版。

的中国留学生》（2001）以及费正清（John King Fairbank）的《剑桥中国晚清史》和《剑桥中华民国史》中有关留学的内容。其中，华盛顿州州立学院历史学教授拉法格（Thamas Lafargue）的 *China's First Hundred* 一书主要以清末留美幼童这一近代留学史上具有重要影响的事件为考察对象，分析了这一留学事件的发展情况及其对近代中国产生的影响。拉法格教授充分利用美国保存的留美幼童求学时的珍贵资料，并多次到中国访问当年留美幼童中的健在者，然后完成此书。该书成为研究中美文化教育交流以及留美幼童的重要专著。

德国对中国留学问题的研究主要有托马斯·韩尼胥（Thomas Hafnisch）的《中国留德学生：1860—1945 年间留学的历史和影响》（1999）、德国学术交流中心（DAAD）出版的《中国留学生在德国高校120 年》（2000）等①。其中《中国留学生在德国高校 120 年》一书是1997 年初在柏林洪堡大学召开的"纪念中国留学生留学德国 120 周年研讨会"的论文集。该书收录有德国学者研究中国留德教育问题的文章，如托马斯·韩尼胥（Thomas Hafnisch）的《军事教育与大学教育：第一次世界大战前的中国人留学德国史》、余德美（Dagmar Yue-Dembski）的《留学生与革命者：中国人在柏林（1929—1949）》等。

法国对中国留学问题的研究主要集中在"勤工俭学"方面，如 1961年出版的《中国共产党的留法归国精英》、1981 年出版的《中国勤工俭学在法国：1920—1940》等。另外，法国学者巴斯蒂女士的《清末赴欧的留学生们》一文对福州船政局派赴欧洲的留学生群体进行了研究。

2004 年 10 月，在天津召开了"留学生与中外文化国际学术研讨会"。会后出版的论文集收录了部分国外学者关于中国留学教育的研究论文，如：法国学者巴斯蒂的《出国留学与中国近代世界观的形成：略探清末中国留法学生》，日本学者祁建民的《善邻协会与近代蒙古留学生教育》、容应萸的《19 世纪赴美的中国和日本留学生》以及王雪萍的《改革开放初期中国的派遣本科生留学政策》，美国学者黄培的《20 世纪五六十年代的台湾留美学生》、陆丹尼的《20 世纪 80 年代中国留学政策的演变》和鲍家麟的《从西潮到新潮：留美的蒋梦麟》，以及美国学者孔祥吉和日本

---

① 叶隽：《中国人留学德国史研究情况之进展》，《德国研究》2002 年第 17 卷第 4 期，第57—61 页。

学者村田雄二郎合著的《陈天华若干重要史实补充订正：以日本外务省档案为中心》等①。这些论文是国外学者关于中国留学教育及留学生问题研究的较新成果。

以上是国外学者关于中国留学教育及留学生问题研究主要的和有影响的成果。其主要特点是国外学者利用自己所掌握的资料研究本国与中国留学教育的关系，为我们研究中国留学教育问题提供了重要的文献资料。但研究内容局限于留学史领域，对中国体育留学教育及体育留学生问题没有涉及。

二　国内研究情况

国内学界关于留学教育的研究已取得丰硕的成果。这些研究成果主要包括专著、工具书、史料集、硕士和博士学位论文、期刊论文等。按照其研究内容与本课题关系的密切程度，把它们概括为外围研究、相关研究和核心研究三个层面。

（一）外围研究

所谓外围研究，是指与本研究主题没有密切关系，但可以提供研究理论、研究方法借鉴的成果，主要是指留学教育和留学史领域的研究。这些研究包括留学教育的历史研究、理论分析、国别研究、学科研究、地区研究、资料汇编等方面。

关于留学历史研究，重要的学术专著主要有舒新城的《近代中国留学史》（1927）、林子勋的《中国留学教育史》（1976）、颖之的《中国近代留学生简史》（1980）、董守义的《清代留学运动史》（1985）、李喜所的《近代中国的留学生》（1987）、王奇生的《中国留学生的历史轨迹》（1992）、孙石月的《中国近代女子留学史》（1995）、陈潮的《近代留学生》（1998）、孔凡岭的《中国近代留学史》（2005）、李喜所的《中国留学史论稿》（2007）、谢长法的《中国留学教育史》（2009）、李喜所主编的三卷本《中国留学通史》（2010）以及章开沅和余子侠的《中国人留学史》（2013）等。其中，舒新城的《近代中国留学史》② 开了系统研究留学问题的先河，成为中国第一部研究留学问题的专著。该书以发生先后顺

---

① 李喜所：《留学生与中外文化》，南开大学出版社 2006 年版。
② 舒新城：《近代中国留学史》，上海文化出版社 1989 年版。

序为经，以留学国家为纬，对 1870—1926 年近 60 年的留学问题进行了颇有成效的探讨，研究内容涉及留学创意、留学资格与经费、留学管理与奖励、留学思想等方面，在内容、框架、体例等方面为后来学者研究留学教育问题提供了重要范例。以上均是比较有影响的、系统研究留学史的专著，但均未涉及体育留学问题。这些著作，为从整体上把握留学教育的发展历程和基本脉络，系统研究体育留学问题提供了资料来源和研究思路。

关于留学理论方面的研究，主要有陈昌贵的《人才外流与回归》（1986）、张宁的《留学与中国现代化进程关系研究：社会学视角的一种研究》（博士学位论文，1998）、陈学飞的《留学教育的成本与收益：我国改革开放以来公派留学效益研究》（2003）、陈向明的《旅居者和"外国人"：留美中国学生跨文化人际交往研究》（2004）、李喜所的《留学生与中外文化》（2006）以及冉春的《南京国民政府留学教育管理研究》（博士学位论文，2007）等。其中，陈昌贵的《人才外流与回归》[1] 是我国第一部专门研究人才（专指出国留学人员）外流不归现象的学术专著，该书分别分析了我国留学教育的历史、新时期我国留学人员回国的原因与使用情况、海外留学人员为国服务情况、几个主要国家人才外流和回归情况、改进我国留学人员回国与使用工作的建议。张宁的《留学与中国现代化进程关系研究》[2] 按历史发展顺序分析了留学在中国早期现代化、封建帝制的终结、社会主义现代化建设、改革开放、市场经济建设等重要历史阶段的发展情况及其历史作用，首次系统分析了留学在中国现代化进程中的重要作用。陈学飞的《留学教育的成本与收益：我国改革开放以来公派留学效益研究》[3] 首次深入、系统研究了留学教育的效益问题，分别分析了公派出国留学的成本和收益、海外留学人员为国服务的效益分析与评估、新世纪我国公派留学的指导方针和政策建议，具有重要的学术价值和现实意义。李喜所的《近代留学生与中外文化》[4] 从不同历史阶段分析了不同留学生群体在与西方文化的初步接触，在资产阶级文化、科学民主思潮和社会主义思潮传播

<hr />

① 陈昌贵：《人才外流与回归》，湖北教育出版社 1996 年版。
② 张宁：《留学与中国现代化进程关系研究：社会学视角的一种研究》，博士学位论文，中国人民大学，1998 年。
③ 陈学飞：《留学教育的成本与收益：我国改革开放以来公派留学效益研究》，教育科学出版社 2003 年版。
④ 李喜所：《近代留学生与中外文化》，天津人民出版社 1992 年版。

中的作用。该书首次从文化交流的角度来审视中国留学教育的历史和留学生的作用，拓展了留学教育的研究视野。这些专著主要研究留学教育的社会价值等重大理论和现实问题，虽然没有提到体育留学问题，但为研究体育留学教育的人才外流和留学效益、体育留学教育与中国现代化进程以及中外体育思想文化交流等问题，提供了一定的理论和方法借鉴。

　　近代以来，中国留学生的主要接收国是日本、美国、法国、苏联、德国、英国等。相应地，关于留学国别研究主要集中在这些国家。关于留日问题的研究主要有程麻的《鲁迅留学日本史》（1985）、严安生的《日本留学精神史：近代中国知识分子的轨迹》（1991）、沈殿成的《中国人留学日本百年史》（1998）、尚小明的《留日学生与清末新政》（2002）等。关于留美问题的研究主要有梅贻琦和程其保的《近百年来中国留美学生调查报告》（1954）、董鼎山的《留美三十年》（1988）、黄利群的《中国近代留美教育史略》（1990）、沈已尧的《台峡两岸留美史话》（1992）、李喜所等的《近代中国的留美教育》（2000）、谢长法的《借鉴与融合：抗战前留美学生教育活动研究》（2001）、钱钢和胡劲草的《留美幼童：中国最早的官派留学生》（2004）等。关于留法问题的研究，大多集中在勤工俭学运动这一专题上，主要研究成果有张允侯和殷叙彝的《留法勤工俭学运动》（1980）、黄利群的《留法勤工俭学简史》（1982）、张洪祥和王永祥的《留法勤工俭学运动简史》（1982）、陈三井的《勤工俭学的发展》（1988）、郑名桢的《留法勤工俭学运动》（1994）、鲜于浩的《留法勤工俭学运动史稿》（1994）等。关于留苏问题的研究主要有杜魏华的《先驱者的后代：苏联国际儿童院中国学生纪实》（1990）、孙耀文的《风雨五载：莫斯科中山大学始末》（1996）、朱训的《希望寄托在你们身上：忆留苏岁月》（1997）、郝世昌和李亚晨的《留苏教育史稿》（2001）、黄利群的《中国人留学苏（俄）百年史》（2002）、盛岳的《莫斯科中山大学与中国革命》（2004）、单钢和王英辉的《岁月无痕：中国留苏群体纪实》（2007）等。关于留德问题的研究主要有季羡林的《留德十年》（1992）、万明昆和汤卫城的《旅德追忆》（2000）、叶隽的《另一种西学：中国现代留德学人及其对德国文化的接受》（2005）等。关于留英问题的研究比较欠缺，目前只有刘晓琴的《中国近代留英教育史》（2005），这是我国第一部留英教育史专著。上述论著，均没有论及体育留学问题，但为研究留日、留美、留苏等体育生群体提供了历史背景和史料线索。

留学生的主要贡献在于努力学习国外先进的专业或学科，并引进到国内，促进了国内相应专业或学科的发展。部分博士学位论文和专著（多由博士学位论文修订而成）研究了留学与中国文学、社会学、经济学、科技、化学等学科的发展的关系，如周晓明的《多源与多元：从中国留学族到新月派》（2001）、朱美禄的《域外之镜中的留学生形象：以现代留日作家的创作为中心》（博士学位论文，2007）、陈新华的《近代留美生与西方社会学东渐》（博士学位论文，2003）、李翠莲的《近代留美学生与中国的经济学》（博士学位论文，2005）、茆诗珍的《留美幼童对近代中国科技的影响》（博士学位论文，2005）、陈志科的《留美生与中国教育学》（2009）、张培富的《海归学子演绎化学之路：中国近代化学体制化史考》（2009）等。这些博士学位论文级别的成果没有涉及留学与体育问题，表明关于留学问题的研究尚需在体育领域进行开拓。

近现代出国的留学生大多来自于经济比较富庶、教育相当发达的地区，表现出一定的地域性特征。部分省份的学者对本地区的留学历史和留学生的作用进行了总结，如陈春源的《广西留学史》（1934）、舒凡卿的《求学四海，建功三湘：湖南现代留学生生平事迹》（1994）、侯殿龙和孔繁珠的《山西百年留学史》（2005）、姜新和小雨的《江苏留学史稿》（2006）等。这些成果有助于查询地方留学生资料和分析体育留学生的空间分布特征。

研究留学史问题，必须掌握大量的史料。留学界在整理留学教育史料、编纂工具书方面取得了一定的成果。在留学史料整理方面，如清华大学中共党史教研组编的《赴法勤工俭学运动资料》（1979，1981）、王焕琛的《留学教育：中国留学教育史料》（1980）、高宗鲁的《中国留美幼童书信集》（1986）、陈学恂和田正平的《中国近代教育史资料汇编：留学教育》（1991）、教育部编的《出国留学工作文件汇编：1978—2001》（1992）、林清芬的《抗战时期我国留学教育史料：各省考选留学生》（1994）、李滔的《中华留学教育史录》（2000，2005）、姚公骞和张双鼓的《中国百年留学精英传》（1997，2002）等。这些史料涉及部分体育留学生的资料，但都十分零散，还没有人进行系统整理。与留学有关的工具书主要有人事部编的《新中国留学归国学人大辞典》（1993）、周棉的《中国留学生大辞典》（1999）、李滔等人的《中国当代留学回国学人大典（第一卷）》（2003）等。这些工具书，部分记录了近现代具有重要影响的体育留学生的个人信息，但资料比较简单，人员和信息还不全面，需要进行丰富和补充。这些研究成果，虽然有需要改进的地方，但为进一步研究体育留学问题提供了基本信息和线索。

部分硕士学位论文和相当数量的期刊论文研究了留学教育和留学生问题，但绝大多数没有论及体育留学问题，由于篇幅的关系，这里从略。凡是与本研究主题直接相关的，专门放在核心研究部分进行详细分析。

（二）相关研究

所谓相关研究，是指并非直接、专门研究体育留学问题，而是在研究其他留学问题时涉及体育留学教育或体育留学生领域的某一方面或细节。

根据对相关文献的检索和分析，虽然学术界目前还没有人对体育留学问题进行全面、系统的专门研究，但部分留学史和体育史领域的学者在他们的著作中不同程度涉及留学生与体育的问题。

1. 留学史著作中的相关研究

在留学史著作中，相关研究主要集中在留美幼童、留苏学生两个方面。

关于留美幼童与体育的关系，学者对留美幼童在留学期间的体育活动进行了部分描述。如王焕琛编著的《留学教育：中国留学教育史料》中提到了留美幼童的体育活动。据一位美国友人讲："这许多孩子们的装饰，除了拖着一根辫子，与我们无异。当他们踢球的时候，将辫子塞进内衣里，有时缠在头上，辫子一散开，对对手的诱惑极大。"幼童对各种体育活动特别感兴趣，另据一位美国友人讲："我们喜欢的各种游戏，他们都感到新颖，他们都是排球、足球、冰上曲棍球的好手，尤其是溜冰，他们的技术已达到顶峰。"① 陈学恂和田正平编著的《中国近代教育史资料汇编：留学教育》② 收辑了1872—1922年历次重要留学运动的资料，该书对留美幼童在学习之余的体育活动及其水平进行了简要描述："幼童进入学校后，打棒球，玩足球，有时不惜用拳头与挑战者较量。"在回国经过旧金山时，曾接受盛气凌人的奥克兰棒球队的挑战，结果幼童竟打败了

---

① 王焕琛：《留学教育：中国留学教育史料》（第1册），"国立"编译馆1980年版，第33、93页。

② 陈学恂、田正平：《中国近代教育史资料汇编：留学教育》，上海教育出版社1991年版，第115—116页。

美国的"国球"，使奥克兰棒球队"溃不成军"。李喜所等人的《近代中国的留美教育》① 从洋务时期、清末民初、国民政府三个时期详细论述了近代中国人留学美国的历史过程，接着从科技、教育、社会科学、胡适留美个案研究等四个方面分析了留美学生对中国社会发展的主要贡献。作者在论述留美幼童的学习和生活时提到留美幼童中的几个体育"健将"：陈巨镛，广东新会人，赴美留学时 13 岁，是留学生中学习和体育运动结合得最好的一位；钟文耀，喜欢并善于划船，是耶鲁大学划船队队长；张康仁，当脚踏车刚在美国问世时，在耶鲁大学第一个学会骑车，并"骑着这奇怪的机械上街"，成为耶鲁大学首开风气的人物。钱钢和胡劲草的《留美幼童：中国最早的官派留学生》② 详细、生动地描绘了留美幼童赴美留学前、留学期间以及留学回国后的经过和细节。其中有一小节专门叙述了一位留美幼童——钟文耀在美国大学体育比赛中的"传奇事迹"，并附有珍贵的照片。钟文耀是第一批赴美幼童，祖籍广东香山。他在耶鲁大学留学期间，曾是该校划艇队的舵手。在他担任舵手的两年里，耶鲁大学与哈佛大学进行了两次一年一度的比赛，耶鲁大学均取得了胜利。这两场胜利，常让胜少负多的耶鲁人津津乐道，钟文耀也因此成为耶鲁大学颇有名气的人物。

　　关于留苏学生与体育的关系，部分学者提到了留苏学生的体育活动以及留苏体育生的信息。如杜魏华的《先驱者的后代：苏联国际儿童院中国学生纪实》③ 以大量珍贵的史料和简洁的文字客观生动地记载了一批中国革命后代在苏联以及回国后艰苦奋斗的坎坷人生。在介绍苏联国际儿童院中国学生的学习、劳动和生活情况时，有关于他们体育活动的描述。书中专门有一章记录了该学院唯一的中国体育留学生黄健的成长情况。该记录生动地描写了黄健在苏联学习、生活以及艰苦训练的奋斗历程和感人事迹。黄利群的《中国人留学苏（俄）百年史》④ 从留苏（俄）教育的草创、发展、持续、全盛四个阶段论述了 1864—1966 年中国人留苏（俄）

---

① 李喜所、刘集林等：《近代中国的留美教育》，天津古籍出版社 2000 年版，第 33—34 页。

② 钱钢、胡劲草：《留美幼童：中国最早的官派留学生》，文汇出版社 2004 年版，第 119—121 页。

③ 杜魏华：《先驱者的后代：苏联国际儿童院中国学生纪实》，中国民主法制出版社 1990 年版。

④ 黄利群：《中国人留学苏（俄）百年史》，中国文史出版社 2002 年版，第 179—186 页。

的百年历史，并对每一阶段的留学情况进行了总结和评述。在该书第三篇第一章"国际儿童院里成长的红色后代"中，论述了国际儿童院的教育教学工作。从中可以看到当时丰富的课外活动中有溜冰、滑雪、游泳、足球、赛跑等体育活动，更有森林拉练、冬季洗冷水浴、用雪擦身等磨炼意志的活动。第四篇第二章"留苏学生的学习、生活和友谊"中，还特别论述了体育留学生、我国著名田径教练黄健的留学生活以及他的跨国恋情。西安市政协文史资料委员会编的《祖国在我身边：老留学生忆留学专辑》① 是新中国成立后我国派往苏联的留学生回忆录。书中详细记载了27 位老一辈留学生在苏联学习的基本情况，可以看到他们身在苏联、心系祖国、刻苦求学、不辱使命的共同特点。其中有一章记述了来自浙江绍兴、在莫斯科中央体育学院留学、回国后分配到西安体育学院的留苏学生周成之的学习、训练情况。郝世昌和李亚晨的《留苏教育史稿》② 从留俄教育、留苏学革命、留苏学建设三大部分论述了中国人留苏（俄）的历史进程。全书正文并没有提及中国体育留学生到苏联的学习情况，但在附录中详细列出了 20 世纪五六十年代所有接收过中国留学生的苏联大学、所学专业及留学生名单，其中涉及 32 位体育留学生。

上述这些关于留学生体育活动的记载，是作者在论述留学生的学习、生活情况时提到的，并非专门分析、讨论留学生与体育活动的关系，还不是专题研究。这些仅有的涉及体育的著述表明，目前十分有必要对留学与体育问题进行全面、系统的梳理和研究。

2. 体育史著作中的相关研究

在体育史著作中，目前还没有对体育留学问题进行专门的分析和研究，部分著作仅涉及体育留学问题的某一节点。相关研究分为清末留学生与体育问题、南京国民政府的体育留学问题两个方面。

关于清末留学生与体育活动的研究，主要集中在留日学生方面。1983年出版的《体育史》③ 认为，派留学生出国学习，是洋务运动的内容之一，也是近代欧美体育传入中国的一条重要渠道。这些留学生在外国学

① 西安市政协文史资料委员会：《祖国在我身边：老留学生忆留学专辑》，西安市政协文史资料委员会，1990 年。

② 郝世昌、李亚晨：《留苏教育史稿》，黑龙江教育出版社 2001 年版，第 353—370 页。

③ 全国高师体育系《体育史》教材编写组：《体育史》，高等教育出版社 1983 年版，第112—113 页。

习期间，亲身受到欧美近代体育的教育和训练，回国后，起了宣传和传播作用。该书肯定了留日学生的作用，但没有具体说明体育留学生的人数和学习、工作情况。1985 年出版的《体育史》① 指出，这一时期毕业于日本大森体育学校的中国留学生，仅四川就有十余人。该书还对日本大森体育学校的课程进行了简要介绍，但对该学校培养的中国体育留学生以及清末留日体育生的整体情况未作说明。1989 年出版的《中国近代体育史》② 论述了清末留日高潮出现的原因、留日学生的大约人数以及留日学生的主要活动。该书认为，甲午战后中国掀起了留日高潮的原因在于东渡日本距离较近，日文与中文在文字上有不少相通之处，同时"明治维新"以后日本向西方学习卓有成效，为中国提供了一个图强之道的模式。另外，2008 年出版的《中国体育通史》(第三卷) 对清末首批留美学生、留欧学生、留日学生传播西方体育的情况进行了论述。该书认为，留日学生在传播体育方面主要表现在引进体育术语、翻译日本体育文献和教材、举办运动会、创办体育学校等方面③。这是体育专著中首次对清末留日学生与体育问题进行较为全面的介绍，但资料和分析尚需进一步挖掘。

　　关于南京国民政府时期体育史的研究，学者只涉及派遣体育留学生的国家、类型、政策以及体育留学生的贡献等问题。1985 年出版的《体育史》对政府派遣体育留学生的国家、人数、派遣类型以及留学生归国后的作用进行了分析。该书认为，这些人回国大多在高等学校体育系、科任教，他们在介绍国外体育运动和体育学术方面起了较大作用。④ 1985 年出版的《中国近代体育史》提到了南京国民政府的体育留学政策及其执行情况，当时的重要体育法规《国民体育实施方案》规定："各省保送学术兼优的体育人员，分赴国外留学体育"，"教育部及各省举行留学考试，应列体育名额"。但在 1937 年以前的留学考试中，根本没有一个体育名额。抗战结束后，在 1946 年举行的一次留学考试，才列入两个体育名额⑤。1989

　　① 成都体育学院体育史研究所：《体育史》，人民体育出版社 1985 年版，第 149—150 页。

　　② 何启君、胡晓风：《中国近代体育史》，北京体育学院出版社 1989 年版，第 76—77 页。

　　③ 罗时铭：《中国体育通史》(第三卷)，人民体育出版社 2008 年版，第 93—102 页。

　　④ 成都体育学院体育史研究所：《体育史》，人民体育出版社 1985 年版，第 195 页。

　　⑤ 体育系教材编审委员会、中国近代体育史组：《中国近代体育史》，人民体育出版社 1985 年版，第 122 页。

年出版的《中国近代体育史》对清末的体育留学生与五四、新文化运动以后的体育留学生进行了比较，认为清末体育留学生的使命是引进欧美体育方法和思想，而五四、新文化运动以后体育留学生的历史使命则是全面提高自己的体育科学知识、教学水平和技术水平。该书还对部分体育留学生的著作进行了介绍①，为研究体育留学生的学术思想提供了重要的资料。另外，2006 年出版的《体育史》在"民国时期重要体育思想家与学者"部分，介绍了这一时期做出重要贡献的体育专家，对他们的生平简历、体育思想和实践活动进行了总结，其中有不少是体育留学生②。从这些介绍中可以看出体育留学生在中国体育发展历程中的重要作用及其研究价值。

（三）核心研究

所谓核心研究，是指与本课题直接相关、有一定深度或专门探讨体育留学问题的研究。目前，专门研究这一课题的专著、硕士和博士学位论文十分少见（目前只搜集到一篇台湾博士学位论文），主要是在一些期刊上出现了相关研究。这些研究成果数量比较有限，除研究体育留学生个案的文章外，所有专门研究的论文尚不足 10 篇。

目前，关于体育留学问题的研究，就其研究内容可分为近代体育留学教育基本情况研究、清末民初的留学生与体育研究、体育留学生个案研究、台湾学者王惠姬对留美女体育生的专题研究等四个方面。

1. 关于近代体育留学教育基本情况的研究

关于近代体育留学教育的总体情况，赵晓阳《美国春田学院与近代中国体育人物》③ 一文首先对培养中国近代体育留学生最多的一所学校——美国春田学院进行了个案分析，开了专题讨论体育留学生的先例。文章简要论述了美国春田学院的发展情况，重点介绍了曾经在该校留学的 8 位中国体育留学生毕业后的重要成就。该研究为我们了解春田学院的历史和培养中国体育留学生的情况提供了重要线索，但遗憾的是作者没有介绍中国体育留学生在春田学院的学习情况。

---

① 何启君、胡晓风：《中国近代体育史》，北京体育学院出版社 1989 年版，第 331—336 页。

② 郝勤：《体育史》，人民体育出版社 2006 年版，第 326—328 页。

③ 赵晓阳：《美国春田学院与近代中国体育人物》，《南京体育学院学报》2004 年第 18 卷第 1 期，第 33—36 页。

　　罗时铭的《近代中国留学生与近代中国体育》① 一文从整个近代历史的视角，对中国留学生与近代中国体育发展的关系进行较为深入的研究。文章认为，留学生是一个非常特殊的群体，他们在推进近代中国体育发展方面所做出的历史贡献，一直不为学术界所重视。中国近代史上的大规模留学生运动，不仅加快了近代中国的社会转型和文化转型，而且对近代中国的体育发展也有过积极的影响。作者从引进西方体育、发展中国学校体育、开展奥林匹克运动等三个方面论述了近代中国留学生的重要贡献。文章充分肯定并深入分析了近代中国留学生在中国体育发展进程中的作用，对研究留学生与中国体育发展问题具有重要的参考价值。但作为近代体育留学生的整体研究，对留学生的概念、中国派遣留学生的发展历程缺乏应有的说明。例如，留学生分为体育留学生和非体育留学生，与其他专业的留学生相比，体育留学生虽然人数比较少，但在中国近代体育发展过程中做出杰出贡献并产生重要影响的，非体育留学生莫属。

　　2. 关于清末民初留学生与体育的研究

　　关于清末民初留学生与体育问题，学界主要研究了留日学生与体育的关系、留美幼童与体育的关系以及清末民初体育留学生的基本情况。

　　肖冲首先研究了留日学生与体育的问题，他的文章《清末留日学生对"欧化"的日本体育传入中国所起的作用》② 论述了清末留学日本制度的出台、明治时期日本学校体育的简况、留日学生在日本对体育的学习以及向中国引进日本体育的情况，比较全面地分析了清末留日学生这一群体对我国近代体育发展的影响，对研究其他留学生群体的体育活动具有一定的参考价值。

　　于建勇的《中国首批留学生与他们的体育活动》③、郭怡的《早期留美幼童之体育活动考》④ 以及吕科成和刘媛的《近代体育思想对留美幼童

---

　　① 罗时铭：《近代中国留学生与近代中国体育》，《体育科学》2006 年第 26 卷第 10 期，第 38—42 页。

　　② 肖冲：《清末留日学生对"欧化"的日本体育传入中国所起的作用》，《体育文史》1987 年第 3 期，第 8—12 页。

　　③ 于建勇：《中国首批留学生与他们的体育活动》，《体育文史》1990 年第 1 期，第 46—49 页。

　　④ 郭怡：《早期留美幼童之体育活动考》，《体育文化导刊》2003 年第 9 期，第 78—80 页。

人格影响》① 分别研究了与留美幼童有关的体育活动。于建勇介绍了近代留学教育的奠基者容闳对体育运动的提倡和身体力行，论述了留美幼童在美国的体育活动和中华棒球队的情况，并对梁诚的棒球外交及其积极作用进行了分析。郭怡对留美幼童出国前中国体育情况、出国后留美幼童参与体育情况进行了比较，认为留美幼童出国前很少从事体育活动而出国后十分喜爱并积极参加体育活动，其主要原因在于西方文化的影响和幼童为祖国而学习的强烈竞争意识。吕科成和刘媛同样对出国前后留美幼童对待体育活动的态度进行了比较，分析了留美幼童接受并热爱体育活动的原因，着重从心理学角度分析了体育活动对留美幼童人格产生的积极影响，该研究从心理学视角探讨留学生与体育活动，立意较新，分析独到，拓宽了留学生与体育问题研究的视野，具有一定的创新性。

梁向武《清末民初我国体育留学生的历史考察》② 一文分析了清末民初时期我国派遣体育留学生的历史背景和历史功绩。文章认为，清末民初体育留学生的历史贡献主要在于优化体育师资结构、开创中国近代体育研究先河、推进中西体育文化的传播互动。文章关于体育专业学生出国留学历史背景的分析比较全面，见解独到，首次揭示了清末民初体育留学教育的时代背景和深层原因，对研究体育留学动机具有重要的参考价值。不足之处是缺乏对体育留学生群体和学习情况的介绍。另外，全文研究的是体育留学生，而文末用一大段论述了留美学生王正廷（法律专业）的历史功绩，混淆了体育留学生和其他专业留学生的概念。

3. 关于体育留学生个人及其成就的研究

关于体育留学生个人及其成就的研究相对比较多。据笔者初步统计，我国近现代史上做出一定贡献、产生重要影响的体育留学生总数约一百余人。

从研究对象来看，这些关于体育留学生个人的研究选题过于集中，目光只关注到少数人物。截至目前，学者发表的研究文章涉及近 40 人，主要集中在马约翰、王金发、吴清源、吴蕴瑞、袁敦礼、张汇兰等人身上。其中，研究马约翰体育思想和实践的文章有 21 篇（其中硕士学位论文 1

---

① 吕科成、刘媛：《近代体育思想对留美幼童人格影响》，《体育文化导刊》2007 年第 2 期，第 83—85 页。

② 梁向武：《清末民初我国体育留学生的历史考察》，《广州体育学院学报》2008 年第 28 卷第 6 期，第 50—53 页。

篇)、著作 2 部、论文集 1 部,研究吴蕴瑞的文章有 16 篇 (其中硕士学位论文 2 篇),研究袁敦礼的文章有 11 篇。除此以外,在历史上做出重要贡献的体育留学生还有许多,如留日学生徐傅霖、留美学生徐民辉、留德学生袁浚、留苏学生黄健、留匈学生杨天乐等。这些优秀的体育留学生很少有人进行专门考察,值得我们去学习和研究。

　　从研究内容来看,大多数研究只注重体育留学生在体育思想、体育实践方面的杰出贡献,而忽略了他们的留学生身份和文化特质,没有充分揭示他们出国学习体育的时代背景、留学动机,以及努力学习外国先进体育文化、报效祖国的精神和过程。如马小燕的硕士学位论文《马约翰体育思想研究》① 深入研究了马约翰体育思想的主要内容、特点、渊源、启示以及马约翰的历史地位,是目前关于马约翰研究的集大成之作,但在介绍马约翰的学习工作背景时,对其留学经历一笔带过。留学经历是学者学术思想发展、演变的重要环节,研究人物思想不能忽略对其留学过程的全面论述和深入分析。研究吴蕴瑞的两篇硕士学位论文在研究其体育思想的渊源时,分析了吴蕴瑞的留学经历及其在体育思想形成中的作用,对研究留学生体育思想的形成过程具有一定的借鉴作用。如马向敏的硕士学位论文《吴蕴瑞体育思想研究》② 探讨了吴蕴瑞体育思想形成的历史渊源、内容体系、历史贡献以及现实意义。特别是在分析吴蕴瑞体育思想形成、完善的历史背景时,提到了吴蕴瑞在哥伦比亚大学师从美国著名体育专家威廉姆斯的学习情况,说明了留美经历对吴蕴瑞体育思想发展的影响,完整揭示了吴蕴瑞体育思想发展的过程。另一篇覃兴耀的硕士学位论文《吴蕴瑞体育教育思想及其历史贡献》③ 论述了吴蕴瑞的生平简历,吴蕴瑞体育思想的历史渊源、主要体现、对当前体育教育改革的启示,在分析吴蕴瑞体育教育思想渊源时,比较详细地论述了吴蕴瑞在美国学习体育的情况。这两篇硕士论文对吴蕴瑞的体育思想及其实践做了比较全面的研究,在研究吴蕴瑞的文献中是比较突出的。但作者是从普通历史人物的角度进行分析的,还不是从体育留学生的角度进行立意,去分析吴蕴瑞留学前、留学

①　马小燕:《马约翰体育思想研究》,硕士学位论文,南京师范大学体育科学学院,2007年。

②　马向敏:《吴蕴瑞体育思想研究》,硕士学位论文,苏州大学体育学院,2008 年。

③　覃兴耀:《吴蕴瑞体育教育思想及其历史贡献》,硕士学位论文,南京师范大学体育科学学院,2008 年。

期间、归国后的情况以及吴蕴瑞身上所体现的体育留学生的文化特征等。

4. 王惠姬对留美女体育生的研究

目前所能见到的唯一一篇专门研究女体育留学生的学位论文是台湾学者王惠姬撰写的博士学位论文《廿世纪上半叶留美女生与中国体育的发展》①。作者通过各种途径搜集到 20 世纪上半叶赴美学习体育的 23 位女生的信息，以简洁明快的篇幅和结构对她们留美学习体育的背景、成绩以及回国后对体育的贡献进行了从宏观到微观的考察和论述，引证资料丰富，分析细致入微。该论文主要针对 20 世纪上半叶学习体育的留美女生，虽然研究时间跨度、研究对象和范围有所局限，但对推动留学生与体育问题的深入研究，从思路、资料及方法上提供了借鉴，对系统研究近代以来体育留学问题有重要的启示意义。

三　研究存在的不足

以上从国外、国内（外围研究、相关研究、核心研究）两个方面对与本课题相关的文献进行了回顾。这些研究取得的成果和存在的不足主要是：

第一，国外学者主要研究了近代以来中国学生在日本、美国、德国、法国等国家的留学情况。这些国外学者利用自己所掌握的资料研究中国留学生在他们国家的学习情况，揭示了他们国家与中国留学教育、留学生的关系，为我们研究该课题提供了国际教育背景和部分珍贵的资料。但他们研究的内容局限于留学史领域，对中国体育问题没有涉及。

第二，国内研究中的外围研究（主要是指留学教育和留学史领域的研究）对中国留学教育的历史、理论、国别、学科、地区以及资料汇编等方面进行了比较全面的探讨，特别是深入研究了留学生与中国文学、教育学、经济学、化学等学科发展的关系，为我们分析体育留学问题提供了背景和理论借鉴。但这些研究均没有涉及体育问题，表明留学界对体育领域研究的忽视和欠缺。

第三，国内研究中的相关研究（并非直接、专门探讨体育留学问题但涉及该问题的某一方面的研究）：在留学史领域主要涉及清末留美幼童

① 王惠姬：《廿世纪上半叶留美女生与中国体育的发展》，《中正历史学刊》2004 年第 7 期，第 25—86 页。

在留学期间的体育活动、民国时期和新中国成立初期留苏学生在留学期间的体育活动两个方面的内容；在体育史领域主要涉及清末留日学生的体育活动、南京国民政府对体育留学生的派遣两个方面的情况。这些研究对清末、民国和新中国成立初期出国留学生的体育活动，以及体育留学生的派遣等进行了初步、有益的探索，为我们考察留学生的体育活动以及体育留学教育问题提供了研究线索。但这些研究只是史料、细节或历史片段的描述，还不是针对体育留学问题的专门研究。

第四，国内研究中的核心研究（与本课题直接相关、有一定深度或专门探讨体育留学问题的研究）从近代体育留学教育基本情况、清末民初的留学生与体育、体育留学生个案以及女留美体育生等四个方面问题进行了一定程度的分析，初步揭示了近代以来部分体育留学生的基本情况及其重要贡献，为本课题的研究提供了思路和资料，也奠定了基本的学术起点。但这些研究的系统性、全面性以及深刻性还有所欠缺，没有完整揭示近代以来中国体育留学教育的历史进程和中国体育留学生的整体风貌。

至于近代以来中国体育留学教育的发展过程如何，中国体育留学教育有什么特点和规律，中国体育留学生群体有哪些特征，体育留学生在中国体育的发展进程中起到什么作用，体育留学教育和留学生成长有哪些经验和启示可供借鉴等诸多问题，到目前还没有人进行系统、全面、深入的分析。对于这些问题，十分有必要进一步挖掘和探究。

第三节　概念界定与研究对象

一　与留学生相关的概念

（一）留学（study abroad）

通过检索各种大型工具书，学界关于留学的概念看法比较一致，大都认为，留学旧称"留洋"，是指"留居他国学习"。留学之事，古已有之，唐太宗时就接受过高丽、日本等国派遣的留学生，玄奘亦赴印度研究佛经；近代中国留学始于清同治末年；新中国继续与国外互换留学人员，接受所在国的高等教育①。留学的目的在吸收外国的新知，促进文化的交

---

① 中国百科大辞典编委会：《中国百科大辞典》，华夏出版社1990年版，第465页。

流，以便回国后在政治、经济、制度、文化等方面改进①。

（二）留学教育（overseas education）

留学教育是指国家与国家之间互派学习人员，进行知识、技术及文化交流的一种教育制度和形式，主要包括留学人员的派出、接受、教育、管理等。它是高等教育的基本组成部分，是本国教育的补充和延伸，也是教育国际化发展的趋势和标志。留学教育包括派出留学教育（本国学生去他国留学）和接受留学教育（他国学生来本国留学）两个方面。

（三）留学人员（personnel studying abroad）

留学人员是指前往并居住在国外从事学习和研究工作的人员。这些人员包括在学校或研究单位学习、进修的留学生，也包括以从事研究和学术交流为主的访问学者②。

二　留学生的概念

（一）留学生（student studying abroad）一词的来源及其含义

留学生一词起源于唐代，是由日本人创造的。唐朝时，日本政府为吸收中国的先进文化，曾多次派"遣唐使"来中国。但"遣唐使"是外交使节，不能久留，无法较多地探讨中国的文化，所以日本政府从第二次派"遣唐使"起，同时派来了"还学生"和"留学生"。所谓"还学生"是指不办外交专门学习的青少年，但他们在"遣唐使"回国时必须一起返回日本；而"留学生"则不受此限制，可以较长时间留居在中国学习。此后，凡是留居外国学习的学生，便统称为留学生③。在清末，也有称作"游洋生""游历生""洋学生"。

到现代，出现了留学人员和留学生的两个相似的概念。从上述关于留学人员的概念可以看出，留学人员包括的范围要大于留学生。留学生是指在国外学校或研究单位学习、进修课程的人员，主要是指以学历教育为目的的留学人员。

---

① 三民书局大辞典编纂委员会：《大辞典》，三民书局股份有限公司1985年版，第3125页。

② 张宁：《留学与现代化进程关系研究——从社会学视角的一种分析》，博士学位论文，中国人民大学，1998年，第3页。

③ 李喜所：《近代中国的留学生》，人民出版社1987年版，第1页。

（二）留学生的分类

对留学生进行分类，有助于进一步了解留学生的丰富内涵。采用不同的标准，可以将留学生分为不同的类型。

1. 一般意义上的划分

按照流向（以中国为参照），可以分为出国留学生和来华留学生；按照国别，可以分为留日生、留美生等；按照学习形式，可以分为攻读学位、课程进修、专业训练等形式的留学生；按照留学费用的承担情况，可以分为公费（国家公派、单位公派）和自费两种形式；按照学习专业，可分为物理、化学、文学、艺术等不同专业的留学生；按照学术研究的时间和断代，可以分为近代留学生、现代留学生等。

2. 学界对留学生的分类

中国近代留学生问题研究专家、南开大学的李喜所教授把清末民初的留学生划分为以下八类[①]：①官费生：由清政府和北洋政府直接拨款派出的留学生；②贵胄留学生：史书称"贵胄游学生"，主要是指清末派出的那些皇室和王公大臣子弟；③稽勋留学生：1912 年、1913 年，南京设有稽勋局，旨在调查辛亥革命有功人员，并派出一些对革命有突出贡献的青年去欧美留学，称作"稽勋留学生"；④庚款留学生：所谓"庚款"是指 1900 年八国联军侵华战争时期英、法、德、俄、美等国从《辛丑条约》中获取的赔款。1908 年，美国出于培养"亲美"人才的需要，决定从其所获款项中拿出一部分作为中国派留学生赴美的经费，所以把享受这部分费用出国留学的青年称为"庚款留学生"，后来英国等国也如此效法；⑤自费留学生；⑥勤工俭学生：主要是指靠做工解决经费，亦工亦学，在法国、美国、英国等地的留学生都有这样的情况；⑦教会留学生：是指受教会资助而出国留学的青年；⑧其他留学生：除以上之外，还有专门学习军事的士官生、时间很短的实习生和游历生等，但所占人数不多。

英文对"留学生"一词的解释，清楚地区别了其不同的含义，这与汉语的表达有一定的区别。

《21 世纪汉英词典》[②]对"留学生"一词的解释分三层含义：①

---

① 李喜所：《近代中国的留学生》，人民出版社 1987 年版，第 4—6 页。
② 梁德润、郑建德：《21 世纪汉英词典》，外文出版社 1999 年版，第 5 页。

student studying abroad（指仍在外者）；②returned student（指已归来者）；③foreign student（指外国的）。这一解释，使留学生一词具有动态意义，分清楚了是正在留学还是留学归来，细化并丰富了汉语"留学生"一词的含义。

三　研究对象

分析留学生的有关概念及分类，有助于廓清本课题的研究范围。由于研究资料获取的复杂性、研究时间的紧迫性，有必要从流向、专业、时期、形式四个方面对本课题的研究范围进行界定。

（一）近代以来中国各方面已远远落后于西方各国，在留学教育方面，表现出明显的单向性特征，即以中国派出留学生到国外学习为主，而西方来华留学生相对较少，因此，本课题主要研究出国留学生。

（二）在近代，许多留学生为中国体育的发展做出了贡献，其中既包括体育专业的留学生，也包括其他专业的留学生，但起到核心作用的还是体育留学生，因而本课题主要研究体育专业的留学生，其他专业为中国体育发展做出重要贡献的留学生，附带进行说明。在没有特别说明的情况下，本书所提到的人物均指体育留学生。

（三）近代以来与留学有关的资料比较庞杂，而且与体育留学有关的资料更为凌乱，查找具有很大的局限和难度，但研究更有价值。因此把研究的时间跨度仅限定在1903—1963年（以体育留学生当年第一次出国的时间为准），历经清末、民国、新中国建立初期三个不同的时代，跨度为60年。

（四）考虑到近代以来体育留学生人数少以及体育专业的特点，本课题涉及的体育留学教育主要包括攻读学位、进修、训练三种形式，凡是以这三种方式赴国外学习体育者，均为体育留学生。

因此，本课题的研究对象确定为"1903—1963年中国体育专业出国留学生"。为表述方便，本书中"体育专业留学生"统一简称为"体育留学生"，"体育留学教育和体育留学生问题"统一简称为"体育留学问题"。

第四节　研究思路和方法

一　研究思路

本课题属于历史研究，主要采取"两条线索""三个结合"的研究思路。

所谓"两条线索"，即本研究包括两条线索：一条线索是主要论述西方体育通过留学生向中国的传播历程，另一条线索是指中国体育"去洋人化"、本土化的成长过程。

"三个结合"是指纵横结合、总分结合、点面结合。纵横结合是指纵向的历史分析（体育留学教育的发展历史）和横向的专题研究（体育留学生的重要贡献）相结合；总分结合是指先分析体育留学教育各历史阶段的发展情况和特征，最后总结体育留学教育的总体发展特征和规律；点面结合是指先论述体育留学生群体的基本特征，再对其中的典型代表进行个案分析，使研究更加具体、丰满。

具体研究思路见图1。

根据图1的思路，本书的基本结构分为绪论、主体（分七章）、结语、附录四部分共十项内容，具体安排如下：

绪论部分主要论述了本课题研究的重要意义，对与体育留学问题的有关概念进行了界定，介绍了研究对象、研究思路和研究方法。

第一章对中国体育留学教育的发展历史进行了回顾与分析。首先，简要介绍了国际留学教育的发展走势、中国留学教育的历史演变、中国各个时期留学生的基本情况，为研究体育留学教育解析了历史背景。其次，详细分析了清末、民国及新中国成立初期三个时期体育留学教育的发展情况。

第二章对近代以来体育留学生的基本特征进行了分析。按照出国前（性别构成、地域分布、受教育情况、身份情况）、留学中（出国时间、留学国家、就读学校、学习成果）、回国后（基本任职、社会任职、突出贡献、著述情况）三个方面共12项指标，分析体育留学生的基本特征。

第三章分析体育留学生回国后在器物层面对中国体育所做的贡献。这些贡献主要包括体育运动的引介、场地器材的创制和运动技术的发展三个方面。

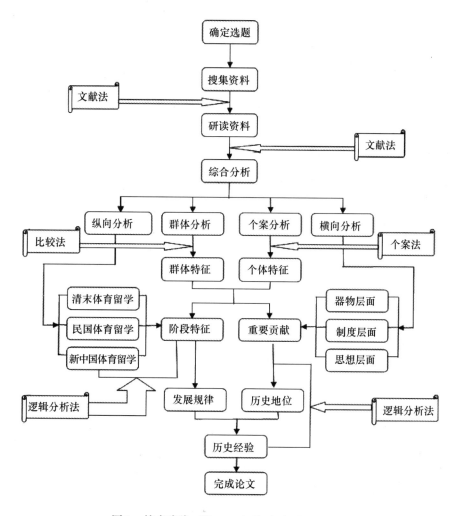

图1　技术路线（Research Technical Route）

第四章分析体育留学生回国后在制度层面对中国体育所做的贡献。这些贡献主要包括推动中国体育教育体制、运动竞赛体制、体育科研体制的发展等。

第五章分析体育留学生回国后在思想层面对中国体育所做的贡献。这些贡献主要包括传播军国民体育思想和自然体育思想，倡导民族体育思想，参与体育思想的讨论与争鸣等。

第六章对体育留学生进行个案研究。根据体育留学生所处的历史时期、工作性质、留学国家、影响程度等因素，选取了产生一定影响的留美幼童、徐一冰、董守义、袁浚、陈镜开、杨天乐等为个案，分别对他们的基本情况、体育成就及其影响等进行具体分析。

第七章分析了近代以来中国体育留学教育的发展规律和启示，分析了体育留学生的历史地位及其文化特质，在总结体育留学生奋斗历程的基础上，结合当前体育发展形势提出了其新的历史使命。

结语部分对全书内容进行了总结与提炼。

附录部分为《中国体育留学生名录（1903—1963）》，虽在最后，但十分关键。该部分对近代以来180位信息较全、影响较大的体育留学生的基本数据，按出国前、留学中、回国后三类共16个指标进行了详细罗列，是全书分析、研究的基本依据。

二　研究方法

本研究以历史唯物主义和辩证唯物主义基本原理为基本指导，具体采用了以下方法：

（一）文献资料法

本课题属于历史研究范畴，主要采用了文献资料法。具体操作过程如下：

1. 相关理论的学习与准备

在初步确定选题后，首先开始学习与选题相关的理论。先后精读了传播学（3部）、发展社会学（2部）、近代化和现代化理论（2部）、开放理论（2部）、跨文化交流理论（4部）、全球化理论（2部）、人力资本和人才学（2部）、社会心理学（1部）、教育交流理论（2部）等九个领域共20部专著，共做了82万余字的读书笔记（word文档），花费了较多的时间，为下一步研究提供了较为广阔的视野和思路。

2. 全面搜集材料

先后借阅了与近现代历史人物和留学生有关的工具书（5部）、留学史著作（83部）、近现代体育史著作（5部）、各单项运动史（21部）、全国各省市体育志（共66部，其中省和直辖市体育志29部、省会城市体育志15部、地方城市体育志22部）等书籍。以上共180部著作，全部通览一遍，与体育留学生有关的资料通过复印、抄写、电子输入等方式予以记录，其中手工抄录笔记三大本，复印资料垒起高度几乎等身，完成阅读笔记 5.6 万字（word 文档）。在这些书籍中，工具书、留学史、体育史、单项运动史四类著作主要是在国家图书馆总馆完成阅读的，花费三个多月时间；全国各省市体育志是在国家图书馆古籍馆（北京北海）完成阅读的，花费了一个多月时间。

3. 整理、加工材料，完成体育留学生名录

对所收集到的各类材料进行全面整理、阅读和分析，确定了近代以来信息相对较全、影响较大的体育留学生 180 名（当年第一次出国时间在 1903—1963 年）。然后按照出国前（姓名和别名、性别、生卒年月、籍贯和出生地、受教育情况、身份情况）、留学中（出国时间、留学国家、留学学校、学习专业、学习成果、回国时间）、回国后（基本活动、兼职情况、突出贡献、重要著作）三大类共 16 项指标，对每一位体育留学生的信息进行阅读、整理，完成了近 2880 条（180×16）信息的分析、归类和输入工作，制成第一部比较全面反映我国近代以来体育留学生基本信息的统计数据——《中国体育留学生名录（1903—1963）》。这一过程虽然异常辛苦，但为下一步全面分析体育留学教育的特征和体育留学生的贡献打下坚实的基础。

4. 根据名录，完成体育留学生电子资料库

根据名录，再通过网络资源（CNKI 数据库、超星电子图书、各类相关网站等），搜集每位体育留学生的详细资料，建立体育留学生电子资料库（包括期刊论文、学位论文、网络文献等，容量为 136M），为保存、调阅体育留学生详细信息提供了方便。

5. 全面阅读资料，进行综合分析

全面、仔细阅读每位体育留学生的详细信息，根据与留学教育相关的知识与理论，进行综合分析。

（二）逻辑分析法

逻辑分析法是指以逻辑规律为指导，根据事实材料，形成概念、做出判断、进行推理，构成理论体系的方法，是社会科学研究中不可或缺的重要方法。由于本研究属于历史研究，多处采用逻辑分析法进行研究。如对留学生群体特征的分析、对体育留学各历史阶段发展特征的总结、对体育留学教育规律的总结等。

（三）定量分析法

对历史资料进行量化统计和分析，能清楚地揭示事件发展、人物成长

的特点和规律。为揭示体育留学生群体的基本特征，对该群体三个方面共
12 项主要指标进行量化统计，并制成各项统计表格，为逐一分析体育留
学生的基本特征提供依据。

（四）比较法

比较研究法是人们认识客观事物的重要方法，对事物进行纵向或横向
的比较，才会获得更为全面、清晰的认识。在分析留学教育不同历史阶段
和不同留学生群体的特征时，都适当地采用了比较分析的方法，以揭示体
育留学教育的发展规律和体育留学生群体的基本特征。

（五）个案分析法

在分析了体育留学生的群体特征之后，进一步对其中的典型人物进行
个案分析，可以获得对体育留学生更为具体、丰满的认识。个案的选取考
虑到人物所处的历史时期、工作性质、留学国家、影响程度等因素，选取
了产生一定影响的留美幼童（清末时期出国、中国最早官派留学生、留
美）、徐一冰（清末时期出国、体育教育家、留日）、董守义（民国时期
出国、体育运动专家、留美）、袁浚（民国时期出国、体育教育家、留
德）、陈镜开（新中国成立后出国、著名运动员、留苏）、杨天乐（新中
国成立后出国、体育科技专家、留匈）等六位（类）进行具体分析。

第 一 章

中国体育留学教育的历史分析

留学教育是人类不同文化、不同教育间进行交流的重要形式，在人类文明史特别是世界近现代史上发挥了巨大的作用。研究体育留学问题，不能就体育论体育，就中国论中国，而应具有更为开阔的眼光，去审视世界留学教育的发展情况，以便使本课题的研究具备国际视野和背景。本章首先简要论述国际留学教育的发展状况，然后概括中国留学教育的演变历程，最后探讨中国体育留学教育的发展脉络。

第一节 留学教育的发展概况

一 国际留学教育的发展走势

国际留学教育可以上溯到古代，至今已有上千年的历史。当时的留学教育以人才流动形式出现，是一种在比较狭小的范围内进行的文化交流活动。

古希腊、古埃及较早出现跨国游学之风，学者们经常游学于各城邦文化中心。如古希腊哲学家、科学家和教育家毕达哥拉斯曾游学于埃及、巴比伦和意大利。柏拉图于公元前 399 年开始了长达 12 年的游学生涯，学习了毕达哥拉斯的学说，创办了阿加德米（Academy）学园，使希腊成为当时世界文化中心①。

在古希腊文明之后，中国唐代文化教育十分发达，在当时处于世界领先地位，是亚洲各国文化教育交流中心，留学教育一度兴盛。盛唐时代，

① 谢作栩：《留学教育与中西文化交流》，《有色金属高教研究》1997 年第 4 期，第 25—29 页。

长安的高等学府——国学是邻近各国贵族官僚子弟学习的场所，该校来自高丽、百济、新罗、日本，以及吐蕃、高昌的留学生多达 8000 多人①。

在以后的几个世纪里，欧洲留学生主要流向亚历山大、罗马和波斯等世界文化中心。号称"世界第一所大学"的博洛尼亚大学于 1807 年在意大利诞生，标志着此后发达的高等教育中心即是世界文化科学中心，也标志着留学人才流动的方向开始随着世界文化科学中心的转移而发生变化。

作为西方大学策源地的意大利，是 11 世纪至 16 世纪世界文化科学中心，也是世界最早的高等教育中心；至 17 世纪，世界高等教育中心转移到英国，牛津、剑桥遐迩闻名；18 世纪后半期以来，法国率先完成近代改革，其高等教育盛极一时；19 世纪中叶，德国成为新的世界科学文化中心，成为来自世界各国的学者顶礼膜拜之地。第一次世界大战后，德国大学由鼎盛走向衰落，从前的学生——美国，逐步取而代之，日渐成为世界顶级的科学文化中心，也成为世界各国青年趋之若鹜的求学圣地②。

由此看来，国际留学教育自古代发轫，随着世界文化科学中心的辗转轮回，国际留学教育的中心也在大洲、国家之间进行变换。由于"文化势差"的影响，世界文化边缘地带的学生便纷纷涌向当时的文化高地，以追求国家的进步与自身的福祉。

二　中国留学教育的历史演变

关于中国近代以来留学教育的开端及其历史分期，教育界具有不同的观点。对于中国近代留学教育的开端，主要有两种观点：一种认为，中国近代留学教育应从 1847 年容闳、黄胜、黄宽三人由传教士带往美国求学开始，这种留学具有个人、民间、自发的性质。另一种认为，中国近代留学教育应该从 1872 年清政府正式派出第一批幼童赴美留学开始，这种留学由政府组织并具有一定的规模和影响。

为系统研究中国体育留学教育的来龙去脉，本书采用第一种观点，即中国近代留学教育起始于 1847 年容闳、黄胜、黄宽三人赴美留学。这是

---

① 沈福伟：《中西文化交流史》，上海人民出版社 1985 年版，第 156 页。
② 姜文、崔庆玲：《国际留学教育与人才论》，《黑龙江高教研究》2009 年第 9 期，第 110—112 页。

因为：第一，他们虽然由传教士带出，具有个人、自发的性质，但他们是第一批系统接受外国高等教育的人，其中容闳是第一个系统接受美国高等教育、取得学士学位的中国人，黄宽是第一个系统接受西方高等教育（先赴美国后转英国）、获得博士学位的中国人；第二，容闳不但自愿、自费、艰苦地完成自己的学业，归国后还大力宣传留学教育对改变中国落后局面的重大意义，直接策成了中国第一批官方留学生——赴美幼童出国留学；第三，由于为中国留学事业做出的不懈努力和重要贡献，学界一般公认容闳为"中国近代留学事业的先驱""中国留学生之父"。

对于中国近代留学教育的历史分期问题，由于参考标准不同，有"时期说""批次说""代际说""高潮说"等不同观点。根据我国留学教育的性质和特征，结合近现代史的分期，并参考北京大学教育学院蒋凯博士的划分方法，从 1847 年容闳等人发轫到现在，近代以来中国留学教育分为四个历史时期①：

（一）晚清时期的留学教育（1847—1911）

在清朝后期日益腐败、江河日下之时，西方资本主义国家正处于蒸蒸日上的发展时期。特别是第一次鸦片战争的失败，使清廷朝野上下认识到东西方的差距，也有了学习西方、捍卫国土的需求。容闳等人首先走出国门、留学西方，是一种民间个人行为，但对清政府当局正式派遣留学生提供了思路和案例。正是在容闳的不懈争取和策动下，洋务派官员才开始推出派遣留学生的举措。在晚清时期的留学教育运动中，最具代表性、影响最大的主要是派遣留美幼童、派遣留欧学生、兴起赴日留学浪潮以及派遣庚款留美学生等。

容闳（1828—1912），广东香山县（今珠海）人，曾就读于美国教育家勃朗执教的马礼逊纪念学校（澳门）。1847 年，勃朗牧师返回美国，离开时带容闳、黄胜及黄宽三人前往美国留学。其后只有容闳一人留在美国升入耶鲁大学（黄胜因病返港，黄宽则于 1849 年转读苏格兰爱丁堡大学）。容闳在美国留学期间，耳闻目睹西方的社会文明和科技进步，产生了报效祖国的伟大抱负："以西方之学术灌输于中国，使中国日趋于文明富强之境"，"借西方文明之学术以改良东方之文化，必使此老大帝国，

---

① 蒋凯、徐铁英：《近代以来中国留学教育的历史变迁》，《大学教育科学》2007 年第 6 期，第 67—74 页。

一变为少年新中国"①。正是由于这种理念的驱使，他回国以后，不遗余力地为派遣留学生而上下奔走，并影响了曾国藩、李鸿章等洋务官僚。于是，清政府从 1872 年至 1875 年分 4 批（连续 4 年，每年 30 名），以官费形式向美国派出詹天佑等 120 名留学幼童，揭开了官费留学的序幕。

继派遣留美幼童之后，清政府又先后于 1877 年、1881 年、1895 年和 1897 年从福州船政学堂和天津水师学堂的毕业生和艺徒中选取了严复等 80 余人，分 4 批派赴欧洲留学，中国官方派遣留学欧洲的大门从此打开。

1895 年，甲午中日战争爆发，与中国一衣带水、有着上千年友好交往历史的日本，居然在顷刻之间打败了昔日之师。在震惊之余，人们认识到日本之所以能取得胜利，其原因乃是明治维新之功劳。于是东渡日本，向日本学习一时成为满朝上下的共识。从 1896 年起，留学日本蔚然成风，中华大地上掀起一股赴日留学的浪潮。

1908 年，美国政府决定退还部分庚款，将其用于中国官派留美教育。清政府分别于 1909 年、1910 年和 1911 年，派遣留美生 47 名、70 名、31 名②。清末的留美教育继续发展。

（二）民国时期的留学教育（1912—1949）

辛亥革命胜利后，中国留学教育进入了一个新的历史时期——民国时期。这一时期的留学教育深受政治局势的影响，大致分为三个阶段：

第一阶段为 1912—1927 年，即民国建立初期和北洋政府时期。在这一阶段，北洋政府曾加强对留学教育的管理，如 1916 年颁布《选派留学外国学生规程》，这是一部较为全面的留学教育管理法规。但是，由于政局动荡，该阶段的留学教育发展很不稳定，留学教育的代表性成就体现在庚款留美（晚清留学政策的延续）、留法勤工俭学、赴苏留学三个方面。

第二阶段为 1928—1945 年，即南京国民政府统治前期。南京国民政府建立后，加强了对留学教育的管理，制定了有关规程，留学教育趋于规范，留学生选派逐渐严格，学生质量比以前有较大提高。尤其是 20 世纪 30 年代初至抗日战争爆发前，留学教育取得了明显成效，通过留学教育培养了大批高级专门人才。但由于抗日战争爆发，留学教育发展又陷入

---

① 容闳：《西学东渐记》，湖南人民出版社 1981 年版，第 88 页。
② 徐放鸣：《论人类历史上的留学运动》，《江海学刊》2007 年第 1 期，第 164—170 页。

低潮。

第三阶段为 1946—1949 年，即南京国民政府统治后期。抗战胜利为中国留学教育的发展提供了契机。1945 年，许多人在抗战胜利的鼓舞下选择出国留学，留学人数大幅增加。但是，由于 1946 年内战爆发，留学教育再次出现低潮。在新民主主义革命胜利前夕，中国共产党开始派遣学生赴苏联留学，为新中国筹备和培养建设人才。这些留苏学生大部分是革命烈士子女，他们中的一些人成为新中国年青一代领导人。

（三）新中国成立至改革开放前的留学教育（1949—1977）

新中国成立后，留学教育进入了一个崭新的历史时期。这一时期的留学教育有了较快的发展，但也经历了一番曲折。这一时期的留学教育分为三个阶段：

第一阶段为 1949—1966 年。即社会主义建设起步和初步发展时期。新中国成立后，社会主义建设面临百业待兴、各类人才严重匮乏的局面。政府积极采取措施：一方面努力争取尚在国外的留学人员回国服务；另一方面主要向苏联和东欧等国家派遣留学生，其中以苏联为主要留学对象国。这一阶段，我国还向欧洲一些资本主义国家派出了少量留学生（绝大部分学习外语）；同时，我国还接受了周边社会主义国家和非洲国家一定数量的来华留学生。

第二阶段为 1966—1976 年，"文化大革命"期间留学教育出现低潮，一度陷入停滞。

第三阶段为"文化大革命"结束至改革开放之前，这是留学教育发展的一个过渡期。

（四）改革开放以来的留学教育（1978 年至今）

改革开放以来，我国留学教育迈入了一个快速的发展时期。这一时期的留学教育分为两个阶段：

第一阶段为 1978—1991 年，在改革开放的背景下，以邓小平关于扩大派遣出国留学人员的讲话为指导方针，我国留学教育发展开始了全新的探索。

第二阶段为 1992 年至今，留学工作进入全方位、高速度的发展轨道。1992 年国家制定了"支持留学，鼓励回国，来去自由"的留学方针，适应了改革开放和建立社会主义市场经济体制的需要，使这一时期留学人员的派遣规模和力度均达到历史新高。同期，来华留学教育工作获得了空前的发展，来华留学生规模逐年扩大，留学生层次和质量不断提高，越来越多的外国学生选择中国作为留学目的国。

由上可见，近代以来我国留学教育经历了四个历史时期和十个具体阶段。明确中国留学教育的发展过程，这是分析体育留学教育时代背景、理清其发展脉络的基本前提。

三　各个时期留学生的基本情况

前面简要叙述了中国近代以来留学教育的演变过程，为我们了解体育留学教育提供了框架和线索。对各个时期留学生的具体情况及其基本作用进行梳理，将有利于进一步分析体育留学问题。关于近代以来中国留学生的代次（共有几批或几代）及其定位问题，教育界许多学者进行了比较全面、深入的分析。其中，福建省社会科学院历史所戴学稷教授的观点具有代表性。他把中国近代至今的留学生划分为七代，并对各代留学生所处的历史环境及其作用进行了论述[1]：

（一）第一代留学生（出国时间：1840—1870）

近代中国最早的留学生大多是跟外国传教士出国和得到教会资助或引介的。据现有史料看，其中最早的一小批，是 1847 年初由香港出发的容闳、黄胜、黄宽一行三人随美国牧师勃朗赴美国学习；随后，19 世纪 50 年代初期，在上海的美国教会小学读书的吴虹玉、颜永京、杨锡麟等先后跟随美国教士波英特等人赴美。

这一代留学生比较零散，人数不多。他们都是民间通过私人途径出国的，不是政府行为。当时，社会风气还很闭塞，清政府尚未意识到派遣学生出国留学的必要性。像容闳这些为数不多的留学生，回国后不但不太受欢迎，甚至还遭到歧视，他们除了当传教士外，只能自谋生计。这一代留学生可谓是中国近代留学生运动勇敢的"盗火者""拓荒者"，虽处萌芽阶段，但却是中国留学史上不可或缺的第一代。

（二）第二代留学生（出国时间：1871—1889）

在这一时期，清朝统治者在总结两次鸦片战争失败教训的基础上，开始意识到为了维护国家的生存及其自身的统治，必须学习西方列强的坚船

---

① 戴学稷、徐如：《略论近现代中国留学史的分期和中国留学生的时代使命》，《内蒙古大学学报》（人文社会科学版）1997 年第 4 期，第 84—91 页。

利炮等科技方面的"长技"，于是首先从军事上着手筹办"洋务"。由于容闳回国后的努力，清政府最终批准幼童赴美留学。接着，19世纪70年代后期，福建船政大臣沈葆桢、北洋大臣李鸿章获准从马尾船政学堂毕业生中选拔优秀生员到英、法等国学习相关技术。以上在19世纪七八十年代的20年间，总计派出留学欧美学生230余名。这是清政府在"欧风美雨"侵袭而来的形势下，被迫采取的措施。与此同时，自费出国留学也开始出现，其中，后来成为著名人物的有赴英国学习法律的伍廷芳、到夏威夷檀香山去读中学的孙中山等。

第二代留学生（官费的）回国以后成为著名人物的有留美的詹天佑、唐绍仪等，留欧的严复、魏瀚、萨镇冰、刘步蟾等。这一代留学生200余人，较第一代留学生（都是自费的）人数要多。他们在中国近代化起步中的新兴行业——邮电、海关、铁路、矿业等企业，以及教育、外交、海军建设等方面做出了较大的贡献。尤其值得称道的是，在后来的两次保卫祖国的反侵略战斗（1884年中法马尾战役、1894年中日黄海战役）中，大约有二十五六名留美、留欧的归国留学生亲临战场。在战斗中他们绝大多数忠于职守，视死如归，英勇抗敌，其中壮烈牺牲、以身殉国者达11人之多[①]。

（三）第三代留学生（出国时间：1890—1911）

由于帝国主义列强对华瓜分危机的强烈刺激，为推行"新政"，自甲午中日战争后清政府派出大量的官费留日学生，也派出少量的赴欧洲各国的官费留学生，同时鼓励青年学子自费出国留学。另外，1909年起，美国归还"庚款"余额，要求专门作为派遣留美学生的费用，清政府重新派遣中断将近30年的留美官费生。由于这几方面的情况，因而出现了以留学日本为主的中国近代史上第一次出国留学热潮。

这一代留学日本、欧洲和美国的公费、自费留学生总数当以数万计，较第一、二阶段人数超出百倍以上，以后成为知名人物的很多，如黄兴、宋教仁、秋瑾、吴玉章、林伯渠、陈独秀、鲁迅、蒋介石，以及蔡元培、宋庆龄、马寅初、竺可桢、胡适、赵元任等。这一时期，中华民族濒临瓜分，危在旦夕，拯救中华成为当务之急，这是促成有志青年出国留学的主

---

① 戴学稷：《中法马江之战和甲午中日海战中的留学生》，《福建论坛》1994年第4期，第26—31页。

要动力。许多留学生成为中国同盟会的成员和骨干，追随孙中山参加革命，为推翻清朝腐败政权而做出了积极的贡献。

（四）第四代留学生（出国时间：1912—1930）

民国成立后，在袁世凯和北洋政府的反动统治下，中国遭受帝国主义侵略以及混乱、黑暗的社会现实并未发生根本改变，广大青年学子盼望直接学习西方的要求日益增长。特别是五四运动前后，随着新文化运动和赴法勤工俭学运动的兴起，数以千计的爱国青年，怀抱寻找救国救民真理的愿望，克服重重困难前往欧洲的法、比、英、德等国进行勤工俭学。在社会主义国家苏联革命建设成就的吸引、孙中山"以俄为师"的号召以及国共第一次合作等因素的影响下，中国形成了一次留学苏俄的热潮。同时自1912—1929年之间，每年所派遣的"庚款"留美公费生在千名以上；留日学生数目仍然相当大。因此，这一时期在欧、美、日等国的留学生总数多达2万人左右。

"第四代"留学生中后来成为知名人物的也很多。如留美的侯德榜、茅以升、吴有训、梁思成、周培源等；留日的李大钊、郭沫若、成仿吾、郁达夫、彭湃等；留欧（包括法、比、英、德和苏俄等国）的蔡和森、向警予、赵世炎、周恩来、朱德、王若飞、陈毅、李富春、蔡畅、邓小平、聂荣臻、李四光、许德珩、徐悲鸿、严济慈、刘少奇、任弼时、肖劲光、董必武、林伯渠、吴玉章、何叔衡、叶剑英、叶挺、刘伯承、王稼祥、张闻天、王明、博古、杨尚昆、屈武、蒋经国等人。其中，许多人成为成就卓著的科学家，还有许多人成为革命家和新中国的重要领导人，为我国的革命和建设事业立下不朽功勋。

（五）第五代留学生（出国时间：1931—1949）

这一时期正处于抗日战争和解放战争的救亡和动荡年代。国民政府对出国留学进行了整顿和限制，采取了紧缩和精简的政策。又因处于长期延续的战乱中，所以出国人数锐减。即使在抗战和内战的艰难时期，仍有不少青年学子冲破重重困难远渡重洋，到资本主义发达国家学习先进的科学技术，以求振兴中华之真谛。其中，自费生人数大大超过公费生。这个阶段的留学生总数只有前一阶段的一半，约为1万人，但留学的国家数目却较前大为增加。

在第五代留学生中，出现了当代著名的科学家如王淦昌、钱学森、钱三强、钱伟长、华罗庚、邓稼先、杨振宁、李政道等。他们在新中国的国防、科技、经济、中外文化交流以及培养下一代科技人才等方面做出了重大贡献。

（六）第六代留学生（出国时间：1950—1978）

在这一时期出国留学的全部是由中央和地方政府的有关部门公派的，而且经过各级政府和有关单位的逐层严格挑选。其中1950—1965年向以苏联和东欧各社会主义国家为主的29个国家和地区派遣，这些留学人员有1万余名，以学习自然科学为主。1966年"文化大革命"开始后中断了五六年。1972—1976年，随着我国在联合国合法席位的恢复和高等学校重新招生，恢复了向国外派遣留学生，这三四年间共向49个国家和地区派出留学人员1600余人，其中大多数学习和研究外国语言文字。

这一时期前后20余年间，共派出1万余人，构成我国留学生的第六代。他们绝大多数按期回国。五六十年代回国的，在此后数十年间多数都已成为我国科技、经济和文化教育各条战线的领导和骨干，不少人为"四化"建设做出了杰出的成绩。其中有一些还担任了党、国家或中央部门的领导职务，如江泽民、李鹏、邹家华、叶选平、李铁映、宋健、李贵鲜、罗干、朱训等。

（七）第七代留学生（出国时间：1978年至今）

这一时期是社会主义改革开放、各条战线快速发展的时期，也是我国出国留学空前大发展的阶段。这一时期出国的各类留学人员，构成了我国第七代留学生。

这一时期，随着改革开放总方针、总政策的贯彻实施，中央和地方政府每年有计划派遣为数众多的公费留学生；自费出国留学办法颁布后，自费留学生人数大增，从而出国留学生的总人数也因之骤增，形成我国有史以来出国留学的空前大热潮。目前已学成归国的留学人员，热情满怀地投身于祖国社会主义现代化建设，在各自工作岗位上做出了突出的贡献，成为促进改革开放和发展社会经济的一支重要力量，也成为我国教育界、科技界、经济企业界以及决策管理部门的精英。其中著名代表人物如路甬祥、韦钰、冯长根、李华、陈章良、白春礼、侯义斌等。

以上简要论述了国际、中国留学教育的发展脉络，为接下来分析中国体育留学教育梳理了历史背景。结合中国近代现代史的分期、留学教育的发展特征以及中国近代体育的特点，下面从清末、民国、新中国三个大的历史阶段对中国体育留学教育进行论述，揭示其演变历程。

第二节　清末体育留学教育(1903—1911)

清朝末年的体育留学教育是在清末留学教育兴起后逐渐产生的，通过容闳、留美幼童、留欧学生、留日体育生等主体逐步发展起来的，经过了感受、参与、专门学习等发展过程。

一　容闳"初遇"西方体育活动

容闳是近代中国赴国外留学的第一人，被称为"中国留学生之父"。他1847年赴美留学时，学习的虽然不是体育，但他积极参与体育活动，可以说是近代中国留学生与西方体育的第一次"密切"接触。

容闳在美国留学时，先读中学，后到耶鲁大学攻读英国文学。他虽然得到了一些奖学金，但远远不够基本生活支出。读书之余，他常去打工、帮人洗衣服、拉煤球；有时还到图书馆干活；与美国学生合伙做饭，他就自告奋勇去当服务员。有时劳累一天，回家不吃饭就倒头大睡。更让容闳头痛的是，他的数学经常不及格，为此常常做题到半夜。可贵的是容闳有惊人的毅力，有不达目的决不罢休的决心，始终坚持刻苦学习。

为了使身体能撑住沉重的负担，他挤时间去进行锻炼，尤其喜欢踢足球。他一身中国乡村打扮，将长长的辫子盘到头顶，在足球场上东拼西杀，引起同学们的阵阵喝彩。不少美国朋友赞誉他是"传奇式的足球英雄"。经过7年的艰苦奋斗，容闳不仅中学毕业，而且顺利地拿到了大学文凭，获得文学学士学位，成为中国正式接受美国高等教育的第一人。

容闳赴美留学，遇到后来留学生同样会遇到的诸多问题——课业负担、生活压力以及思乡情绪等。但他能一一克服，并顺利获得学位，除了其毅力超凡外，与课余参加体育活动不无关系。体育不但给他带了健康和快乐，能得到美国人的赞扬更给他带来自信。容闳可以说是亲身感受西方体育的第一人。

二　留美幼童与体育活动

留美幼童是中国历史上最早的官派留学生。由容闳倡议，在曾国藩、李鸿章等人的支持下，清政府于公元1872年到1875年间，先后派出四批共120名学生赴美留学，主要培养外交、实业人才，这批学生出洋时的平均年龄 12 岁左右。

在中国传统教育中，体育教育一直未得到应有的重视。这些十几岁的孩童到美国后，一改传统的"文弱书生"形象，对各种西方体育活动表现出极大兴趣，并很快成为美国孩子的竞争对手。留美幼童参与的体育活动主要包括棒球、赛艇、橄榄球、滑冰、狩猎、自行车等，给美国人留下了较早而深刻的东方人"体育形象"。关于留美幼童的体育活动及其影响，本书在第六章第一节的个案研究中进行专题探讨。

三　清末官派留欧学生与体育

（一）清末官派留欧学生

自 1861 年起，清政府就开始为筹办海军而购买军舰，引进外籍人才和造船技术，开办水师学堂。但由于各种原因，这些措施往往花钱太多，又事倍功半。而通过大量选派留学生出国学习来解决海军人才和技术问题，不失为一良策。

从 1877 年至 1898 年，清政府先后正式派出 4 批官费留学生赴欧洲学习海军工程和军事技术，拉开了中国现代留欧运动的大幕。相对于留美幼童，这些留欧学生：年龄较大，多为 20 岁左右的青年；基础较好，经过严格招考，大都具备较高的文化水平。他们无论学习或是实习，均刻苦用功，大多成绩优良，如当时文献记载："近年出洋学生试于书院，常列高等，彼（指英法等外国人）亦知华人之才力不后西人也。"[1]

（二）赴欧留学生与体育活动

这些留欧学生，回国后对中国近代体育的发展产生了一定的影响。由于他们学习的专业是军事，回国后多人担任教官，在军事学堂传授兵操等西方练兵方法，改变了军事教官完全由外国人把持的局面。

在陆军方面，1878 年春，留欧学生中卞长胜、朱耀彩因"性情较浮，学业未能精进"，先调回国。刘芸圃等四人一开始即由德国陆军部派往陆军部队受训：第一年"先习练手足及演枪各法，兼习德语"；第二年"随看林操习演、迎敌设伏及绘地图、排演各法"；第三年"习演带排随同林操，兼习文书"。他们陆续回国后，被李鸿章留在直隶淮军各营，"以守

---

① 薛福成：《出使四国日记》，湖南人民出版社 1981 年版，第 103 页。

备千总尽先补用"，有的则留任亲兵营教练①。上述林操即当时在德国流行的林氏体操。这批留德军人，是中国较早接触并学习林氏体操的人。他们学成归国后，开始在军营传播林氏体操。

在海军方面，严复是清末留欧学生回国后在军事学堂开展体育活动的代表。

严复（1854—1921），福建侯官人，又名严宗光，1877 年受清政府派遣赴英国学习海军技术。严复生性聪明，刻苦好学，在格林尼次海军学院"考课屡列优等"②。在国外学习过程中，他发现了中国学生和外国学生在体质上的差距。在留英期间，他在同当时驻英公使郭嵩焘的谈话中，讲起了自己的一段亲身经历：

"西洋筋骨皆强，华人不能。一日，其教习令在学数十人同习筑垒，皆短衣以从。至则锄锹数十具并列，人执一锄，排列以进，掘土尺许，堆积土面又尺许。先为之程，限一点钟筑成一堞，约通下坎凡三尺，可以屏身自蔽。至一点钟而教师之垒先成，余皆及半，惟中国学生工程最少，而精力已衰竭极矣。此由西洋操练筋骨，自少已习成故也。"③

严复在亲身实践和比较中看到了中国人与外国人在体质上的差异，认识到"西洋操练筋骨"的作用，成为他后来提倡"鼓民力，开民智，新民德"三育思想的基础。1880 年李鸿章在天津创办北洋水师学堂，调严复任北洋水师学堂总教习。"该学堂之组织及教授法，实由府君一人主之。"④ 严复在担任北洋水师学堂总教习（教务长）和总办（校长）期间（1881—1900），表现出对体育的足够重视。《清续文献通考》叙述北洋水师学堂课程说："学生入堂，授以英国语言，……推步、测量、驾驶诸学。虑其或失文弱，授之枪，俾习步伐；树之桅，俾习升降。"《光绪政要》记载，天津水师学堂"以升降娴其技艺，即以练其筋力"，"一日间中学西学文事武事，量晷分时，兼程并课"。王恩溥当年曾在北洋水师学堂学习过五年半的时间，他曾回忆说："这个学堂体育课的内容有击剑、刺棍、木棒、拳击、哑铃、足球、跳栏比赛、算术比赛、

---

① 史全生：《中国近代军事教育史》，东南大学出版社 1996 年版，第 69 页。
② 徐立亭：《晚清巨人传·严复》，哈尔滨出版社 1996 年版，第 25 页。
③ 同上书，第 69 页。
④ 同上书，第 106 页。

三足竞走、羹匙托物竞走、跳远、跳高、爬桅等项，此外还有游泳、滑冰、平台、木马、单双杠及爬山运动等。只是还没有篮球、网球等活动。""所学的体操最初为德国操，主要演习方城操及军事操，后来到了戊戌年间（1898 年）就改为英国操了。""水师学堂、武备学堂、电报学堂等举行校际运动会，作为水师学堂训练的特有体育活动则是有趣的'爬桅'竞赛。"①

以严复为代表的留欧学生，把西方体操、田径等体育项目带到军事学堂：一方面训练军人的身体素质；另一方面这些新式的体育项目也传到其他学校，在社会上产生了一定的影响。这也为以后军人临时充当紧缺的体育师资提供了可能。

四　清末留日学生与体育

（一）清末掀起留日高潮

1896 年 3 月底，清朝首次选派唐宝锷、朱忠光、胡宗瀛等 13 名学生抵达日本。这一批学生均经过总理各国事务衙门的选拔测试而获派日本留学的，年龄从 18 岁到 32 岁不等。此后，中国留学生人数逐渐增加，1899 年增至二百名，1902 年达四五百名，1903 年有一千名。到了 1906 年，有人认为竟达一二万名。据实际研究，1906 年留日学生实数约为八千名②。留日学生达到了清末留学运动规模的最高峰。

清末大批中国学生涌向日本，具有其特定的时代背景。学者黄新宪具体分析了其中的原因③：（1）在严重的民族危机面前，清王朝企图通过向日本派遣留学生"造就人才""富民强国"，以挽回颓势，这在客观上促进了留日教育由萌芽转向勃兴；（2）日本政府为达到控制中国的目的，在倍敦友谊、代培人才的幌子下，对中国向日本派遣留学生持欢迎态度，为留日教育的进一步发展起了推波助澜的作用；（3）一批具有新思想的知识分子目睹神州陆沉，以"求学如求药"的精神，试图从日本寻求救国救民的"秘方"，从而壮大了留日队伍；（4）日本在教育近代化方面所取得的成就，对长期处在封建教育桎梏下的中国学生具有极大的吸引力；

---

①　何启君、胡晓风：《中国近代体育史》，北京体育学院出版社 1989 年版，第 55 页。

②　［日］实藤惠秀：《中国人留学日本史》，谭汝谦、林启彦译，生活·读书·新知三联书店 1983 年版，第 1 页。

③　黄新宪：《中国留学教育的历史反思》，四川教育出版社 1990 年版，第 67—73 页。

（5）中日一衣带水，路近费省，来去方便，文字相近，易懂易记，为中国留学生提供了极大的便利。

就是在这种时代背景下，在奔赴日本的留学浪潮中产生了中国最早的一批体育留学生。

（二）清末留日学生与体育

在清末，中国留日学生学习体育有四种情况：一是在日本普通学校学习，由于日本学校均开设体育课，他们以类似现在"公体"学生的身份学习体育；二是在军事学校学习，接受了与军事有关的体育训练；三是在日本女子学校学习，女留学生接触了体育；四是在体育专业学校学习，这些学生是真正意义上的体育留学生，也是传播西方体育文化的骨干力量。

1. 日本普通学校的中国留学生与体育

当时，为适应大量增加的留日学生的需要，日本开办了许多培养中国留学生的普通学校，如日华学堂、高等大同学校、东京同文书院、宏文学院、经纬学堂、早稻田大学清国留学生部等。在这类学校中，接收中国学生最多的是宏文学院。中国许多著名人士如鲁迅、黄兴、陈独秀、陈润霖、朱剑凡、向恺然等曾就读于该校。

宏文学院十分重视体育，体操课每周达 5 课时。宏文学院院长嘉纳治五郎是当时日本著名的教育家，是现代柔道的创始人，被称为"柔道之父"。他在宏文学院开设柔道分馆，先后招收了包括鲁迅在内的三十多名中国留学生。

鲁迅是 1903 年第一批报名参加该柔道馆的成员之一。就是在学习柔道以后的数日，鲁迅剪掉了自己的长辫。他曾经说过剪辫子的原因："排满的学说、辫子的罪状和文字狱的大略，是早经知道了一些的，而最初在实际上感到不便的，却是那辫子。"因为它"一不便于脱帽，二不便于体操，三盘在囟门上，令人很气闷"①。由此可见，鲁迅剪辫子：一方面出于与旧世界割裂和追求进步的需要；另一方面辫子确实不便，影响了上体操课及柔道的训练和比赛。这正如当年留美幼童在体育活动中的感受一样。

根据柔道馆的规定，鲁迅填写了入馆学习志愿书："学习柔道决不中

---

① 江小蕙：《鲁迅学习柔道及其他》，《鲁迅研究月刊》1982 年第 2 期，第 18—20 页。

途停止""坚守各项规则"。之后，鲁迅每天赤着双脚，按规定和要求，认真地和同伴们在"榻榻米"上扭打摔滚。功夫不负有心人，经过教练的指导和认真训练，他熟练地掌握了中拂、内服、站力摔、诱摔、擒拿技等多种技法，成为同伴中的佼佼者①。

2. 日本军事学校中的中国留学生与体育

中国留学生在日本学习军事的专门学校有成城学校（军事预科学校）、振武学校（军事预科学校）、东斌学校、陆军士官学校，以及同一性质的警监学校、警官速成科等。这些学校的一个共同特点就是比较重视体操。

在这些军事学校中，日本陆军士官学校是世界著名的军事学校，与美国西点军校齐名。陆军士官学校中国学生步兵科的考试科目中，技术科有马术、体操、剑术②。在日本陆军士官学校的中国留学生中，出现了一位名扬东瀛的人物——蒋百里。由于他在 1905 年以该校步兵科第一名毕业，获得了日本天皇所颁赐的军刀，使日本学生的自尊心受挫。因为日本军部规定，凡士官生榜首题名，均由天皇颁赐军刀，日本人都以此引以为荣。由于此次步兵科军刀为中国留学生所得，自此以后，步兵科原来一起上课的中、日学生就开始分班学习，以防中国留学生再度夺魁③。

上述在这些军事学校求学的中国学生，熟练掌握了体操、剑术等与军事相关的体育项目。他们回国后，许多人成为叱咤一时的军事人物，如蒋百里、蔡锷、李烈钧，以及阎锡山、孙传芳、唐继尧等，在中国近代政治、军事史上产生过不同的作用和影响。

这些军事学校留学生毕业回国后，一方面参加推翻清政府等的革命活动；另一方面利用他们学到的体育知识和技能，为中国近代体育事业的发展做出了重要贡献。如杨振鸿（日本陆军学校测量部毕业）回国后创办云南体操专修学堂，在贡院、腾冲等开办体操专修科，开展了云南省最早的学校运动会，培养了最早的一批体育教师，成为云南省近代史上第一位

---

① 崔石岗、李卫平、高发民：《鲁迅的体育活动和爱好》，《体育文史》1999 年第 1 期，第 53—54 页。

② 丁果：《关于振武学校的珍贵资料》，《上海师范大学学报》1987 年第 4 期，第 66—68 页。

③ 史全生：《中国近代军事教育史》，东南大学出版社 1996 年版，第 99 页。

体育家、最早的体育教师①；欧阳武（日本士官学校毕业）回国后曾遍访武术名师、精研武术拳械，担任江西武术馆馆长，为江西武术界培养了一大批人才②；陈英士（日本警监学校毕业）在上海闸北王家宅创办精武体操学校（精武体育会前身），聘请霍元甲为总教习，还主持了精武体育会第一次运动会③，推动了中华武术的发展等。

3. 日本女子学校的中国留学生与体育

养于深闺而步履维艰的中国女留学生在 1901 年出现于日本东京。最初的女留学生不是只身行动的，而是跟随其父兄或夫婿一起留学的。到 1902 年，赴日的中国女留学生有十余名。其后人数不断增加，而且不一定跟从父兄或丈夫，单身赴日留学者也渐次增加。到了 1907 年，仅在东京一地，便有近一百名中国女留学生④。

据学者统计，当时接受中国女留学生的日本女校主要有 5 所，即实践女校、女子美术学校、东京高等师范学校、日本女子大学校、东京女医学校。其中开办最早、招收中国学生最多、影响最大的是日本下田歌子女士开办的实践女校。

下田歌子，生于 1854 年，著名教育家，日本女子教育的开拓者。1899 年在日本创办实践女校并出任校长。她在大力倡导、普及日本女子教育的同时，接纳并重视中国女留学生。1901 年实践女校接收了胡彬夏、陈彦安等最初的 7 名中国女留学生。1902 年特设清国女子部⑤，首开日本教育界培养中国女留学生之风气。据学者统计，截至 1911 年年底，日本招收中国女学生的 5 所主要学校的毕业生总数为 116 人，其中实践女校有 94 人，占总数的 80% 之多⑥。

实践女校的课程设置涵盖了文科、理科、体育和艺术等门类，尤其是在女子教育中开设体操课，对改善女生体质和精神风貌影响重大。蔡惠、

---

① 昆明体育志编纂委员会：《昆明体育志》，云南民族出版社 2002 年版，第 509—510 页。

② 江西省体育志编纂委员会：《江西省体育志》，方志出版社 2003 年版，第 335—336 页。

③ 浙江省体育志编撰委员会：《浙江省体育志》，方志出版社 2003 年版，第 758 页。

④ ［日］实藤惠秀：《中国人留学日本史》，谭汝谦、林启彦译，生活·读书·新知三联书店 1983 年版，第 54—55 页。

⑤ 王晓梅：《下田歌子的实践女学校与中国早期的留日女生》，《大家》2010 年第 14 期，第 23—24 页。

⑥ 刘涛、王玉海：《日本实践女学校对近代中国女子教育的影响》，《内蒙古社会科学（汉文版）》2003 年第 24 卷第 3 期，第 30—33 页。

秋瑾就是毕业于实践女校的中国女留学生。

　　蔡惠（1886—1964），江西宜丰人，自幼喜欢习武，胆识过人，开江西宜丰女子习武之风气，曾在其兄于南昌创办的第一所义务女子学校担任军事体操和生理卫生教员，为江西省最早的女体育教师之一。从1907年开始，曾两度赴日本留学，在实践女校和师范学校学习，加入同盟会①。回国后，蔡惠利用女子身份、武术技艺等特殊条件，参加革命活动，为辛亥革命以及江西近代体育的发展做出了贡献。

　　秋瑾（1875—1907），祖籍浙江山阴（今绍兴），生于福建厦门，近代民主革命志士。1904年夏到达日本东京，初入中国留学生会馆所办的日语补习所学习日语。1905年7月秋瑾再次东渡日本，进入实践女校附设的清国女子师范、工艺速成科学习。秋瑾除了紧张的学习以外，还"日习体操"②，并经常到东京麹町区神乐坂武术会练习射击技术，又学习制造炸药的方法，常身穿日本和服，携带倭刀③。秋瑾留学日本主要是为了革命，其大量时间用于宣传革命和学习与之有关的实用技能，具有军事体育的性质。秋瑾回国后，积极宣传女子体育，主持大通师范学堂，创立"大通体育会"，培养了一批革命和体育人才，为中国近代革命和体育事业做出了积极贡献。

　　4. 中国最早的一批体育留学生

　　根据目前掌握的与体育留学生有关的资料来看，在清末的留日浪潮中，可能出现了中国近代史上最早的一批体育留学生。这一判断除了此前有关体育留学生的资料尚未发现以外，还有以下两个方面的依据：

　　一是清末留日浪潮中，自费生占很大比例，为学生自由选择专业提供了可能。

　　据学者统计，从1896年、1898年、1901年、1902年、1903年、1904年、1905年到1906年，在日本留学的人数分别是13人、48人、274人、570人、1300人、2400人、8000人和12000人④。仅自费留日的学生人数就达到总数的50%⑤。与官费生受到清政府的限制不同，大量的自费

---

　　①　江西省体育志编撰委员会：《江西省体育志》，方志出版社2003年版，第335—336页。
　　②　梁光桂：《秋瑾与体育》，《成都体育学院学报》1983年第2期，第20—22页。
　　③　陈象恭：《秋瑾年谱及传记资料》，中华书局1983年版，第24—25页。
　　④　李喜所：《清末留日学生人数小考》，《文史哲》1982年第3期，第45—50页。
　　⑤　李喜所：《近代中国的留学生》，人民出版社1987年版，第127页。

生赴日求学，可以根据自己的爱好选修专业。也就是说，相对于奔赴欧美的留学生，留日学生完全可以选修体育专业。根据《清国留学生会馆第五次报告》，可看到 1904 年中国留日学生的专业分布情况。其中在日本体育学校就读的中国留学生有 12 名，分别为浙江 1 人、四川 1 人、湖北 2 人、江苏 2 人、湖南 6 人①。这 12 人和当年留日总人数 2400 人相比，虽只占 0.5%，但逐渐揭开了中国人赴国外学习体育的序幕。另据资料显示，仅 1906 年 6 月 19 日至 9 月 17 日近 3 个月内，国内各省送入日本大森体育会的学生就达到 104 人②。体育留学生从 1904 年全国送出约 14 人，到 1906 年进入日本一个学校竟达 104 人，符合当时的留学趋势，是清末留日大潮的一股支流。

二是清政府颁布的《钦定学堂章程》和《奏定学堂章程》规定中小学堂开设体操课，对体育师资形成了迫切需求。

以中学堂为例，1902 年的《钦定学堂章程》规定蒙学堂、中学堂均开设体操课，其中，中学堂 4 年期间每年均开设体操课，每周 2 课时，课程内容为器具操和兵式操。1903 年的《奏定学堂章程》规定体操各年级均为每周 3 课时，教学内容为普通体操、有益之运动、兵式体操。体操课教法的具体要求为：中学堂体操宜讲实用，其普通体操先教以准备法、矫正法、哑铃等体操，再进则教以球竿、棍棒等体操；其兵式体操先教单人教练、柔软体操、小队教练及器械体操，再进则更教中队教练、枪剑术、野外演习及兵学大意③。

从实际效果来看，1902 年的《钦定学堂章程》虽未实行，但第一次以政府文件的形式把体操列为学校教育内容，规定了体操课的地位。1903 年的《奏定学堂章程》正式在全国实施，推动了学校体育的形成和发展，并对体育设施、体育师资等提出了迫切需求。因此，在清末留日学生大军中，选修体育也是一种现实需要。

因此，中国最早的一批体育留学生，最迟不晚于 1903 年的留日体育生。

这批体育留学生就读的学校主要包括日本体育会身体练习学校、大森

① 李喜所：《中国近代社会与文化研究》，人民出版社 2003 年版，第 652 页。
② 罗时铭：《中国体育通史·第三卷》，人民体育出版社 2008 年版，第 97—98 页。
③ 王华卓：《中国近现代体育课程史论》，高等教育出版社 2004 年版，第 48 页。

体育会等。其中，大森体育会是 20 世纪初，由我国留日学生中的民主革命激进分子在日本东京大森地区创办的一个革命性体育组织。黄兴等人充分利用位于大森的日本体操学校（体育会身体练习学校）的场地设备，以及在该校学习的中国留学生较多等有利条件，创建了该组织。它是革命党人赴日本学习军事、体育的重要场所，在中国资产阶级民主革命斗争中发挥了巨大作用[1]，对培养中国早期的体育师资也起到了积极的作用。

在清末这批体育留学生中，出现了徐一冰、徐卓呆、王金发、林修明、郭公接、王润生、段雄等一批体育界知名人士（根据目前掌握的资料，在清末较早地出国学习体育的是 1903 年赴日留学的柳大任、葛谦等人）。他们回国后，在译介日本体育术语和文献、编译日本体育教材、创办体育专业学校、开展体育教学、组织早期运动竞赛、宣传国外体育思想等方面做了一些开拓性工作，在中国近代体育发展过程中起了奠基性作用。体育留学生的基本贡献，将在第三、四、五章分专题进行分析。

第三节　民国时期体育留学教育（1912—1949）

从 1912 年中华民国成立到 1949 年南京国民政府垮台的 38 年时间里，中国的留学教育先后经历了南京临时政府、北洋政府、南京国民政府三个政权的更迭，再加上有两次世界大战、日本侵华战争的影响，和三次国内革命战争的情况，留学政策不断调整，留学国家相继交替，表现出动荡、复杂、多变的特点。

尽管国内局势动荡不安，但这一时期几乎每年都有体育留学生出国学习，表现出时间的连续性。继在清末留日浪潮中出现第一批体育留学生之后，这一时期的留学国家表现出多元化的趋势，即除了继续赴日留学外，还出现了留美、留德、留苏体育生。同时，这一时期的体育留学教育又表现出既多元化又以留学美国为主的特点。

一　赴日留学与体育留学生

由于地域的接近和文化的相近，相比于留学欧美而言，留日学生一直以来更多地受到中国国内政治、军事风云变幻的影响。这一时期国内出现

---

① 何启君、胡晓风：《中国近代体育史》，北京体育学院出版社 1989 年版，第 91 页。

的一系列重大事件和时局变动，都在留日学生中产生震动，并引起其强烈反应。

（一）20世纪10年代的留日体育生

这一时期，赴日留学的学生人数，往往随着政局的动荡而起伏，出现锐减—剧增—锐减的变化过程。在辛亥革命酝酿期间及爆发以后，留日青年和革命志士纷纷回国参加革命，导致当时在日留学生人数锐减；在"二次革命"（1913年7月发起）失败后，孙中山等革命者逃亡日本，大批流亡者及留学生也追随而至，再加上当时政府也出台鼓励留学的政策，因而在日留学生人数剧增；在五四运动期间，留日学生也纷纷响应，在东京举行国耻纪念游行示威，并在五四运动爆发当年再次出现留日学生返国风潮。在这一时期，也有一部分赴日学习体育的学生，他们深深地打上了时代的烙印。

在20世纪10年代，先后赴日本学习体育的有曾绍舆、陆佩萱、庞醒跃（东亚体专创始人）、顾水如（出国学围棋第一人）、谢似颜（鲁迅好友）等。他们毕业回国后，都在体育方面做出了一定的贡献。

谢似颜1919年被日本东京高等师范学校体育系录取，获官费赴日留学。他先入东亚预备学校学习一年日语，1920年预科期满，遂转入东京高等师范学校体育系本科学习。谢似颜在该校先学柔道和剑道，后学习重点转到竞技方面，专攻竞技部田径运动[①]。他回国后，先后在宁波第四中学、春晖中学、北平师范大学体育系等校任教体育，曾担任过浙江省立体育场场长、北平私立民国大学体育主任、北平大学体育主任等职。1937年日军攻占北平后，出于对日本帝国主义的熟悉和仇恨，严词拒绝出任敌伪统治下的教授一职，毅然与王耀东等人克服重重困难去内地的西北联大任教，表现出一位爱国体育家的立场和气节。

（二）20世纪20年代至抗战爆发前的留日体育生

20世纪20年代至抗战爆发前这一时期，尤其是20年代末至抗战爆发前，中日间民族矛盾逐渐升级、冲突不断，使中国留日学生直接受到中日关系的影响，始终处于无法安于学业的动荡之中。如1928年日本出兵济南、1929年日本在国内以防止示威为借口大肆搜捕留日学生；1931年"九一八"事变、1932年"一·二八"事变等等，均激起中国留日学生

---

① 白肇杰：《体坛教育家谢似颜传略》，《体育文史》1998年第3期，第50—53页。

的大规模抗议乃至数次集体返国。

1933 年以后，时局又出现了有利于赴日留学的一些变化。例如，南京政府于 1933 年提高了留学生资格要求，并强化了出国审批制度，但在日本留学无须护照和证书，这使得有志于留学但资格欠缺的青年纷纷转向日本。另外，20 世纪 30 年代中期国际市场金价下跌、银价上涨的变化，也导致了中（银本位制）、日（金本位制）间汇率的改变，"在上海攻读，反不如东渡日本合算"①。再加上国内政治、经济危机日益加深，青年学生纷纷寻找新的出路。这样，1934 年以后，中国赴日留学生一改以前下降趋势，反而出现快速的增长。

在这一时期，中国赴日本学习体育的学生，20 年代出去的有林朝权、向志均、吴清源等，30 年代（1937 年前）出去的有韩国儒、吴文忠、白春育等。

向志均是四川丰都人，1921 年考入日本东京高等师范学校体育系。在日学习期间，成绩优异，多获师友赞扬。但该校一些术科的创新部分禁止他国学生听讲，使他十分愤怒。对这些术科中的创新内容，他想方设法通过友好的日本同学获得。他学成回国后投身于体育人才的培养工作。1924 年担任国立成都大学体育系教授兼第一任主任，1931 年任四川大学体育系主任，并承担人体运动学、运动解剖、运动医学等课程的教学工作。向志均的体育教学理论性强且语言生动，深受学生欢迎。另外，向志均曾担任四川省运动会的总裁判，主持游泳选拔赛；曾先后建成了成都第一个向群众开放的游泳池、第一支手球队，推动了四川游泳和水球运动的发展②。1930 年，四川省教育厅任命向志均为四川省第一任体育督学，1934 年被委任为重庆特别市体育督学。抗战胜利后，经当局多次挽留相劝，向志均仍辞职回到四川大学任教，直至逝世。

（三）抗日战争爆发至新中国成立前的留日体育生

1937 年"七七事变"爆发后，中、日两国进入全面战争状态，中国驻日大使馆及留日学生监督处随即关闭，全部公派留学生和绝大部分自费生都毅然辍学回国。除伪满地区外，国内留日学生的正式派遣也全部终

---

①　周晓明：《多源与多元：从中国留学族到新月派》，华中师范大学出版社 2001 年版，第 107 页。

②　成都地方志编纂委员会：《成都市志·体育志》，四川辞书出版社 2000 年版，第 211—213 页。

止。据国民政府教育部编制的《历年度出国留学生数》表册显示，1938—1946 年每年留日学生人数均为零。但另据当时日本外务省统计："七七事变"前夕，中国除伪满洲国外的留日学生为 3643 人；"七七事变"后，留日人数锐减为 403 人①。以抗战的全面爆发为分界线，正值鼎盛时期的留日运动骤然刹车，从高峰跌入低谷。在抗战结束后，战时与中国处于敌对关系的国家，如日本和德国，中国留学生出现全部或大部撤离的情况②。

在这一时期，在日本留学的体育生有张长江、贾玉瑞、杨守文等人。

贾玉瑞 1938 年赴日本东京高等师范体育系留学，并在东京青年会学习击剑。1944 年，贾玉瑞回国，任教北京大学，利用课余时间在北京基督教青年会带领学生学习击剑。此为我国最早的击剑活动，后因条件限制而中断。1950 年，贾玉瑞任北京师范大学体育系教师，再度带领学生学习击剑。1953 年 11 月，"北师大"体育系学生在第一届全国民族形式体育表演及竞赛大会上进行击剑表演，这是现代击剑运动第一次在中国公众面前亮相。贾玉瑞因在中国最早开展击剑运动，被称为"中国现代击剑的先行者"。

二　赴美留学与体育留学生

在民国时期，相对于留日运动而言，由于北美大陆远离中国本土，受到国内政局干扰较小，1909 年至 1937 年庚款留美政策继续发挥作用，以及美国较为稳定的社会环境和比较宽松的教育制度对自费生的吸引，使得赴美留学相对比较稳定。在这一历史时期，留美体育生取代了留日体育生逐渐成为体育留学生中的主流。

（一）20 世纪头十年的留美体育生

1911 年 4 月 29 日，以培养留美预科生为基本宗旨的清华学堂正式开学，成为选拔庚款留美生的主要来源之一；同时国民政府教育部还从"直辖各校"（部属院校）及其他各校教员中选拔 41 人赴欧美学习，使得这一阶段官费留学成为留美的主角。民国建立后，自费留美人数也呈逐年

---

① 王奇生：《中国留学生的历史轨迹》，湖北教育出版社 1992 年版，第 118 页。

② 周晓明：《多源与多元：从中国留学族到新月派》，华中师范大学出版社 2001 年版，第 114 页。

上升之势。

在这一时期赴美学习体育的先后有赵占元、张端珍、卓文、宋君复、卢颂恩、马约翰、郝更生、沈嗣良、舒鸿、张信孚等。其中，赵占元赴美留学属半工半读性质，张端珍、卓文曾获清华资助，宋君复、马约翰、郝更生、舒鸿等均由基督教青年会选送。这一批留学生可谓群贤辈出，如回国后宋君复连续三次担任奥运会中国队教练，舒鸿成为中国最早的篮球国际裁判，马约翰被誉为"我国体育界的一面旗帜"，郝更生担任国民政府教育部体育督学等。

马约翰（1882—1966）是我国著名的体育学家，国家一级体育教授，中国近代体育的主要开拓者之一，对我国近代体育的理论和实践有着突出的贡献，被誉为"我国体育界的一面旗帜"。他的体育思想和实践，深受赴美留学时期的影响。1919 年，马约翰到美国春田学院学习体育教育专业。在第一次学习期间，他完成了论文《体育历程十四年》，批评了当时中国学校教育中流行的轻视体育的一些观念，如把学校体育活动仅仅看作是单纯的游戏娱乐活动。1925 年，马约翰第二次来到春田学院，攻读体育教育专业硕士学位，完成了他的硕士学位论文《体育运动的迁移价值》和副论文《中国拳术入门》。《体育运动的迁移价值》一文全面、深入地阐述了体育对于培养人的性格、社会品质以及获得健壮的体魄等方面所具有的重要价值[1]。在副论文中，马约翰首次把"形意拳"介绍到西方世界，而且试图"选择西方最出色的拳击和格斗技术，并与东方的拳术结合，从而发展成为一种新的、更加有效的防身形式"[2]。

（二）20 世纪 20 年代的留美体育生

20 世纪 20 年代的留美运动，以五四运动为转折进入了一个空前活跃的时期，主要表现为中国留美学生尤其是自费生人数稳定增长，中国留美学生在美国总留学人数中所占比重迅速提高。1928 年 8 月北洋政府教育部颁布的通告揭示了这一时期自费留美人数增长的原因："入美国学校易，且可以国内学年资格，插班听讲。不及二三年而取得毕业资格者甚

---

①　尹大川：《体坛宗师马约翰》，《炎黄春秋》2002 年第 5 期，第 59—61 页。

②　傅浩坚：《中国近代体育史的传奇人物——马约翰》，北京体育大学出版社 1998 年版，第 22 页。

多，所以自费生趋之若鹜。"① 官费生保持稳定增长而自费生人数不断扩张，从而导致中国留学生在赴美各国留学生总人数中的比例很快占据首位。1912 年，中国留学生占赴美各国留学生总人数的 14% 以上；到了1925 年，这一比例达到了 33% 以上②。

在这一时期赴美学习体育比较有名的有张汇兰、高梓、谢文秋、马心仪、林谨授、陈咏声、许民辉、董守义、袁敦礼、吴蕴瑞、陈美愉、方万咏、张咏、杨效让、宋如海、袁浚、黄丽明等。这一时期的留美体育生具有两个特点：

一是女性留学生比较多。在上述列举的 18 人中，共有张汇兰、高梓、谢文秋、马心仪、林谨授、陈咏声、陈美愉、杨效让、黄丽明等 9 位女性，占到一半，反映出这一时期社会风气为之一变，女性对体育有了一定的重视。

二是学历较高。在上述 18 人中有 1 位学士、7 位硕士、3 位博士（另外 7 位学历情况不明）。其中，马心仪是中国第一位体育专业出身获得博士学位者（1930 年获化学博士学位），张咏是中国第一位体育专业博士学位获得者（1932 年取得博士学位），张汇兰是中国第一位女体育博士（1944 年获得公共卫生博士学位，毕业论文写的是体育内容）。

马心仪 1918 年进入上海女子体育专门学校学习，两年后毕业，担任天津第一女子师范教员一年。1921 年考取山东省留美名额，赴美国著名体育大学——得州大学学习体育。后来专攻化学，1930 年获得州大学化学博士学位，成为中国第一位体育专业出身获得博士学位者，也是获此成就的第一位女士③。

张咏 1918 年考入北平清华学校，当时国内军阀割据，中国人备受洋人欺侮，激发了他强烈的民族感，促使他选择体育作为终身事业，以达"体育救国"的目的。1926 年他从清华学校毕业，留学于美国欧伯林大学体育系，1928 年获体育学士学位和俄亥俄州体育教师证书，1929 年获硕士学位。后转入哥伦比亚大学教育研究院获博士学位，成为第一个获得体

① 周晓明：《多源与多元：从中国留学族到新月派》，华中师范大学出版社 2001 年版，第93 页。

② 王奇生：《中国留学生的历史轨迹》，湖北教育出版社 1992 年版，第25 页。

③ 王惠姬：《廿世纪上半叶留美女生与中国体育的开展》，《中正历史学刊》2004 年第 7期，第43 页。

育专业博士学位的东方人。回国后，先后担任国民政府教育部体育专家委员，北平民国大学体育专修科体育理论教授、普通体育部主任，山西大学体育主任、山西教育厅秘书兼体育督学，财政部缉私总队体育处长、中央银行一等专员，全国体育协进会山西省分会理事长等职。新中国成立后，先后在国家体委教育司体育学院科、英文版《中国体育》杂志编辑部、成都体院科研处等部门工作，主要从事英文资料的翻译工作。他为骨伤科专家郑怀贤搜集、译出一百多篇文章，计40万字，为其《伤科诊疗》一书提供了宝贵的资料。尤其是张咏翻译的美国普林提斯·霍尔出版社出版的巨著《世界体育史》，广为体育史学界参考和利用，为我国体育史研究做出了重要贡献①。

　　张汇兰幼时多病，但个性勇毅，到其母亲就职的教会学校求学，参加江南第一次联合运动会。高中毕业后考入上海女青年会体育师范学校，各种运动使其甩掉一身病痛。她对学校一副借来的人体骨骼尤感兴趣，为日后从事人体解剖学研究奠定了基础②。后来留学美国对其以后的体育生涯产生了重要影响。1920年第一次赴美，进入加州密尔斯（Mills）私立女子大学体育系学习，短短一年时间，深刻感受美国的风俗文化。1921年转到威斯康星（Wisconsin）大学体育系，该校环境优美，设备完善，有不少知名教授，如曾任体育系主任的赫次灵顿（C. W. Hetherington）等。张汇兰研习生理学、解剖学等课程，又常与医科的同学在一起，因而对现代科学知识与观念有了较深的领悟。她还受美国教育家杜威"学由于行"和"教育即生活"思想的影响。因女青年会一再催促，她于1923年回国。由于尚未获得学士文凭，以致在金陵女子大学任教时，不能参加教师会议，因此1925年第二次赴美，1926年8月获麻省理工学院生物学硕士学位后回国。1938年第三次赴美，入依阿华（Iwoa）州立大学学习，于1945年获公共卫生学博士学位，其学位论文以体育为研究内容，题目是"A colligation of facts and principles basic to sound curriculum construction for

---

① D. B. 范达冷、B. L. 本夸特：《美国的体育》，张咏译，人民体育出版社1991年版，第1—8页。

② 王惠姬：《廿世纪上半叶留美女生与中国体育的开展》，《中正历史学刊》2004年第7期，第40页。

physical education in china"①。张汇兰回国后，先在四川的乡村建设学院担任卫生教育工作，后担任金陵女子大学体育系主任。新中国成立后担任上海体育学院教授、教务长兼人体解剖学教研室主任，是中国运动解剖学、运动生物力学领域的开拓者之一。张汇兰后来被誉为五项"中国第一"：中国第一位女体育学博士、第一位女篮球裁判、全国高等体育院校第一位女教务长、第一位获得中国"体育运动荣誉奖章"的女教师、第一位获得联合国教科文组织"在体育运动方面做出杰出贡献荣誉奖"的中国人②。

（三）20世纪30年代（截至抗战爆发前）的留美体育生

1928年清华学校正式改为国立清华大学，并于1929年停办留美预备部。自此，清华学校的性质和教育目的发生重大转变，改"以留美预备教育为主"为"以考选公费留美学生为主"。1929年清华大学选拔10名学生赴美国留学，此后曾连续几年停派。1929年南京国民政府颁布《发给留学证书规程》，相应提高了对留学人员资格、资历的要求，并开始实行留学生证书政策，相比于同期其他一些留学生（如留日学生），留美学生的出国渠道、程序受到一定的制约③。这样，公费留美人数有所减少。上述情况却在客观上促使有志青年走上自费留学的道路。因而这一时期的留美运动出现公费派出明显减少、自费留学较多增加、两者比例悬殊较大的特点。

1932年9月，国民政府颁布的《国民体育实施方案》在"师资训练"条目中规定："按期选送体育界服务多年成绩优良者，赴各国实地考察及研究"；"各省保送留学时，应慎选学术兼优体育人员，分赴国外留学体育"；"教育部及各省举行留学考试时，应列体育名额"④。这是我国较早颁发的与体育留学有关的正式官方文件，明确了体育留学在留学教育中的应有地位，在一定程度上推动了体育留学运动的发展。

这一时期赴美学习体育的先后有陈越梅、卢惠卿、杨宝瑜、陈璇采、涂文、章辑五、金兆钧、张龄佳、崔亚兰、徐英超、李友珍等。

---

① Yuan, Tung-li, compiled, *A Guide to Doctoral Dissertations by Chinese Students in America*, 1905-1960, Washington, D.C.: Sino-American Cultural Society, 1961.

② 张连红：《金陵女子大学校史》，江苏人民出版社2005年版，第65页。

③ 周晓明：《多源与多元：从中国留学族到新月派》，华中师范大学出版社2001年版，第103—105页。

④ 成都体育学院体育史研究：《中国近代体育史资料》，四川教育出版社1988年版，第83页。

这批留学生中至少有 5 位女性，即陈越梅、卢惠卿、杨宝瑜、陈琏采和崔亚兰。她们中有 3 位（陈越梅、卢惠卿、崔亚兰）留学于韦尔斯利大学。韦尔斯利大学（Wellesley College）又名韦尔斯利女子学院，是纯女子大学，由当地乡绅 Durant 夫妇于 1870 年注册，1875 年开始招生。该校虽然规模不大，但从该校毕业的著名女性却很多，如美国前女国务卿奥尔布赖特、美国前第一夫人希拉里·克林顿等，我国著名女作家冰心、蒋介石夫人宋美龄等也曾就读于该校。

陈越梅出身基督徒教育世家，兄长陈裕光曾任南京金陵大学校长多年。陈越梅进入金陵女子大学就读，本来打算主修音乐，但老师 Miss Southerland 认为，她个性好动，不适合学音乐，刚好体育系有位老师是 Miss Southerland 的好友，建议让陈越梅主修体育，副修音乐，两者兼得。陈越梅 1930 年于金陵女子大学毕业，受老师陈英梅的鼓励，赴美国韦尔斯利大学体育系进修，获得理学硕士学位[①]。

徐英超 1919 年和 1926 年先后毕业于北京师范大学体育科和英文系。1936 年赴美留学。1938 年在美国春田学院获体育与健康教育硕士学位。回国后任西北联合大学教授。新中国成立后，1949—1952 年任中华全国体育总会副主席。1950 年他率领第一个体育考察团前往苏联访问，回国后受国家委托筹建中央体育学院（北京体育大学前身），并任副院长。他一直坚持体育科学研究，在我国第一个开设了体育统计学课程，成为我国第一个从事这门学科教学与研究的学者；他还致力于体质研究，在我国青少年体质研究方面具有较高的造诣，曾参加历次国家体育锻炼标准的制定工作[②]。

（四）抗战期间的留美体育生

在抗日战争期间，战争破坏、经费短缺等对留美运动带来一定的影响。战争初期部分留美学生共赴国难，陆续回国，留美人数与战前相比出现明显的下滑。

战争中后期，在国外，留学于同盟国的学生大多受到所在国政府及民间善意的对待和经济支持，如美国政府曾安排 80 万美元总统紧急拨款，

---

① 王惠姬：《廿世纪上半叶留美女生与中国体育的开展》，《中正历史学刊》2004 年第 7 期，第 46—47 页。

② 芒地：《徐英超》，《中国学校体育》1988 年第 3 期，第 79 页。

按每人每月 75 美元额度，资助在美成绩优异而生活困难的中国留学生①。
在国内，国民政府教育部也拨出 30 万美元，在美成立"留美中国学生战
时学术计划委员会"，对留美学生以及他们的学术研究予以资助②。抗战
中后期，由于战局相对稳定以及同盟国之间学术文化交流加强，国民政府
逐步加大了向英美等国派遣留学生、进修生和访问学者的力度；在抗战结
束前的三年间（1943 年、1944 年、1945 年），国民政府每年都选派一定
数量的大学教授赴英美两国讲学③。这样一来，在战争期间的艰苦环境
下，留美运动在抗战中后期出现了回升之势。

与战前相比，在这一时期留美的体育生人数明显减少。抗战期间赴美
学习体育的先后有林启武、管玉珊、梁兆安、李玉雪、马杏修、夏翔等。

林启武曾就读于燕京大学社会学系，毕业后在燕京大学担任体育教
师，在职期间获得社会学硕士学位。1937 年，赴美国哥伦比亚大学研读
体育，1938 年获得体育学硕士学位。在抗战艰苦环境下，为开展体育活
动他将羽毛球改造成了板羽球，并在全国范围流行起来④。1941 年燕京大
学搬到成都后，林启武与他人创办《中央日报》体育副刊，并任主编之
一，发表许多体育论文；1946 年燕京大学迁回北平后，又在《华北日报》
创办体育副刊，任主编，继续宣传体育。为推动体育学术研究，在
1946—1949 年间，与袁敦礼等人组织北平高校体育教师成立"体育研究
会"，为中国体育及体育学术研究的发展做出了积极贡献。新中国成立
后，林启武任北京大学体育教授，1950 年参加创办《新体育》杂志，任
第一任主编。林启武首次在中国翻译出版羽毛球规则，并首次在中国用英
语培训羽毛球国际裁判，著有《羽毛球练习法》《羽毛球裁判法》等著
作⑤。他还是新中国成立后第一个从事体育社会学研究的学者，曾在 1981
年全国体育科学理论学术报告会上作过学科介绍。他先后在报刊上发表的

---

① ［美］汪一驹：《中国知识分子与西方——留学生与近代中国（1872—1949）》，梅寅生
译，台湾枫城出版社 1978 年版，第 147 页。

② 周晓明：《多源与多元：从中国留学族到新月派》，华中师范大学出版社 2001 年版，第
112 页。

③ 王奇生：《中国留美学生的历史轨迹》，湖北教育出版社 1992 年版，第 389—391 页。

④ 肖杰：《百岁羽球老人林启武：迈出第一步的人》，http：//sports. qq. com/a/20090224/
000081. htm. 2010 – 12 – 12.

⑤ 王庆环：《林启武教授喜迎百岁寿辰》，http：//www. gmw. cn/content/2006 – 09/13/con-
tent_ 479288. htm，2010 – 12 – 12.

研究文章有上百篇之多。1986 年国际羽毛球联合会授予林启武"对世界羽毛球发展做出贡献"功勋奖章；1987 年国家体委授予林启武"体育运动一级奖章"[①]。

（五）抗战胜利后至新中国成立前的留美体育生

抗战结束后，为了遏制共产主义势力尤其是苏联势力的扩张，美国政府把"鼓励政治解决避免内战""加强国民政府的地位"[②]作为美国当时最主要的对华政策。而蒋介石方面为了国内政治尤其是内战的需要也极力向美国靠拢，于是国民政府与美国之间的关系日益紧密，开展了全方位的合作。在留学方面，如 1947 年 11 月，中美两国签订"中美文化协定"，成立了美国在华教育基金委员会，利用美国剩余战时财产售华后所得的2000 万美元，用于中美文化、教育交流以及派遣留学生和访问学者。在抗战胜利后最初的重建阶段，国民党政府曾大量派遣各类留学、进修人员以及其他人员赴美；内战爆发前后，国民党也选派了不少留学生、教员、党政军人员赴美留学；在最终的政权更迭过程中，一些学者、学生也出于各种原因（如对时局的悲观、寻找新的出路等）先后踏上赴美的旅途。这些因素，使战后出现了一个蔚为壮观的留美热潮[③]。

在这一时期赴美学习体育的先后有牟作云、马启伟、李鹤鼎、周纪馨、孙淑全、刘天锡、吕彩英、吴之仁、徐绍武、王义润、陶德悦、薛济英、董时恒、张素央、吴志钢等。在这 15 人中，有 5 位女性（即周纪馨、孙淑全、吕彩英、王义润、张素央），有 2 位获得博士学位（刘天锡、吴志钢），7 位获得硕士学位。另外，还有一对同赴美国学习体育的夫妇（李鹤鼎和王义润）。

马启伟曾就读于西南联大心理学系，1946—1948 年在美国春田学院研究院学习，获体育、教育双硕士学位。在留学期间，曾一举击败了美国春田学院连续 8 年的全校网球冠军，第一次接触了六人制排球。回国后在清华大学任教，后担任北京体育学院院长。马启伟曾担任中国女排第一任教练，创建、发展了我国六人制排球项目；担任国际排联规则委员会主席

---

① 冷雨：《林启武》，《中国学校体育》1988 年第 4 期，第 79 页。

② ［美］费正清：《美国与中国》，孙瑞芹、孙泽宪译，商务印书馆 1971 年版，第 262—263 页。

③ 周晓明：《多源与多元：从中国留学族到新月派》，华中师范大学出版社 2001 年版，第 115—116 页。

近 20 年来，一直主持各次排球竞赛规则的修订工作①。退出领导岗位后，致力于运动心理学的教学和研究活动。由于马启伟对中国及世界体育事业做出突出贡献，先后被国家授予"新中国体育开拓者荣誉奖章""体育工作荣誉奖章""体育科技进步奖"，获国务院政府特殊津贴；被国际奥林匹克委员会授予"体育运动学习和研究奖"，被国际排联授予"银十字"勋章②。作为母校的优秀学子，马启伟被美国春田学院授予人文科学名誉博士学位，同时还被赠予了一个刻有其父亲（马约翰）、他本人及其女儿从该院毕业年份的银盘③。

李鹤鼎和王义润是这一时期留美体育生中爱情、事业均取得成功的典型。李鹤鼎毕业于北平师范大学体育系，先后在西北大学、西北师范学院、重庆大学、国立江津体育专科学校任讲师和副教授，1946 年获得奖学金赴美国科罗拉多州立教育学院留学，1948 年获硕士学位。因夫人王义润赴美留学而滞留美国。他一边工作，一边在旧金山大学选修少量课程，等候夫人毕业。王义润是李鹤鼎北京师范大学的同学，1948 年赴美留学，1951 年获美国旧金山大学教育学硕士学位。当王义润在获硕士学位时，已身怀六甲，为了不使孩子生在美国（美国法律规定，在美国出生的孩子属美国国籍），紧急要求返回祖国。当时美国政府千方百计阻挠中国留学生返回大陆，以高薪工作、免费飞机送往台湾、拒发签证、不卖赴港船票等进行利诱、威胁和刁难，拖延他们的回国日期，并最后一直派人跟踪到夏威夷。他们费尽周折，历时数月，冲破重重阻力和难关，才得以返回祖国④。李鹤鼎回国后，先后任教于北京师范大学体育系、北京体育学院（教授），担任中国足球科研协会副主席、中国体育科学学会常务理事等职务，为国务院学位委员会第一届体育学科组成员，在全国足球界和体育科研理论界颇有声望，为我国足球科学研究和高级人才培养做出了重要贡献⑤。王义润回国后致力于体育教育工作，先后任教于北京师范大

---

① 萧萧：《马启伟——中国体育界的骄傲》，《中国排球》2003 年第 3 期，第 28 页。

② 中国心理学会体育运动心理学专业委员会，心理学报编辑部：《沉痛悼念马启伟教授》，《心理学报》2003 年第 4 期，第 568 页。

③ 许青：《继承父业的体育教育家——访北京体院院长马启伟》，《体育博览》1986 年第 6 期，第 10 页。

④ 谷世权：《深切怀念李鹤鼎教授》，《体育文史》1992 年第 1 期，第 45—47 页。

⑤ 国家体委体育文史工作委员会，中国足球协会：《中国足球运动史》，武汉出版社 1993 年版，第 254—255 页。

学体育系、北京体育学院（教授），主要从事运动生理学教学和研究，是我国体育科学学科第一批两位博士研究生导师之一，为我国运动生理学的开创和高级人才培养做出了重要贡献。

三　赴德留学与体育留学生

在民国时期，德国也是中国学生留学的主要目的国之一。中国人留学德国始于 1876 年的官费军事留学。在 20 世纪 20 年代初和 30 年代初，留学德国形成了两次高潮。而在 20 世纪 20 年代末 30 年代初、30 年代中期这两个时期，出现了赴德体育留学生，其人数仅次于在美国、日本留学的体育生。

（一）20 世纪 20 年代末至 30 年代初的留德体育生

第一次世界大战后，中国作为战胜国，1921 年 5 月与德国新订了平等的双边协定，开启晚清以来中西外交关系新局面。这不仅使国人倍感欣慰，也为中国青年借鉴战后德国重建经验、留学德国提供了前提。另外，战后德国马克贬值，物价低廉，促使部分经济宽裕的中国人赴德留学①。这样，五四运动以后的五六年间（1919—1925 年间），留德运动迎来了第一个黄金期②。有所不同的是，体育留学生前往德国多出现在 20 世纪 20 年代末至 30 年代初这一段时间。

这一时期赴德国学习体育的有程登科、吴澂、袁浚、萧忠国、李仲三等，他们主要就读于柏林体育学院。

袁浚曾就读于国立东南大学体系，取得教育硕士学位。1930 年赴柏林体育学院学习军事体育，后转入德国国家警察体育学校游泳班专攻游泳。袁浚在德国学习时，为了给中国人争气，下定决心刻苦锻炼，游泳技术提高得很快。1931 年冬，他学习游泳不到一年，就报名参加德国国家游泳考试。全班 50 多人报考，合格的只有 32 人。他以优异成绩跻身于前10 名，被吸收为德国游泳界两大组织——国家游泳教员联合会和游泳救生会的会员。当他考入"两会"后，学校的教练召集了全班同学，请他出列，教练当着大家表扬道："中国人有志气，有毅力，不怕困难，后来

---

① 张亚群、肖娟群：《20 世纪 20—30 年代中国留德教育述论》，《徐州师范大学学报（哲学社会科学版）》2007 年第 33 卷第 5 期，第 1—5 页。

② 周晓明：《多源与多元：从中国留学族到新月派》，华中师范大学出版社 2001 年版，第92 页。

居上，真了不得。"为国家赢得莫大荣誉①。学成归国后，1934 年在武汉大学任教，首开中国女大学生游泳课先河。他曾先后担任武汉大学、湖南大学、中山大学、华南师范学院等大学体育系主任，广州体育学院游泳教授，成都体育学院校长等。并先后兼任中华全国体育总会第一届至第四届委员、中华全国游泳协会委员、中华全国体育总会湖南省分会副主席等职。袁浚与孙雄曾翻译的《游泳的力学分析》为我国第一本运动力学译著。

（二）20 世纪 30 年代中期的留德体育生

1929 年训政开始后，南京政府开始调整留学政策，重视理工科留学，增加军事留学生。而德国理工、军事比较发达，留德学生社会声誉较高，加之德国政府也实施大力吸引中国留学生的政策，因此，进入 30 年代后，留德人数有所回升，从而形成了民国时期留德史上第二个高潮②。留德体育生则出现在 30 年代中期。

这一时期赴德学习体育的先后有韦超、吴德懋、江良规等。

韦超青年时就读于广西大学机械系，后被广西选送到英国阿姆士突朗飞机工厂，专门学习飞机设计与制造。学成归国途中，他路经德国，参观了在柏林举行的运动会，发现德国人广泛开展滑翔运动，培养航空人才，遂萌发了学习滑翔技术、航空报国的强烈愿望。1936 年，韦超决定在德国学习滑翔技术，进入世界著名的格鲁脑滑翔学校学习。由于聪明敏捷，加上本身具有飞行经验，通过半年学习，他的"超高"与"持久"两项成绩十分优秀，获得学校特别褒奖③。后考取德国 A 级滑翔机驾驶执照。1937 年"七七事变"爆发，韦超回国，向中国政府航空委员会（简称"航委会"）提出开展滑翔运动、培养空军以对日作战等建议。经过不断努力，终获"航委会"同意，并经《大公报》捐助，从德国购买一架H - 17 型滑翔机。他亲自去越南河内接运，历尽千辛万苦，经柳州运至成都。1939 年成立"航委会"滑翔训练班，韦超任主任，一边筹备开课，一边在成都、重庆等地进行滑翔表演，激起众多民众对滑翔运动的兴趣。后来在一次滑翔表演中发生机械故障，因公殉职，年仅 29 岁。

---

①　黄萃炎：《体坛耆宿袁浚教授二三事》，《体育文史》1986 年第 3 期，第 36—37 页。

②　孔繁岭：《南京政府时期的留德教育》，《历史档案》2006 年第 2 期，第 106—112 页。

③　《韦超——中国滑翔运动的创始人》，http：//guilin. net/Tour/News/ShowArticle. asp? ArticleID = 156. 2010 - 12 - 14.

韦超是中国最早的滑翔家，中国滑翔运动的创始人，被誉为"中国滑翔之父"。

吴德懋，福建莆田人，曾就读于南京东南大学体育系。1925 年参加第七届远东运动会，荣获五项全能第一名，为我国夺得了仅有的一项田径冠军，扬名八闽，轰动海外。吴德懋从东南大学毕业后，先后在厦门集美中学、东南大学体育系任教，曾被选为福建省参议。1936 年，第十一届奥林匹克运动会在德国慕尼黑举行，他随中国代表团前往参观，后在德国体育研究院留学两年，学习军事体育。留学期间，曾受邀访美，多次为美国中学生作公开教学，深受欢迎，被美国体育界誉为"远东体育家"①。1938 年学成回国，任中央大学体育系主任。他十分关心家乡体育事业，回闽后倡办福建省体育童子军干部训练班，培养全省各县体育师资。1942 年春，吴德懋外出不幸遭遇车祸身亡，年仅 40 岁。

四　其他体育留学生

在民国时期，赴国外学习体育的学生主要集中在美国、日本和德国。另外在苏联、英国还有个别学生学习体育。

（一）民国时期的留英体育生刘香谷

刘香谷（1910—1997），名玉兰，字香谷，山东省临淄人，著名女子网球运动员，被人们誉为"网球皇后""网坛常青树"。刘香谷曾就读于南京中央大学体育系。在校期间，一直是体育爱好者，曾连续 3 年获得江南八大学女子网球单打冠军。毕业后去英国伦敦大学卑禾女子学院留学。回国后在国立云南大学任教，并兼任云南省妇女运动委员会委员、云南省妇女福利协会理事长等职务。1943 年，在昆明创办云岭学校，任校长。1949 年去台湾。

刘香谷一生在国内外参加无数次网球比赛，尤其是在老年时代仍然坚持比赛，取得了一系列令世人惊诧的成绩。1950—1969 年（40—59 岁），在台北连续获得女子网球单打冠军 18 次，台湾年轻一辈没有一个是她的对手。1970—1980 年（60—70 岁），在印度尼西亚连续参加 8 次国际女子网球锦标赛，7 次荣获单打冠军，扬名东南亚。1980 年（70 岁）在日本东京参加日本全国高龄网球赛，获混合双打冠军。1982 年（72 岁）在

---

① 林振新：《忆吴德懋先生》，《福建体育科技》1982 年第 4 期，第 38—39 页。

美国旧金山参加国际女子高龄网球赛，获 65 岁组、70 岁组单打冠军各一次，获 70 岁组双打冠军一次。1983 年（73 岁）应邀参加美国全国性及洲际性女子同龄 65—70 岁的国际女子网球赛，获单打、双打冠军 17 次，引起世界体坛瞩目①。

1991 年 4 月 24 日，刘香谷（81 岁）回大陆探亲，在北京受到了全国政协、中共中央统战部、外事办等单位领导的亲切会见和热情款待。她回到家乡山东省淄博市临淄区时，受到了中共临淄区委书记杨汝奎及六大班子领导人的盛情接待。刘香谷当场送给区领导一部分有关商业、工业的书籍资料，并为家乡经济振兴出谋献策。刘香谷 1997 年病逝于台湾，享年87 岁。

（二）民国时期的留苏体育生黄健

黄健是广州起义著名领导人黄平的儿子，由于父母均参加革命，1927年（刚两岁）被送到苏联国际儿童院生活和学习。在苏联卫国战争期间，黄健和其他孩子参加了许多"保卫苏联"的活动。1940 年 11 月，喜欢并擅长体育的黄健受到前来慰问的周恩来的鼓励，立下了终生从事体育事业的决心。先后就读于伊万诺沃体育专科学校、莫斯科钢铁学院（预科）。1947年，转入梦寐以求的莫斯科体育学院。在学习期间，黄健的学习成绩一直是 5 分，他还遇到了一位影响他一生的教练——杰亚契柯夫。这位苏联著名田径教练一生培养了众多跳高名将，他认真负责的态度，深深地影响了黄健后来的教练生涯②。1951 年，黄健回到祖国，参加新中国的建设。

回国后，黄健担任第一任国家田径队总教练，不拘泥于苏联教练的训练方法，针对中国跳高运动员的特点，探索出独特的训练方法。黄健先后培养出女子跳高世界纪录创造者郑凤荣、男子跳高世界纪录创造者倪志钦，以及女子跳高亚洲纪录创造者郑达真、杨文琴等一大批优秀运动员，为新中国田径运动的开创、发展做出了突出贡献。黄健曾多次被亚洲田联、国际田联评为"最佳教练员"。1988 年，国家体委授予他"建国 40年来杰出教练员"称号。1995 年，俄罗斯驻华大使馆向黄健颁发了"伟大卫国战争胜利 50 周年纪念奖章"③。

---

① 徐友春：《民国人物大辞典（增订本）》，河北人民出版社 2007 年版，第 2482 页。
② 黄健：《挑战高度——一个教练的回忆》，同心出版社 2000 年版，第 77—80 页。
③ 同上书，第 1 页。

第四节　新中国的体育留学教育（1949—1963）

1949 年 10 月 1 日，中华人民共和国宣告成立，一个崭新的社会主义中国出现在世界的东方。从此，中华民族英姿勃发地屹立于世界民族之林，近代以来的中国留学教育也揭开新的历史篇章。

一　新中国初期的历史背景

新中国成立伊始，国内面临的是经过八年抗战和三年解放战争后形成的千疮百孔、百废待兴的局面。当时的任务就是巩固新政权、恢复国民经济，并逐步开始全面的社会主义现代化建设。这些都需要一大批学有所长的高级人才，尤其是各类科技和工业建设人才。而在当时，新中国现代化建设所需要的各类专业人才严重匮乏。在这种情况下，国家除采取大专院校培养、多种方式培训等途径外，一个重要的战略性举措就是向国外派遣留学生，以解决专业人才匮乏问题。

第二次世界大战后，世界上形成以美国为首的资本主义阵营和以苏联为首的社会主义阵营。当时以美国为首的资本主义国家，拒不承认新中国政权，采取封锁禁运的政策，妄图扼杀新中国；同时阻挠恢复新中国在联合国的合法席位，派兵进驻台湾岛和台湾海峡，发动侵略朝鲜的战争。这种政治上孤立、军事上包围、经济上封锁的行径，阻断了新中国与西方的接触①。

苏联第一个承认社会主义新中国，随后东欧社会主义国家也相继承认新中国。1950 年中苏签订《中苏友好同盟互助条约》，1953 年签订苏联援助中国发展国民经济的协定。由于帝国主义对我国安全造成威胁，苏联有发展重工业并迅速实现工业化的经验，加之两国都是社会主义国家并签有盟约，这些因素表明向苏联学习成为历史的必然选择。正如毛泽东同志在《论人民民主专政》中所指出的："欲达到胜利和巩固胜利，必须'一边倒'……倒向社会主义一边""苏联共产党……在列宁和斯大林领导下，他们不但会革命，也会建设。他们已经建设起来一个伟大的光辉灿烂

---

① 黄利群：《中国人留学苏（俄）百年史》，中国文史出版社 2002 年版，第 154 页。

的社会主义国家。苏联共产党是我们最好的先生，我们必须向他们学习。"①

二　新中国初期的留学教育

在这一时代背景下，新中国开始了新中国成立初期的留学教育。主要是大量地、"一边倒"地向以苏联为首的社会主义国家派遣留学生，另外也向西方资本主义国家派遣了少量的留学生。

（一）"一边倒"的留苏教育

学者黄利群把 1950—1966 年这一时期的留苏教育划分为三个阶段②：

1. 兴起阶段的留苏教育（1950—1953）

1950—1953 年这 4 年时间是我国国民经济恢复时期，也是中苏关系处于十分密切、友好的时期。从 1951 年正式派出留苏学生到 1953 年，新中国共向苏联派出 1178 名留学生，此为留苏教育的兴起阶段。其中，1951 年、1952 年以在职干部为主，1953 年以高中毕业生和大学生为主。此间派出的留苏学生，分布在苏联 14 个城市的 58 所学校学习。他们怀着对党和国家的感激之心，怀着对世界上第一个社会主义国家的崇敬之情，奔赴苏联刻苦学习，绝大部分取得优异成绩。

2. 繁盛阶段的留苏教育（1954—1959）

这一时期，我国胜利完成"一五"计划，国内出现蓬勃发展的景象；中苏关系正常发展，留苏教育也进入最繁盛的时期。这 6 年间共派出 6900 多人，留学生质量不断提高，实习生、进修生明显增多。特别是 1957 年毛泽东访苏期间，在接见中国留学生时发表了"希望寄托在你们身上"的著名演讲，极大地鼓舞了广大留学生，推动了留学教育工作。截至 1959 年年末，我国已向苏联派出 8000 多名留学生，其中 2/3 学理工，绝大部分学习努力，成绩优异，受到苏方的赞扬。同时，已有 3000 多人学成回国，成为社会主义建设事业的骨干。

3. 萎缩阶段的留苏教育（1960—1966）

这一时期，中苏两党由公开论战走向决裂，中苏关系达到最低潮。1960 年 7—9 月，苏方撕毁建设合同，废止合作项目，撤走援助专家，给

---

① 《毛泽东选集》（第四卷），人民出版社 1991 年版，第 1481 页。
② 黄利群：《中国人留学苏（俄）百年史》，中国文史出版社 2002 年版，第 155—163 页。

中国经济建设造成巨大困难。此间派遣留苏学生数量锐减，1960—1965年6年间共派出220人。1966年6月"文化大革命"爆发，教育部发出通知，停止选派留学生工作。10月，苏方命令中国驻苏大使馆将尚在苏联的65名留学生召回国内。至此，向苏联派遣留学生工作完全中止。

（二）向西方派出少量留学生

为了培养急需的外交、外贸、文化交流等人才，1956—1965年，我国还向意大利、比利时、瑞典、挪威、丹麦等西方资本主义国家派出少量留学生，绝大部分学习外语，自然科学留学生仅21名[①]。这是新中国成立初期以留苏为主的留学教育大潮中的一股细流。

（三）"文化大革命"期间的留学教育

1966年"文化大革命"爆发，中国教育陷于停顿，留学教育也深受影响，停止向国外选派留学生达6年之久。1972年，中国开始恢复向国外派遣留学生。截至1976年年底，中国先后向英国、法国、意大利等49个国家派遣了留学人员1629人[②]。这一时期派出的留学生，从国别来看，前往亚非拉国家的比重稍大一些。从学习专业来看，派出的留学生主要是学习外语，学习科技的占少数[③]。

改革开放前的出国留学工作，一方面根据当时的政治形势和建设需要，向苏联等社会主义国家派出各个领域的留学人员，培养了一大批建设人才；另一方面，也向部分资本主义国家派遣了少量以学习语言为主的留学生。这一时期的留学教育工作总体上处于探索阶段，并逐步向规范化、制度化发展，为改革开放后飞速发展、空前繁荣的留学教育奠定了基础。

三 新中国初期的体育留学教育

与上述留学教育的发展相适应，新中国初期的体育留学教育也表现出"一边倒"的特征，即体育留学生主要派往苏联、匈牙利等社会主义国家。新中国建立至改革开放前，向国外派遣体育留学生主要集中在20世纪50年代。

---

① 吴霓：《留学与中国社会的发展：中国留学教育的历史与发展研究》，广西人民出版社2004年版，第162页。

② 张健：《中国教育年鉴（1949—1981）》，中国大百科全书出版社1984年版，第666页。

③ 吴霓：《留学与中国社会的发展：中国留学教育的历史与发展研究》，广西人民出版社2004年版，第163—164页。

（一）1954—1955 年以运动技术训练为主的出国学习

第二次世界大战后，苏联、东欧国家迎来了复苏和振兴体育的新时期，在 1952 年、1956 年、1960 年举行的三届奥运会上，苏联、东欧国家同以美国为首的西方阵营相较量，开始取得技术优势。当时苏联对新建立的中华人民共和国也抱有在体育方面进行帮助的愿望，这为新中国向国外学习体育经验提供了十分有利的条件和时机①。为了迅速提高新中国的运动技术水平，我国陆续向苏联、东欧国家派出运动员进行学习和训练。

1953 年 6 月，我国优秀游泳运动员吴传玉去布加勒斯特参加第一届国际青年友好运动会，途经苏联，在莫斯科学习了两周，改进了训练技术，在测试中 100 米仰泳成绩缩短了 5.2 秒。吴传玉拉开了新中国赴苏联、东欧国家学习、训练的序幕。

1954—1955 年，我国陆续向苏联、匈牙利派出了游泳、足球、登山、举重、体操等项目的运动员进行学习和训练。这些运动员在苏联等国家经过刻苦学习、科学训练，运动技术水平获得较大的提高，部分项目达到并超过了当时世界水平。

1. 游泳运动员出国学习情况

新中国成立时，我国游泳水平还比较低，既无科学系统的游泳教学方法，又缺乏高水平的游泳专业人才。为改变我国游泳运动技术水平较低的状况，学习先进国家游泳训练的经验，1954 年 4 月和 1955 年 5 月，我国先后派出共 24 名男女运动员赴匈牙利布达佩斯体育学院进行游泳专门训练，匈牙利派出著名的游泳教练沙罗什·伊姆切负责中国运动员的训练任务。当时，我国男运动员还游不过匈牙利的女运动员，但经过匈牙利教练的热心指导和我国运动员的刻苦训练，中国游泳队学到了先进的游泳技术，增长了见识，竞技水平有了明显的提高。如赴匈牙利前，我国蝶泳运动员均采用蛙式蹬夹腿，当见到匈牙利运动员采用海豚式腰腿动作并创造出较好的运动成绩时，立即模仿并采用了这一先进技术，从而大幅度地提高了运动成绩。在匈牙利训练期间，中国运动员还多次参加国际比赛。这批游泳运动员学成回国后，均成了中国游泳队的中坚力量，其中吴传玉、

---

①　林淑英、杜利军、胥德顺等：《中国与前苏联东欧体育交往及其影响的研究》，《体育科学》2000 年第 20 卷第 6 期，第 12 页。

穆祥豪、陈运鹏、穆祥雄等人，为中国游泳运动做出了重大贡献①。

2. 足球运动员出国学习情况

1954 年 4 月、10 月，我国两批共 25 名足球运动员赴匈牙利留学。匈牙利国家足球队是当时欧洲足球的霸主，1952 年运用自创的"四前锋"阵型夺得第十五届奥运会足球比赛冠军，1954 年又获第五届世界杯亚军。中国青年足球队在匈牙利学习一年半，由匈牙利著名教练员阿姆别尔·约瑟夫执教，进行严格、科学的训练。中国青年队在匈牙利学习期间，在约瑟夫的带领下曾出访民主德国、捷克斯洛伐克、罗马尼亚和保加利亚，参加了在波兰举行的青年联欢节足球赛，并到匈牙利各地比赛，每周至少参赛一两场，以积累比赛经验。由于教练有方，加之队员勤学苦练，经过短短一年多的训练，全队技战术水平有了显著的提高。1955 年 10 月，中国青年队回国后，以在匈牙利留学的队员为班底组建了国家足球队，仍由阿姆别尔·约瑟夫担任主教练。这支队伍自 1955 年至 1962 年在国内保持了 7 年领先地位。通过他们的示范，传播了先进的足球技战术和训练方法，对全国足球运动水平的提高起了很大的推动作用②。这两批运动员中的张俊秀、张宏根、年维泗、陈成达、曾雪麟等人，后来都成为中国足球界的领导或教练员，为新中国足球运动的发展做出了奠基性的贡献。

3. 举重运动员的出国学习情况

为了迅速提高新中国举重运动水平，1955 年 5 月我国选派陈镜开、黄强辉、赵庆奎等 9 名青年举重运动员去苏联学习。苏联选派著名教练员普斯特沃依特、奥西波夫负责中国青年举重队的训练工作。中国运动员认真学习，刻苦训练，得到外教极高的评价。如苏联教练员曾说："我从未教过这样好的学生。"经过努力学习和训练，我国运动员较好地掌握了推举、抓举和挺举技术，了解了竞赛规则，丰富了比赛经验，运动成绩获得大幅度提高。在回国前与苏联运动员的友谊比赛中，这批运动员先后有 8 人 36 次打破 18 项全国纪录。1955 年 10 月，中国青年举重队完成了训练任务即将回国，奥西波夫教练在赠给陈镜开的相册上写道："祝你在最近

---

① 国家体委文史工作委员会、中国游泳协会：《中国游泳运动史》，武汉出版社 1996 年版，第 74—75 页。

② 国家体委体育文史工作委员会、中国足球协会：《中国足球运动史》，武汉出版社 1993 年版，第 123—124 页。

两年内，成为世界上最优秀的举重运动员，并创造挺举世界纪录。"① 慧眼识英雄，果不出奥西波夫教练所料，在他预言 8 个月后的 1956 年 6 月，陈镜开以 133 公斤的成绩，打破了最轻重量级挺举世界纪录，成为我国第一个打破世界纪录的运动员，也拉开了我国运动员打破世界纪录的序幕。

4. 体操运动员出国学习情况

1955 年 6—10 月，我国派男女共 17 名体操运动员去莫斯科斯大林体育学院学习。苏联体委选派了普洛特金、阿历山大洛夫等优秀体操教练员，以及技巧教练员、钢琴伴奏等人员，帮助中国体操运动员进行训练。苏联著名体操运动员朱卡林、穆拉托夫等也常与中国运动员一起训练。在苏学习期间，中国运动员较系统地学习了先进的体操理论，掌握了大运动量训练、蒸气浴控制体重等体操训练方法。中国运动员还参加了在波兰首都华沙举行的第二届国际青年友谊运动会，第一次看到体操台和单杠下面的草坑保护设备，回国后立即学习和采用。运动员还在苏联掌握了第 16 届奥运会体操比赛规定动作，回国后作为我国体操运动健将的规定动作。这批在苏联学习的运动员，后来都成为我国体操队的第一批骨干力量，为推动新中国体操运动的发展做出了重要贡献。

5. 其他运动员出国学习情况

除以上运动项目以外，我国在田径、登山等项目上也派出了运动员赴国外学习和训练，为新中国这些项目的起步和发展奠定了基础。

1955 年初，苏联全苏工会中央理事会向中华全国总工会发出邀请，希望能派人去苏联学习登山技术。1955 年 5 月，全国体总派许竞、师秀、周正、杨德源等 4 人赴苏联外高加索登山营学习。他们和苏联运动员联合组成中苏帕米尔登山队，成功登上了帕米尔高原海拔 6573 米的团结峰和海拔 6780 米的十月峰，揭开中国登山运动的序曲②。

在这一时期，我国还先后派出唐礼、张来霆、李士琳、武福全、高大安、王世安、周成之、田继宗、步润生、卢建功等田径运动员赴苏联莫斯科体育学院留学。他们学成回国后，成为我国田径教学、训练、科研工作

---

① 国家体委体育文史工作委员会、中国举重协会：《中国举重运动史》，武汉出版社 1996 年版，第 86—88 页。

② 国家体委体育文史工作委员会、中国登山协会：《中国登山运动史》，武汉出版社 1993 年版，第 49 页。

的领导者与实干家，为新中国田径运动的发展做出了大量工作①。

（二）1956—1959 年以体育科学理论学习为主的出国留学

1949 年前我国体育师资十分缺乏，体育科学实验与研究尤其薄弱。1949 年解放时全国体育专业在校生仅 282 人。苏联在 20 世纪 20 年代初创建了世界上第一所专门培养体育教育、科研、训练人才的国立体育学院。第二次世界大战后，苏联先于英、美等国率先告别了体育只从相邻学科（卫生学、医学、生理学、教育学等）引入、借鉴知识的时代，创办了体育科研的专门机构②。为培养体育科研、教学人才，我国从 1956 年开始向苏联派出以体育科学理论研究为主的留学生。

在这一时期，先后出国学习体育科学理论的有陆绍中、岑浩望、袁晋纯、杨天乐、韦俊文、黄瑞馨、贾金鼎等。他们出国学习的主要学科包括运动生理学、运动医学和运动生物力学等；除了杨天乐去匈牙利外，其余都去苏联学习；除袁晋纯学位信息不明外，其余均获得副博士学位。

这些留学生回国后，许多人从事体育科研、教学工作，在我国运动生理、运动医学、兴奋剂检测等体育科研战线做出重要贡献，同时在这一领域为国家培养出大量的专业人才。

袁晋纯 1956 年赴苏联莫斯科体育学院学习体育理论，1958 年转苏联中央体育科学研究所学习运动生物力学。回国后曾先后在华南师范学院、广州体育学院任教，主要从事运动生物力学方面的研究。他长期与中山大学航模实验室合作，从事游泳流体力学基础理论的实验研究，先后取得了《游泳阻力成分研究》《自由泳打腿频率的实验研究》《游泳流体阻力平缓区效应理论》等重要成果。主要论著有《运动生物力学》《运动生物力学研究方法》《游泳流体力学》等，还翻译出版了大量有关运动生物力学、体育教育理论、运动心理学等方面的论著。他曾担任广州体育学院运动生物力学教研室主任、中国体育科学学会运动生物力学学会委员、全国体育院系教材编审委员会委员、国家体委体育科技进步奖评审委员会成员等

---

① 国家体委体育文史工作委员会、中国田径协会：《中国田径运动史》，武汉出版社 1997 年版，第 479 页。

② 林淑英、杜利军、胥德顺等：《中国与前苏联东欧体育交往及其影响的研究》，《体育科学》2000 年第 20 卷第 6 期，第 13 页。

职务①。

由上可见，20世纪50年代赴苏体育留学表现出政府组织、集体派出、短期学习、时间集中等特点。

（三）赴美留学的台湾省运动员

由于历史和政治原因，在中国大陆"一边倒"地向苏联、东欧派遣体育留学人员的同时，台湾省则向美国派出留学生。他们在留学期间，为扩大中国体育的影响，提高中国体育在国际上的地位起了积极作用；返回台湾省后，在推动台湾地区体育的发展、增进两岸文化体育交流方面做出了一定的贡献。这一时期的台湾体育留学生以"亚洲铁人"杨传广、"东方羚羊"纪政为代表。

1. 杨传广赴美留学

杨传广是台湾省男子田径十项全能运动员。受父母影响，自幼喜好运动。杨传广在高中时代便展现出超强的运动天分，二十岁时入选台湾地区亚运军团。在1954年、1958年亚运会上连续夺得十项全能的冠军，并获得"亚洲铁人"美誉。其后，赴美国加州大学洛杉矶分校学习，与美国名将琼森（Rafer Johnson）一同成为著名教练德瑞克（Elvin Drake）的弟子。在美国学习期间，专业科学的训练使得杨传广的体能和经验显著提升，1958年到1960年在全美十项运动比赛中，成绩开始突飞猛进。

1960年，杨传广以8426分打破了苏联运动员创造的8357分的十项全能世界纪录；同年，参加在罗马举行的第17届奥运会，以8334分的成绩获银牌，成为第一位获奥运会奖牌的中国运动员，也是在该届奥运会田径项目中获得唯一奖牌的亚洲人。1963年4月在美国以9121分的成绩创造十项全能世界纪录。此后，国际田联修改了记分方式，以后再也没有十项选手打破9000分大关。1963年，杨传广被评选为"世界最佳田径运动员"。

杨传广曾任台湾省奥运训练营总教练、国际田联技术委员会委员等职。晚年投身体育教育事业，专心培养体育新人。1968年，他曾在台湾发起"一人一元运动"，希望人人献出一份力，兴建现代化的体育馆，培植优秀的体育人才，形成全民体育的观念②。

---

① 樊渝杰：《体育名人辞典》，海天出版社1991年版，第253页。
② 徐梅：《1960年"亚洲铁人"杨传广》，《南方人物周刊》2008年第10期，第78页。

2. 纪政赴美留学

纪政是台湾省女子田径短跑运动员，出身贫苦人家。她从小喜爱体育运动，中学时就显露出田径才能。1963 年，18 岁的纪政获得台湾省女子五项全能冠军。同年，纪政获全额奖学金，到加州州立综合理工大学体育系就读。1973 年，纪政从美国加州工艺大学毕业，获体育学士学位。在留学期间，在美国教练瑞尔的指导下，纪政以她特有的天赋和坚韧的毅力进行刻苦训练，并开始了其辉煌的田径生涯。

1968 年，在第 19 届墨西哥奥运会田径比赛中，纪政以 10.41 的成绩获女子 80 米栏铜牌，成为在奥运会上第一位获得奖牌的中国女运动员。1964—1970 年间先后 44 次创造亚洲田径纪录。1969—1970 年先后 8 次破、平世界纪录①。由于在田径方面的杰出成就，纪政获得 "世界女飞人""东方羚羊""短跑女王" 等美誉，还先后获得 "世界最佳运动员"（法国《运动》杂志评选）、"全球最佳运动员"（美联社评选）、国际田径联盟特别奖章、国际田联元老奖章等荣誉，国际体育新闻界把 1970 年称为 "纪政年"。纪政曾担任中国台北田径协会名誉理事长、中国台北奥委会委员等职。近年来，纪政女士一直致力于海峡两岸的体育交流与合作。1992 年，纪政发起了 "为中国人的健康、活力、繁荣而跑" 的海峡两岸长跑活动，参与者已达数万人。

本章小结

留学教育是一种发生于不同国家之间的教育、文化交流活动。它的发展变化受到国际局势、国家关系、经济状况、国家政策等多种因素制约。国际留学教育自古代发轫，随着世界文化科学中心的变化，国际留学教育的中心也在大洲、国家之间辗转轮回，大致经历了欧洲（古希腊）、亚洲（唐代中国）、欧洲（意大利—英国—法国—德国）、美洲（美国）之间的星移斗转。关于中国近代以来留学教育的开端及其历史分期，学界具有不同的观点，一般认为：中国近代留学教育起始于 1847 年容闳、黄胜和黄宽三人赴美留学；中国的留学教育经历了清末时期、民国时期、新中国

---

① 马宣建：《中国体育通史·第八卷（香港澳门台湾体育史）》，人民体育出版社 2008 年版，第 253 页。

成立至改革开放前、改革开放以后等四个历史时期；从 1847 年容闳等揭开中国近代留学大幕到现在，中国先后经过了八代留学生的先后更替。

根据中国历史发展阶段、中国留学教育和体育发展状况，本研究把中国的体育留学教育分为清末、民国和新中国成立初期三个历史时期。在清末时期，容闳和留美幼童在美国留学期间的体育活动，是中国留学生对体育的非自觉的接触，清末官派留欧学生在学习军事时也掌握了具有军事性质的体操、击剑等活动，而在清末留日学生中，产生了第一批体育留学生；在民国时期，体育留学出现了多元化趋势，涉及日、美、德、英、苏等多个国家，并以赴美留学为主；新中国成立初期，由于国际社会两大阵营的形成及西方势力对我国的封锁，我国的体育留学生主要派往苏联、匈牙利等社会主义国家，形成"一边倒"的格局。

第 二 章

体育留学生基本特征分析

近代以来，在西方体育向中国传播过程中以及在中国体育走向现代化的进程中，有许多历史人物起了一定的作用。这些历史人物既包括一些外国人，如旅居中国的外国传教士、军人、商人、外交人员等，也有许多中国人，如驻外使节、出访人员、华侨、留学生等。其中，留学生是一个与中国体育发展密切相关的一个重要群体。本章对近代以来的体育留学生这一群体进行分析，以从整体上揭示该群体的基本特征，并为后面几章分析留学生的贡献提供基本数据。

通过大量查阅留学教育、留学生、留学史、体育史、体育志等相关领域的工具书、专著、期刊、网络等资源，搜集到近代以来信息较全、影响较大的体育留学生（当年第一次出国时间为1903—1963年）共180名，其中清末（1903—1911年）为29人、民国时期（1912—1949年9月）为86人、新中国时期（1949年10月—1963年）为65人。

这180名体育留学生虽然不是近代以来体育留学生的全部，但通过他们可以了解体育留学生群体的一些主要特征。为此，本章根据这180位体育留学生的基本信息，建立了群体指标（分出国前、留学中、回国后三类共16个指标），并对其中的12个关键指标进行了具体分析，以反映近代以来体育留学生的基本特征（其详细信息见附录）。这些群体指标建立的主要依据为：

第一，广覆盖性。大多数体育留学生都具有这些特征。

第二，代表性。能反映体育留学教育以及体育留学生成长的主要特征。

第三，阶段性。能体现出体育留学生在不同阶段的发展状态。

第四，可比性。大多数人、不同阶段之间可以进行比较。

具体指标见表2－1。

表2－1 体育留学生群体指标

(The Group Index of Overseas Student Studying Sports)

姓名别名	性别	出国前指标				留学中指标						回国后指标			
		生卒年月	籍贯出生地	受教育情况	身份情况	出国时间	留学国家	留学学校	学习专业	学习成果	回国时间	基本活动	兼职情况	突出贡献	重要著作

第一节 出国前基本指标分析

一 体育留学生性别构成分析

近代以来，体育留学生的性别构成见表2－2。

在这180名体育留学生中：男性133名，占73.9%；女性47名，占26.1%。这一数据表明体育留学生以男性为主。这一差异，反映了近代以来体育领域以男性为主导的性别特征，这与长期以来男性在各社会领域占主导地位的社会文化传统有关。另外，还与体育这一职业的外显性、冒险性、竞争性特征，以及大多数女性内敛、好静、尚雅等因素有关。

马克思曾说："妇女解放的程度是衡量普遍解放的天然尺度。"[1] 随着社会的进步，体育留学生的这一性别差异将逐渐缩小。表2－2的数据显示，三个时期女体育留学生占当时体育留学生总人数的比例分别为6.9%、26.7%、33.9%，显示出逐步提高的趋势。这是时代发展、社会进步和妇女社会地位提高的表现。

---

① 马克思、恩格斯：《社会主义从空想到科学的发展》，《马克思恩格斯选集》（第三卷），人民出版社1972年版，第411页。

表 2 - 2　　　　　　　　　　**体育留学生的性别构成**

（The Gender Composition of Overseas Student Studying Sports）

历史时期	体育留学生总人数	男体育留学生		女体育留学生	
		人数	比例	人数	比例
清末时期 （1903—1911 年）	29	27	93.1%	2	6.9%
民国时期 （1912—1949 年 9 月）	86	63	73.3%	23	26.7%
新中国时期 （1949 年 10 月—1963 年）	65	43	66.1%	22	33.9%
总计	180	133	73.9%	47	26.1%

二　体育留学生地域分布分析

籍贯一般是指祖居或出生的地方①。籍贯能反映近代以来体育留学生的地域分布特征。

在 180 位体育留学生中，有确切籍贯信息的有 168 人。其中出生地与祖籍一致的有 149 人、出生地与籍贯不同的有 19 人。

从实际情况来看，对于出生地与祖籍不一致的人来说，其出生地经济、文化、教育情况对其成长和发展的影响更大。因此，在进行体育留学生地域统计和分析时，对于出生地与祖籍不同的人，把出生地作为地域来源进行统计，更能真实反映体育留学生的成长环境和地域分布。这样，近代以来以出生地为统计标准的体育留学生的地域分布情况（168 位有籍贯信息者）见表 2 - 3。

表 2 - 3　　　　　　　　　　**体育留学生的地域分布**

（The Regional Distribution of Overseas Student Studying Sports）

序号	1	2	3	4	5	6	7	8	9	11	10	12	13
出生地	广东	浙江	江苏	福建	广西	湖南	上海	天津	河北	北京	四川	安徽	山西
人数	25	17	14	13	12	12	10	10	9	8	8	4	4
百分比%	14.88	10.12	8.33	7.74	7.14	7.14	5.95	5.95	5.36	4.76	4.76	2.38	2.38

---

① 商务印书馆编辑部：《辞源》（修订本第三册），商务印书馆 1982 年版，第 2378—2379 页。

续表

序号	14	15	16	17	18	19	20	21	22	23	24	'25
出生地	辽宁	台湾	山东	云南	吉林	河南	香港	江西	重庆	湖北	黑龙江	贵州
人数	4	3	3	2	2	2	1	1	1	1	1	1
百分比%	2.38	1.79	1.79	1.19	1.19	1.19	0.59	0.59	0.59	0.59	0.59	0.59

注：①曾雪麟祖籍广东梅县，出生于泰国，7 岁后回国，统计时归于祖籍广东；

②戚玉芳出生于河北吴桥，但在云南洱海长大，统计时归于云南；

③归国华侨留学生统计时归于祖籍。

在近代以来的体育留学生中：南方地区有 125 人，占 74.4%；北方地区有 43 人，占 25.6%。南方体育留学生人数是北方的 2.9 倍。体育留学生的分布表现出南方远多于北方的特点（南方、北方的划分按照秦岭—淮河一线为标准）。

东部地区有 129 人，占 76.79%；中部地区有 27 人，占 16.07%；西部地区有 12 人，占 7.14%。而东部地区体育留学生人数是中部和西部地区人数之和的 3.3 倍。体育留学生的分布表现出由东部向中部、西部逐步递减的特点（东部、中部、西部的划分按照国家 2003 年的标准）。

东部沿海 6 省和湖南构成体育留学生的第一集团。近代以来体育留学生人数处于前七位中的广东、浙江、江苏、福建、广西、上海均属于东部沿海和长江下游地区，这一地区的体育留学生共 91 人，占到近代以来体育留学生总人数的 54.17%。东部沿海和长江下游成为体育留学生最主要的派出地区，这主要是因为：第一，繁荣昌盛的经济，为该地区人才辈出、出国留学奠定了较为坚实的物质基础。自南宋以后，全国的经济重心逐步转至长江中下游，特别是在鸦片战争以后，中国的东南沿海及长江下游地区享地理之便，加之较早受到西方近代工业文明的渐染，近代资本主义新式企业多集中于此，这一地区稳固地保持着全国经济重心的地位，长时不衰①。第二，这些地区是中国近代"西学东渐"受益最多之地。这些地方重视西学尤其是新式学堂的开办，使当地的年轻人比国内其他地区较

① 张喜桃：《晚清进士籍贯分布及分流研究》，硕士学位论文，湘潭大学哲学与历史学院，2007 年，第 85 页。

早接触到西方先进的科学文化知识，也较早意识到去西方发达国家留学的必要性，这些地方成为中国近代以来对外留学活动的前哨①。第三，这一地区开埠较早，外国人如传教士、商人、军人、外交使节往来频繁，他们自身开展的体育活动，尤其是教会学校的体育教学和课外体育活动，对中国青年产生了一定的吸引力，使他们出国留学有可能选择体育专业。而湖南体育留学生人数雄踞第 5 位，则是因其为我国近代文化、教育强省之故。

京、津、冀、川构成体育留学生的第二集团。天津、河北和北京是北方体育留学生较多的地区。其中，天津是我国北方开埠较早的港口城市，中外文化交流活跃，开展的西方体育活动较早；北京、河北地区是晚清以来的京畿之地，文化教育发达，外国使节、侨民较多，也受到西学的影响。近代教育发达，中外文化交流频繁和西方体育活动比较活跃，为京、津、冀地区体育留学生的涌现提供了基础。四川是近代中国新式教育最发达的地区之一，其原因是清末日本教习全面进入四川官办学校，对四川近代新式教育的发展起了重要的推动作用。1900—1911 年，在华可考的日本教习 430 人左右，而四川就占了 83 名，占到 20%②。这些日本教习为在四川推行新式教育、开展学校体育起了一定的作用，并为后来川籍留学生赴日学习体育提供了基础。

其余地区多处于黄河流域、长江流域、港澳台地区，在文化教育、地理位置、经济发展等某一方面均有各自的优势。这些地区也派出了一定数量的体育留学生，但人数不占优势，处于第三集团。而陕、甘、宁、青、新等西北地区，以及藏、蒙等少数民族地区由于地处内陆，环境闭塞，再加上自然条件、经济基础较差，就掌握的资料来看，尚未看到派出体育留学生的信息。

三　体育留学生受教育情况分析

留学生出国前受教育情况能反映专业知识和能力的准备情况。准备充分与否，将影响到出国留学的成效。由于资料的限制，只能把三个时

---

① 张培富：《海归学子演绎化学之路：中国近代化学体制化史考》，科学出版社 2009 年版，第 11 页。

② 蓝勇、阚军：《近代日本对于四川文化教育的影响初探》，《中华文化论坛》2004 年第 3 期，第 73—78 页。

期部分体育留学生（可查到学历信息者）的学历统计出来，以大致反映近代以来留学生学历的变化情况。清末体育留学生 29 人中有学历信息者仅 9 人；民国时期体育留学生 86 人中有学历信息者 70 人；新中国成立初期体育留学生 65 人中有学历信息者 55 人。具体统计情况见表 2 - 4。

表 2 - 4　　　　　　　部分体育留学生出国前的学历情况统计

(The Educational Statistics of Part Overseas Student Studying Sports before Going abroad)

历史时期		从小去国外	小学	中学	专科学校	大学	研究生	总计
清末时期	人数	0	0	5	2	2	0	9
（1903—1911 年）	比例	0	0	55.56%	22.22%	22.22%	0	100%
民国时期	人数	1	0	10	20	38	1	70
（1912—1949 年 9 月）	比例	1.43%	0	14.29%	28.57%	54.29%	1.43%	100%
新中国时期	人数	0	1	22	1	25	6	55
（1949 年 10 月—1963 年）	比例	0	1.82%	40%	1.82%	45.45%	10.91%	100%

由表 2 - 4 可以看出，清末仅有的可查明留学前学历情况的 9 人中，基本以中学学历为主，专科学校和大学不占主要地位，学历层次相对较低，这与当时的教育水平相一致。

相比较而言，民国时期体育留学生出国前的学历明显提高。表现为大学和专科所占比例提高，中学所占比例下降。比较特殊的是，这一时期还出现了研究生出国留学的现象。这位研究生是袁浚，他 1926 年毕业于国立东南大学体育系，获教育学硕士学位[①]。后去德国柏林国立大学和德国国家警察体育学校学习军事体育和游泳，获得德国游泳教员和救生员资格。

与民国时期相比，新中国成立初期体育留学生出国前的学历以本科为主，并出现两个"增加"：一个是中学所占比例增加，这主要是因为新中国伊始，为迅速在竞技体育领域打开局面，以展现社会主义国家的崭新风

---

① 黄萃炎：《体坛耆宿袁浚教授二三事》，《体育文史》1986 年第 3 期，第 36—37 页。

貌，国家有重点地选拔了体操、举重、游泳、足球等一批青少年运动员出国留学，因而学历构成较低；另一个是研究生所占比例增加，主要是为了迅速提高体育科学研究水平，为竞技体育和体育教育服务，有针对性地派出了运动生理、运动医学等方面的研究生进行深造。后来的事实证明，这两个增加都取得了较好的成效。在运动领域，后来涌现出了吴传玉、穆祥雄、陈镜开、赵庆奎等一大批开创新中国竞技体育历史的人物；在科研领域，出现了岑浩望、袁晋纯、韦俊文等运动医学、运动生物力学、运动生理学等领域的专家。

四　体育留学生身份情况分析

体育留学生是国家体育人才中的精英，通过分析近代以来体育留学生的身份构成情况，可以大致了解国家高层次体育人才的基础和来源。由于受资料所限，清末体育留学生 29 人中可判断身份者仅 8 人；民国时期体育留学生 86 人中可判断身份者 67 人；新中国成立初期体育留学生 65 人中可判断身份者 64 人。具体统计情况见表 2 - 5。

表 2 - 5　　　　　　　　　体育留学生身份构成情况统计

（The Identity Constitute Statistics of Part Overseas

Student Studying Sports）

清末时期 （1903— 1911 年）	身份构成	体育教师	体育特长者、运动员	革命党人	归侨	总计
	人数	3	2	2	1	8
	比例	37.5%	25%	25%	12.5%	100%

民国时期 （1912— 1949 年 9 月）	身份构成	体育教师 （高校）	基督教 青年会人员	体育特长者、 运动员	学生	反清革命功臣、 革命烈士子女	归侨	总计
	人数	37	13	10	4	2	1	67
	比例	55.22%	19.4%	14.93%	5.97%	2.99%	1.49%	100%

新中国时期 （1949 年 10 月— 1963 年）	身份构成	体育特长者、运动员	学生	归侨	总计
	人数	33	28	3	64
	比例	51.56%	43.75%	4.69%	100%

　　在清末可知道身份的 8 位体育留学生中，体育教师和运动员占一半以上，基本代表了当时体育界的精英人才。革命党人出国学习体育的有两人（葛谦和王金发），在清末体育留学活动中表现出"留学为革命"的时代特色。清末政治腐败，社会黑暗，民生凋敝，革命党人借出国留学时机，一方面学习体操，同时兼习军事、技击，以提高体操和军事技能；另一方面在留学生中宣传革命，发展会员，壮大革命力量，为回国后参加反清革命做准备。葛谦为同盟会会员，在大森体育会学习，毕业后参加黄兴等人的一系列反清起义，被捕后英勇就义，葬于广州黄花岗；王金发为光复会会员，就读于大森体育会，学业优异，以第一名成绩毕业，回国后曾在秋瑾主持的大通学堂任体操教习，毕生从事反清斗争，二次革命后遇难，被誉为"东南一英杰"。

　　民国时期体育留学生的来源可谓多元化。其中，体育教师（主要是高校教师）是主要来源，占一半以上。这基本符合当时的历史条件，并对现在有一定的借鉴意义。高校体育教师学术素养较高，掌握一定的教育、体育资源，具有较为丰富的教学经验，出国学习针对性强；学成回国后，可以把国外先进的体育思想、理论和方法运用到教学、科研实践中，留学效益较高，影响深远。如民国时期流行的自然主义体育思想、体育军事化思想以及一些新的体育学科的出现，都是这些高校体育教师身份的留学生引进或开创的。基督教青年会在体育留学活动中也具有一定的影响。民国时期，基督教青年会主要向美国的春田学院派遣了一批体育留学生，如马约翰、郝更生、董守义、许民辉、舒鸿、宋君复、宋如海、牟作云、司徒桐、梁兆安、张汇兰等。基督教青年会派遣留学生主要是为了培养体育干事和青年会学校的体育师资，并扩大基督教青年会的影响，这些留学生学成回国后，以对基督的虔诚精神、对体育的热爱态度来开展各项活动，在近代体育教学、竞赛、科研以及运动项目推广等领域做出了一定的贡献。

　　新中国成立后，百废待举，百业待兴。学校体育和群众体育的开展，竞技体育水平的提高，需要既掌握世界体育发展方向又熟悉中国国情的体育人才。在当时财力十分困难的情况下，国家毅然向苏联、匈牙利等社会主义国家派出了优秀的运动员、学生（包括体育、医学等相关专业的大学生、研究生等），以尽快提高竞技体育水平，扩大社会主义新中国在国际上的影响。因此，新中国成立初期的体育留学生以青少年运动员、大学生为主。新中国的成立及其生机勃勃的发展态势，使海外华侨看到了希望，游泳、羽毛球、足球、棒球、网球等华侨运动员纷纷回国，在这些项目上迅速增强了实力，提高了水平。因此，归国华侨运动员也构成了新中国派出留学生的一个基本来源。

第二节　留学中基本指标分析

一　体育留学生出国时间分析

近代以来这 180 名体育留学生，经历清末、民国、新中国三个历史时期，跨越 60 年时间（1903—1963 年）。通过分析出国时间，可以了解 60 年来体育留学生的基本发展脉络。

表 2 - 6　　　　　　　　体育留学生人数统计

(The Toll of Overseas Student Studying Sports)

历史时期	人数	比例	时间跨度（年）	年平均人数（人/年）
清末时期 （1903—1911 年）	29	16.11%	8	3.63
民国时期 （1912—1949 年 9 月）	86	47.78%	37	2.32
新中国时期 （1949 年 10 月—1963 年）	65	36.11%	14	4.64

如表 2 - 6 所示，从绝对人数上来看，民国时期的体育留学生人数最多，达到 86 人，占近代以来体育留学生总人数的 47.78%。但由于时间跨度不同，年平均人数比绝对人数更能说明派出体育留学生的趋势和规模。新中国成立后，各条战线掀开历史新的一页，展现出欣欣向荣的发展态势，14 年间体育留学生年平均派出人数达到 4.64 人，显示出新中国在派遣体育留学生上的领先性。

表 2 - 7　　　　　　　　体育留学生出国时间统计

(The Abroad Time Statistics of Overseas Student Studying Sports)

年份	1900—1904	1905—1909	1910—1914	1915—1919	1920—1924	1925—1929	1930—1934	1935—1939	1940—1944	1945—1949	1950—1954	1955—1959	1960—1964
人数	6	23	6	9	11	11	12	15	4	18	25	39	1
比例	3.33%	12.78%	3.33%	5%	6.11%	6.11%	6.67%	8.33%	2.22%	10%	13.89%	21.67%	0.56%

从表 2 - 7 可以看出，从 20 世纪初到 20 世纪 60 年代，体育留学生的人数基本呈上升的发展态势。这与自清末国门被迫打开以后，中外交流逐渐增多的历史背景相一致。第一次鸦片战争以后，中国人逐渐认识到落后就要挨打的历史与现实，各届政府也认识到向先进国家学习的重要性，制定出相应的留学政策。如清政府对出国留学生授予功名与官职①，国民政府先实行宽松政策、后强调留学生的专业素质，新中国"严格审查、争取多派"② 等，不同程度地推动了当时留学教育的发展。

由表 2 - 7 可以看出，在清末，1905—1909 年体育留学生人数最多，达到 23 人。在民国时期，1935—1939 年（15 人）和 1945—1949 年（18人），是留学人数较多的两个时期。新中国成立后，1955—1959 年人数达到历史新高（39 人）。

在清末，1905 年这一年出现以留日为主的体育留学高潮（达 19 人），除了路近、省钱、文字相似等基本原因外，主要是因为中国在甲午战争中惨败给日本，日本的军事、体操以及体育思想，均成为国内学界急需学习、探讨的问题；另外，革命党人去日本学习军事与体操、发展革命力量以及进行政治避难等，也促成这一时期体育留学生人数的增加。1915 年日本向中国提出旨在灭亡中国的"二十一条"，致使广大爱国青年大批集体回国，以示抗议，从而导致这一年出现留学低潮。

民国时期，在抗战爆发前，由于国内局势相对稳定，体育留学生相对

---

① 刘志强、张学继：《留学史话》，社会科学文献出版社 2000 年版，第 5 页。

② 黄利群：《中国人留学苏（俄）百年史》，中国文史出版社 2002 年版，第 157 页。

增多；抗战爆发后，大批留学生回国抗战，致使 20 世纪 40 年代初出现留学低潮；解放战争开始的 1946 年和结束前的 1948 年，成为体育留学的又一个高潮（这两年共有 16 名体育留学生出国），主要原因可能是青年学生对 1946 年内战爆发的失望以及 1948 年对战争结束后国家发展走向的不确定。也就是说，战争再一次导致了体育留学生人数的变化。

新中国成立后，由于国际敌对势力的封锁、国内各条战线开始全面恢复和建设，国家实行"一边倒"的外交政策，向社会主义国家苏联、匈牙利等派出一批体育留学生，从而在 20 世纪 50 年代中期出现了近代以来体育留学生的历史最高潮（仅 1954 年、1955 年两年就达到 46 人）；后来，由于国际政治风云突变，中苏关系恶化，从而导致 20 世纪 60 年代体育留学生几近绝迹。

从上述分析可以看出，国内时局（主要是战争和革命）、国际关系（主要是外交关系）是影响各时期体育留学生人数变化的主要因素。

二 体育留学生留学国家分析

近代以来，在不同历史时期，我国向不同国家派遣了体育留学生，具体见表 2 - 8。

表 2 - 8 体育留学生留学国家统计

(The Residence Countries Statistics of Overseas Student Studying Sports)

清末时期 (1903—1911 年)	国家	日本	美国	总计
	人数	28	1	29
	比例	96.55%	3.45%	100%

民国时期 (1912—1949 年 9 月)	国家	美国	日本	德国	英国	苏联	总计
	人数	62	14	7	2	1	86
	比例	72.9%	16.28%	8.14%	2.33%	1.16%	100%

新中国时期 (1949 年 10 月—1963 年)	国家	苏联	匈牙利	美国	总计
	人数	41	22	2	65
	比例	63.08%	33.85%	3.08%	100%

如表 2 - 8 所示，清末的体育留学生主要派往日本。主要是日本在明治维新过程中，一改以前学习美、法等国个人主义、自由主义教育的做法，而仿效德国在国内推行军国民主义，在普通中学增加兵式体操[1]。日本学习德国起到了明显效果——在后来的甲午战争中打败中国。这极大地刺激了中国人，从而掀起了中国留学生赴日学习军事和体操的热潮。

民国时期，美国取代了日本，成了中国体育留学生学习的最主要的目的国。民国时期留美体育生大增，主要有以下几方面的原因：当时基督教青年会在中国积极开展体育活动，先后派遣、资助一批中国干事和学生去美国春田学院学习体育；正当兵式体操因内容枯燥而日益遭到反对时，美国实用主义教育家杜威 1919 年来华宣传实用主义思想，使人们对美国的教育和体育产生兴趣；美国推行“庚款留美”政策，吸引了一大批学生赴美留学；后来国民党政府与美国关系密切，双方加强了各方面的合作，留美逐渐成为当时的社会潮流。由于留美体育生人数的激增，留日体育生人数因而退居第二位。德国成为民国时期体育留学生的第三大目的国，其主要原因是：德国是欧洲传统军事、体育强国，其在发展军事、体育方面有许多值得中国借鉴的地方；1921 年中国与德国签订了平等的双边协定，为中国留学生赴德学习体育提供了外交条件；特别是一战后德国马克贬值，物价相对低廉，这些促成部分中国学生在这一时期赴德学习体育。

新中国成立后，主要向苏联、匈牙利等社会主义体育强国派遣体育留学生；与此不同的是，台湾省运动员则去美国学习体育。

上述三个时期体育留学生留学国家的变化，主要取决于当时该国体育发展状况、中国和该国之间的关系以及国际经济变化等因素。

三　体育留学生就读学校分析

留学学校选择恰当与否，直接影响到留学的质量和成效。近代以来，中国留学生到日本、美国、德国、苏联等国家学习体育，大多到这些国家的一些知名体育学校学习。具体学校见表 2 - 9。

---

[1]　肖冲：《清末留日学生对“欧化”的日本体育传入中国所起的作用》，《体育文史》1987年第 3 期，第 8—13 页。

表 2 - 9　近代以来中国体育留学生出国就读的学校（10 人以上）

〔(The Attending School of China's Overseas Student Studying

Sports since Modern Times（More than Ten People）〕

国家	苏联	日本	美国	匈牙利
学校	莫斯科中央体育学院	体育会身体练习学校	春田学院	布达佩斯体育学院
人数	30	20	17	10

如表 2 - 9 所示，从总体上来看，近代以来接受中国体育留学生最多的学校是苏联莫斯科中央体育学院、日本体育会身体练习学校、匈牙利布达佩斯体育学院，它们先后接受中国体育留学生 10 人以上，对中国近代以来的体育产生了较大的影响。

表 2 - 10　各历史时期中国体育留学生出国就读的学校（3 人以上）

〔The Attending School of China's Overseas Student

Studying Sports in different historical periods（More than Three People）〕

清末时期 （1903—1911 年）	国家	日本	日本
	学校	体育会身体练习学校	大森体育会
	中国体育留学生人数	17	7

民国时期 （1912— 1949 年 9 月）	国家	美国	美国	美国	美国	美国	美国	美国	德国	日本
	学校	春田学院	威尔斯利大学	哥伦比亚大学	依阿华大学	欧柏林大学	科罗拉多体育大学	密执安体育大学	柏林国立体育大学	体育会身体练习学校
	中国体育留学生人数	17	8	7	4	3	3	3	3	3

新中国时期 （1949 年 10 月— 1963 年）	国家	苏联	匈牙利	苏联
	学校	莫斯科中央体育学院	布达佩斯体育学院	列宁格勒体育学院
	中国体育留学生人数	30	10	4

如表 2 - 10 所示，从各个时期来看，不同时期各有一所学校占据中国体育留学生人数的主导地位。

清末，日本体育会身体练习学校是中国体育留学生就读人数最多的学校。该校 1891 年由日本体育会在东京创立，1893 年改名为体操练习学校，1900 年改称体育会身体练习学校，1941 年改名为日本体育专科学校，1949 年改名为日本体育大学一直沿用至今[①]。由于该校不断改名，所以在与该校有关的中国体育留学生的介绍材料中，常常出现名称混乱的情况。由于中国学生在该校留学的时间主要在清末至抗日战争爆发前，当时该校名称叫作体育会身体练习学校，故本研究统一以此校名相称，而不是用现在的校名。该校为我国早期培养了一大批体育人才，著名的如徐卓呆（原名徐傅霖）、汤剑娥、王建基、林修明，为中国近代体育的发展起了一定的作用，同时也使清末的中国体育带有明显的日本印记。

民国时期，春田学院是吸收中国体育留学生最多的院校。该校创立于1885 年，初名基督教学校，1890 年改名为国际青年会训练学校，1912 年又改名为国际青年会学院，1953 年正式命名为斯普林菲尔德学院[②]。为便于统计，本研究统一称为春田学院。春田学院体育系是美国最早的体育系，不但培养体育教学、管理、科研人员，同时还创造了一些现代运动项目，如篮球运动、排球运动等。我国体育界许多名家曾就读于该校，如被誉为“体育界的一面旗帜”的马约翰、中国最早的体育法规制定者郝更生、最早参加奥运会的中国教练宋君复、中国近代排球运动的开拓者之一许民辉、中国最早的羽毛球培训班举办者司徒桐[③]、第一位担任奥运会篮球决赛的裁判舒鸿等。

莫斯科中央体育学院是新中国体育留学生最集中的地方。该校成立于1920 年，全称为“荣获列宁勋章的国立莫斯科中央体育学院”，是苏联规模最大的高等体育学校[④]。该校又称“苏联国立中央体育学院”“莫斯科斯大林体育学院”（本研究统一称为“莫斯科中央体育学院”）。该校为新

---

① 陈荫生、陈安槐：《体育大辞典》，上海辞书出版社 2006 年版，第 1021 页。
② 中国大百科全书总编辑委员会《体育》编辑委员会：《中国大百科全书·体育》，中国大百科全书出版社 1982 年版，第 205 页。
③ 赵晓阳：《基督教青年会在中国——本土和现代的探索》，社会科学文献出版社 2008 年版，第 211—216 页。
④ 朱永和：《世界体育大事典》，中国致公出版社 1993 年版，第 50 页。

中国培养了一大批竞技体育人才，以及体育教育、训练和科研方面的专家。如中国第一个打破世界纪录者陈镜开、中国"体操之母"陈孝彰，以及运动生理学家陆绍中、运动医学专家岑浩汪、运动生物力学专家袁晋纯等。

四　体育留学生学习成果分析

留学生出国学习获得学位情况，是衡量其学习成果的一项重要指标。但体育留学生有其特殊性，既有以技术学习、训练为主，如体操、游泳、足球等运动员，其学习成果主要表现为运动技术提高程度和回国后在各项比赛中的取得的成绩；也有以理论学习、科学研究为主，他们中取得学位的较多。近代以来体育留学生获得学位情况见表2－11。

表2－11　　　　　　　　体育留学生获得学位情况统计

(The Statistics of Degree Gotten Abroad by China's Overseas Student Studying Sports)

清末时期 (1903—1911 年)	学位	学士	硕士	博士	总计	其他
	人数	1	0	0	1	9
民国时期 (1912—1949 年 9 月)	学位	学士	硕士	博士	—	—
	人数	7	32	7	46（美国41）	7
新中国时期 (1949 年 10 月—1963 年)	学位	学士	硕士	博士	—	—
	人数	3	0	6（副博士）	9	2

由表2－11可以看出，清末体育留学生获得学位的只有一人，是1906年到美国林园大学和威尔斯利大学留学的陈英梅。她于1914年学成回国，获体育学士学位。清末体育留学生获得学位者人数寥寥无几，这与清末留学生以留日为主有关。当时，留日学生群体有两个明显特征：一是出国前学历较低。日本与中国近邻，出入境手续比较简便；清末留学初期对留日资格很少限制[1]，留日学生出国条件宽松，从而造成出国人员成分复杂，学历参差不齐。二是以速成教育为主。清末新政及新办学校急需人才和师资；面对激增的中国留学生，日方容纳能力有限；再加之留学生的急于学成的现实取向，从而导致留日学生长则二三年、短则三五月的"速成"教育特色。

---

[1]　周晓明：《多源与多元：从中国留学族到新月派》，华中师范大学出版社2001年版，第55页。

　　清末体育留学生大多虽未取得学位，但许多人（至少有9人）在留学过程中加入了同盟会，成为反清的重要力量，他们回国后或举办体育学堂培养骨干，或直接参加反清起义，为辛亥革命做出了贡献，这也是该时期体育留学教育的重要成果。

　　民国时期，获得学位的体育留学生最多，共有46人（其中，硕士32人，学士、博士各7人）。在获得学位的46位体育留学生中，留美学生共有41位，占89%。留美体育生获得的学位较多，主要有两方面原因：第一，留美学生在出国以前，大多接受国内良好的新式教育，教育基础比较扎实。尤其是五四运动前后，接受教会学校、留美预备学校、国内高等学校正规教育者，占据一定的比例①，这为留美学生获得较高学位打下专业知识基础。例如，民国时期体育留学生留学前大学学历占54.29%（见第78页"表2-4"），体育教师（主要是高校体育教师）身份的占55.22%（见第79页"表2-5"），也就是说，出国留学前他们已经有较高的教育和学历起点。第二，体育留学生获得学位情况还与所在学校的水平有关。中国留学生到美国学习体育最多的学校是春田学院（达17人），该校是美国开办体育系最早的学校，也是当时体育师资和设施最好的学校之一，曾被评为"培养体育教师优良大学"第一名②，在春田学院留学的学生中有8人获得硕士学位；在曾被评为"培养体育教师优良大学"第二名的依阿华大学中，有两位中国学生获得博士学位（张汇兰、刘天锡）；在另一所美国名校哥伦比亚大学中，也有两位获得博士学位（张咏、卢惠卿）。留美体育生的学位获得情况，反映了留美学生群体"基础扎实、教育正规、学有所成"的特点③。

　　在民国时期的体育留学生中，除获得学位以外，还有另外7位以其他方式获得学习成果。其中：有4位荣获名誉博士学位（郝更生和马启伟获得美国春田学院名誉博士学位，高梓获得韩国某大学荣誉博士学位、吴清源获得香港中文大学荣誉博士学位）；在3位留德国体育生中，程登科

　　①　Wang Yi Chu, Chinese Intellectuals and the West, 1872—1949, Chapel Hill: University of North Carolina Press, 1966.

　　②　华南师范大学：《域外体育·美国春田学院》，http://www.mlty.net/ywty/gjxxtydt/200608/ywty_61.html. 2011-01-13.

　　③　周晓明：《多源与多元：从中国留学族到新月派》，华中师范大学出版社2001年版，第121—123页。

获得德国游泳、按摩专家证书，袁浚获得德国游泳、救生员资格，韦超获得德国 A 级滑翔机驾驶执照。

新中国成立后，由于留学派遣方式以年轻运动员出国学习、训练为主（运动员占 51.56%，见第 79 页"表 2 - 5"），因而造成留学生取得学位的并不多，他们学习的成果主要体现在回国后在国内外的各种比赛中争金夺银、刷新纪录；而以大学生和研究生身份出国学习体育科学理论的，有 6 人获得副博士学位（在中国，俄制副博士学位被认定为相当于国内大学或欧、美、日各大学授予的博士学位），取得较高层次的学位。另外，田继宗在留学期间获田径一级裁判，潘静娴在留学期间训练的同时还兼任教练一职。

由上述分析可以看出，清末留日体育生未取得学位，与入学要求低和速成教育有关，但留日体育生在反清革命方面贡献卓著；民国时期取得学位者大多是留美体育生，与其入学前教育基础较好、所读学校体育水平较高有关，但留德体育生在其他方面也取得一定成果；新中国派出的体育留学生的学习成果分两种情况：术科方向的留学生提高了运动技术（如举重、游泳等运动员）；学科方向的留学生获得了较高的学位（如运动生理、运动医学留学生等）。

第三节　回国后基本指标分析

前面分析了体育留学生出国前、留学中的基本情况。如果把留学教育比作一个实验过程，留学前的指标就构成了实验的对照因素，留学中的指标则是给予留学生的施加因素，而本节要讨论的就是经过留学过程后，体育留学生除了学位指标以外，在哪些方面还发生了积极变化。本节的探讨，也为以后各章具体分析体育留学生在中国体育发展过程中的重要贡献提供基本数据。

一　回国后基本任职情况分析

根据对体育留学生回国后资料的仔细分析与统计，体育留学生的任职情况分为两种：一种是基本任职，另一种是社会任职。基本任职主要分为：体育教师（包括科研人员，下同）、运动员、教练员、裁判员四种情况；社会任职主要分为行政职务（在学校、科研所的任职除外）、运动项目团体兼职、体育学术团体兼职、政治团体兼职等。

体育留学生回国后的基本任职情况见表 2 - 12。

表 2 - 12   体育留学生回国后的基本任职情况统计
（The Full-time Job Statistics of China's Overseas Student
Studying Sports after Returning Home）

基本任职情况		清末时期 (1903— 1911 年)		民国时期 (1912— 1949 年 9 月)		新中国时期 (1949 年 10 月— 1963 年)		总计	
		人数	比例	人数	比例	人数	比例	人数	比例
体育教师	总人数	13	44.83%	62	72.10%	25	38.46%	100	55.56%
	系主任、科研所长 (专科学校以上、含副职)	2	6.90%	26	30.23%	9	13.85%	37	20.56%
	院长、校长 (专科学校以上含副职)	4	13.79%	17	19.77%	4	6.15%	25	13.89%
运动员	总人数	0	0	0	0	26	40%	26	14.44%
	运动健将	—	—	—	—	17	26.15%	17	7.78%
	一般运动员	—	—	—	—	9	13.85%	9	5%
教练员	总人数	0	0	11	12.79%	32	49.23%	43	23.89%
	国家级教练员	—	—	6	6.98%	21	32.31%	27	15%
	一般教练员	—	—	5	5.81%	11	16.92%	16	8.89%
裁判员	总人数	0	0	14	16.28%	4	6.15%	18	10%
	国际裁判	—	—	3	3.49%	3	4.62%	6	3.33%
	国家级裁判	—	—	11	12.79%	1	1.54%	12	6.67%

注：①近代以来体育留学生人数总计为180人，其中，清末（1903—1911年）为29人，民国时期（1912—1949年9月）为86人，新中国时期（1949年10月—1963年）为65人；

②表 2 - 12 第 1 行数据前三个比例为体育教师总人数占所在历史时期体育留学生总人数的百分比，第四个比例为近代以来体育留学生中担任体育教师总人数占体育留学生总人数的百分比。第 4、7、10 行数据中的比例与此类似；

③表 2 - 12 第 2 行数据前三个比例为体育留学生中担任系主任、科研所长（专科学校以上、含副职）人数占所在历史时期体育留学生总人数的百分比。第四个比例为近代以来体育留学生中担任系主任、科研所长（专科学校以上、含副职）总人数占体育留学生总人数的百分比。以下各行与此类似。

由表 2 - 12 可以看出，近代以来体育留学生回国后基本任职的总体情况是：体育教师占 55.56%，教练员占 23.89%，运动员占 14.44%，裁判员占 10%，即体育教师是体育留学生回国后最主要的职业或工作。

　　清末时期，体育留学生回国后有 13 人从事体育教师职业（占清末体育留学生人数的 44.83%），其中，担任校长（院长）的有 4 人（占 13.79%），担任系、科主任的有 2 人（占 6.90%）。根据现掌握的资料，尚未发现清末体育留学生回国后担任运动员、教练员和裁判员的情况。清末体育留学生从事体育教师工作，人数虽然不多，但他们是我国近代最早的一批经过正规训练的体育教师，多为敬业有为之士，如徐一冰创办了著名的中国体操学校、林修明创办松口体育会，汤剑娥担任中国女子体操学校教务主任、陈英梅担任金陵女子文理学院体育专修科主任等，对推动中国近代体育教育的起步和发展，尤其是首开女子体育教育之风气，具有积极作用。

　　民国时期，体育留学生回国后从事的基本职业分别为体育教师（占这一时期体育留学生的 72.10%）、裁判员（占 16.28%）、教练员（占 12.79%）。在这一时期，有 30.23% 的体育留学生担任体育系、科主任，有 19.77% 的体育留学生担任校长（院长）职务。清华大学的马约翰、南开大学的董守义、北平师范大学的袁敦礼、金陵女子大学的黄丽明、北京体育学院的徐英超、北京大学的林启武、南京师范大学的徐绍武以及福建师范大学的陶德悦等，都是由体育留学生成长起来的国内著名体育教授，为推动所在学校和地区体育教育事业的发展做出了突出贡献。这一时期还有由留学生成长起来的：教练和裁判：国家级教练如黄健、许民辉、马杏修、牟作云，国际裁判如宋君复、舒鸿、张素央，以及国家级裁判如韩国儒、张长江、贾玉瑞、夏翔等，在提高我国运动训练水平、组织地区和国际赛事方面发挥了积极作用。

　　新中国成立初期，体育留学生回国后从事的基本工作，教练员占 49.23%，运动员占 40%，体育教师占 38.46%，裁判员占 6.15%。这与新中国成立初期体育留学生出国前的身份构成是一致的。"表 2 - 5 体育留学生身份构成统计"（见第 79 页）表明新中国时期体育留学生出国前体育特长者、运动员占第一位（51.56%）。他们学成回国后，成为运动训练、竞赛领域的骨干力量，担负起提高新中国体育水平、攀登世界体育高峰的时代重任。在这一批体育留学生中涌现出一大批著名教练员、运动员和裁判员，如国家级教练涂广斌、穆祥豪、包乃健、陈孝彰、黄强辉、张宏根、沈守和等，运动健将陈镜开、赵庆奎、傅翠美、蓝亚兰、许竞、陈成达、年维泗等，国际级裁判姜龙南、陆恩淳、戚玉芳等。这一时期由体育留学生成长起来的著名学者和教授有中国最早反兴奋剂专家杨天乐、运动生物力学专家袁晋纯、运动生理学专家陆绍中、体操专家叶培基、田径专家田继宗等。

二　回国后社会任职情况分析

体育留学生回国后担任的社会职务主要分为行政职务、体育团体兼职、学术团体兼职、政治团体兼职等。其中，行政职务是指除了学校以外的行政职务或社会兼职，体育团体主要是指除学术团体以外的各种运动项目团体、体育协会，学术团体主要是指各种体育研究团体、学会，政治团体主要是指各级人大、政协以及基督教青年会等政治性、宗教性团体。

体育留学生回国后的社会任职情况，见表 2 – 13。

表 2 – 13　　　　　体育留学生回国后社会任职情况统计

（The Statistics of Part-time Social Jobs of China's Overseas Student Studying Sports after Returning Home）

社会任职情况		清末时期（1903—1911 年）	民国时期（1912—1949 年 9 月）	新中国时期（1949 年 10 月—1963 年）	总计	
					总任职数	人均任职数
行政职务	全国性	4	22	8	60	0.33
	地方性	3	21	2		
	小计	7	43	10		
体育团体	国际性	0	6	8	110	0.61
	全国性	0	33	24		
	地方性	0	28	11		
	小计	0	67	43		
学术团体	国际性	0	7	2	81	0.45
	全国性	1	24	27		
	地方性	1	10	9		
	小计	2	41	38		
政治团体	国际性	0	1	0	40	0.22
	全国性	0	8	7		
	地方性	2	18	4		
	小计	2	27	11		
总计	总任职数	11	178	102	291	

如表 2 –13 所示，从三个历史时期来看，体育留学生回国后担任社会职务最多的是民国时期（共 178 项），其次是新中国成立初期（共 102 项），最少的是清末（仅 11 项）。由于各个时期跨时间长短不同，从绝对数量上并不能说明问题，人均任职数可以大体比较体育留学生在各个时期社会任职情况。从人均任职数来看，依然是民国时期最多（人均任职 2.07 项），新中国成立初期第二（人均任职 1.57 项），清末最少（人均任职 0.38 项）。

从四个任职类别来看，体育留学生回国后任职最多的是体育团体（共 110 项），其次是学术团体（共 81 项）、行政职务（共 60 项）和政治团体（共 40 项）分居第三、第四位。但按人均任职数来看，近代以来体育留学生回国后担任的职务数依次是体育团体（人均 0.61 项）、学术团体（人均 0.45 项）、行政职务（人均 0.33 项）、政治团体（人均 0.22 项）。也就是说，绝对数和相对数排列顺序完全一致。这说明，体育留学生回国后除大多数在学校工作外，在社会上的任职或兼职大体上是按照与专业工作关系的亲密程度来选择或接受的。体育团体（大多是运动项目协会）是业务性、操作性较强的组织，与具体运动项目的训练、竞赛等技术性工作密切相关，需要由在该领域十分专长的人来担任，而体育留学生能够在自己所熟悉的项目上担当此任；体育学术团体与此类似，体育留学生大多钻研某一专业领域，在这一领域中具有一定的学术权威，自然在相应的学术团体中具有重要的任职。相比较而言，行政任职、政治团体与体育专业的关系没有体育团体、学术团体与体育专业的关系密切，在此任职的体育留学生较少。具有行政任职和在政治团体兼职的，大多是体育留学生中专业能力较强、社会活动能力突出者。

以上仅以宏观数据说明了体育留学生回国后的社会任职情况，下面以全国性行政职务为例（主要是因为三个时期都有数据可以比较）进行说明，以便对体育留学生回国后的社会任职做一具体了解。

清末时期出国的体育留学生，其回国后的 4 项任职是：大总统府枢要秘书（留日学生柳大任）、国民军副司令（留日学生王金发）、南京行政院参议员（留日学生王润生）、南京临时政府司令部科长兼众议院议员（留日学生段雄）等。

民国时期出国的留学生，其回国后担任的重要职务中具有代表性的分别是：国民政府教育部体育督学（留美学生郝更生、徐民辉），国民体育委员会常务理事（留德学生程登科），国民体育委员会常委（留美学生黄丽明），国家体委运动司副司长（留美学生董守义），国家体委球类司副司长（留美学生牟作云）以及国家体委体操处副处长（留美学生张素央）等。

新中国成立后出国的留学生，其回国后担任的行政职务主要有：国家体委科教司副司长（留苏学生武福全），国家体委训练局副局长（留匈学生年维泗），国家体委训练处副处长（留苏学生陈孝彰），国家体委科教司科技处处长（留苏学生高大安、留匈学生傅翠美），国家体委运动司举重处处长（留苏学生赵庆奎），国家体委运动司足球处处长（留匈学生陈成达）等。

三　回国后突出贡献分析

近代以来，体育留学生回国以后大多在体育领域辛勤工作，用自己在国外所学到的知识、技能，在发展中国体育事业各个方面不同程度地做出了贡献。由于关于体育留学生的资料比较凌乱、庞杂，本研究根据所掌握的资料，把近代以来体育留学生众多事迹择其大端，归纳为以下十类：①推广和传播运动项目；②创办体育机构和场所；③创新运动技术和训练方法；④获得优异的运动成绩（如打破全国、世界纪录等）；⑤获得优异的执教和执裁成果（如指导的运动员夺得世界冠军以及打破全国或世界纪录等）；⑥创办体育学校；⑦创办和主编体育杂志；⑧创建体育学科；⑨在国外传播中国体育文化；⑩其他重要活动等。具体见表2－14。

表2－14中的数据反映了体育留学生回国后在几个方面最突出的贡献，具体内容后面相关章节将进行详细分析。

表2－14　　　　　　　　体育留学生回国后的突出贡献

（The Outstanding Contribution Statistics of of China's
Overseas Student Studying Sports after Returning Home）

突出贡献	清末时期 （1903—1911 年）	民国时期 （1912—1949 年 9 月）	新中国时期 （1949 年 10 月—1963 年）
推广运动项目	0	15	3
创办体育机构、场所	0	10	1
创新运动技术、训练方法	0	0	7

续表

突出贡献	清末时期 （1903—1911 年）	民国时期 （1912—1949 年 9 月）	新中国时期 （1949 年 10 月—1963 年）
运动成绩突出	0	0	9
执教、执裁成绩突出	0	2	8
创办学校	4	3	0
创办、主编杂志	1	8	3
创建学科	0	8	0
在国外传播中国体育文化	1	4	0
其他活动	7	6	2
总计	13	54	33

由表 2-14 可以看出，清末时期在以上十类活动中，突出贡献共有13 项，其中与体育有关的活动有 6 项。这 6 项包括：创办杂志 1 项（徐一冰创办《体育杂志》并任总编），在国外传播中国体育文化 1 项（王润生在日本向留学生传授"八拳"并打败日本柔道名家），创办体育学校 4项（徐一冰创办中国体操学校、林修明创办松口体育会、汤剑娥创办的中国女子体操学校、胡维楷在赤水创办体育专修班等）。另外的重要贡献就是其他活动（共 7 项），即回国后加入反清革命的历史潮流中，先后有7 人为革命牺牲（葛谦、杨任、王金发、王建基、林修明、郭公接、柳伯英等）。

民国时期体育留学生的主要贡献共有 54 项。其主要活动为推广运动项目、创办体育机构和场所、创办体育杂志、创建学科等四个方面，共占41 项，占这一时期活动总数的 76%；而运动技术、运动成绩方面贡献不突出，说明这一时期的活动仍处于传播西方体育文化阶段。在国外传播中国体育文化有 4 项：程登科向德国柏林大学副校长、国际奥委会组织委员会主席卡尔·迪姆介绍中国的"八段锦"，并被卡尔·迪姆收入其《世界各国体操》一书中；卢惠卿在西方人士中提倡中国武术，用英文撰写《太极拳手册》进行传播；李仲三在德国进修体育的同时教德国士兵习学中国武术；马约翰在副学位论文中，首次把"形意拳"介绍到西方世界，尝试把西方的拳击、格斗与中国的拳术结合，创造新的防身形式。其他活动是指不便于归入上述九类活动的内容，主要有 6 项，具体包括宋如海最早倡议汉口广播电台播放广播体操节目、郝更生主持制定民国时期许多重要体育法规、张咏建议国民政府设立体育督学并获采纳、赵占元确立大学一二年级体育课为必修课的制度、程登科和袁浚提倡军事化体育等。

新中国初期，出国留学生回国后的主要活动体现在钻研运动技术、改进训练方法，以迅速提高体育运动水平，扩大新中国在国际上的影响。这一时期，运动技术和训练方法创新、运动成绩突出、执教和执裁成绩突出这三个方面占优势，共有24项，占这一时期活动总数的73%。推广运动项目有3项，具体包括沈守和开创新中国击剑运动、黄帼会开创新中国门球运动以及戚玉芳开创新中国女子健美运动。其他活动有2项，即李惠青等创办全国体操情报网、陆恩淳开展体育收藏活动并在收藏界产生一定影响等。

四　回国后著述情况分析

著作完成情况是衡量体育留学生专业造诣的重要指标。这里所说的著作，包括专著、编著、译著和教材。体育留学生完成一定数量和质量的著作，是个人体育教学、训练和研究成果的总结，是当时体育发展情况的集中体现和概括，也是以后的学者了解、学习体育学术发展的重要依据和资料。近代以来体育留学生著作情况见表2－15。

表2－15　　　　　　　体育留学生完成著作情况统计

（The Writings Statistics of China's Overseas Student Studying Sports after Returning Home）

历史时期	完成著作的人数（人）	完成著作者占体育留学生总人数的比例(%)	著作总数（部）	完成著作者人均著作数（部/人）	完成著作5部以上的人数（含5部）
清末时期（1903—1911年）	4	13.79	10	2.5	1
民国时期（1912—1949年9月）	51	59.3	170	3.33	13
新中国时期（1949年10月—1963年）	27	41.54	94	3.48	11
总计	83	46.11	271	3.39	24

由表 2-15 可以看出，清末体育留学生完成著作的人数及著作数比较少。民国时期，由于时间跨度较大，体育留学生绝对人数多，这一时期完成著作人数、完成著作数量均居首位。新中国成立后，虽然出国体育留学生绝对人数少，并以体育特长者和运动员为主（占 51.56%，见第 79 页表 2-5），但这些留学生回国后，在体育著作方面取得了不俗的成绩，完成著作者人均著作数为 3.48 部，居三个时期的首位，并出现了一批学者型运动员、教练员。

在留学生个人著作方面，清末完成 5 部以上著作的体育留学生有 1 人，即徐卓呆（又名徐傅霖，留日体育生）。徐卓呆是一位全才，他在上海最早开办体操学校，培养体育人才，而且在当时期刊上发表许多体育论文，完成多部体育著作，为中国近代体育的发展起了推动作用；他同时在戏剧、小说、电影等方面多有涉猎，并均取得了重要成果。民国时期完成 5 部以上著作的有 13 人，包括留美体育生宋君复、董守义、吴蕴瑞、方万邦、金兆钧、马启伟、刘天锡、陶德悦、林启武和周鹤鸣，留德体育生程登科和江良规，以及留日体育生吴文忠等，他们都是民国时期的著名体育学者，在体育教学、组织管理以及科学研究方面产生了重要影响。新中国时期完成 5 部以上著作的有 11 人，他们均为留苏学生，包括叶培基（体操）、李惠青（体操）、陆恩淳（体操）、武福全（田径）、田继宗（田径）、张来霆（田径）、周成之（田径）、周正（登山）、袁晋纯（运动生物力学）、韦俊文（运动生理学）、吴友莹（运动心理学）等，他们成为新中国运动训练和科学研究方面的奠基者和带头人。

本章小结

本章对通过各种途径搜集到的 180 名体育留学生的基本数据进行了分析。

这些留学生以男性为主，但女性所占比例逐步增加。留学生来源最多的是东部沿海 6 省和湖南，其次为京、津、冀、川地区，而陕、甘、宁、青、新等西北地区，以及藏、蒙等少数民族地区尚未发现体育留学生。出国前的学历，清末以中学为主，民国时期以大学为主，新中国成立初期以大学和研究生为主。出国前的身份，清末主要是体育教师和运动员，民国时期以高校体育教师为主，新中国成立初期则以运动员和体育科研人员为特色。

体育留学生集中出国的时间随着国际形势和国内政局的变化而起伏。清末在1905年前后出现留日高潮；民国时期，1915后出现明显回落，在抗日战争爆发前以及解放战争开始的1946年、解放战争结束前的1948年出现了三个留学高潮；新中国在20世纪50年代出现了高潮，后在20世纪60年代因中苏关系决裂，体育留学生几近消失。留学国家形成清末以日本、民国时期以美国（其次为日本、德国）、新中国成立初期以苏联（其次为匈牙利）为主导的特征。留学生就读的学校，清末、民国时期和新中国成立初期，分别以日本体育会身体练习学校、美国春田学院、苏联莫斯科中央体育学院为主。留学取得的成果中，清末仅有一人取得学历，但多人参与反清革命；民国时期留美体育生获得的学位最多，留德学生也获得不同形式的成果；新中国成立初期学习理论者取得了较高学位，许多运动员获得优异比赛成绩。

体育留学生回国后担任的主要职务，清末和民国时期主要是体育教师，新中国成立初期则以教练员为主。体育留学生回国后兼职最多的是体育运动团体和体育学术团体。体育留学生回国后的重要贡献，清末以参与反清革命为主，在体育方面主要是创办体育学校；民国时期以推广运动项目、创办体育机构和场所、创办体育杂志以及创建学科为主；新中国派出的体育留学生回国后，其贡献主要体现在运动技术和训练方法创新、运动成绩优异、执教执裁能力突出等方面。

第 三 章

留学生与中国体育

——器物层的推介

梁启超曾把中国近代历史发展和向国外学习的过程划分为器物层（鸦片战争至甲午战争时期主要学习西方坚船利炮等器物与技术）、制度层（甲午战争至五四运动时期主要借鉴西方政法制度）、文化层（五四运动后主要宣传西方思想文化）等三个阶段和层面[①]。现代学者把文化划分为物质文化（曾经和正在受人作用的一切物质对象以及人类的物质生活方式）、制度文化（人在一定历史条件下通过交往活动所结成的社会关系以及与之相应的社会活动的规范体系）、精神文化（人类在精神需求的驱动下所形成的精神活动的方式及其对象化产品）等三个层次[②]。高兆明从文化哲学的角度也从器物、制度、观念三个层次对文化的结构及其关系进行分析[③]。这些是学者关于文化结构研究中经典的三层次划分说或圈层说。

近代以来体育留学生所做的工作，概括起来主要是向中国引进、传播西方近现代体育文化，然后推动中国体育向自主化、现代化、国际化发展。为了便于研究，根据上述学者关于文化结构的三分法，本章及以后两章将从器物层、制度层、思想层三个层面，逐层解析近代以来体育留学生在中国体育发展过程中所起的作用。

体育留学生回国后所开展的活动，第一个层次就是在器物层面上的努

① 梁启超：《50 年来中国文化概要》，载陈书良编《梁启超文集》，燕京出版社 1997 年版，第 450—451 页。

② 萧杨、胡志明：《文化学导论》，河北教育出版社 1989 年版，第 81—85 页。

③ 高兆明：《器物、制度、观念新论纲》，《青海社会科学》1996 年第 2 期，第 70—71 页。

力。因为要开展体育活动，首先要有具体的运动项目，要有相应的场地和器材等设施，在此基础上还要掌握一定的运动技术。只有体育运动开展起来，才有可能进一步进行制度层面、思想层面的发展。本章着重从体育运动、场地器材、运动技术三个方面分析体育留学生在器物层面所做的贡献。

第一节　体育运动的引介

我国现在正式开展的运动项目共有 76 种（大项）[①]，其中武术、围棋、龙舟、舞龙舞狮、风筝等是中国固有的传统体育活动；而数量更多的现代田径、体操、球类等项目则是从西方逐步引进的。也就是说，中国现代体育是由民族传统体育和西方体育两大体系共同构成的。而把西方体育引进到中国，使中国逐步形成完整的现代体育文化体系，体育留学生发挥了积极的作用。

一　体育留学生与运动项目的推广

（一）清末时期留学生对部分运动项目的推广

前已论述，清末时期，中国学生多赴日本留学。20 世纪初，在留日学生中出现了最早一批体育留学生。除体育学校外，日本普通学校均开设体操课程，在普通学校学习的留学生回国后，也把体育带回国内。也就是说，清末传播体育的留学生中，有些是专攻体育的，有的是学习其他专业的。由于清末许多留学生所学的专业信息不明，在此一并论述。

清末留学生传播的运动项目主要是体操。如 1907 年，留日学生王作甘、王禹平等人把器械体操传入四川自贡树人学堂，项目有单杠、木马、天桥、哑铃、木棒等。第二年，树人学堂 40 多人在成都参加四川省大运动会，获得了团体轻器械操第 1 名[②]。1908 年，重庆府中学堂（现重庆第七中学）教员罗敬堂（留学日本专攻体育）在学校传授徒手体操和器械

---

① 国家体育总局：《关于重新公布我国正式开展的体育运动项目的通知》，http://www.sport.gov.cn/n16/n1167/n2718/165962.html. 2006 - 12 - 26.

② 自贡市体育运动委员会：《自贡市体育志》，四川辞书出版社 1992 年版，第 59 页。

体操①，受到学生好评。1908 年留日归来的胡维楷任贵州赤水"怀阳高等学堂"体操教习时，把瑞典式体操引进赤水。第二年，赤水县举行各级学校体操竞赛运动会，胡维楷担任指挥②。

这一时期，除体操以外，球类、田径等其他项目也开始由留学生引进国内。如 1903—1904 年间，黄兴曾任长沙明德中学第一任体操教习，课余组织"扬子江野球（棒球）队"，开展训练与比赛。这是棒球运动传入长沙的开端，也是长沙市学校有课外体育运动队之始③。1906 年，昆明人杨振洪留学日本回来后，创办体操专修科，课程设有部分田径项目，并在学校召开过田径运动会，设竞走等项目的比赛④。

除留日学生外，留英学生回国后，也参与体育活动。1906 年，山西大学堂西学斋保送王宪、常子成、武尽杰等 6 名学生到英国留学。1913年回国后，在太原组织起"万国网球会"，有中、外 50 多名会员。他们在太原南门附近开设 6 个网球场，开展网球活动。由此，网球运动引入山西。由"万国网球会"锻炼成长起来的王春菁、王春葳姐妹，成了民国时期（20 世纪 30—40 年代）闻名全国的女网明星⑤。

清末时期留学生引进的体育活动以体操为主，并主要在学校范围内开展。

（二）民国时期体育留学生对部分运动项目的推广

到了民国时期，留学欧美的学生日益增多，尤其是留美、留德体育生的归来，带回了西方田径、游泳、球类等项目，使这一时期的体育活动内容日益丰富起来。民国时期体育留学生对部分运动项目的推广见表3－1。

---

① 重庆市地方志编撰委员会：《重庆市志·第十一卷·体育志》，重庆出版社 1999 年版，第 623 页。

② 贵州省遵义市地方志编撰委员会：《遵义地区志·体育志·档案志》，贵州人民出版社2004 年版，第 6 页。

③ 长沙市志编纂委员会：《长沙市志·第二十卷·教育科技卫生体育》，湖南出版社 1996年版，第 660 页。

④ 昆明体育志编纂委员会：《昆明体育志》，云南民族出版社 2002 年版，第 196 页。

⑤ 山西省地方志编纂委员会：《山西通志·第四十二卷·体育志》，中华书局出版社 1995年版，第 200 页。

表 3-1　　　　　　　　部分体育留学生传播运动项目情况

（China's Overseas Student Studying Sports and the

Spread of Sporting Events）

留学生姓名	留学国家	传播项目	传播地区	主要活动
许民辉	美国	排球	广州	1913 年提倡开展排球运动。1920 年许民辉发明"低网排球"，有助于排球运动的推广
许民辉	美国	跳水	广州	1917 年，在广州基督教青年会举办三期体育训练班，其中有跳水训练。广东首批跳水骨干李泰、陶佐德等都参加过该训练班
沈嗣良	美国	室内棒球	上海	1919 年在上海圣约翰大学担任体育主任时，将美国的室内棒球安排到体育课中，给圣约翰大学附中学生上棒球课
袁浚	德国	女子游泳	武汉	1932 年，在袁浚教授的努力和李四光夫人的积极支持下，女子游泳率先在武汉大学开展
吴澂	德国	手球	南京	1933 年回国后到南京中央大学体育系执教，致力于推广德式手球运动。1935 年在上海出版了他编译的中国第一本《手球规则》
程登科	德国	女子体操	南京	1933 年回国后到中央大学体育系任教，首先在中央大学女生中开设垫上运动和器械体操，并逐步推广到全国，从而揭开中国女子体操运动新的一页
林启武	美国	羽毛球	北京	1934 年在燕京大学就从事羽毛球教学和教练工作。著有关于羽毛球运动的多部专著、译著。1985 年主持开设裁判员英语学习班
马约翰	美国	网球	昆明	抗战初期西南联大迁到昆明，马约翰等人在昆明开展热闹非凡的网球活动
涂文	美国	滑旱冰	昆明	抗战时期，云南大学体育教研室主任涂文经常表演滑旱冰，有时他还滑旱冰上街买菜，首开当地该项运动之风气
董守义	美国	垒球	陕西城固	抗战期间，随同各大学迁到西北的董守义等著名学者、教授成为西北地区垒球运动的开拓者
向志均	日本	水球	成都	1938 年，成都私立南虹艺校主任向志均创建了成都市第一支水球队——南虹水球队。该队曾以 7∶3 胜美国驻成都空军参谋部水球队

续表

留学生姓名	留学国家	传播项目	传播地区	主要活动
郝更生	美国	滑翔	成都	1938 年，在皇城（今成都体育中心附近）首次进行木制单翼滑翔机试飞
韦超	德国	滑翔	成都	1939 年，航空委员会滑翔训练班成立，韦超任主任。他一面筹备开课；一面在成都、重庆等地进行滑翔表演，极力宣传滑翔运动
高梓	美国	韵律体操	南京	20 世纪 40 年代，高梓在中央大学体育系较早地教授韵律体操
郝更生	美国	跳伞	重庆	1942 年 4 月 4 日，四川重庆隆重举行伞塔落成典礼，郝更生和女学生李林进行跳伞表演
贾玉瑞	日本	击剑	北京	1944 年回国后，开始在北京基督教青年会体育馆介绍击剑活动。新中国成立后，贾玉瑞到北京师范大学体育系任教，在学生中开展击剑运动
郝殿卿	日本	冰球	长春	1945 年日本投降后，经常在冬季里进行冰球活动。后来成立了白熊冰球队，这是吉林省第一支业余冰球队
马启伟	美国	排球	北京	在美国留学时接触"六人制"排球。回国后开始在全国介绍、推广该运动
司徒桐	美国	羽毛球	上海	1949 年 5 月，上海青年会干事司徒桐主办羽毛球第一期培训班。后与王中成翻译了新中国第一部正式的全国统一的羽毛球竞赛规则
张素央	美国	技巧	北京	1949 年前曾留学美国。从 1956 年参加组织全国技巧运动表演赛工作起至今，从事技巧运动 30 多年。在 20 世纪 80 年代率领中国技巧走向世界，为中国技巧运动的发展起了重要作用
林启武	美国	射箭	北京	1949 年前曾留学美国。1958 年，首次向国内介绍国际射箭技术和规则，为我国射箭运动的发展做出贡献

注：本表主要参考了：《广州市志·卷十五·体育卫生志》（广州出版社 1997）、《广东省志·体育志》（广东人民出版社 2001）、《湖北省志·体育》（湖北人民出版社 1990）、《南京体育志》（方志出版社 2002）、《昆明体育志》（云南民族出版社 2002）、《成都市志·体育志》（四川辞书出版社 2000）、《北京志·体育卷·体育志》（北京出版社 2004）、《吉林市志·体育志》（吉林人民出版社 2002），武汉出版社出版的《中国棒球运动史》（1990）、《中国羽毛球运动史》（1990）、《中国垒球运动史》（1990）、《中国跳伞运动史》（1990）、《中国网球运动史》（1999），以及龙世和的《中国滑翔运动的开创者韦超》（《体育文史》1987 年第 4 期）、向阳的《网上生涯八十年：记马启伟先生》（《中国排球》2000 年第 3 期）、冷雨的《林启武》（《学校体育》1988 年第 4 期）等文献。

由表 3 - 1 可以看出，民国时期出国学习的体育留学生，回国后传播的主要是当时国内尚未开展起来的项目，如球类项目（排球、棒球、垒球、手球、水球、羽毛球、网球、冰球），军事项目（滑翔、跳伞）、女子项目（女子游泳、女子体操），以及跳水、韵律体操、滑旱冰、击剑、射箭等，涉及 17 个项目。传播的地区主要集中在南方的南京、上海、武汉以及北方的北京等经济、文化发达的大城市。而西南的四川、云南，西北的陕西地区也出现了体育留学生传播体育的活动，主要是抗战时期国内主要大学内迁西南、西北，当时部分著名的体育专家、学者也随之迁入，西南、西北地区的体育事业因战祸而得福，获得了难得的发展时机。

关于这一时期体育留学生对运动项目的推广，下面以和平时期时尚的女子体育（体操和游泳）和战争时期活跃的垒球运动为例进行说明。

举例一：民国时期的体育留学生与女子体操。

1930 年，留德回来的程登科在国立中央大学体育系任教授。当时，我国体育系科中只有男子开展器械体操和垫上运动。程登科在中央大学（以下简称"中大"）任教后，把他在留德期间看到的德国女子体操带进"中大"，首先在体育系女生中开设垫上运动、器械体操课，简称为"垫器"课。"女学生翻跟斗了"，这如同在"中大"校园里引爆了一枚"炸弹"，部分思想保守的教员以"女学生搞器械操影响健康"为由，纷纷加以反对。程登科在系主任吴蕴瑞的支持下，邀请卫生系的医生、教授看课，并和女生们座谈，进行实际调查，结论是"未见有不合卫生的现象"。女同学说："我们对垫器运动很感兴趣，开课以来还没有一个人受伤。"反对者这才无言以对。从此，女子"垫器运动"在"中大"体育系站稳了脚跟，并以此为中心在全国体育系科中开展起来。这为中国女子技巧、体操的开展，掀开新的一页①。

举例二：民国时期的体育留学生与女子游泳。

1949 年前，封建思想依旧盛行，人们一时还难以接受女子游泳。旧中国第五届全国运动会于 1933 年 10 月在南京举行。该运动会第一次把女子游泳列为正式比赛项目。然而在看台上发生了令人尴尬的一幕：部分清朝遗老看到女子运动员身穿泳衣出场，便慌忙离座，有人还说道："罪

---

① 陈镇华、陆恩淳、李世铭：《中国体操运动史》，武汉出版社 1990 年版，第 54 页。

孽！罪孽！女子洗澡，还招人来看，真是不知羞耻。"[1] 直到20世纪50年代，当时参加游泳的妇女人数仍然较少，许多人还认为女同志穿着游泳衣，露着胳膊和腿不雅观[2]。由此可以看出保守思想对体育的影响。

最先在中国学校中开展女子游泳教育的也是学成归来的体育留学生。20世纪30年代初，湖北省各学校女子游泳还是一个禁区。1932年，在武汉大学袁浚教授（留德体育生）的努力和许淑彬（李四光夫人）的支持下，女子游泳率先在武汉大学开展。1933年上学期初，武汉大学校委会还制定并讨论通过了男、女生毕业时游泳达标的规定[3]。这不但是一项开创性的体育活动，也是一项引导潮流、改变风气的思想解放活动。

举例三：抗战时期体育留学生与西北地区的垒球运动。

抗战期间，董守义、徐英超、李鹤鼎、袁敦礼（均为留美体育生），以及刘月林、王耀东等著名学者、教授随学校迁到西北地区。在他们的培养和影响下，垒球活动很快普及开来，成为人人喜爱的一项体育活动。据老一辈垒球工作者回忆，1939—1943年间，陕西城固、汉中一带垒球之风胜过其他运动项目。当时的国立西北师范学院（当时位于陕西汉中，简称"西北师院"）体育系设有垒球专业课。大学、中学和小学都有自己的队伍。每周都有1—3场比赛。这一时期，垒球的影响甚至波及农村，据汉中地区的同志回忆，当时"放牛娃都打垒球"，可见垒球影响之深。陕南地区原来并不开展垒球运动，在这些大专院校尤其是"西北师院"体育系师生的推动下，垒球运动的开展出现了新的局面[4]。

民国时期，接受西方体育思想和实践洗礼的留学生，在国内开展并推广女子体育活动，在中国体育史上留下了深远的影响。而战争时期来自东部院校的以留学生为主的体育教授、学者，给西北地区干涸的自然和人文生态带来了一股清新、活跃的体育文化气息，为近代西部地区体育的发展留下了一段美好的回忆。

（三）新中国时期体育留学生对部分运动项目的推广

新中国成立后，发展体育运动的社会条件发生了根本性的改变，为体

---

①　林天宏、杨秀琼：《泳池内外的沉浮》，《视野》2008年第18期，第16页。

②　罗京生、陈运鹏：《绿水风流》，中国游泳协会官方网站，http：//swimming. sport. org. cn/about_us/memorabilia/2004 – 04 – 28/31431. html. 2004 – 04 – 28.

③　湖北省地方志编纂委员会：《湖北省志·体育》，湖北人民出版社1990年版，第14页。

④　张振美、吴振芳、韩宏珠等：《中国垒球运动史》，武汉出版社1990年版，第18—21页。

育留学生回国后发挥才干奠定了基础。新中国成立初期派出的体育留学生回国后，除了对常见的运动项目进行教学、训练和研究外，也积极传播一些较新的运动项目，主要包括击剑、门球、健美操等。

新中国成立后，沈守和赴苏联留学，在列宁格勒体育学院攻读重竞技，在著名击剑功勋教练员布洛契克的指导下学习击剑。学成后带回了现代击剑运动的理论和技术，在武汉体育学院成立第一个正规训练的击剑队，开办击剑教练员培训班。1960年调上海体育学院任教。沈守和为新中国培养了一大批击剑人才，现在中国击剑界50岁以上的教练几乎都是他的学生。他的学生在国家队、省市队担任教练，培养出了多位亚洲和世界冠军。十年"文化大革命"期间，沈守和备受迫害，被打成"苏修特务"和"反动学术权威"，下放钢厂当工人，直到粉碎江青反革命集团后才恢复上海击剑队总教练工作。由于他对新中国击剑事业的开拓性贡献，1984年被上海新闻界和体育界评为"新中国45周年十杰教练"；1996年被中国击剑协会授予"新中国击剑事业开拓奖"①。尤为感人的是，沈守和生前交代家人和上海击剑协会负责人，在临终前给他穿上一身洁白的击剑服再安心离去。沈守和是新中国击剑运动的开拓者，是最早被批准的国家级击剑教练员，曾担任国家击剑队总教练并两次备战奥运会。他自苏联留学回国后，为我国击剑运动奋斗终生，虽曾遭受排挤和打击，但为发展新中国击剑事业始终如一，不离不弃，体现出新中国老一辈体育留学生的职业操守和精神风貌。

黄帼会原是游泳运动员，1954年在匈牙利布达佩斯体育学院学习游泳，1956年在中、波两国游泳友谊赛400米自由式接力赛中获得第2名，打破全国纪录。退役后，主要从事门球运动的宣传和推广活动，成为中国现代门球运动的开创者之一。现代门球起源于战后的日本，1985年传入中国。黄帼会申请把门球列为正式体育项目，当时国家体委小球管理司副主任徐寅生还不了解这项运动，黄帼会特地从河北廊坊请来两支队伍进行比赛。观看比赛后，徐寅生认识到门球作为竞技体育的魅力，后来门球被批准为正式体育项目。门球虽然成为正式项目，但推广起来比较困难。黄帼会根据门球特点，主要从"三老"入手，即在老龄委、老干部局和老

---

① 木力：《新中国击剑运动开拓者沈守和》，http：//sports. sina. com. cn/others/9910/259496. shtml. 1999 – 10 – 25.

体协进行推广，并组织比赛。门球活动逐步在老年人中流行起来。1987年中国门球协会正式成立，黄帼会担任中国门球协会第一任秘书长。同年，在黄帼会组织下，中国门球学习班举办了第一期培训，为地方培养了一大批门球精英，有力地推动了门球运动在全国的开展①。

戚玉芳原是体操运动员，1955年赴苏联斯大林体育学院留学，曾获全国自由体操、高低杠、五项全能冠军。1979年援外，任智利国家女子体操队教练。她在智利目睹了风靡国外的健美运动，并搜集了大量资料。回国后她产生了一个想法：把自己体操运动的实践经验和国外的健身、健美方法结合起来，编创一套健美体操，让中国妇女健康、健美起来。她编创的健美操既能达到健身祛病的目的，又使人保持健美的体型，坚持锻炼效果显著。1983年6月，戚玉芳在北京正式开办了女子健美训练班，在京城上下引起了不小的反响。为了推广和普及健美运动，她到工厂、农村、幼儿园表演，到全国许多地方举办训练班。中国妇女出版社出版了《戚玉芳女子健美操》一书；《中国妇女》为她的健美操出了专辑；中央电视台向全国播放了她的健美操后，全国有二十二个省市给她发来了邀请书。戚玉芳在培养形体美的同时也追求心灵美，她常把举办健美体操训练班的收益捐献给中国少年儿童福利基金会和残疾人福利基金会②。戚玉芳是我国现代健美操运动的倡导者，也是美的传播者。

从运动项目的传播来看，清末体育留学生以引进日式体操为主，并涉及其他个别项目；民国时期体育留学生传播运动项目日趋多元化，基本涉及现代体育的大部分项目；新中国体育留学生在当时开展的运动项目基础上，引进了部分新颖、时尚的项目。这表明，运动项目的引进和推广体现出由单一到多元、由传统到时尚的特点。

二　体育留学生与运动规则的传入

体育留学生对西方运动项目的传播和引进，使中国体育向普及化走近了一步。而对运动规则的翻译和介绍，则使中国体育逐步走向了规范化，并为提高运动技术水平、开展体育竞赛打下了基础。

---

① 于红立：《黄帼会抚今追昔畅谈门球人生》，http：//news. sports. cn/others/others/2005 - 11 - 22/732283. html. 2005 - 11 - 22.

② 郑有为：《为使中华女性更健美——访民革中央妇委委员、健美大师戚玉芳》，http：//www. minge. gov. cn/txt/2008 - 10/30/content_ 2548431. htm. 2008 - 10 - 30.

　　清末时期，就掌握的资料来看，尚未发现体育留学生对某一运动规则的具体介绍。从民国时期一直到新中国成立后，一代又一代体育留学生参与了运动规则的翻译、介绍以及改进等活动。

　　体育留学生对运动规则的贡献，主要体现在向国内介绍运动规则、参与国际运动规则的制定两个方面。

　　（一）体育留学生与运动规则的推介

　　体育留学生对运动规则的推介主要集中在排球、体操、手球、羽毛球、射箭、田径等方面。

　　在排球规则介绍和发展方面，体育留学生许民辉、马启伟、林启武等做出了一定贡献。1913 年，许民辉参加远东运动会后回到广州，即提倡开展排球运动。1920 年，鉴于市民身体不适应高网，许民辉发明"低网排球"，并编印《低网排球规则》，推动了排球运动的发展[1]，这是早期对排球运动及其运动规则的一种创新。1946—1948 年马启伟在美国留学期间，接触到"六人制"排球，并喜欢上这项运动。他回国后，在 1950 年开始在全国介绍和推广这项运动。1951 年 7 月，全国体育工作者学习会在清华大学举行，为了推动我国排球运动的发展，林启武负责介绍新兴的"六人排球制"（此前我国的排球运动一直用"九人制"），这是排球运动规则的重要改进[2]。

　　体育留学生方万邦、董守义、贾玉瑞等在体操规则方面做出了积极努力。方万邦较早地探讨了器械体操教学中考试和评分的问题。1933 年他出版了《新体育教学法》一书，其中"器械运动考试法"一段，介绍体操分数的计算方法是：上法占 2/10，下法占 2/10，动作占 6/10，这是一种"十分制的分级评分法"；在考试时，为求得机会均等，第一个做的人，最后再做一次，两次成绩平均后为最后的成绩，这已经考虑到试做次数和成绩处理的问题。董守义则较为详细地介绍了体操比赛规则。1935年《勤奋体育月报》刊登了董守义的讲稿《器械体操的评判》，全文分为四部分：器械体操的评判、评判员的资格、评判的指南以及评判的建议等。这是近代体操运动传入我国后国内学者编制的较为详细的器械体操规

　　①　广州市地方志编纂委员会：《广州市志·卷十五·体育卫生志》，广州出版社 1997 年版，第 72 页。
　　②　谢朝权、魏协生等：《中国羽毛球运动史》，武汉出版社 1990 年版，第 159 页。

则①。1949年后，贾玉瑞对国际器械体操规则进行了整理和推介。1950年，新体育出版社出版了贾玉瑞编写的《器械体操规则》（根据日本出版的《规则大全》）。这本规则是我国新中国成立后第一本较为详尽的、参照国际规则自己审定的"器械体操"规则，从1950年出版一直用到1953年，对新中国成立初期体操运动的开展起到了一定的推动作用②。

司徒桐和林启武在推介羽毛球规则、促进中国羽毛球运动的发展方面起了一定作用。1949年5月，上海青年会干事司徒桐主办了羽毛球第一期培训班，参加人员多是学生、店员、银行职员等。司徒桐与王中成翻译了新中国第一部正式的全国统一的羽毛球竞赛规则，为新中国羽毛球运动的开展打下基础。在1949年前，林启武就在燕京大学从事羽毛球教学和教练工作。1978年，国家体委委托他将《世界羽毛球联合会竞赛规则》译成中文，并以"全国羽毛球协会"名义印发全国。1985年林启武主持开设裁判员英语学习班，用英语培训羽毛球国际裁判③。

吴澂为介绍手球规则、推广手球运动做出了较大努力。1933年，吴澂从德国国立体育大学毕业，回到南京中央大学体育系执教，致力于推广德式手球运动。他在体操课教学中，加入了手球游戏教材。1935年在上海出版了他编译的中国第一本《手球规则》④，使人们了解了这种新的运动项目。

另外，体育留学生还向国内介绍、翻译了射箭和田径等技术和规则。1958年，林启武第一次向我国教练员、运动员介绍国际射箭技术和规则，并完成《国际射箭技术讲座》一书，由国家体委印发相关部门⑤。薛济英曾翻译国际田联的组织章程、国家田径竞赛规则，多次参与我国田径竞赛规则编写修订等工作⑥。

（二）体育留学生与国际运动规则的制定

体育运动项目的竞赛规则大多是由外国人制定和修改的，中国人很少有制定或修改规则的权利。但体育留学生参与了国际体育运动规则的制

---

①　陈镇华、陆恩淳、李世铭：《中国体操运动史》，武汉出版社1990年版，第176页。

②　同上书，第256页。

③　谢朝权、魏协生等：《中国羽毛球运动史》，武汉出版社1990年版，第22、159页。

④　南京市地方志编撰委员会：《南京体育志》，方志出版社2002年版，第138页。

⑤　冷雨：《林启武》，《学校体育》1988年第4期，第29页。

⑥　潘家晋：《最早赴欧学习现代工业技术的苏州人——薛序镛及其一家》，http://www.dfzb. suzhou. gov. cn/zsbl/332827. htm. 2010 – 12 – 22.

定，不但证明了中国体育的存在，提升了中国在国际体坛的地位，而且推动了该项运动在全世界的发展。

在排球、技巧两个领域，体育留学生为中国在运动项目国际规则的制定上赢得了话语权。

马启伟曾留学于美国春田学院。1984年任国际排联规则委员会主席。20多年来，他作为国际排联规则委员会的主席，一直主持历次排球竞赛规则的修订。马启伟主持修改了排球每球得分制、设立自由人、计分方式改变等规则的修改。在新规则颁布试用时，世界许多国家或地区的裁判向马启伟发来传真或信件，询问在比赛执法过程中的疑问。他总是耐心、细致地进行解答和回复①。为了使排球运动适应电视媒体转播的需要，马启伟设计了多套控制排球比赛时间的方案，并亲自在各种比赛中进行试验。为促进排球运动的攻、守平衡，需要调整排球的气压，他亲自在空气动力学实验室做试验，最终确定合适的排球气压范围，为修改排球规则提供了科学依据②。由于对世界排球运动发展做出的突出贡献，他被国际奥林匹克委员会授予"体育运动学习和研究奖"，被国际排联授予最高荣誉奖章"银十字"勋章③。

张素央是中国当代技巧事业创建者之一，也是我国在国际性体育组织中担任委员的少数女性之一。1981年她当选为国际技巧联合会技术委员会委员，1985年9月当选为国际技巧联合会执行委员会委员。为促进世界技巧运动健康、迅速发展，张素央根据运动发展的实际情况，多次在国际技联执委会和技术委员全会议上提出一些合理建议。如：同伴运动员之间身高体重过于悬殊应该扣分；第三套动作不应重复第一、二套动作；平衡动作时间不足应该扣分；世界锦标赛应计算团体分；男子四人第三套动作的要求方案等等。这些提案绝大多数得到各国代表的赞同并获得正式通过④。由于对世界技巧运动发展做出了贡献，她被国际技联授予奖章和证书。

---

① 陈建华：《平凡的伟大——怀念马启伟先生》，《中国排球》2003年第4期，第8—9页。

② 葛春林：《永远怀念我们的恩师——马启伟教授》，《中国排球》2003年第4期，第6—7页。

③ 中国心理学会体育运动心理学专业委员会等：《沉痛悼念马启伟教授》，《心理学报》2003年第35卷第4期，第568页。

④ 张素央、洪源长：《中国技巧运动史》，武汉出版社1990年版，第331页。

姜龙南曾毕业于苏联列宁格勒体育学院，是我国技巧运动裁判工作的组织者之一和技巧国际裁判，曾任国际技联技术委员会委员。1985 年 9 月，姜龙南在国际技联技委会上得知，国际技联将于 1986 年 2 月在英国召开会议，讨论舞蹈动作难度方案，并获悉美国正准备起草该方案。姜龙南认为，中国应该为世界技巧运动的发展做出贡献，其想法得到国家体委的支持。他组织人员进行攻关，最终完成"舞蹈基本难度方案"。1986 年在英国伦敦召开的技委会上，经各国委员研究，最终决定采用"分类系统、类型全面、绘图优美"的中国方案，并补充美国方案中的部分动作。1987 年 2 月，在联邦德国萨尔布吕肯州召开国际技联技委会、裁委会会议，会上由技委会主席考斯汀、中国代表姜龙南，分别向与会者介绍各自设计的"双人项目难度表方案"和编排原则。最后中国方案得到大家一致赞同，并确定以中国方案为蓝本，责成中国、苏联、保加利亚和美国代表一起研究，使之更加完善①。姜龙南组织设计的技巧舞蹈动作难度方案和编排原则，多次被国际技联采用，显示了中国技巧设计和裁判所达到的水平，提高了中国在国际体育组织中的影响力。

总之，体育留学生对运动规则的传入，经过了模仿、改进、创新的过程，表现出由全盘引进到适当改造、由被动接受到主动参与的特点。

第二节　场地器材的创制

在西方体育向中国的早期传播过程中，经常遇到的问题就是场地器材的限制。部分体育留学生回国后，为在国内开展体育活动，曾想出许多办法克服场地器材的困难，推动中国体育向前发展。

一　体育留学生与运动器材的制作

（一）体育器材的生产

齐守愚是南开中学教员、篮球教练，在南开中学开展体育活动方面颇有建树，深得校长张伯苓赏识。1929—1932 年被派往美国留学，学习体育和皮革专业。回国后，为了学有所用和发挥专长，张伯苓举荐齐守愚到孙玉琦开办的利生体育器材厂担任皮革厂厂长。齐守愚凭借精湛的制革技

---

① 张素央、洪源长：《中国技巧运动史》，武汉出版社 1990 年版，第 332 页。

艺和广泛的社会活动能力，使利生厂在激烈的竞争中独占鳌头，其产品行销全国乃至国外。20世纪30年代后，利生厂的产品除篮、足、排、羽毛球外，还增添了铁饼、标枪、双杠、木马等体育器械。

20世纪30年代，利生厂为"天津青年会室内公开篮球赛"赞助了一个篮球，74支球队用这个篮球打了263场比赛，而"该球依然圆整如新"。1931年，"中国篮球之父"董守义曾说："中国球类由西人认为合格而采用者，利生工厂实开最先纪录也。"20世纪20年代以前，学校体育教学中使用的球类和其他体育用品无一不是舶来品。外国生产的器材价格比较昂贵，不利于该项目发展。篮球等体育器材的自主生产，一方面反映了民族企业达到较高的生产水平；另一方面由于其产品物美价廉，有力地推动了体育活动的开展。

（二）其他体育器材的创制

除了在工厂正式生产体育器材以外，部分体育留学生为了开展体育活动，还因陋就简，制作或发明一些体育器材，如垒球的制作、板羽球的创造、门球的制造等。

抗战期间，董守义、徐英超、李鹤鼎、袁敦礼（均为留美体育生）等著名的学者、教授随同各大学迁到西北。当时国难当头，物资匮乏，办学条件异常艰苦，开展体育运动更是急缺经费和器材。国立西北联合大学（简称"西北联大"）迁到陕西城固后，董守义克服了种种困难，先是用玉米秆编成垒垫，后来又亲自找到鞋匠张文林，拿着棒球的样品教他缝制垒球。就这样，张文林把垒球仿制出来。董守义设计改造的垒球，比现在的垒球小一点，但略大于棒球，球面为明线平缝，硬度与现行垒球大体一样。没有球棒，他们就用山木、树干削出来。当时也没有手套和护具。然而，就是在这样简陋的设备和条件之下，西北地区（尤其是陕南地区）的垒球运动热烈地开展起来①。

在抗战期间，燕京大学曾一度关闭，最终转移到成都。在战火纷飞的困苦岁月里，林启武仍没有放弃对羽毛球运动的普及和推动。由于战时条件艰苦，开展羽毛球运动所需的装备很难备齐。林启武于是积极进行钻研，经过多次实验，将羽毛球改造成了板羽球。椭圆形球拍随便用一块木

---

① 张振美、吴振芳、韩宏珠等：《中国垒球运动史》，武汉出版社1990年版，第18—19页。

板就可制成，而板羽球只需三四根羽毛绑起来便可做成，既简单方便，又节省费用。这项运动在燕京大学及整个成都华西坝流行起来，后来还推广到重庆、西安等城市。板羽球运动的蓬勃开展，也为日后我国羽毛球事业的发展奠定了群众基础①。

门球在中国的起步也很艰难。据新中国现代门球运动的开拓者黄帼会说，当时没有门球场地、球杆和裁判，一切都从零做起。刚开始用的门球杆和门球都是木质材料做成的。这样的器材在比赛中有很多不利的因素：木球要符合门球比赛 240 克的标准重量，制作难度较大；木球时间久了会变轻、开裂，遇到下雨，球会变重；木球杆的球槌经过长期击打会出现坑洼不平。这些问题最后是由一支球杆解决的。有一次，黄帼会得到一位日本门球器材厂厂长赠送的一支门球球杆和一个比赛用球，这是当时中国唯一的一套正规的门球比赛器材。后来她把球杆和球交给门球元老马金凤，打碎后研究器材的原料和做法。最终促成了长寿门球器材厂的成立——中国开始自己生产门球器材②。在黄帼会等人的积极努力下，门球器材完成了由模仿、借鉴到自主生产的发展过程。

二　体育留学生与运动场地的建设

（一）运动竞赛场地的设计与建设

组织运动竞赛和举办大型运动会，必须要有正式、标准的体育场地和设施。体育留学生回国后，根据自己在国外体育场馆参加体育活动的经历，结合中国的实际情况，设计建造了部分竞赛用的体育场馆，为推动近代运动竞赛的发展提供了物质基础。

1924 年旧中国第三届全运会在武昌召开。在大会举办前兴建了专门的运动场地——湖北省立公共体育场。该体育场由留美体育生郝更生负责设计。田径场居于会场北部，包括：200 米直线跑道和 400 米椭圆形跑道，篮球场、足球场（草地）和排球场各 1 个，游泳池和健身房各 1 个，网球场 6 个。场内还安装有无线电台、扬声器及电话系统，以保证比赛信息的畅通。

---

①　肖杰：《百岁羽球老人林启武：迈出第一步的人》，http：//sports. qq. com/a/20090224/000081. htm. 2009 - 02 - 24.

②　于红立：《黄帼会抚今追昔畅谈门球人生》，http：//news. sports. cn/others/others/2005 - 11 - 22/732283. html. 2005 - 11 - 22.

1930 年在杭州举行了旧中国第四届全运会。大会运动场地——梅东高桥体育场，由浙江省政府斥资近 26 万元建造而成。当时体育场设计股干事由之江大学体育专家、留美体育生舒鸿担任。体育场位于梅东高桥大营盘操场，设有标准田径场（400 米跑道）1 个，网球场、棒球场、足球场、排球场各 1 个，并建有木制看台（可容纳 1.2 万人）。体育场建筑分为永久的和活动的两部分，以便保存、搬移①。

从第三届全运会起，中国人开始独立主办全运会，而体育留学生对运动场地的设计和兴建，也是体育走向自主化的标志之一。

（二）公共体育场地的建设

为推动群众体育运动的开展，部分体育留学生修建了公共体育场，为普通民众开展体育活动提供了基本场所。

1915 年，四川南川县留日学生刘泗英等组织了"仁社"体育股，并在"仁社"附近修建了简易网球场，推动了网球运动在该地区的发展②。

1924 年，陆佩萱担任成都民众教育馆体育部主任。他在成都少城公园修建了一条 300 米的跑道，还建有足球场、篮球场和排球场各 1 个，网球场 2 个。另增设了平台、木马、单杠等，还买来两张乒乓球台。每到周末，来这里运动和比赛的人络绎不绝。四川参加各届全国运动会的国术、篮球、足球、网球等选拔赛，都曾在此公园内举行。少城公园成了当时成都唯一的公共体育场所（学校除外）。

沈嗣良 1924 年发起筹设中华全国体育协进会，曾先后担任过该会董事、总干事。为开拓该会的工作，他曾竭尽全力，四处奔走，征得上海大地产商、优游体育会创办人程贻泽的慷慨资助，以 1 万两白银买下中华棒球场地面建筑物，收回洋人在该棒球场的使用权③。沈嗣良还倡议并主持建造了当时国内规模最大的体育场——上海市江湾体育场④，为后来上海开展大型体育活动提供了场地保障。

1942 年 4 月 4 日，中国滑翔总会在重庆成立，郝更生担任总干事。

---

① 张天洁、李泽：《20 世纪上半期全国运动会场馆述略》，《建筑学报》2008 年第 7 期，第 96—101 页。

② 涪陵地区体育志编纂委员会：《涪陵地区体育志（内部资料，国家图书馆地方方志馆藏）》，1990 年，第 72 页。

③ 谢振声：《宁波人与奥运会（上）》，http://daily.cnnb.com.cn/nbwb/html/2008-07/27/content_ 8691.htm.2008-07-27.

④ 徐友春：《民国人物大辞典（增订本）》，河北人民出版社 2007 年版，第 754 页。

在建设中国第一座跳伞塔——重庆跳伞塔的过程中，郝更生是筹划、选址、设计、招标等工作的具体负责人之一。该塔建成后，除滑翔训练班及跳伞运动员正常训练外，每天上、下午专门留出时间对外开放，供市民参加跳伞活动。重庆跳伞塔是抗战时期国民政府为培养航空人才、建设空军而建筑的中国第一座跳伞塔。该塔的建成，在抗战期间培养大批航空人员以及在新中国训练世界级跳伞运动员的过程中，均发挥了重要作用①。

（三）学校体育场馆的建设

部分体育留学生还在学校修建了体育场地，为学校体育教学、运动竞赛以及社会体育活动的开展提供服务。

舒鸿从美国留学回国后，任教于杭州之江大学，1929 年设计了当时杭州第一座游泳池——之江大学游泳池，它也是旧中国第四届全运会游泳比赛场地②。

1931 年，四川省选拔运动员参加在南京召开的全国运动大会，向志均担任选拔大会的总裁判，并主持游泳选拔赛。当时成都没有游泳池，选拔运动员的场地简陋，参赛人员很少。向志均于是产生了在成都市区修建游泳池的想法。1936 年，重庆西南美专教授周卜熊到成都邀请向志均开办西南美专分校，租用西后坝余家花园作为校址。向志均建议学校把余家花园中的荷花池改为游泳池，作为教学使用。学校同意但经费需自行解决。向志均进行实际勘测，最终建成了游泳池。为保证安全，他在池中打木桩，架横梁，铺木板，升高池底，减少深度；在池边做深水标记，划分浅水区和深水区；同时增加游泳指导员和救护人员，深得群众好评。该池是向志均投资、学校支持、部分学生义务劳动协力建设而成的，取名为"晶金"游泳池，是成都第一个向大众开放的游泳池。

1936 年，向志均与他人合作筹建南虹高级艺术职业学校，在新南门外购得校址 59 亩（合 3.9 公顷）建设校舍。他首先在锦江河边修建了一个正规游泳池，供南虹艺校学生上游泳课使用。该游泳池建筑费用除校方筹集部分外，其余均由向志均个人承担。南虹游泳池是根据当时游泳规则进行标准设计的。池长 50 米、宽 15 米。池的浅端设有仰泳出发的握手

---

① 唐润明：《中国第一座跳伞塔的建成》，《民国春秋》1996 年第 5 期，第 18—20 页。

② 张天洁、李泽：《20 世纪上半期全国运动会场馆述略》，《建筑学报》2008 年第 7 期，第 96—101 页。

把，两侧设有扶手。该池设有出发台 6 个、泳道 6 条，并建有 3 米、1 米跳板和跳水台各 1 座，跳板板面全部用棕垫覆盖。这是当时成都第一个正规游泳池。1937 年春南虹游泳池建成后，每年举办一次公开游泳和跳水比赛大会①。向志均建设的游泳池为推动成都市游泳运动的发展做出了重要贡献。

第三节　运动技术的发展

在传播西方体育的过程中，除了推广运动项目、创建场地器材等普及性活动以外，部分体育留学生在运动技术的提高、创新等方面也做出了努力，为竞技体育的发展和腾飞打下了基础。在发展运动技术的过程中，有个别是民国时期出国的留学生，但大部分是新中国派往苏联、匈牙利等社会主义国家学习体育的留学生。

一　体育留学生与田径技术的发展

体育留学生回国后，在提高田径、游泳、体操等项目的技术水平方面进行了积极探索，并取得了一些成果和突破。

黄健为新中国跳高事业的发展做出了突出贡献。在革命战争年代，黄健很小被送往苏联国际儿童院，1941 进入伊万诺沃体育专科学校学习，1947 进入莫斯科体育学院，1951 年毕业回国。他长期担任国家田径队总教练。

在 20 世纪 50 年代，黄健分析了当时外国优秀女子跳高运动员的优势，并找出她们素质训练不够、技术不良、训练量太小的弱点。在苏联跳高权威、自己的老师杰亚契诃夫提出质疑的情况下，黄健大胆放弃了当时时髦的"俯卧式"跳高技术，对过时的"剪式"跳高技术进行改进，对郑凤荣进行了针对性训练，取得了良好的效果——1957 年郑凤荣以 1.77 米的成绩打破女子跳高世界纪录，成为中国第一个打破世界纪录的女选手。20 世纪 60 年代，苏联功勋教练杰亚契诃夫指导的布鲁梅尔创造了一连串男子世界跳高纪录，其训练方法和跳高技术成为世界各国竞相学习和

---

①　成都市地方志编纂委员会：《成都市志·体育志》，四川辞书出版社 2000 年版，第 211—213 页。

仿效的对象。黄健仔细分析了倪志钦和布鲁梅尔的身体和技术特点，在许多跳高同行的质疑声中，他采用与布鲁梅尔不同的训练方式，从专项身体素质训练、技术训练、高难度和最大负荷强度训练三个方面入手，以改进了的、更适合倪志钦的"俯卧式"跳高技术进行练习，取得优异成绩——1970年倪志钦以2.29米的成绩打破布鲁梅尔保持的2.28米的男子跳高世界纪录，成为中国第一个打破男子跳高世界纪录的运动员。"文化大革命"结束后，历经磨难的黄健恢复教练工作，在与世界同行落后十余年的条件下，经过刻苦钻研，努力训练，又以"背越式"跳高技术训练出女子跳高亚洲纪录创造者郑达真和杨文琴[1]。

除了进行创造性训练外，部分留学生还积极推广新的跳高技术。在20世纪70年代初，留苏学生周成之在西北地区首先采用新的"背越式"跳高技术，并与陕西省体校跳跃组合作，边训练边研究，摸索出一套适合青少年特点的"背越式"跳高技术教学与训练方法，为陕西及西北地区培养年轻优秀选手、提高跳高技术水平起到了积极作用[2]。

另外，留苏体育生步润生、高大安等也为田径运动的发展做出了积极努力。步润生所运用的科学的训练方法，为运动员多次获得全国冠军，打破田径3000米、5000米全国纪录以及上海市马拉松长跑纪录，起到关键作用。高大安所参与的短跑技术与训练专题的研究，为陈家全1965年以10秒整平100米世界纪录做出了贡献[3]。

二　体育留学生与游泳技术的发展

20世纪50年代，国家派出了一批游泳运动员赴匈牙利留学。这批运动员回国后在运动技术创新、竞赛成绩提高方面均取得了突破。最著名的是熊开发、涂广斌（均为留匈学生）等教练和运动员创造的"高航式""半高航式""平航式"等游泳新技术。

著名游泳教练熊开发等根据戚烈云体型纤长、关节灵活、腿部收蹬技术好的特点，经过共同实践和探索，创造了一套独特的游泳技术——"高航式"蛙泳技术（身体位置较高，能充分发挥腿部向后下方蹬水的效

---

① 黄健：《挑战高度：一个教练的回忆》，同心出版社1999年版，第129—185页。
② 陕西省地方志编纂委员会：《陕西省志·体育志》，陕西人民出版社1995年版，第602—603页。
③ 樊渝杰：《体育人名辞典》，海天出版社1991年版，第213页。

果，前进冲力较大）①。采用新技术后，取得了明显的效果。1956 年戚烈云打破 100 米蛙泳世界纪录，成为中国第一个游泳世界纪录创造者，也是中国第一个打破游泳世界纪录的运动员②。

穆祥雄曾赴匈牙利学习游泳技术。他根据自己肺活量大、憋气时间长的特点，独创"潜水"蛙泳技术，取得重要突破。1954 年 11 月在布达佩斯参加匈牙利游泳赛，穆祥雄获得 100 米蛙泳冠军。此后，穆祥雄代表中国参加了多次国际比赛，获得无数次的冠军，并多次刷新世界纪录，被誉为"世界蛙王"。但后来穆祥雄遇到了一个新的挑战。1956 年墨尔本奥运会后，国际泳联做出新规定，正式比赛一律不准使用潜泳，并对原来的世界纪录不予承认。按照新规则，穆祥雄的成绩慢了十多秒。世界纪录是运动的极限，要在改变原有运动方式的基础上再超越极限，其难度可想而知。在教练涂广斌的指导下，穆祥雄从呼吸方法、划水角度、手脚姿势等方面进行反复的测试、练习。在训练过程中，他和教练不断思考、探索，将日本运动员的"高航式"换气法和中国运动员的"平航式"换气法结合起来，取长补短，创造出介于两者之间的"半高航"游泳技术③。新技术采用后，立即发挥了效果。穆祥雄在 1958 年 12 月 20 日、1959 年 8 月 30 日、1959 年 9 月 17 日先后三次打破男子 100 米蛙泳世界纪录④。

莫国雄是我国著名游泳运动员，其身体特点是肌肉发达，臂腿力量突出，但腿部力量逊于穆祥雄。1959 年第一届全运会后，在涂广斌教练的指导下，他对自己的技术进行了改进。在充分发挥腿臂作用的同时，适当调整呼吸和腿臂动作配合的时间。技术改进后，蛙泳的身体位置比"高航式"和"半高航式"都低些，被称为"平航式"游泳技术⑤。新技术的采用，使运动成绩得到迅速提高。1960 年，莫国雄获得全国男子 100 米蛙泳冠军；同年打破男子 100 米蛙泳世界纪录。

20 世纪 50—60 年代，戚烈云、穆祥雄、莫国雄等运动员连续打破世界纪录，是运动员刻苦训练的结果，也是在有留学经历的熊开发、涂广斌

---

①　张彩珍：《中国游泳运动史》，武汉出版社 1996 年版，第 97 页。

②　云南信息报：《专访中国第一个游泳世界纪录创造者戚烈云》，http：//www. hinews. cn/news/system/2010/10/30/011380598. shtml. 2010 - 10 - 30.

③　天津日报：《世界蛙王穆祥雄》，http：//epaper. tianjinwe. com/tjrb/tjrb/2009 - 09/24/content_ 6859409. htm. 2009 - 9 - 24.

④　阎乃华：《穆祥雄三破蛙泳百米世界纪录》，《体育文史》1988 年第 5 期，第 32 页。

⑤　张彩珍：《中国游泳运动史》，武汉出版社 1996 年版，第 101 页。

等著名教练指导下，结合运动员自身特点，打破陈规、技术创新的结果。

三　体育留学生与其他运动技术的发展

在体操、足球等项目上，运动技术也有了提高。

（一）体操

在体操领域，国家在 20 世纪 50 年代派出了一批运动员赴苏联学习，他们回国后在运动技术方面也进行了一些创新。如鲍乃健、戚玉芳等。鲍乃健 1953 年被选入国家体操集训队，是国内第一个在吊环上做"直臂直体慢翻上成直角十字支撑压上成直角支撑"的运动员。在 1959 年全国健将级体操锦标赛上，完成了独创的双杠动作"后上直接向前分腿摆越成高角支撑"①。戚玉芳 1953 年被选入国家体操集训队，1956 年成为第一批运动健将称号获得者之一，她是中国运动员在平衡木上做单臂倒立的开创者。

（二）足球

20 世纪 50 年代，国家派出青年足球队赴匈牙利留学。这批球员责任心强，训练刻苦，技术进步很快。张俊秀、张宏根、曾雪麟、丛者余等是他们中的杰出代表。

张宏根是著名前锋，技术全面，反应敏捷，左右脚均能射门，个人突破、假动作过人出神入化，是中国两翼齐飞、中路包抄战术的创始人。1957 年，他作为国家队成员参加世界足球锦标赛预选赛，打入中国足球队世界杯预选赛第一粒进球。后担任国家队主教练，1982 年率中国大学生足球队在第十二届大学生运动会上获得足球比赛铜牌，开创我国在世界级足球比赛中夺取奖牌的先河。

张俊秀是著名守门员，基本功扎实，反应奇快，判断准确，动作漂亮，善于跃起扑接高球，是国内第一个掌握鱼跃凌空扑球技术的守门员。1955 年在波兰华沙举行的第五届世界青年联欢节暨第二届国际青年友谊运动会足球赛上，他表演出色，被评为最佳守门员，并被誉为"攻不破的万里长城"。

这批球员中还出现了一些著名的足球教练，如曾雪麟、丛者余等。曾

---

① 珠海新闻网：《鲍乃健》，http://news.dayoo.com/zhuhai/200907/30/73586_10164332.htm. 2009 – 07 – 30.

雪麟回国后，在 1983—1985 年担任国家队主教练，率队获得过第八届亚洲杯亚军。丛者余回国后，在 1984—1987 年担任中国女足的第一任主帅。1986 年，他带领中国女足夺得第六届亚洲杯冠军，是中国女足第一次在洲际比赛中获得冠军，也是整个中国足球获得的第一座洲际冠军奖杯。

这批球员出国留学，带回了先进的足球技术。在当时讲奉献、讲拼搏的时代氛围下，他们以精湛的足球技艺和崇高的敬业精神为中国足球的发展打下基业，留下了一笔宝贵的精神财富，在中国足球发展史上书写了一段美好的记忆。

本章小结

体育留学生回国后所做的主要工作，是向中国引进、传播西方现代体育，然后推动中国体育向自主化、现代化、国际化发展。借鉴学者关于文化结构的三分法，把体育留学生回国后的贡献概括为器物层、制度层、思想层三个层面。

体育留学生回国后所开展的活动，第一方面就是在器物层面上的努力。他们在这一层面上的贡献，主要包括体育运动的引介、场地器材的创制和运动技术的发展。

在体育运动的引介方面。一是传播运动项目：清末派出的留学生回国后，以传播日式体操为主，主要范围是在学校领域，并开展了早期的一些学校体育比赛；民国时期体育留学生推广的运动项目更为丰富，涉及田径、游泳、球类等项目，并把女子体操和女子游泳引入高校体育课程；新中国成立后则主要体现在一些新兴运动项目的开展和普及上。二是传入运动规则：主要对排球、体操、手球、羽毛球、射箭、田径等项目的规则进行介绍；另外，在排球和技巧两个领域，参与了国际规则的制定，为中国体育在国际上赢得了话语权。

在场地器材的创制方面。一是运动器材的制作：体育留学生组织生产了部分器材；在战争年代还因陋就简地创制了垒球、板羽球等简易器材。二是运动场地的建设：体育留学生回国后，设计、建设了一批运动竞赛场地、公共运动场地及学校体育场馆，尤其是设计、建造的大型运动会场地，成为中国近代体育走向自主化的标志之一。

在运动技术发展方面，体育留学生回国后，主要是在田径、游泳、体操等项目上探索出一些新技术、新方法，并取得突破性成果——多次在田径、游泳等国际大赛中打破世界纪录，扭转了近代以来中国在国际赛事中"参而不胜"的窘境，也为中国走向竞技体育大国打下了基础。当然，这些成绩主要是在新中国成立后取得的。

　　器物、技术层面是体育文化交流与传播最基本的部分，特别是运动技术、技能是体育文化区别于其他文化的特质之一，也是我国传统文化所迫切需要的。近代以来体育留学生在器物、技术层面的推介活动，为我国由原来单一的民族传统体育文化转向多元的现代体育文化奠定了物质与技术基础。

第 四 章

留学生与中国体育

——制度层的求索

运动项目、场地器材和运动技术方面的发展，属于体育文化中的器物、技术层面。这种传播与发展具有局部性（只局限于传播者所在地区）和易变性（易受传播者、参与者等人为因素影响）。制度是指"具有普遍意义的、比较稳定的、有一定强制性的和正式的社会规范体系"①。制度一旦形成，就对人们的行为构成了引导和制约。近代以来，体育留学生不但在器物、技术层面对中国体育发展做出努力，而且在制度层面进行了探索，为中国体育走向规范化、现代化和国际化奠定了基础。

体育制度是关于体育的规范体系，大体上分为体育基本制度、体育体制和体育具体制度三个层次，其中体育体制是最为关键的一环。体育体制是指国家组织、管理体育的各种机构、制度和准则的总称②。体育体制一般包括体育行政管理体制、人才培养体制、运动训练体制、运动竞赛体制、体育科研体制等③。本章从体育教育、运动竞赛和科学研究三个方面，分析体育留学生在制度层面所做的贡献。

第一节　体育留学生与体育教育体制

体育教育体制一般包括体育系科的建立、体育教学的管理与实施、学

---

① 夏征农：《辞海》，上海辞书出版社 1999 年版。
② 孙汉超、秦椿林：《体育管理学教程》，人民体育出版社 1996 年版。
③ 王平：《对中国体育体制改革发展的思考》，《吉林体育学院学报》2010 年第 26 卷第 2期，第 21—22 页。

制的制定、教材的编写以及课程的设置等方面的内容。近代以来，体育留学生在体育教育体制方面所做的贡献主要体现在体育院校（系科）的创建、体育教材的编写、体育教学的规范化、体育督学的设立等方面。

一　体育院校（系科）的创建

体育留学生回国后，运用所学知识，参照国外的办学模式开办了一些体育学校。这些体育学校大多比较正规，在当时的体育学校中具有一定的示范效应。近代以来体育留学生开办的主要体育学校（系科）见表4－1。

表4－1　　　　　体育留学生创办的主要体育学校（系科）

[The Sports School (Department) Created by China's

Overseas Student Studying Sports]

学校名称	创办人（负责人）	创办时间（年）	校址
王氏树人学堂体操科	王树人、范达真	1907	成都
四川高等学堂附设体育学堂	邓诗莹	1907	四川
中国体操学校	徐一冰、徐傅霖等	1908	上海
中国女子体操学校	汤剑娥	1908	上海
上海女子青年会体育师范学校	陈英梅	1915	上海
上海东亚体育专科学校	傅球、庞醒跃	1918	上海
金陵女子大学体育系	张汇兰	1925	上海
北京师范大学体育系	袁敦礼	1927	北京
东北大学体育专修科	郝更生	1929	沈阳
广东省立体育专科学校	许民辉等	1935	广州
大夏大学体育专修科	方万邦	1935	上海
云南省立昆华体育师范学校	马约翰等	1936	昆明
国立重庆大学体育专科	程登科	1936	重庆
上海市立体育专科学校	方万邦、金兆钧等	1936	上海
湖南国立师范学院体育童军专修科、体育系	金兆钧、涂文	1939	湖南蓝田
四川国立体育师范专科学校	方万邦、江良规、章辑五	1941	四川江津
中央干部学校体育童子科	萧忠国	1944	重庆
北京大学体育部	管玉珊、赵占元	1945、1952	北京
台湾省立师范学院体育专修科	谢似颜、萧忠国等	1946	台北

续表

学校名称	创办人（负责人）	创办时间（年）	校址
河北省立女子师范学院体育系	张汇兰等	1946	天津
华东体育学院	吴蕴瑞	1952	上海
中央体育学院	徐英超（创建者之一）	1952	北京
浙江师范学院体育科	舒鸿	1952	杭州
杭州体育专科学校	舒鸿	1958	杭州

注：本表主要参考了陈安槐等人的《体育大辞典》（上海辞书出版社 2000 年版）、何启君等人的《中国近代体育史》（北京体育学院出版社 1989 年版）、罗时铭的《中国体育通史·第三卷》（人民体育出版社 2008 年版），以及《上海体育志》（上海社会科学院出版社 1996 年版）、《广东省志·体育志》（广东人民出版社 2001 年版）、《浙江省体育志》（方志出版社 2003 年版）等文献。

　　清末开办的体育学校，私立的较多，经历时间较短；开办者主要是留日学生，受日本学校体育影响较大，术科以体操为主。民国时期以公立为主，存在时间相对较长，开办者留美学生较多，术科内容较为丰富。新中国成立初期，对全国院校进行了大调整，政府统一管理，1949 年前出国的体育留学生担任了部分体育院校的领导工作。

　　在体育留学生创办的学校中，比较著名的是清末的中国体操学校、民国时期的北京高等师范体育专修科和新中国时期的华东体育学院。

　　1907 年，徐一冰、徐傅霖（均为留日体育生）等人在上海创办中国体操学校。校长为徐一冰，学校分男、女部（女子部于 1913 年独立为中国女子体操学校）。招收初中生和同等学力者，修业一年半。教学内容分学科和术科两部分：学科有伦理学、教育学、体育学、兵学、国文、生理学、急救法、音乐；术科有兵式教练、器械教练、瑞典体操、普通连续徒手、哑铃、球竿、棍棒、木环、豆囊、应用操、游戏、教授法、射击术、拳术、武器等①。该校毕业生共 36 届、1500 余人②，其中有十余人毕业后又创办了体育专门学校，为中国体育的发展培养了早期人才。

　　北京高等师范学校体育专修科的前身是 1902 年创办的京师大学堂师范馆。1917 年北京高等师范学校开始设体育专修科（1930 年改名为北京师范大学体育系）。1917 年体育专修科初创时的科主任是焦荣，聘请美国

① 陈安槐、陈萌生：《体育大辞典》，上海辞书出版社 2000 年版。
② 罗时铭：《中国体育通史（第三卷）》，人民体育出版社 2008 年版，第 77 页。

人舒美珂任教，袁敦礼担任翻译。1919 年袁敦礼担任科主任[①]；1922—1927 年袁敦礼赴美留学，由曾绍舆（留日体育生）、王石卿（留美体育生）先后任科主任；1927 年袁敦礼留学回国后直到 1948 年一直担任北京师范大学体育系主任。留学生一直是该校体育系的主要开创者和管理者。体育系学科分基础科、实需科及深究科三类。北京师范大学体育系（科）培养出许多优秀学生。如 20 世纪 20—30 年代，在王石卿、董守义指导下，师大篮球队称雄北方，被誉为三代"五虎"；体育专修科第一届毕业生朱恩德 1919 年在马尼拉第四届远东运动会上获五项全能、十项全能两个冠军，均打破赛会纪录等。1949 年以前的北京师范大学体育系（科）共毕业学生 21 届，400 多人[②]，多成为各地体育骨干。

　　1952 年国家决定筹建华东体育学院。上海市市长陈毅邀请吴蕴瑞教授主持筹建工作。吴蕴瑞受任后，带领教职工在上海选址建校。1952 年，吴蕴瑞被政务院正式任命为华东体育学院院长，成为中国第一所体育学院的首任院长[③]。学院建立初期，吴蕴瑞以先进的教育理论和体育学术为办学理念，引进了张汇兰（我国首位体育学女博士）、程登科（中国军事化体育的倡导者）以及袁浚（女大学生游泳课开创者）等著名专家教授，开创了运动解剖学、运动生理学、体育教学理论与方法等学科，为现代上海体育学院的发展奠定了学科基础。

　　近代以来，体育留学生除了创办体育学校（系科）外，大多数还在学校担任体育系科主任（有的还担任副院长和院长），直接领导所在学校的体育工作。自清末至新中国成立初期，体育留学生在学校中担任系科主任以上职务（包括院长和副院长）的不少于 62 人（见第 90 页"表 2 – 12"）。

二　体育教材的编写

　　体育教材是供学校进行体育教学使用的材料，是体育学科满足学生体育知识需要、传承体育文化的载体[④]。体育教材（本文指狭义教材，即各

---

　　①　罗时铭：《中国体育通史（第三卷）》，人民体育出版社 2008 年版，第 261 页。

　　②　何启君、胡晓风：《中国近代体育史》，北京体育学院出版社 1989 年版，第 223—225 页。

　　③　覃兴耀：《吴蕴瑞体育教育思想及其历史贡献》，硕士学位论文，南京师范大学体育科学学院，2008 年，第 5 页。

　　④　张庆新、毛振明：《中国近现代体育教材发展的回顾与展望》，《体育学刊》2009 年第 16 卷第 6 期，第 68—71 页。

种体育教科书）的编写是体育教育的一项基本内容，其数量和质量将直接影响体育教学的效果。

1902 年《钦定蒙学堂章程》和《钦定小学堂章程》颁布后，中国第一本小学、中学及适于大学使用的体育教材随即相继出版，开始了中国体育教材百年的发展历程①。在中国体育教材发展史上，体育留学生也编写了一定数量的教材，尤其是他们运用外语专长，翻译、编写了部分外国教材，对引进西方体育教学内容、丰富我国体育教学方法和手段起了积极作用。近代以来体育留学生编译、出版的体育教材见表 4 - 2（为了全面揭示体育留学生的贡献，故把他们在 1963 年以后编写的教材也予以列举）。

表 4 - 2　　　　　　　　**体育留学生编写的体育教材**

（The Sports Textbooks Compiled by China's

Overseas Student Studying Sports）

著作名称	作者	出版时间（年）	出版单位
瑞典式疗病体操	［日］川濑元九郎著，徐傅霖译	1907	上海中国图书公司
体操上之生理	徐傅霖	1909	中国图书公司
高等小学新体操	徐傅霖	1913	商务印书馆
田径赛的理论与实际	谢似颜	1927	上海开明书店
个人与团体之竞技运动	金兆钧等	1930	中大体育科
田径赛规范	程登科、袁浚	1930	杭州集益合作书局
篮球术	董守义	1930	上海青年协会书局
田径赛术	董守义	1931	北平利华公司
实用按摩与改正体操	金兆钧等	1932	上海勤奋书局
早操与课间操	金兆钧等	1932	上海勤奋书局
实用按摩术	金兆钧	1932	上海勤奋书局
刘长春短跑	宋君复	1932	上海勤奋书局
女子篮球训练法	宋君复	1932	上海勤奋书局
最新篮球术	董守义	1932	天津体育周报社
田径运动	吴蕴瑞	1932	上海勤奋书局

---

① 张庆新、毛振明：《近现代我国体育教材内容的嬗变与展望》，《北京教育学院学报（自然科学版）》2009 年第 4 卷第 2 期，第 32—36 页。

续表

著作名称	作者	出版时间（年）	出版单位
军事体育	程登科	1933	四川集训总队教育大队讲义
体育教学法	吴蕴瑞	1933	上海勤奋书局
新体育教学法	方万邦	1933	北平立达书局
女子垒球训练法	宋君复	1935	上海勤奋书局
中小学体育教授细目（24 册）	吴蕴瑞（主编）	1935—1936	上海勤奋书局
撑竿跳高	萧忠国、程登科	1935	南京共和书局
和缓运动	张汇兰等	1935	上海勤奋书局
体育（上册）	方万邦	1935	商务印书馆
第十届世运会全国著名田径选手电影姿势图	宋君复	1935	青岛体协会
田径训练图解	江良规	1935	上海勤奋书局
课外运动——田径	方万邦	1936	中华书局
课外运动——球类	方万邦	1936	中华书局
简易师范学校体育教科书	方万邦	1940	商务印书馆
童子军行政管理与活动教材	章辑五等	1942	正中书局
国民健身操	吴澂等	1942	明生印刷局
德意志体育概况	江良规	1942	体育与健康教育研究社
田径赛补助运动	吴文忠	1943	重庆教育部国民体育会
小学体育	高梓	1943	重庆正中书局
垒球	宋君复	1944	教育部特设厅资训处
小学垫上运动和叠罗汉	周鹤鸣	1943	教育部石印室
初中器械运动	周鹤鸣	1944	教育部国民体育委员会

续表

著作名称	作者	出版时间（年）	出版单位
战时体育补充教材	程登科	1944	重庆教育部国民体育委员会
体育教师手册	吴文忠	1944	重庆中华书局
从体育中培养品格	江良规	1944	教育部石印室
小学徒手操	吴激等	1945	教育部石印室
初中器械运动	周鹤鸣	1945	教育部石印室
中学舞蹈（上、下册）	高梓	1945	教育部石印室
球类运动教材	吴文忠	1946	商务印书馆
青年体育	方万邦	1946	商务印书馆
最新篮球术	董守义	1947	商务印书馆
田径训练图解	江良规	1949	上海勤奋书局
活泼器械操	程登科	1951	商务印书馆
最新篮球训练图解	吴之仁	1951	上海勤奋书局
球类运动教材	吴文忠	1951	商务印书馆
最新田径运动	刘天锡等	1952	北新书局
最新篮球运动	刘天锡	1953	北新书局
六人排球基本练习法	马启伟	1953	中国青年出版社
篮球裁判法	牟作云等	1954	人民体育出版社
羽毛球练习法	林启武	1954	人民体育出版社
体育疗法	刘天锡	1954	上海通联书店
长距离跑	夏翔	1954	人民体育出版社
女子竞技体操图解	［苏］阿·波·科里达诺夫斯基主编，贾玉瑞等译	1954	人民体育出版社
田径运动裁判法	夏翔	1955	人民体育出版社
六人排球裁判法	马杏修	1955	人民体育出版社
怎样教体育	周鹤鸣	1956	正中书局
爬山	周正	1956	人民体育出版社
田径运动（下集）	［苏］格·瓦·华西里耶夫等主编，刘天锡等译	1956	人民体育出版社
自行车越野	［苏］M.奥萨得恰娅等著，李仲三译	1956	人民体育出版社

续表

著作名称	作者	出版时间（年）	出版单位
游泳	潘静娴	1956	人民体育出版社
游泳技术	〔匈〕贝洛·罗伊基著，林启武等译	1957	人民体育出版社
水球技术图解	〔苏〕В.л.波德茹克维奇等著，贾玉瑞等译	1957	人民体育出版社
游泳的力学分析	〔民主德国〕汉斯·李希特著，袁浚等译	1958	人民体育出版社
人体生理学讲义	王义润等	1958	人民体育出版社
游泳教学和训练	〔匈〕亚基·依士德万著，潘静娴译	1958	人民体育出版社
羽毛球技术与战术	庄艾妯等著，林启武摘译	1958	人民体育出版社
日本男子体操运动员自选动作图解	陆恩淳等	1958	人民体育出版社
2500个体操动作	〔苏〕M.B.李文著，陆恩淳等译	1959	人民体育出版社
人体解剖学	张汇兰等	1961	人民体育出版社
人体生理学	王义润等	1961	
网球	马启伟	1961	人民体育出版社
青少年体育锻炼	吴蕴瑞等	1963	
鞍马的教学与训练	陆恩淳	1979	人民体育出版社
高级运动员的运动心理学	〔苏〕А.В.罗季奥诺夫编，袁晋纯、李惠青译	1980	武汉体育学院科研处
怎样备课中、小学体育教师参考书	张长江	1980	人民体育出版社
体育运动社会学	林启武	1981	北京大学
体育与运动心理学	〔苏〕T.T.札姆加罗夫等编，袁晋纯、李惠青、吴友莹译	1981	武汉体育学院教务处
运动心理学文选	〔苏〕T.T.札姆加罗夫等编，袁晋纯、李惠青、吴友莹译	1981	武汉体育学院教务处
足球	〔英〕埃伦怀德著，陈成达译	1982	北京体育学院出版社
形体美的训练	郭可愚	1982	人民体育出版社

续表

著作名称	作者	出版时间(年)	出版单位
自我训练足球成功之路	［英］埃伦怀德著，陈成达译	1982	北京体育学院出版社
运动训练的理论与方法	［苏］B.H.普拉托诺夫著，陆绍中等译	1984	高等学校出版联合会总出版社
戚玉芳健美操	戚玉芳	1984	中国妇女出版社
射门	年维泗	1986	人民体育出版社
运动生理学	韦俊文等	1987	上海体育学院函授部
掷铁饼	黄世杰	1987	人民体育出版社
体育专业技术	田继宗等	1987	北京师范大学出版社
单杠	陆恩淳等	1988	人民体育出版社
田径运动	［苏］奥·维·科洛金等编，张来霆等译	1989	北京体育学院出版社
足球科学训练	陈成达等	1990	安徽科学技术出版社
足球	年维泗等	1990	北京体育学院出版社
世界优秀投掷运动员的训练手段	黄世杰	1993	中国田径协会
青少年奥林匹克足球基础知识及训练技巧	年维泗	1994	中国友谊出版公司
体育心理学	马启伟	1996	高等教育出版社
高山探险	周正	1999	河南科学技术出版社
形体美	郭可愚	2002	人民体育出版社
运动处方教学模式	田继宗	2002	广东教育出版社

注：本表主要参考了成都体育学院体育史研究所的《中国近代体育史资料》（四川教育出版社 1988 年版）、朱永和的《世界体育大事典》（中国致公出版社 1993 年版）、罗时铭的《中国体育通史·第四卷》（人民体育出版社 2008 年版），武汉出版社出版的《中国体操运动史》(1990)、《中国垒球运动史》（1990）、《中国田径运动史》（1997）、《中国篮球运动史》(1991)，以及《浙江省体育志》（方志出版社 2003 年版）、《四川省志·体育志》（四川科学技术出版社 1998 年版）、《江苏省志·体育志》（江苏古籍出版社 1998 年版）等文献。

从表 4 - 2 可以看出，清末时期的体育教材以体操为主；民国时期体育教材以西方田径和球类为主，也有军事体育教材和学科理论教材；新中国成立初期引进、翻译了一些苏联、匈牙利、民主德国等社会主义国家的体育教材，其后教材的编写逐步走向多元化。

在体育留学生编写的体育教材中，有的在体育专业教学、科研方面具有开创性意义。如：徐傅霖的《体操上之生理》是迄今所知中国最早的一部运动生理学著作；吴蕴瑞的《体育教学法》是中国最早的体育教学法专著，对 20 世纪初美国新体育思想和实践的传播起了一定的作用；金兆钧编写的《体育行政》是中国较早、较系统论述学校体育管理的著作；吴文忠和萧忠国撰写的《体育心理学》是中国第一本也是 1949 年前唯一的一本运动心理学著作；张汇兰等人编写的《人体解剖学》是中国第一本高等体育院校体育系人体解剖学统编教材；王义润等人编写的《人体生理学》是中国第一本高等院校体育系试用的人体生理学自编教材。

三　体育教学的规范化

近代以来，体育留学生回国后，有 55.56% 的人在各级各类学校中担任体育教师，其中有 34.45% 的人兼任体育系、科主任以上的教育教学管理职务（见第 90 页"表 2 - 12"）。这些留学生大多能运用在国外所学专业知识和技能从事专业课教学，态度认真，操作规范，在体育教师群体中产生了良好的影响，为中国体育教育事业的规范化、科学化发展做出了积极贡献。下面对近代以来体育留学生的教学情况予以举例说明。

（一）清末时期体育留学生的教学情况

1903 年，清政府制定了《奏定学堂章程》，规定各级各类学堂开设体操课，教学内容除初等小学堂设有有益运动及游戏外，其他学堂均以普通体操和兵式体操为主。但在教学过程中，一般教师和归国留学生的教学效果有明显的差别。

下面是两位老先生对自己在清末时期上体操课情况的回忆。

陆殿舆早年在四川定远县小学堂上学，上过体操课，他回忆道①：

> 清末学制有体操一科，不叫体育。我在定远县小学堂时，遇着一个体操教师，说来人们不信，他穿着罗汉长衫教哑铃，当大太阳时，学生站在操场上，他却站在屋檐下的阴凉处。因此，我们把体操认为是儿戏，觉得没意思。

宋君复回忆小时上体操课的情况时说②：

> 我生在清末光绪年间，家乡是浙江绍兴。进私塾读书时，留着长辫子，穿着长衫，走路要迈四方步，斯斯文文，不能乱蹦乱跳，连体育两个字都没听过。后来转入小学，也没有上过体育课，只有军事体操，内容是立正、稍息、开步走。同学们兴趣不大，操练时很不认真，走起步来有的同学你推我拉，秩序很乱。

从以上两段材料可以看出，清末的体操课教学内容比较枯燥，部分教师也不负责，教学效果差，社会影响不好。

但体育留学生在教学过程中，由于专业技术好，操作规范，态度认真，普遍受到学生的好评和喜爱。

陆殿舆后转入其他学校上学，情况有所变化。他回忆道③：

> 在重庆府中学堂，学体操，却大不一样，觉得这一科不但花样很多，引人入胜，而且的确有益于健康。时"重中"的体育教师叫罗敬堂，罗先生留学日本学体育。他教学时，操场上整齐严肃，鸦雀无声。那时还没有音乐课，唱歌并入体操、舞蹈内。他对徒手体操、器械操、舞蹈、游戏、唱歌样样内行。上体操课时，灵活多变，不落俗套，能使学生精神振作，乐而忘倦。即以徒手体操而论，也是步步衔

---

① 四川政协文史资料研究委员会等：《四川文史资料选辑（第十三辑）》，四川人民出版社1979年版，第47页。
② 苏竞存：《中国近代学校体育史》，人民体育出版社1994年版，第59页。
③ 四川政协文史资料研究委员会等：《四川文史资料选辑（第十三辑）》，四川人民出版社1979年版，第48页。

接，变化无穷。学生如缺课一、二次，在动作上衔接不起，莫知所措。因此，平时缺席者甚少。

留学生在组织体育教学时，不但态度认真，而且注意增加教学设备，不断丰富教学内容，还在课外组织竞赛活动。这在一定程度上会增加学生上体育课的兴趣。邢道三回忆当年上学时，山西定襄县留学生齐宝玺、贺炳煌（毕业于日本东京品川体育专门学校）开展体育教学的情况①：

> 齐、贺君归国时，备资购买日本之近代体育器材携回。我上小学时记得有哑铃、球竿、木环、豆囊等。齐贺两君并在学校添设平台、木马、跳台、单杠、双杠、平行杠、浪木等重器械。一直到我中学时，还是用的这些器械。民国二年起，在齐贺两君倡导组织下，定襄县一年春秋两次运动会，项目有田径、拔河、团体操，球类已有足球、网球。他们在校内亲授各式兵式体操，有瑞典式、德国式、日本式等，还有柔软操。到我念中学时，体育课又加上国术一门。

可以看出，体育留学生是清末体育师资中的骨干力量，其规范的体育教学在当时产生一定的影响。

另外，当时许多非体育专业留学生回国后，由于师资奇缺也被聘为体操教员，如黄兴曾在长沙明德学堂、湖南民立第一女学等学校任教体操；秋瑾曾在绍兴明道女学任教体操并主持大通学堂，教练兵操②；李蔚如曾担任重庆体育学堂兵式体操专职教师③；杨振鸿任贡院体操专修学堂监督并任教体操④。这些留学生，也构成当时体育师资的基本力量。

黄兴在日本留学时，曾练习过射击、剑道、柔软体操、棒球等⑤。回国后，曾在明德学校等多个学校中兼任过体操教师。许佩琅回忆黄兴

---

① 苏竞存：《中国近代学校体育史》，人民体育出版社 1994 年版，第 60—61 页。

② 何启君、胡晓风：《中国近代体育史》，北京体育学院出版社 1989 年版，第 88—90 页。

③ 涪陵地区体育志编纂委员会：《涪陵地区体育志》，涪陵地区体育运动委员会编印，1990 年，第 165—166 页。

④ 昆明体育志编纂委会：《昆明体育志》，云南民族出版社 2002 年版，第 509—510 页。

⑤ 张子沙、李远乐、马纯英：《黄兴体育思想研究》，《北京体育大学学报》2010 年第 33 卷第 8 期，第 9—13 页。

1904 年在湖南民立第一女学教体操的情况①：

> 上体操课的实际只有我们十几个没有包过脚的大脚姑娘……他穿着一件酱色纺绸长褂，教我们翻杠子，做柔软体操，玩哑铃。没有双杠设备，就要我们把床铺架子搬出来代替，叫我和龙珏表演给大家看。柔软体操是日本式，黄老师从日本学来的，他教学生很耐烦，从无疾言厉色。

（二）民国时期及新中国成立初期体育留学生的教学情况

民国时期及新中国成立初期，在归国的体育留学生中涌现出一大批优秀的体育教师。他们或者善于教学，或者勇于改革，或者教法多变，或者风格独特，在中国体育教育史上留下了一段佳话，也为现代体育教学改革留下了范例。以下仅以陈咏声、袁浚、张汇兰、徐绍武等体育留学生为例，介绍这一时期的留学生的教学情况。

陈咏声曾两次赴美留学。1932—1934 年在上海市工部局女子中学任教。全校 20 多个班只有她一个体育教师，因而她的体育课特别多，内容包括：田径运动中的跑步、跳高、跳远、铁饼、铅球、标枪等；还有球类项目中的篮球、排球、乒乓球、羽毛球等；还开展吊环、跳箱、爬绳、拔河等一般女中所禁忌的项目。她要求十分严格，特别要求每个学生必须学会骑自行车。除上好课外，她还主持、筹备每年一次的全校运动会。运动会除了壮观的全校学生团体操外，每个班都要准备节目参加表演，内容多以土风舞、苏格兰舞、踢踏舞以及中国的剑舞等舞蹈为主。在工作量大、人数又少的情况下，她采取培养和使用学生中的"小先生"的办法，顺利完成排练、演出任务。她的体育课教学在上海乃至全国都有名气，并对学生终生产生了积极影响。她的学生到古稀之年，多半终生坚持锻炼，很少感冒，外出还喜欢用自行车代步，都十分感念陈咏声老师当年的教育②。

袁浚曾留学德国，专攻游泳。袁浚教授在体育教育生涯中以要求严

---

① 任大猛：《体育教师多半喝过洋墨水》，http://cswb.changsha.cn/CSWB/20080704/Cont _1_72_70476.HTM. 2008 – 07 – 04.

② 葛嫱月：《中国妇女体育运动的先驱——陈咏声》，《体育文史》1998 年第 5 期，第 45 页。

格、善于改革著称。1933 年张学良将军特意拜访在武汉大学任教的袁浚，请教游泳技术，并参观武汉东湖天然游泳池。在袁浚指导下，张学良的游泳技术提高很快。半月后张学良再次来东湖游泳，还带来当地一些官员及其夫人，东湖一时热闹非凡。武汉大学女生得到消息后，特别感兴趣，纷纷赶来观看。当时女子很少游泳，武汉大学还明文规定不准女生游泳。袁浚乘机向校方建议开设女生游泳课，终获同意，从而开了大学女子游泳课之先河。在武汉大学任教时，袁浚在教务会议上提出，全校所有学生必须上体育课，缺课达到一定课时即宣布体育不及格，不发给毕业文凭，直到补足所缺课时后才允许毕业。这一建议获得正式通过并被严格执行，武汉大学体育课风气大为改观，当时人们认为该校体育活动可与清华、南开相媲美。抗战爆发后袁浚到湖南大学任体育主任，他根据当地特点，在体育课中增加了在湘江游泳、在沙滩上掷手榴弹，以及爬山、摔跤等内容，并亲自为各系、各年级上体育课。在其言传身教和严格要求下，学生对体育课提高了认识，增加了兴趣，湖南大学的体育风气又随即改观[①]。

张汇兰曾三次赴美留学，分别获得硕士、博士学位。1949 年前先后在金陵女子大学、南京中央大学和河北女子师范学院任教。在当时的环境下，我国体育教育事业十分落后，教学器材、设备、资金十分匮乏。在体育教学中，为解决骨骼标本问题，她趁国民党迁都南京、大兴土木之机，带领学生在工地上挖出的坟墓中搜集骨骼标本，为创建体育解剖学积累材料。由于教具缺乏，她常用丰富形象的比喻加强学生对枯燥概念的理解，如她曾用钢筋水泥做比喻，使学生在没有显微镜的情况下，能准确把握骨骼的化学成分及其作用，类似的比喻及教学方法一直为学生津津乐道。在河北女子师范学院，她利用仅有的一台旧留声机，带领学生开展韵律操和垫上运动，在全校掀起活跃的体育活动[②]。在南京中央大学任教之初，女生穿着高跟鞋和旗袍上体育课，为了保障教学质量和维持课堂纪律，她要求女生改穿平底鞋、白衬衫和黑灯笼裤，在当时的校园里引起较大反响[③]。在张汇兰担任中央大学女子体育部主任的 6 年里，她的体育课成了学生最爱上的课程。

---

① 黄萃炎：《体坛耆宿袁浚教授二三事》，《体育文史》1986 年第 3 期，第 36—37 页。
② 金海：《体坛名宿张汇兰的人生追求》，《纵横》2002 年第 5 期，第 38—41 页。
③ 王惠姬：《廿世纪上半叶留美女生与中国体育的开展》，《中正历史学刊》2004 年第 7 期，第 55 页。

徐绍武 1949 年前曾赴美国学习体育，获硕士学位。1952 年院系调整时，曾在南京师范大学体育系任教，兼系主任。他是著名的足球裁判，也是一位深受学生喜爱的体育教师。徐绍武的教学以幽默著称。他每次给学生上课，总是用一些风趣幽默的话语作为开场白，加之平时积累有许多关于体育的趣闻轶事，上课中不时插入几则，收效良好。因此，他的体育课深受学生欢迎。有一次上课前，他把学生集中在操场上，男女生分列两边。他发出的第一个口令是："请男同学向前一大步，向女同学鞠躬。"口令一发出，男女同学都不知所措，都不解地望着他。他不紧不慢地说："今天是三八妇女节，这是让男同学向女同学表示节日的问候和对妇女们的敬意。"此语一出，立即引起学生捧腹大笑。笑完之后，男同学认真地向女同学鞠了一躬①。

另外，赵占元（确立大学一、二年级体育课为必修课制度）②、马约翰（按照体力测验及格标准考查学生锻炼情况）、董守义（训练出闻名全国的"南开五虎"篮球队）③ 等也是体育教学的楷模，在体育教学方面均有独到的一面。

近代以来体育留学生在教学活动中，态度认真，操作规范，各具特色，效果良好。他们的体育教学在当时具有一定的示范效应，对今天的体育教学改革也具有借鉴意义。

四　体育督学的设立

体育督学的设立，是体育留学生在学校体育管理方面的一大创新。这一机构的创设，是由留美体育生张咏提出来的。

1926 年从清华学校毕业后，张咏被公费派出留学，进入美国俄亥俄州欧伯林大学体育系学习，1928 年获得学士学位及体育教师合格证书，1929 年又获得该校硕士学位。随即又转入哥伦比亚大学教育研究院体育系深造，1932 年年初论文通过答辩，被授予哥伦比亚大学体育专业哲学

---

① 孙健：《传奇裁判"黑衣法官"徐绍武》，http://njgs.jllib.cn/doc/view/2155.2008 - 07 - 05.

② 北大体育教研部：《北大体育前辈赵占元》，http://pe.pku.edu.cn/pkuped/tysh/pkuman_main.html.2010 - 12 - 18.

③ 何启君、胡晓风：《中国近代体育史》，北京体育学院出版社 1989 年版，第 337—229 页。

博士学位，成为当时第一位取得体育专业博士学位的东方人①。

1932 年归国后，正值南京国民政府教育部委托袁敦礼、吴蕴瑞、郝更生三位教授起草"国民体育实施方案"，张咏即将自己的博士学位论文《美国各州体育卫生组织与行政》交给袁敦礼，并建议在教育部设立体育司和体育督学，在各省市教育厅、局设立体育科和体育督学，作为体育行政管理和督察人员，具体负责全国体育方案的推行和督导，此建议被采纳。在"国民体育实施方案"通过后，教育部部长即宣布首先设立体育督学②。

1933 年，根据《国民体育实施方案》的要求，教育部设置了体育督学，由留美体育生郝更生担任此职。体育督学的主要职权是：检查及督促各省市对中央及教育部所定教育方针、法令的推行状况；依教育部所定各项体育标准，督促各省市教育机关及大专以上学校设置，并考察指导之；调查地方体育情形，辅导地方体育人员促进各项体育设施；宣传教育部旨意，沟通教育部与地方的意见；调节或处理地方出现的纠纷等。到 1936 年，全国已有 19 个省市设体育督学③。

在教育系统设立体育督学这一督促、检查机构，对于提高体育在教育系统的地位，加强对学校体育的监督和管理，提供了组织保障，也为体育留学生发挥才干提供了舞台。部分体育留学生担任了这一职务，如国民政府教育部第一任体育督学郝更生，（重庆）教育部体育督学许民辉（此前先任广东省教育厅体育督学），四川省第一任体育督学向志均（后任重庆特别市体育督学）、山西省教育厅体育督学张咏、江苏省教育厅体育督学吴澂等。他们均为体育界具有重要影响的人士，在这一工作岗位上为当地或全国体育的发展做出了积极努力。

第二节　体育留学生与运动竞赛体制

运动竞赛体制主要包括体育社团的建立、运动训练的安排、运动竞赛

---

① 张培基：《我国近代体育事业的奠基者——张咏博士》，http：//www.fzxq.org/html/200811/27/20081127111437.htm. 2008－11－27.

② D. B. 范达冷，B. L. 本夸特：张咏译：《美国的体育》，人民体育出版社 1991 年版，第 1—8 页。

③ 罗时铭：《中国体育通史（第四卷）》，人民体育出版社 2008 年版，第 46 页。

的组织和参与等内容。体育留学生回国后主要参与了体育社团的建立，各级赛事的组织和参与等活动，为近代以来中国体育摆脱外国人的控制，逐步形成健全的运动竞赛体系做了一定努力。

一 体育社团的创建和参与

体育社团是以体育运动为目的或活动内容的社会团体，它的存在不仅具有发展体育事业的价值，而且对整个社会的发展起着重要的促进作用①。近代以来，我国先后出现了一些体育社团。其中，留学生回国后，有的发起、创建了体育社团，有的在体育社团中担任重要职务。下面对留学生参与的运动竞赛性体育社团情况予以论述。

（一）创建、参与体育社团

表4－3列举了近代以来留学生回国后参与、创建的体育社团。

表4－3　　　　　　　　留学生创建的部分体育社团
（The Part of Sports Society Founded by China's
Overseas Student Studying Sports）

名称	参与、创建者	时间（年）	地点
安庆体操会 （安庆爱国会的下设机构）	陈独秀等	1903	安徽安庆
绍兴体育会	徐锡麟等	1905	浙江绍兴
丽水体育会	陈达、阙伊	1906	浙江丽水
南华足球会	刘铸伯等	1908	广州
全国学校区分队 第一次体育同盟会	唐绍仪、伍廷芳、王正廷、张伯苓等	1910	南京
宁波国民尚武分会	范贤方等	1911	浙江宁波
湖南棒球会	黄一欧等	1911	湖南长沙
中华业余运动联合会	张伯苓、袁敦礼*、马约翰*、郝伯阳*等	1922	北京
中华全国体育协进会	王正廷；张伯苓、沈嗣良*、宋如海*等	1924	南京

---

① 卢元镇：《论中国体育社团》，《北京体育大学学报》1996年第19卷第1期，第1—7页。

续表

名称	参与、创建者	时间（年）	地点
上海中华篮球联合会	沈嗣良*	1925	上海
上海中华棒球联合会	张伯苓、沈嗣良*	1926	上海
中华全国体育总会	马叙伦、马约翰*（副主席）	1952	北京

注：①表中带"＊"的是体育留学生。

②本表参考了何启君等人的《中国近代体育史》（北京体育学院出版社1989年版）、罗时铭的《中国体育通史·第三卷》（人民体育出版社2008年版）以及暴丽霞等人的《近代上海球类单项体育组织考证研究》（体育文化导刊2005年第3期）等文献。

如表4－3所示，除全国学校区分队第一次体育同盟会外（1910年），在1911年以前建立的体育社团，是以体育练习为形式，主要目的是为培养、训练反清革命力量服务，但在客观上推动了近代体育的发展；辛亥革命以后建立的体育社团，主要目的是为了推广体育运动，为组织和参加各级、各类体育比赛服务。

（二）在体育社团中的任职

从第二章"表2－13""体育留学生回国后社会任职情况统计"（见第92页）来看，体育留学生回国后在四个任职类别中任职最多的是体育团体（共110项），其次是学术团体（共81项）、行政任职（共60项）和政治团体（共40项）。

在这些体育社团中，体育留学生在其筹备、组织、管理及运行过程中发挥了主要作用。下面以近代史上有名的体育社团——中华全国体育协进会为例予以说明。

中华全国体育协进会1924年8月正式成立于南京，其前身为1910年在南京成立的"全国学校区分队第一次体育同盟会"和1922年在北京成立的"中华业余运动联合会"。中华全国体育协进会是当时全国性体育运动的领导组织，也是正式的国家奥委会组织，在推动中国近代体育事业的发展方面做出了重要贡献。如：筹办旧中国第4至7届全国运动会；选拔参加远东运动会和奥运会的中国选手；审定各项运动的规则和全国田径、游泳最高纪录；解答各地有关比赛和裁判方面的疑难问题；出版体育科学研究刊物；参与国际体育事务等①。

　　在中华全国体育协进会发挥其重要作用的历史过程中，体育留学生做出了积极努力。这从该会历届领导成员构成中可以反映出来。1924 年 8 月 5 日中华全国体育协进会正式成立时，王正廷（先后在日、美两国留学）为名誉会长，张伯苓（先后在日、美两国留学）为董事长，沈嗣良（留美体育生）为名誉主任干事，郝伯阳、宋如海（两人均为留美体育生）为名誉干事，蒋湘青为干事②；1927 年郝更生（留美体育生）继任会长；1933 年 10 月 14 日，中华全国体协改选新董事九人，张伯苓当选会长，王正廷为主席董事，沈嗣良为名誉主任干事，其余董事有袁敦礼、郝更生、高梓、吴蕴瑞、马约翰（五人均为留美体育生）等；1935 年 10 月 11 日召开第三次全体代表大会，根据第二次修订的会章，将会长名义取消，主任干事改为总干事，董事名额增为十五名，当选的主要负责人仍为张伯苓、王正廷、沈嗣良；1941 年 2 月 1 日，张伯苓等在重庆沙坪坝南开中学召开中华全国体协董事会，聘董守义（留美体育生）为副总干事，多方奔走，筹集经费，两年后董守义任总干事，会务日益展开；1948 年 5 月中华全国体协召开第四次代表大会，王正廷当选理事长，总干事江良规未就任，而改由郝更生担任③。

　　新中国成立后，中华全国体育协进会改组为中华全国体育总会，是全国群众性的体育组织，也成为党和政府联系体育工作者的纽带。1954 年中华全国体育总会得到国际奥委会承认。许多体育留学生曾在中华全国体育总会中担任主席、副主席等重要职务。

　　另外，还有许多体育留学生在各种单项运动协会任职，为新中国体育事业的开创和发展做出了积极贡献。具体情况见表 4 - 4。

---

① 罗时铭：《中国体育通史（第三卷）》，人民体育出版社 2008 年版，第 348—351 页。
② 吕玉军、伯亮：《民国时期的中华全国体育协进会》，《历史档案》2001 年第 4 期，第 105—108 页。
③ 《中华全国体育协进会》，http：//baike. baidu. com/view/48982. htm. 2011 - 01 - 16.

表 4 - 4　　　　体育留学生在部分全国性体育社团中的任职情况

（ The Office Performance of China's Overseas Student Studying

Sports in Part of the National Athletics Associations）

社团名称	成立时间（年）	成立地点	曾经任职的体育留学生
中华全国 体育协进会	1924	南京	总干事：沈嗣良、郝更生、江良规；董事：沈嗣良、郝更生、袁敦礼、高梓、吴蕴瑞、马约翰、章辑五、宋君复等
中华全国体育 总会	1952	北京	主席：马约翰；副主席：董守义、袁敦礼、吴蕴瑞、夏翔、徐英超、黄健；委员：宋君复、林朝全、金兆钧、袁浚、林启武、王义润、陆绍中等
中国田径协会	1954	北京	主席：马约翰、金兆钧、夏翔、黄健；副主席：夏翔、黄健；委员：白春育、卢建功、田学易、张长江、刘天锡、李鹤鼎、袁敦礼、马约翰、黄健、武福全、高大安等；裁委会副主任：薛济英
中国游泳协会	1956	北京	副主席：穆祥雄、陈嫣屏；委员：袁浚；裁委会主任：贾玉瑞
中国体操协会	1954	北京	主席：吴蕴瑞；教委会主任：陈孝彰；男子委员会主任：陆恩淳；委员：蓝亚兰
中国举重协会	1956	北京	主席：陈镜开；副主席：黄强辉、赵庆奎
中国篮球协会	1956	北京	主席：董守义、牟作云
中国足球协会	1955	北京	副主席：李鹤鼎、张宏根、年维泗
中国排球协会	1953	北京	副主席：马启伟
中国网球协会	1953	北京	副主席：牟作云
中国羽毛球协会	1958	武汉	副主席：林启武
中国技巧协会	1979	北京	主席：张素央；副主席：姜龙南
中国自行车协会	1985	北京	副主席：王世安
中国门球协会	1987	北京	秘书长：黄帼会
中国登山协会	1958	北京	副主席：许竞

　　注：本表参考了罗时铭的《中国体育通史·第三卷》（人民体育出版社 2008 年版）、吕玉军等人的《民国时期的中华全国体育协进会》（历史档案 2001 年第 4 期）、熊晓正等人的《新中国体育 60 年》（北京体育大学出版社 2010 年版）等文献。

二　国内运动竞赛的开展

国内运动竞赛主要包括学校（校内、校际）运动竞赛、地区性（市、省、大区）运动竞赛和全国运动会。近代以来，特别是在 1949 年前，体育留学生曾在国内的重要比赛中担任筹备、组织、竞赛、裁判等工作，为中国近代运动竞赛体制的形成和发展做出了积极努力。下面以影响较大的地区性运动会和全国运动会为例予以说明。

（一）　参与国内地区性运动竞赛

近代以来，我国各大区和各省先后举行过运动会。大区以华北区运动会、华中区运动会、西北区运动会影响较大。湖南、广东、四川、江苏、浙江、安徽、山东等省先后举行过规模较大的全省运动会。另外，部分市、县也举行过运动会。

根据目前掌握的资料，下面以大区运动会——华中区运动会（1923—1936）和地方性运动会——昆明市运动会（1941—1945）为例，考察体育留学生在近代地区性运动会中的作用。

1923 年，为筹备参加第六届远东运动会，全国体育界知名人士 1923 年 1 月在南京开会，决定华北区仍按惯例开办运动会，华东区和华南区则分别派代表在南京、广州开会商议如何建立区域性组织和开办运动会；会议还决定湖北、湖南、安徽、江西四省为华中区，指定代表在武汉开会，商议本区的体育活动。

1923 年 3 月华中区四省代表在武昌开会，成立华中体育联合会，并议定 1923 年 5 月在武昌举行第一届华中运动会，以后在各省轮流举行。运动会的经费由承办省负担，华中体育联合会的维持费用由四省共同负责。会址设在汉口中山公园，由汉口青年会总干事宋如海（后赴美国春田学院学习体育）主持日常会务①。

华中区从 1923 年至 1936 年，共举办了六届运动会，反映了我国 20 世纪二三十年代地区性体育赛事的情况。华中区运动会的具体情况见表 4 - 5。

---

① 成都体育学院体育史研究所：《中国近代体育史资料》，四川教育出版社 1988 年版，第 454—469 页。

表 4 – 5　　　**体育留学生与华中区运动会的举办（1923—1936）**

[**The China's Overseas Student Studying Sports and Sports Games of Central China Region（1923 – 1936）**]

届次	时间（年）	地点	大会兼职官员	体育留学生担任的职务
1	1923	武昌	会长：肖耀南（湖北省督军）；名誉会长：赵恒惕（湖南省省长）、陈调元（安徽省省长）、蔡成勋（江西省督理）	由外国人主持
2	1924	长沙	会长：赵恒惕（湖南省省长）；副会长：肖耀南（湖北省省长）、马少甫（安徽省省长）	总裁判：麦克乐（南京东南大学体育科主任，美国人）；布置部总干事、起跑发令：金兆钧；裁判部报告员：陆吉需
3	1925	南昌	会长：方本仁（江西省督办）；副会长：胡幼胰（江西省省长）、赵恒惕（湖南省省长）、王揖唐（安徽省省长）、肖耀南（湖北省省长）	执行总裁判兼田径裁判：卢颂恩；球类总裁判：郝更生
4	1930	安庆	会长：程天放（安徽省代理主席）；副会长：鲁涤平（江西省主席）、何成濬（湖北省主席）、何键（湖南省主席）、刘文岛（汉口特别市市长）	执行总裁判兼径赛裁判长：吴蕴瑞；田径裁判长：吴德懋；篮球裁判：金兆钧、吴德懋；足球裁判：金兆钧、张信孚；队球裁判：宋如海；棒球裁判：张信孚、金兆钧、吴德懋、吴蕴瑞
5	1934	武昌	会长：程其宝；名誉会长：蒋介石、张学良；名誉副会长：何成濬（湖北省主席）、何键（湖南省主席）、熊式辉（江西省主席）、刘镇华（安徽省主席）等	总裁判：程登科
6	1936	长沙	会长：何键（湖南省主席）；名誉会长：熊式辉（江西省主席）、杨永泰（湖北省主席）、刘镇华（安徽省主席）、张之江（中央国术馆长）	总裁判：袁浚

注：本表资料参考了成都体育学院体育史研究所的《中国近代体育史资料》（四川教育出版社 1988 年版）、超星中文电子图书《第四届华中运动会特刊》（1931 年第四届华中运动会编）等文献。

　　由表 4 - 5 可以看出，大会的会长、副会长等名誉性职位均由各省行政长官兼任，而运动会的具体筹备、组织、竞赛、裁判等业务则由体育界人士担任。其中，前两届由外国人主持，第三届以后主要是由体育留学生主导，反映了在近代体育运动竞赛体制形成过程中，体育留学生逐渐取代了外国人，开始独立主持中国体育赛事。

　　如果说 1923 年至 1936 年的华中区运动会反映了和平时期体育留学生在地区性运动会上的任职情况，那么，在 1941 年至 1945 召开的昆明市运动会，则反映了战争年代体育留学生在地方性体育运动会中的作用。

　　《昆明体育志》记载了抗战期间昆明市举办第一届运动大会的情况①：

　　　　昆明市第一届运动大会于双十国庆纪念日（1941 年 10 月 10 日）在昆明市东郊的省立拓东体育场隆重举行，运动会正值抗日战争时期，又适逢我军湘北大捷收复宜昌，是在全市各界同胞欢欣鼓舞之中进行的，因而运动会规模较大，影响也较广，为当时昆明最隆重的盛会。

　　　　云南省政府主席龙云担任大会名誉会长，昆明市市长裴存藩任会长，社会局局长孟立人任副会长兼大会筹备主任。我国著名体育家马约翰担任大会的总裁判，牟作云任副总裁判，夏翔等担任大会裁判（以上三人均为西南联大体育教授）。云南省及昆明市的军政要员、社会名流以及美、法驻昆领事等出席了开幕式，并纷纷向运动会题词、赠送锦旗，省市各行业、各社会团体向运动会捐赠了奖品。

　　　　为预防敌机空袭，运动场周围金汁河上临时架起疏散桥数座，会场主席台设有防控专线电话。开幕式举行时还派出飞机在空中巡航。参加首届市运会的有 50 多个单位，589 名选手，参加团体表演的学生 400 人，观众 2 万余人。

　　　　是日，拓东体育场前高搭彩坊，观礼台悬挂彩绸，各种锦标和奖品陈列于台前。午后 2 时宣布大会开始，行礼如仪，鸣炮升旗，会长致辞，选手宣誓，宣读向前方将士的致敬电，在军乐声中全体运动员、裁判员绕场一周后，比赛即开始……

---

　　① 昆明体育志编纂委员会：《昆明体育志》，云南民族出版社 2002 年版，第 368—373 页。

这段资料显示了地方性运动会——昆明市第一届运动会的举办情况，可谓阵容强大，场面壮观，热闹非凡。这是在抗战时期举行的一次运动会，的确鼓舞人心，振奋士气。其中，大会总裁判马约翰、副总裁判牟作云、大会裁判夏翔等皆为留美体育生。

昆明市第一至五届运动会的举办情况见表4-6。

表4-6　　　**体育留学生与昆明市运动会的举办（1941—1945）**
[**The China's Overseas Student Studying Sports and Sports Games of Kunming（1941-1945）**]

届次	时间（年）	地点	体育留学生参与情况
1	1941	省立拓东体育场	马约翰担任大会总裁判，牟作云任副总裁判，夏翔等担任裁判工作
2	1942	省立拓东体育场	马约翰担任大会总裁判
3	1943	省立拓东体育场	马约翰担任大会总裁判，中华全国体育协进会总干事董守义出席开、闭幕式，董守义、马约翰在闭幕式上先后致辞
4	1944	省立拓东体育场	马约翰在开幕式上致辞并担任大会总裁判，牟作云等参加大会主要筹备工作
5	1945	省立拓东体育场	马约翰在闭幕式上致辞

注：本表由《昆明体育志》中的相关资料编制而成（昆明体育志编纂委员会：《昆明体育志》，云南民族出版社2002年版，第368—373页）。

由表4-6可以看出，体育留学生不但在学校担任体育教学任务，还承担了所在地区的社会体育工作，对推动当地体育活动的开展，促进体育运动竞赛规范化起到了一定的作用。

（二）参与全国运动会

在1949年前，我国共举行过七届全国运动会。新中国成立到"文化大革命"前，我国分别于1959年、1965年举办了两届全国运动会。下面以1949年前举办的七届全运会为例，分析体育留学生在全国性运动竞赛中的作用。表4-7列出了1949年前举办的七届全运会中体育留学生的参与情况。

表 4-7　　　　　**体育留学生与全国运动会的举办（1949 年前）**

（The China's Overseas Student Studying Sports and the

National Games before 1949）

届次	时间（年）	地点	主办者	参与人员	体育留学生参与情况
1	1910	南京	上海基督教青年会	由上海青年会体育干事、美国人爱克斯纳操办	马约翰（后赴美留学）获：全国高等组分区比赛 880 码第 2 名，全国各学校联合比赛 880 码第 1 名、440 码第 2 名，网球比赛优胜者（前 4 名）
2	1914	北京	北京体育竞进会	由北京基督教青年会干事、美国人侯格兰德具体操办。名誉评判长：汤化龙；评判长：凌善昭	张信孚（后赴美留学）获 120 码高栏第 3 名
3	1924	武昌	中华业余运动联合会	名誉会长：萧耀南；会长：严修（后为熊希龄）；副会长：阎锡山、黄炎培、张伯苓、汪精卫等；董事长：王正廷；总裁判：张伯苓；技术顾问：葛雷（中华业余运动联合会秘书长、美国人）	筹备委员会书记：宋如海（后赴美留学）；运动主任：郝更生。吴德懋（后赴德留学）获田径赛个人总分第 1 名；夏翔（后赴美留学）获撑杆跳第 1 名
4	1930	杭州	国民政府、中华全国体育协会	名誉会长：蒋介石（国民政府主席）；会长：戴季陶；副会长：何应钦、张人杰	不详
5	1933	南京	国民政府全运会筹委会	名誉会长：林森（国民政府主席）；名誉副会长：蒋介石；会长：王世杰（教育部长）；裁判委员会主任：张伯苓	总干事：张信孚；副总干事：吴蕴瑞；裁判股股长：马约翰。张龄佳（后赴美留学）获：铁饼、十项运动第 1 名，标枪第 4 名

续表

届次	时间（年）	地点	主办者	参与人员	体育留学生参与情况
6	1935	上海	国民政府教育部全运会筹委会	名誉会长：林森；名誉副会长：蒋介石；会长：王世杰；副会长：吴铁城（上海市市长）	郭洁（后赴日留学）获铁饼第1名、铅球第3名、五项运动第4名；张龄佳获十项运动第1名、铁饼第3名；薛济英（后赴美留学）获三级跳远第4名；李鹤鼎（后赴美留学）获铅球第6名；吴文忠（后赴日留学）代表南京队获篮球比赛第2名；牟作云（后赴美留学）代表北平队获篮球比赛第4名
7	1948	上海	国民政府全运会筹委会	名誉会长：蒋介石（新当选总统）；会长：朱家骅（教育部长）；筹备主任：吴国桢（上海市市长）；田径总裁判：张伯苓；游泳总裁判：王正廷	大会筹备总干事：郝更生。吴传玉（1949年后赴匈牙利留学）获100米自由泳第1名

注：本表由《中国近代体育史资料》中的相关资料编制而成（成都体育学院体育史研究所：《中国近代体育史资料》，四川教育出版社1988年版，第470—522页）。

旧中国前两届全运会均由外国人操办（主要是基督教青年会干事）。运动会的裁判、秘书和干事等工作人员主要由外国人担任；运动会的《秩序册》用的是英文；在运动会期间，不但外国人讲英语，参加运动会的中国人在谈到体育运动术语时，也要讲英语①。这一方面反映了当时中国的半殖民地社会状况，另一方面也说明中国近代运动竞赛人才的缺乏。值得注意的是，在包括这两届全运会在内的七届全运会中，参赛运动员中出现了马约翰、张信孚、吴德懋、夏翔、张龄佳、薛济英、吴文忠、牟作云等运动名将，他们在运动会中一举成名，为他们后来出国学

① 刘作忠：《首次由中国人主持的全运会》，《寻根》2010年第2期，第34—38页。

习体育打下基础，也为将来承担起改变中国体育为外国人掌控的局面提供了可能。

第三届全运会由中华业余运动联合会筹办。王正廷、张伯苓（均为留美学生）分别担任大会董事长、总裁判，刚从美国学习体育回国的郝更生担任运动主任，为大会的顺利召开提供了技术保障，从根本上改变了"中国体育洋人办"的格局。从第四届至第七届全运会，大会均为南京国民政府组织，此时学成归国的体育留学生张信孚、吴蕴瑞、马约翰、郝更生等参与大会的组织工作。虽然运动会在举办过程中还存在一定的问题，但使全国运动会逐步走向了制度化发展轨道，在筹备、仪式（如团体操和国术表演、火炬传递、开闭幕式、新闻报道）等方面也为以后参加和主办国际性运动会等提供了经验。

新中国成立后，党和政府十分重视包括体育留学生在内的老一辈体育工作者。在新中国举办的前两届全运会上，有三位 1949 年前出国的体育留学生被选入大会的组织机构中：马约翰、袁敦礼、董守义进入 1959 年第一届全运会的主席团中；在 1965 年的第二届全运会上，他们又分别入选大会筹备委员会和主席团。

三　国际运动竞赛的参与

体育留学生在参与、主导地区性和全国性体育赛事的同时，也担负起参与、组织国际体育赛事的任务。清末以来至新中国成立初期，中国参与的综合性国际运动竞赛主要是远东运动会和奥林匹克运动会。

（一）体育留学生与远东运动会

远东运动会原名"远东奥林匹克运动会"，是 20 世纪初菲律宾、中国、日本发起和参加的一个地区性国际比赛。该运动会从 1913 年至 1934 年共举行了 10 届。最后两届又先后有印度、印度尼西亚和越南参加。远东运动会是世界上最早出现的洲际国际竞赛，被看作是"亚运会"的前身。

表 4 - 8 列举了第一至第十届远东运动会中国代表队的组织人员情况。

表 4 - 8　　　　　　　**体育留学生参与远东运动会情况**

（The China's Overseas Student Studying Sports andthe Far East Games）

届次	时间（年）	地点	中国代表团工作人员	体育留学生参与情况
1	1913	菲律宾马尼拉	领队：德苏莱（广州青年会）	
2	1915	中国上海	会长：伍廷芳（外交部部长）	
3	1917	日本东京	中国部总干事：柯乐克；总领队：赵国祥（清华大学副校长）、葛雷（青年会干事）；总代表：张伯苓；总教练：敬元崇	
4	1919	菲律宾马尼拉	总领队：葛雷（青年会干事）	
5	1921	中国上海	会长：王正廷；副会长：张伯苓、穆藕初；大会总干事：葛雷；会计兼书记：顾亨利；教练员：富博思（篮球）、包德飞（棒球）、司马德（田径）、刘福基（足球）	郝伯阳任总教练
6	1923	日本大阪	中国部主任：葛雷（负责中国运动员的选拔、组团事宜）；总领队：葛雷、刘福基	董守义任国旗手、运动员代表
7	1925	菲律宾马尼拉	中华全国体育协进会筹办。名誉总裁：蒋介石；会长：王正廷	沈嗣良任中国队代表
8	1927	中国上海	中华全国体育协进会筹办	沈嗣良任名誉干事；马约翰任排球队总教练；许民辉任男排教练
9	1930	日本东京	中华全国体育协进会筹办。领队：张伯苓	郝伯阳任中国队代表
10	1934	菲律宾马尼拉	中华全国体育协进会筹办。中国代表团总代表、总领队：王正廷	中国代表团总干事：沈嗣良；总教练：马约翰；大会期间出席远东体育协会执委会议：沈嗣良、郝更生

注：本表参考了成都体育学院体育史研究所的《中国近代体育史资料》（四川教育出版社1988年版）、罗时铭的《中国体育通史·第三卷》（人民体育出版社2008年版）等文献。

由表 4 - 8 可以看出，前六届远东运动会主要由基督教青年会干事主持，其中，美国青年会干事柯乐克、葛雷等人操办了大会主要事务。从第七届远东运动会开始，中华全国体育协进会主持远东运动会的组织工作，远东运动会从此由中国人自主办理，不再依赖外国人。从第八届远东运动会开始，大会全体职员均由华人担任①。

参与、组织国际体育赛事的人员，必须要具备两个方面的能力：一是熟悉体育专业知识和技能，二是掌握熟练的外语。在中国近代早期参与国际体育活动中，由于人才的缺乏，运动员选拔、大会组织、比赛安排等均由外国人帮办。随着争取体育主权斗争的开展，外国人逐渐淡出中国体育的舞台，而体育留学生（包括部分非体育专业留学生）回国后，由于其具备较强的外语和专业技能，理所当然地扛起发展中国体育事业、参与国际赛事的任务。如第七届远东运动会后，许民辉、郝伯阳、沈嗣良、马约翰、郝更生等经过了艰巨、复杂、多变的参赛和组织过程的锻炼，逐步成为中国体育界的骨干力量。因此，远东运动会的组织和参赛过程，是中国近代体育的话语权逐渐由外国人交给中国人，由传教士转给留学生的过程。另外，远东运动会也为下一步参与更大规模的国际赛事——奥林匹克运动会积累了经验和培养了人才。

（二）体育留学生与奥林匹克运动会

奥林匹克运动会是现代世界上规模最大的体育赛事和文化盛会。在奥林匹克运动会上的比赛成绩以及能否举办奥林匹克运动会，往往成为衡量一个国家或地区综合实力和文明程度的标志。参与奥运会、承办奥运会也是近代以来包括体育界在内的广大中国人的美好愿望，许多人士为之进行了苦苦追索和不懈奋斗。在中国人奥运参与史上，体育留学生也做出了种种努力与奉献。近代以来体育留学生参与奥运会的情况见表 4 - 9。

---

① 成都体育学院体育史研究所：《中国近代体育史资料》，四川教育出版社 1988 年版，第 539 页。

表 4 - 9　　　　　　　　　　体育留学生参与奥运会情况

(The China's Overseas Student Studying Sports and the Olympic Games)

届次	时间（年）	地点	中国参与人员	体育留学生参与情况
9	1928	荷兰阿姆斯特丹	参观代表：罗忠贻（中国驻丹麦公使）	参观副代表：宋如海（正在美国春田学院攻读体育）
10	1932	美国洛杉矶	政府代表，黄总领事；运动员：刘长春（1 人）	教练：宋君复；领队：沈嗣良；成员：刘雪松
11	1936	德国柏林	政府代表：戴季陶；总领队：王正廷	总干事：沈嗣良；总教练：马约翰；代表：郝更生，沈嗣良
12	因二战停办			
13	因二战停办			
14	1948	英国伦敦	总领队：王正廷	总干事：董守义；总教练：马约翰；领队：江良规；指导：宋君复；顾问：郝更生；助理干事：吴志钢
15	1952	芬兰赫尔辛基	代表团团长：荣高棠；副团长：黄中、吴学谦	总指导：董守义；男子篮球队指导：牟作云
16	1956	澳大利亚墨尔本	台湾代表团团长：邓传楷	总干事：江良规
17	1960	意大利罗马	台湾代表团团长：邓传楷；总干事：林鸿坦	不详
18	1964	日本东京	台湾代表团团长：杨森；顾问：梁永章；总干事：周中勋	副团长：江良规；总教练：周鹤鸣

注：本表资料参考了成都体育学院体育史研究所的《中国近代体育史资料》（四川教育出版社 1988 年版）、罗时铭的《中国体育通史·第四卷》（人民体育出版社 2008 年版）以及汤铭新等人的《简论宋如海〈我能比呀·世界运动会丛录〉在中国奥林匹克史中的地位与影响》（浙江体育科学 1999 年第 1 期）、郝克强的《新中国健儿参加第十五届奥运会》（体育文史 1984 年第 1 期）等文献。

从表4-9可以看出，从1932年美国洛杉矶奥运会中国正式参赛以来，体育留学生是赛事组织的主要参与者。在奥运会比赛组织工作中，体育留学生一般负责奥运会参赛运动员的选拔、训练工作，还担任代表团的教练、领队等职务。同时，在奥运会期间，还代表国家参加各种国际体育协会召开的会议。

下面以民国时期两届奥运会体育留学生的任职情况，以及一次出国体育考察团的组成情况为例，说明体育留学生在国际体育大赛及中外体育文化交流中所起的作用。

举例一：1936年第十一届柏林奥运会体育留学生的任职情况[①]

（1）担任运动员选拔工作

足球运动员选拔委员：沈嗣良、郝更生、马约翰

篮球运动员选拔委员：董守义、舒鸿、宋君复

田径和游泳运动员选拔委员：马约翰

举重和国术表演运动员选拔委员：沈嗣良

（2）担任运动员训练工作：

田径队教练：马约翰、宋君复、夏翔、舒鸿

篮球队教练：董守义

（3）参加国际体育会议

大会期间参加国际田径协会会议：马约翰、沈嗣良

参加国际篮球协会会议：董守义、舒鸿

参加国际游泳协会会议：宋君复、许民辉

举例二：1936年中国赴欧洲体育考察团的情况[②]

在这届奥运会期间，中华全国体育协进会组织了一个由42人组成的、庞大的体育考察团，对欧洲7个体育发达国家的体育情况，进行了较为全面的考察访问，这是新中国成立前最大的一次出国体育考察活动。这42名成员分别来自政府部门、大专院校、社会体育团体和军界。其中体育留学生身份的有19人，他们分别是：

---

① 成都体育学院体育史研究所：《中国近代体育史资料》，四川教育出版社1988年版，第565—577页。

② 郑志林、赵善性：《中华体育考察团赴欧考察评述》，《体育文史》1992年第4期，第36—38页。

考察团总领队：郝更生

正指导：袁敦礼

副指导：吴澂、高梓（女）

成员：许民辉、金兆均、吴德懋、夏翔、李友珍、徐英超、江良规、宋君复、舒鸿、宋如海、谢文秋（女）、黄丽明（女）、张汇兰（女）、陈咏声（女）、崔亚兰（女）等。

举例三：1948 年第十四届伦敦奥运会体育留学生的任职情况[①]

（1）担任运动员选拔工作

遴选委员会成员：马约翰、宋君复、江良规、许民辉、董守义

篮球遴选委员会：江良规（主任委员）、宋君复、牟作云、金兆钧

田径、游泳遴选委员会：马约翰（主任委员）、许民辉、吴蕴瑞、夏翔

（2）担任运动员训练工作：

篮球代表队：江良规（领队）；宋君复（教练）

田径代表队：江良规（领队兼教练）

游泳代表队：许民辉（领队兼教练）

在新中国 1952 年第一次参加第十五届赫尔辛基奥运会时，体育留学生董守义担任总指导，牟作云担任男子篮球队指导。

在后来台湾地区参加奥运会时，体育留学生依然发挥了一定的作用。如参加 1964 年第 18 届东京奥运会时，体育留学生江良规担任台湾代表团副团长，周鹤鸣担任总教练；奥运会期间，郝更生、江良规为亚洲体协会议和国际奥委会会议的代表，吴文忠、周鹤鸣为运动科学会议的代表等[②]。

也就是说，近代以来，体育留学生以自己所具备的外语能力和专业技能，在国内、国际体育赛事的组织活动中，以及在重要的对外体育交流活动中担任中坚力量，为近代中国逐步形成地区、全国、国际三级运动竞赛体制以及开展国际体育文化交流，做出了一定的贡献。

---

① 超星中文电子图书：《第十四届世界运动会中华代表团手册》1948 年，第 6—7 页（引自首都体育学院图书馆电子书库）。

② 超星中文电子图书：《参加第十八届世界运动会中华民国代表团报告》，1966 年，第 3 页。

第三节 体育留学生与体育科研体制

科学体制是有关科学事务的组织原则、组织方式和制度、组织结构系统及其运行机制等方面的总和。适宜的科学研究体制的形成，是科学真正形成与发展的一个重要标志，也是一个国家科学良性发展的前提和保障①。体育科学研究是体育事业发展的主要驱动力之一，体育教学、训练和竞赛水平的提高，有赖于体育科学研究提供智力支持和技术保障。近代以来，体育留学生在体育科研体制方面的主要贡献在于建立学术团体、创办专业期刊、出版体育专著以及创建体育学科等。

一 学术团体的建立与参与

科学社团是近代科学体制化的重要形式之一②。体育学术团体的建立，是体育科研体制形成的基本构件和前提。从第二章"表 2 - 13""体育留学生回国后社会任职情况统计"（见第 87 页）来看，在四个任职类别中，体育留学生回国后任职最多的是体育团体（共 110 项），其次就是学术团体（共 81 项）。

表 4 - 10　　　　留学生创建、参与的部分体育学术团体

（The China's Overseas Student and part of the sports academic groups）

名称	时间（年）	地点	体育留学生创建、参与情况
中华教育改进社体育与游戏委员会*	1921	北京	董守义（副主任）、吴蕴瑞（书记）
中华教育改进社附设全国体育研究会*	1922	北京	袁敦礼（首届会长）
江苏体育研究会*	1922	上海	卢颂恩（会长）
北京体育学会*	1927	北京	袁敦礼、郝更生、高梓等

---

① 范铁权：《体制与观念的现代转型：中国科学社与中国的科学文化》，人民出版社 2005 年版，第 167 页。

② 张培富：《海归学子演绎化学之路：中国近代化学体制化史考》，科学出版社 2009 年版，第 46 页。

续表

名称	时间（年）	地点	体育留学生创建、参与情况
中华体育学会*	1935	南京国立中央大学	郝更生（主席）、程登科（常务理事）、吴蕴
体育研究会*	1946	北京	林启武、袁敦礼等
北京体育科学研究所	1958	北京	陆绍中（第五任所长）、杨天乐（运动医学研究所所长）等
上海体育科研所	1959	上海	吴之仁（研究员）
成都体育学院体育史研究室	1962	成都	张咏（外文资料翻译）、董时恒
中国运动医学专业委员会	1978	北京	杨天乐（主任委员）、岑浩望（副主任委员）、韦俊文（委员）等
全国体总体育文史资料编审委员会	1979	北京	白春育（副主任）、林朝权、程登科、李鹤鼎、徐绍武、王义润、薛济英等
中国体育科学学会	1980	北京	副理事长：马启伟、陆绍中、杨天乐；常务理事：夏翔、李鹤鼎；理事：王义润、贾玉瑞、周成之；委员：岑浩望等
中国运动心理学会	1980	北京	马启伟（主任委员）
中国体育史学会	1984	四川乐山	白春育（副会长）
国家体委运动医学研究所*	1987	北京	杨天乐（创办者）

注：①带"＊"者为体育留学生创建的学术团体。

②本表资料参考了成都体育学院体育史研究所的《中国近代体育史资料》（四川教育出版社1988年版）、徐元民的《中国近代知识分子对体育思想之传播》（师大书苑公司1999年版）、吴文忠的《中国体育发展史》（三民书局1981年版），以及冷雨的《林启武》（学校体育1988年第4期）、鲁牧的《艰难的起步——赵斌、王汝英忆说国家体育总局科研所创建之初》（体育文化导刊2002年第5期）、肖冲的《奋斗的二十八年——记成都体院体育史研究所》（体育文史1991年第2期）等文献。

体育学术团体的建立及其活动，对于体育活动从感性体验走向理性思考、从经验总结走向科学研究起了重要作用。近代以来，体育留学生回国后，借鉴外国人的开办模式，创建、参与了部分体育学术和研究团体，具体见表4－10。

　　由表 4 - 10 可知，1949 年前，体育留学生回国后创建的体育学术团体主要有中华教育改进社附设全国体育研究会、江苏体育研究会、北京体育学会、中华体育学会、体育研究会等。这些学术团体的主要活动是定期或不定期召开学术会议、举办学术讲座、研讨体育发展规划、主办学术刊物等。

　　江苏体育研究会召开的年会议题、中华体育学会的章程可反映出这一时期体育学术团体的基本活动。

　　吴文忠在其《中国体育发展史》一书中论述了江苏体育研究会召开的三次年会情况[1]：

　　　　该会于民国十一年八月十一、十二日在上海市召开常年大会时，举办体育专题讲座，主讲人及讲题如下：

　　　　麦克乐：男女体育的特色

　　　　卢颂恩：体育教员对于第六届远东运动会应负之责任

　　　　朱重明：欧战后日本体育的新趋势

　　　　次年一月在南京举行第二届干事会，议决事项中有关研究事项如：

　　　　（1）当民国十一年新学制公布后，有关体育教学方面，请教育厅于春假内召集全省中等学校体育教员，讨论新学制体育教材适应问题；

　　　　（2）请省教育会组织短期体育讲演会，召集各县行政人员听讲案；

　　　　（3）设暑期体育讲习会，推举职员五人筹备，会址预定设于上海公共体育场内；

　　　　第三次会议轮在苏州青年会举行，时间在民国十二年四月二十五日，摘其重要决议案如左：

　　　　（1）建议严格限制私立体育学校之设立，必须经过核准立案始得招生；

　　　　（2）邀男女体育学校组织联合会；

　　　　（3）新学制体育课程标准，无论何人编订，应由教育厅召集各校体育教员公开讨论。

---

① 吴文忠：《中国体育发展史》，三民书局 1981 年版，第 403—405 页。

《中国近代体育史资料》第九章"体育组织与学术活动"部分介绍了中华体育学会的简况①：

（1）主旨：中华体育学会以研究体育学术改善民族体质为主旨；

（2）沿革：民国二十四年开始筹备，二十五年五月于南京中央大学召开成立大会，推定负责人分别研究各项运动测验方法，以及审定体育名辞。二十六年暴敌入寇，工作停顿；二十七年在渝继续，胜利后迁返南京，并拟具工作计划如下：①募集基金；②建设会所；③捐募体育书籍设立专门图书馆；④延聘专门人才从事研究；⑤发行刊物介绍体育新理论。

…………

（6）研究事业与成绩：在战时完成之研究工作计有中学运动技术标准，大肌肉运动分段学习与全部学习效率之比较，审定体育名词，女子适宜运动项目之研究，拟定师范学院体育系必修科教材纲目，及乡镇国民体育实施办法等六种；正研究中计有专科以上学校运动技术标准，青年体格缺点产生之原因及其防治矫治方法等两种，又该会由教育部拨款补助出版《中华体育》二月刊，三十五年停刊，刻正拟恢复中。

上述江苏体育研究会和中华体育学会，分别反映了民国时期体育留学生创建的地方性和全国性体育学术团体的基本情况。从这两段资料可以看出，这两个团体当时开展的主要学术活动涉及体育教材、大纲和课程标准问题，体育师资培训问题，青年体质问题，运动技术、测验和运动竞赛问题，以及审定体育专业名词、举办学术讲座、发行学术刊物、设立专业图书馆、介绍体育新理论等诸多关于体育教学、训练、科研等实际问题。其中编制体育课程标准由体育教师讨论、设立体育专门图书馆等提议颇具新意，在今天仍具有借鉴价值。

新中国成立后，为开展体育科学研究提供了全新的环境和条件。特别是 1958 年 9 月 18 日北京体育科学研究所（现国家体育总局体育科学研究

---

① 成都体育学院体育史研究所：《中国近代体育史资料》，四川教育出版社 1988 年版，第 354 页。

所的前身）的成立，标志着我国开始有组织、有计划地开展体育科学研究，呈现出新中国成立初期体育科学研究的雏形①。在新中国成立初期成立的体育学术团体中，有的体育留学生在其中担任重要职务，有的体育留学生成为其中的科研骨干。如中国运动医学专业委员会、全国体总体育文史资料编审委员会以及后来成立的中国体育科学学会，体育留学生是其早期科研队伍的主要成员之一。另外，许多体育留学生不但在国内的体育科研活动中发挥作用，还加入了国际性体育学术团体。如马启伟曾担任中国体育科学学会副理事长等职，还兼任亚洲及南太平洋地区运动心理学会副主席一职②；杨天乐曾担任中国体育科学学会副理事长、中国运动医学学会主任委员等职，还兼任亚洲奥林匹克理事会运动医学委员会委员、亚洲运动医学联合会副主席、国际奥林匹克委员会医学委员会委员等职。在国际体育科研机构任职，一方面表明国际体育学术团体对中国体育科研团队的信任，另一方面是对体育留学生科研能力和科研成果的认可。

二　体育期刊的创办

举办专业性学术期刊是体育科研迈向体制化、现代化的基本标志之一。在中国体育发展史上，第一份体育学术性期刊是由体育留学生创办的，1949 年后第一份体育学术性期刊创办者之一和首任主编也是体育留学生。表 4 - 11 列举了近代以来体育留学生创办的部分体育学术期刊。

表 4 - 11　　　　　　　　　**体育留学生创办的部分体育期刊**

（Part of the Sports Journals Founded by the China's

Overseas Student Studying Sports）

期刊名称	创办、发行时间	出版地点	体育留学生创办、参与情况
体育界	1909 年 4 月	上海	徐一冰（总编辑）
体育杂志	1914 年 6 月—1914 年 7 月	上海	徐一冰（编辑）等
东亚体育学校校刊	1920 年 11 月	上海	庞醒跃
体育	1927 年 5 月—1931 年 4 月	北京	郝更生（总编辑）

---

① 黄汉升：《中华人民共和国体育科技发展史》，科学出版社 2002 年版，第 33 页。

② 中国心理学会体育运动心理学专业委员会等：《沉痛悼念马启伟教授》，《心理学报》2003 年第 35 卷第 4 期，第 568 页。

续表

期刊名称	创办、发行时间	出版地点	体育留学生创办、参与情况
新体育	1930 年 3 月—1930 年 10 月	北平	谢似颜（编辑）
体育季刊	1933 年 1 月—1933 年 10 月	北平	袁敦礼、吴蕴瑞、马约翰等
国术·体育·军事周刊	1933 年 10 月—1934 年 12 月	南京	程登科（主编）等
体育周刊	1933 年 12 月—1937 年 6 月	青岛	宋君复（发行）等
体育季刊	1935 年 1 月—1937 年 6 月	上海	吴蕴瑞（编辑）
体育杂志	1935 年 4 月—1935 年 12 月	南京	周鹤鸣（社员）等
体育与健康教育	1940 年—1943 年	湖南安化	金兆钧（编辑）等
体育与健康教育	1941 年 5 月—1943 年 4 月	湖南蓝田	江良规（编辑）、金兆钧（发行）
中国滑翔	1941 年 12 月—1944 年 3 月	重庆	郝更生（发行）
新中国体育	1944 年 6 月	汉口	萧忠国（主编）
体育通讯	1944 年 9 月—1946 年 3 月	重庆	董守义（发行）
中华体育	1945 年 1 月—1945 年 7 月	重庆	江良规（总编辑）
中国青年体育季刊	1945 年 3 月—1947 年 5 月	重庆	程登科(社长)、萧忠国(主编)
中国体育	1946 年 10 月—1946 年 12 月	北平	李仲三（社长）
新体育	1950 年 7 月—	北京	林启武（主编）、管玉珊（编委）等
体育学研究	1951 年—	台北	吴文忠（创办者）
围棋	1960 年 1 月—1966 年 11 月	上海	顾水如（副主编）
技巧简讯	1979 年	沈阳	姜龙南（创办者之一）等
游泳季刊	1985 年	广州	李惠青（创刊者之一、主编)等

　　注：本表主要参考了许义雄的《中国近代体育报刊目录索引》（师大书苑公司 1994 年版）、徐友春的《民国人物大辞典》（河北人民出版社 2007 年版）、张素央等人的《中国技巧运动史》（武汉出版社 1990 年版）以及《中国当代留学回国人员大典》（香港教科文出版有限公司 2003 年版）、《湖南省志·第二十二卷·体育志》（湖南出版社 1994 年版）等文献。

　　1909 年 4 月在上海创办的《体育界》，被公认为中国近代史上第一份体育专业杂志。该刊由中国体操学校体育界杂志社编辑出版，中国图书公司发行，总编辑为著名体育教育家徐一冰。《体育界》初为不定期出版，出至第 10 期曾一度停刊。1918 年 10 月复刊后改为月刊。出版至第 20 期时，又因学校迁往浙江南浔而停刊①。该刊以宣传体育学术、联络留日体

---

　　①　罗世铭：《中国体育通史（第三卷）》，人民体育出版社 2008 年版，第 120 页。

育界同人、交流心得为宗旨，设有《论说》《研究》《教材》《问答》以及《杂录》等栏目。《体育界》曾在当时华东地区乃至全国体育界产生了重要影响，在 20 世纪 30 年代中期，还有人登文以重金收购①。

《新体育》杂志创刊于 1950 年 7 月，是新中国第一本专业体育期刊，也是我国唯一一本从 20 世纪 50 年代初延续至今的体育期刊。该刊由中华全国体育总会创办，刊名由毛泽东亲笔题写并沿用至今。该刊除 1955—1962 年为半月刊，1966—1972 年停刊外，其他时期都是月刊。《新体育》杂志面向世界 40 多个国家和地区发行，发行量曾经超过 100 万份②。留美归国的体育生林启武（时任燕京大学体育教授）和管玉珊（时任北京大学体育教授），是《新体育》杂志的主要创办人员，林启武教授担任《新体育》第一任主编③。

近代以来体育留学生创办的体育学术期刊，秉承发展中国体育之宗旨，倡导体育学术研究之潮流，在宣传体育知识，总结体育实践经验，传播西方先进体育文化，促进中国体育走向科学化、现代化做出了积极努力。下面以《体育季刊》为例进行说明。

吴蕴瑞主编、上海勤奋书局发行的《体育季刊》创刊于 1935 年 1 月，停刊于 1937 年 6 月，共出版三卷 10 期。表 4 - 12 对体育留学生在该刊发表的所有论文进行了统计。

表 4 - 12　　　体育留学生在《体育季刊》上所发表的文章统计

(The Articles Published in the *Sports Quarterly* by the the China's Overseas Student Studying Sports)

篇名	作者	发表卷、期	发表时间
本刊之使命	吴蕴瑞	第一卷第一期	1935 年 1 月
出席第十届远东运动会报告	沈嗣良	第一卷第一期	1935 年 1 月
我国体育今后在分工合作原则下进展的动向	郝更生	第一卷第一期	1935 年 1 月
谋全国体育协进会发展所应采取的途径	袁敦礼	第一卷第一期	1935 年 1 月

① 朱萍华：《中国近代体育报刊考》，《中国体育科技》1998 年第 34 卷第 10 期，第 61—64 页。

② 刘蒙：《〈新体育〉杂志不同发展时期的报道研究》，硕士学位论文，上海体育学院体育人文学院，2009 年，第 7 页。

③ 郝克强：《〈新体育〉创办前后》，《体育文史》1984 年第 Z1 期，第 15—17 页。

续表

篇名	作者	发表卷、期	发表时间
德国体育现状	程登科	第一卷第一期	1935 年 1 月
德国式手球史	吴澂	第一卷第一期	1935 年 1 月
美国球	吴之仁*	第一卷第一期	1935 年 1 月
柔软体操次序十则	[德]葛乐汉、吴澂	第一卷第一期	1935 年 1 月
世界运动会各国准备参加之消息	吴蕴瑞	第一卷第一期	1935 年 1 月
1936 年世界运动会大会日程	吴澂	第一卷第一期	1935 年 1 月
图书介绍	吴之仁*	第一卷第一期	1935 年 1 月
中华全国体育协进会史略	沈嗣良	第一卷第二期	1935 年 4 月
怎样利用军警权力辅助民众体育使全民体育化	程登科	第一卷第二期	1935 年 4 月
调谐	吴蕴瑞	第一卷第二期	1935 年 4 月
德国青年体育概况	萧忠国	第一卷第二期	1935 年 4 月
运动影响食物在消化道中运行之速准	吴之仁*	第一卷第二期	1935 年 4 月
拳击规则	吴澂	第一卷第二期	1935 年 4 月
图书介绍	吴之仁*	第一卷第二期	1935 年 4 月
读方万邦先生《我国现行体育之十大问题及其解决途径》中所持对体育军事化不切实用的检讨	程登科	第一卷第三期	1935 年 7 月
论总锦标	吴蕴瑞	第一卷第三期	1935 年 7 月
意大利青年运动之状况	萧忠国	第一卷第三期	1935 年 7 月
篮球训练法	吴德懋*	第一卷第三期	1935 年 7 月
本届世界运动会德国邀请各国派代表参加体育讨论会请柬内容	吴澂	第一卷第三期	1935 年 7 月
竞争心理实验	吴之仁*	第一卷第三期	1935 年 7 月
新轻器械体操教材示例	吴澂	第一卷第三期	1935 年 7 月
足球守门员及后卫应有之常识	江良规*	第一卷第三期	1935 年 7 月
图书介绍	吴之仁*	第一卷第三期	1935 年 7 月
对于六届全运会及参加第十一届世运会之意见	程登科	第一卷第四期	1935 年 10 月
对于福州镇江青岛三处暑期体育讲习会之感想及今后暑校之办法与教师训练之要图	吴蕴瑞	第一卷第四期	1935 年 10 月

续表

篇名	作者	发表卷、期	发表时间
对于欧洲冬季运动之感想	萧忠国	第一卷第四期	1935 年 10 月
二百公尺跑及四百公尺中栏与四百公尺跑之出发点之计算问题	吴蕴瑞	第一卷第四期	1935 年 10 月
篮球训练法（二）	吴德懋*	第一卷第四期	1935 年 10 月
水上体操之体育观	吴之仁*	第一卷第四期	1935 年 10 月
机巧运动	涂文	第一卷第四期	1935 年 10 月
图书介绍	吴之仁*	第一卷第四期	1935 年 10 月
第二卷卷头语	吴蕴瑞	第二卷第一期	1936 年 1 月
希腊古代的运动集会	张咏	第二卷第一期	1936 年 1 月
体育军训童子军三者在中学课程中之相互关系	程登科	第二卷第一期	1936 年 1 月
短跑起跑之科学研究	吴蕴瑞	第二卷第一期	1936 年 1 月
跳高选手之骨骼特征	吴之仁*	第二卷第一期	1936 年 1 月
篮球训练法（三）	吴德懋*	第二卷第一期	1936 年 1 月
德国全国男女田径赛最高纪录	吴澂	第二卷第一期	1936 年 1 月
筹备中华体育学会纪要	程登科	第二卷第一期	1936 年 1 月
体育与军事训练之关系	吴蕴瑞	第二卷第二期	1936 年 6 月
德意志国民消遣之一般	吴之仁*	第二卷第二期	1936 年 6 月
体操释名（一）	吴澂	第二卷第二期	1936 年 6 月
读了方万邦程登科两先生的大著之后	章辑五	第二卷第三期	1936 年 9 月
普通体能（或活动能量）之测量（上）	［美］麦克乐、章辑五	第二卷第三期	1936 年 9 月
对于许多肌肉究竟如何	［美］麦克乐著、吴蕴瑞译	第二卷第三期	1936 年 9 月
怎样成为一个优良的体育导师	章辑五	第二卷第四期	1936 年 12 月
谈谈印度体育	程登科	第二卷第四期	1936 年 12 月
新大陆体育的趋势	金兆钧	第二卷第四期	1936 年 12 月
体育教师自省五十五条	金兆钧译	第二卷第四期	1936 年 12 月
公立学校测验与测量程序	［美］麦克乐、吴蕴瑞	第二卷第四期	1936 年 12 月
普通体能（或活动能量）之测量（下）	［美］麦克乐、章辑五	第二卷第四期	1936 年 12 月
"运动的可教育性"之测量	［美］卜瑞氏、章辑五	第二卷第四期	1936 年 12 月

续表

篇名	作者	发表卷、期	发表时间
本届世运篮球委员会之组织及优胜队技术与策略之检讨	牟作云*	第二卷第四期	1936 年 12 月
德国国民体育奖章运动制	吴澂	第二卷第四期	1936 年 12 月
器械操垫上运动及累塔（上）	陶德悦*译	第二卷第四期	1936 年 12 月
军事训练与体育	吴蕴瑞	第三卷第一期	1937 年 3 月
可否将体育童军国术打成一片	刘雪松	第三卷第一期	1937 年 3 月
两性间谁为弱者	吴之仁*	第三卷第一期	1937 年 3 月
古希腊的体育训练	张詠	第三卷第一期	1937 年 3 月
大学男生普通技能测验（附表）	章辑五	第三卷第一期	1937 年 3 月
器械操垫上运动及累塔（下）	陶德悦*译	第三卷第一期	1937 年 3 月
中国先秦体育	程登科	第三卷第二期	1937 年 6 月
提倡女子体育与中华民族之复兴	萧忠国	第三卷第二期	1937 年 6 月
论起跑	吴蕴瑞	第三卷第二期	1937 年 6 月
世运会史话	吴志刚*	第三卷第二期	1937 年 6 月

注：①表中带*者为后来出国的体育留学生。

②本表资料来源于：许义雄：《中国近代体育报刊目录索引》，台北，师大书苑公司 1994 年版，第 418—429 页。

从文章数量来看，《体育季刊》从创刊到停办，共有学者发表学术性文章 127 篇，其中体育留学生发表 69 篇（包括归国留学生的 50 篇和体育留学生在出国前发表的 19 篇），占文章总数的 54.33%。从文章内容来看，体育留学生所发文章主要集中在运动项目、技术、规则和体育测量的研究，外国体育和国际体育赛事的介绍，体育思想和理论的探讨，以及赛事总结、师资培养等方面。这些问题正是当时中国体育发展急需解决的现实问题，表明当时学术期刊立足体育实践的作风和体育留学生联系实际的学风。

三　体育著作的出版

体育著作是体育专业人员在一定时期内科研成果的集中呈现。高水平体育著作的出版，是体育走向科学化、现代化的重要标志，也是衡量某一时期体育科研水平的基本指标。近代以来，许多体育留学生回国后，经过反复实践，不断钻研，完成了一定数量的专业著作，主要包括专著、译著和部分具有开创性的经典教材。有些著作在当时具有奠基性、开创性价值，在今天也具有一定的借鉴意义。表4-13列举了近代以来体育留学生撰写的部分重要体育著作。

表4-13　　　　　　　体育留学生完成的部分体育著作

(The Works Written by the China's Overseas Student Studying Sports)

著作名称	作者	出版时间（年）	出版单位
瑞典式疗病体操	［日］川濑元九郎著，徐傅霖译	1907	上海中国图书公司
体操上之生理	徐傅霖	1909	中国图书公司
中国体育概论（英文本）	郝更生	1920	商务印书馆
体育管理	庞醒跃	1924	上海东亚体育专门学校
体育与卫生	张信孚等	1925	上海青年会协会书局
体育原理	宋君复	1929	商务印书馆
运动学	吴蕴瑞	1930	商务印书馆
篮球术	董守义	1930	上海青年协会书局
我能比呀·世界运动会丛录	宋如海	1930	商务印书馆
体育行政	金兆钧	1931	上海勤奋书局
田径运动	吴蕴瑞	1932	上海勤奋书局
体育建筑及设备	吴蕴瑞	1933	上海勤奋书局
体育教学法	吴蕴瑞	1933	上海勤奋书局
体育原理	方万邦	1933	北平立达书局
体育原理	吴蕴瑞、袁敦礼	1933	上海勤奋书局
体育概论	陈咏声	1933	商务印书馆
和缓运动	张汇兰等	1935	上海勤奋书局
中小学体育教授细目（24册）	吴蕴瑞	1935—1936	上海勤奋书局
世界体育史略	章辑五	1936	上海勤奋书局
健康教育	方万邦	1940	商务印书馆（长沙）
国民健身操	吴澂等	1942	明生印刷局

续表

著作名称	作者	出版时间（年）	出版单位
体育心理学	吴文忠、萧忠国	1942	国立国术体育专科学校
德意志体育概况	江良规	1942	体育与健康教育研究社
垒球	宋君复	1943	教育部石印室
田径赛补助运动	［日］高田通氏著（原书名《陆上竞技补助运动》），吴文忠编译	1943	教育部（重庆）国民体育委员会石印室
体育教师手册	吴文忠	1944	中华书局（重庆）
从体育中培养品格	江良规	1944	教育部石印室
世界体育史纲要	程登科	1945	商务印书馆
军警体育	程登科	1945	教育部石印室
体育原理	江良规	1945	商务印书馆
青年体育	方万邦	1946	商务印书馆
国际奥林匹克	董守义	1947	世界书局
奥林匹克运动会史	吴文忠	1952	商务印书馆（台北）
田径运动（下集）	［苏］格·瓦·华西里耶夫等主编，刘天锡等译	1956	人民体育出版社
游泳技术	［匈］贝洛·罗伊基著，林启武等译	1957	人民体育出版社
游泳的力学分析	［民主德国］汉斯·李希特著，袁浚等译	1958	人民体育出版社
人体解剖学	张汇兰等	1961	人民体育出版社
人体生理学	王义润等	1961	
网球	马启伟	1961	人民体育出版社
中国近百年体育史	吴文忠	1967	商务印书馆（台北）
体育组织与行政	Edward F. Voltmer Arthur A. Esslinger 著，郝更生等译	1969	正中书局
西德体育全貌	吴文忠	1971	水牛出版社（台北）
日本体育全貌：二次大战后日本体育发展趋势之研究	吴文忠	1972	水牛出版社（台北）
各国体育与运动：科学研究发展现势	吴文忠	1973	商务印书馆（台北）

续表

著作名称	作者	出版时间 (年)	出版单位
高级运动员的运动心理学	[苏] A.B. 罗季奥诺夫主编，袁晋纯、李惠青译	1980	武汉体育学院科研处
体育运动社会学	林启武	1981	北京大学
体育统计方法	徐英超	1981	人民体育出版社
体育与运动心理学	[苏] T.T. 札姆加罗夫等主编，袁晋纯、李惠青、吴友莹译	1981	武汉体育学院教务处
体质考查制度的设计和验证	徐英超	1981	—
中国体育发展史	吴文忠	1981	三民书局
足球	陈成达译	1982	—
运动训练的理论与方法	[苏] B.H. 普拉托诺夫著，陆绍中等译	1984	《高等学校》出版联合会总出版社
运动生理学	韦俊文等	1987	上海体育学院函授部
体育科学研究的程序与方法	王义润等	1989	人民体育出版社
足球科学训练	陈成达等	1990	安徽科学技术出版社
中国技巧运动史	张素央等	1990	武汉出版社
美国的体育	[美] D.B. 范达冷等著，张咏译	1991	人民体育出版社
中国体育史图鉴及文献	吴文忠	1993	"中华民国"大专院校体育总会
竞技体育创新原理	马启伟等	1994	北京体育大学出版社
体育心理学	马启伟	1996	高等教育出版社
运动处方教学模式	田继宗	2002	广东教育出版社

　　注：本表参考了成都体育学院体育史研究所的《中国近代体育史资料》（四川教育出版社1988年版）、何启君等人的《中国近代体育史》（北京体育学院出版社1989年版）、朱永和的《世界体育大事典》（中国致公出版社1993年版）、罗时铭等人的《中国体育通史·第四卷》（人民体育出版社2008年版），武汉出版社出版的《中国技巧运动史》（1990）、《中国篮球运动史》（1991）、《中国田径运动史》（1997）、《中国网球运动史》（1999），《江苏省志·体育志》（江苏古籍出版1998年版）、《浙江省体育志》（方志出版社2003年版），以及汤铭新等人的《简论宋如海〈我能比呀·世界运动会丛录〉中国奥林匹克史中的地位与影响》（浙江体育科学1999年第1期）、张苏萌等人的《近代以健康教育为书名的著作评述》（中华医史杂志2003年第1期）、臧权等人的《记一生献给体育教育事业的徐英超》（体育文史2001年第2期）等文献。

从表4-13可以看出，这些著作具有以下特点：

一是内容丰富。这些著作所研究的内容，涵盖了体育总论（原理、概论），体育基础学科（解剖学、生理学、心理学、社会学、统计学、管理学、哲学、体育史、生物力学），外国体育，体育教学，运动训练（运动项目、训练方法），科学研究（科研方法）等，覆盖面广，基本涉及体育科学研究的主要方面。

二是具有一定的开拓性。有的著作开创了国内体育科学研究的先河，为以后的深入、系统研究奠定了学术基础。如徐傅霖的《体操上之生理》、吴蕴瑞的《运动学》、金兆钧的《体育行政》、吴文忠等人的《体育心理学》、章辑五的《世界体育史略》、张汇兰等人的《人体解剖学》、林启武的《体育运动社会学》以及徐英超的《体育统计方法》等，在国内相关学科领域的研究中起了一定的奠基性作用。

三是早期学术性著作中体育概论类较多。在1945年以前，体育概论类著作多达6种，如郝更生的《中国体育概论》（英文本）、陈咏声的《体育概论》，以及宋君复、方万邦、吴蕴瑞、江良规各自的《体育原理》。1945年以后几乎看不到体育概论类的著作，代之而起的是各个具体学科的著作，如解剖学、生理学、心理学、统计学、社会学等。这可能是近代以来体育作为一门新的科学引进到中国，开始是综合、整体的初步介绍，然后才是具体、细化的分科发展，反映了体育科学在中国由总到分的传播、演进过程。

这些著作的具体内容和特点，下面将结合体育学科的初创进行具体论述。

四　体育学科的初创

一般认为，学科具有两层含义：一是指学术的分类，即一定的科学领域，或者一门科学的专业分支，如自然科学中的化学、生理学，社会科学中的文学、历史学等。二是教学科目的简称，是指依据一定的教学理论组织起来的科学知识体系，如基础教育中开设的数学、外语、地理等科目。高等教育研究与实践中所说的"学科"通常指第一种①。一门学科的正式形成一般应具备以下条件：形成理论体系，具有专门方法，要有科学家和研究群体，要有研究机构和学术团体，要有专著和出版物等②。

体育科学是一门新兴的综合性科学，是随着现代体育运动和现代科学技术的进步而发展起来的，现已逐步形成了比较完整的学科体系③。体育学科体系一般包括体育自然学科、体育人文社会学科、运动技术学科和体育管理学科④。一个新的体育学科的形成是一个长期积淀、创造和完善的过程。近代以来，体育留学生回国后，在体育学科的发展方面进行了一些探索，主要涉及体育自然学科、体育人文社会学科和运动技术学科等方面。

（一）体育留学生与体育自然学科

体育留学生在体育自然学科发展方面的贡献主要涉及运动生理学、运动心理学、运动解剖学、运动医学、运动生物力学等学科。

在运动生理学领域，徐傅霖早在 1909 年出版了《体操上之生理》一书，论述了人体运动器、骨骼、躯干前头的运动、上下肢运动、运动的强弱、运动的性质、体操的基本形式等内容，是中国最早的一本运动生理学专著⑤。新中国成立后，我国运动生理学界具有重要影响的人物当首推王义润教授，她是我国运动生理学的创始人和该领域首位博士研究生导师，在学科建设、人才培养、教材建设、实验室创建等方面为我国运动生理学的发展做出了突出贡献⑥。另外，陆绍中、黄瑞馨、韦俊文等体育留学生回国后在运动生理学方面也有较多建树。

在运动心理学领域，吴文忠在 1942 年编译出版了《体育心理学》一

---

①　洪世梅、方星：《关于学科专业建设中几个相关概念的理论澄清》，《高教发展与评估》2006 年第 22 卷第 2 期，第 55—57 页。

②　王秉彝、罗曼菲：《论我国体育学科发展缓慢的原因与对策》，《体育科学》1996 年第 16 卷第 6 期，第 25—30 页。

③　黄汉升：《中华人民共和国体育科技发展史》，科学出版社 2002 年版，第 108 页。

④　邵伟德、马楚红：《体育学科分类体系的科学性探讨》，《中国体育科技》2004 年第 40 卷第 1 期，第 62—64 页。

⑤　朱永和：《世界体育大事典》，中国致公出版社 1993 年版，第 11 页。

⑥　田野：《运动生理学》，《体育文史》1997 年第 2 期，第 60—61 页。

书，是中国第一本也是 1949 年前唯一的一本运动心理学著作[①]。马启伟为新中国运动心理学的发展做出了卓越贡献。他曾强调运动心理学的发展要紧密结合体育运动实践，应特别注意借鉴西方心理学和中国心理学的思路和成果。他是中国心理学会体育运动心理学专业委员会、亚洲及南太平洋地区运动心理学会的奠基者，他主持编写的《体育心理学》（高等教育出版社 1996 年版）和《体育运动心理学》（台北东华书局 1996 年版），在我国运动心理学界产生了重要影响[②]。另外，体育留学生张龄佳、萧忠国、夏翔等也为中国运动心理学的发展做出了努力。

在运动解剖学领域，张汇兰（中国第一位女体育博士）开创了中国运动解剖学学科。1952 年在华东体育学院任教时，在没有经费、标本和实验设备，没有助教和教辅人员的艰难情况下，带领同事去建筑工地，在无主坟地中寻找完整的人体散骨，然后制作出一副副完整的人体骨架，用于教学[③]。她建立了全国体育院校第一个运动解剖学教研室和实验室，主持编写全国体育院系第一本人体解剖学的统编教材，为中国运动解剖学的发展做出了贡献。

在运动医学领域，新中国成立后赴苏联、匈牙利等国的体育留学生做出了积极努力。贾金鼎曾留学苏联，获医学副博士学位。回国后在国家体委科研所工作，主要从事"体育运动对心血管系统的影响"课题的研究，发表一系列研究论文。后从事"气功在体育运动中的应用"研究，并取得成果。在 20 世纪 80 年代，先后赴保加利亚、日本、美国等国家进行中国传统医学——针灸、按摩和气功的讲学、报告等学术交流活动[④]，是体育留学生走出国门，向国外传播中国传统医学和体育文化的突出代表。另外，岑浩望、杨天乐等在运动医学领域也做出了贡献。

在运动生物力学领域，吴蕴瑞在 1930 年出版了《运动学》一书。该书分应用力学和运动两编，应用力学部分包括运动学的定义等 33 个小题；运动部分包括体操、游泳、田径运动三大节。该书是迄今所知我国最早的

①　朱永和：《世界体育大事典》，中国致公出版社 1993 年版，第 15 页。

②　中国心理学会体育运动心理学专业委员会等：《沉痛悼念马启伟教授》，《心理学报》2003 年第 35 卷第 4 期，第 568 页。

③　韩君生：《她同体育结伴一生——记中国女子体育的创始人张汇兰》，《辽宁体育》1989年第 7 期，第 15—16 页。

④　樊渝杰：《体育人名辞典》，海天出版社 1991 年版，第 217 页。

运动生物力学专著，其问世标志着我国运动生物力学的诞生①。袁晋纯曾留学苏联，主攻运动生物力学，著有《运动生物力学研究方法》一书。他曾与中山大学力学系合作，利用中山大学船模试验水池的先进设备进行"游泳流体力学基础理论"研究，取得了一系列研究成果。他们对"游泳阻力成分"的研究和所提出的"游泳阻力平缓区效应"的理论，在游泳流体力学理论方面有新的突破②。另外，袁浚 1958 年翻译出版的《游泳的力学分析》（前民主德国汉斯·李希特著）对国外在该领域的研究进行了介绍。

另外，体育留学生在健康教育领域也做出了重要贡献。1940 年方万邦完成了《健康教育》一书。作者较为系统、全面地反映了当时健康教育的体系、结构，结合国情分章阐述了健康教育的意义、原则和方法，并分别论述了健康教育工作人员训练、社会健康教育、学校健康教育的概念和方法。在该书第八章中，方万邦还用一章的篇幅论述了性教育问题。该著作在学术性和资料的丰富性方面均超过以前各健康教育论著，是近代中国人完成的一部重要的健康教育专著③。方万邦是体育界第一位完成健康教育专著、倡导性教育的学者，在该领域具有开创性贡献。

（二）体育留学生与体育人文社会学科

体育留学生在体育人文社会学科方面的贡献主要涉及体育概论（体育原理）、学校体育学、体育史学、奥林匹克学、体育管理学、体育统计学、体育社会学等学科。

在体育概论（体育原理）领域，1920 年郝更生出版了《中国体育概论》（英文）一书，全书分中国体育的历史、中国体操、中国游戏、西方体育在中国的开始、第三届全运会、中国体育组织、中国体育的将来、卫生与体育的将来等部分，并在附录中列有世界、远东、全国、中学等运动会的田径成绩。该书是迄今所知中国最早的一本体育概论（体育原理）专著，具有开创性意义。宋君复 1929 年出版了专著《体育原理》，该书分为体育的历史、制度、目的以及运动的哲学与理论，运动在体育上的价值，体育与道德，体育对政治的影响等 4 章 17 节内容，是中国最早探讨

---

① 朱永和：《世界体育大事典》，中国致公出版社 1993 年版，第 112—115 页。

② 樊渝杰：《体育人名辞典》，海天出版社 1991 年版，第 253 页。

③ 张苏萌、张丹红：《近代以健康教育为书名的著作评述》，《中华医史杂志》2003 年第 33 卷第 1 期，第 51—54 页。

体育与哲学、伦理、政治等关系的理论著作，开创了中国研究这些问题的先河①。另外，方万邦、吴蕴瑞（与袁敦礼合著）、江良规也分别出版了《体育原理》专著，陈咏声出版了《体育概论》，均为体育概论（体育原理）领域的研究做出了贡献。

在学校体育领域，吴蕴瑞1933年出版了《体育教学法》一书，该书是迄今所知中国最早的体育教学法专著，对20世纪初美国新体育思想与实践在中国的传播，起了一定的作用。1936年教育部出版了吴蕴瑞主编的中、小学《体育教授细目》，以美国和德国学校体育教材为蓝本，根据各年级学生的年龄、性别和特征，按学期和周分单元排列各类教材，具有一定的系统性、科学性，是中国第一部较为完备的中小学体育教科书②。1931年金兆钧出版了《体育行政》专著，全书共分绪论、体育部组织与学校之关系、体育行政依据的重要原则、课程、课外活动及课间操管理法、教材的分类及选配、班级之组织、成绩考查测验及报告、体格检查、校内竞赛、教师、奖励与惩戒、选手训练及学生体育会之指导、卫生、建筑与设备等15章，书中还附有《中小学体育课程标准》③。本书是迄今所知中国最早的关于学校体育运行与管理方面较为全面的论著，为学校体育工作的规范化发展起了一定的指导作用。

在体育史研究方面，章辑五、程登科、张咏、董时恒、吴文忠、周正、张素央等进行了一定的探索。章辑五在1936年出版了《世界体育史略》，为我国研究世界体育史之先声。程登科、董时恒、张咏三位留学生为我国体育史学科的开创做出了一定的贡献。成都体育学院前身为创建于1942—1943年的四川省立体育专科学校，当时在程登科的直接指导下，率先开展体育史的教学与研究工作，开设世界体育史课程。程登科撰写了《世界体育史纲要》④，为成都体育学院体育史学科的形成奠定了基业；张咏在成都体育学院工作时，于20世纪60年代翻译美国普林提斯·霍尔出版社出版的巨著《世界体育史》，历经数年，耗费大量精力，译后经油印

① 朱永和：《世界体育大事典》，中国致公出版社1993年版，第112—113页。
② 同上书，第114—115页。
③ 罗时铭：《中国体育通史（第四卷）》，人民体育出版社2008年版，第203—204页。
④ 郝勤：《体育史课程介绍》，http://www.jingpinke.com/course/details? uuid = d1b71d4e – 1274 – 1000 – a323 – b7b5f3b2d8d7&courseID = S0800188. 2010 – 12 – 26.

作内部资料，多年来该书广为体育史学界参考①，在学界产生了重要影响；董时恒与其他学者合作，在成都体育学院成立了"体育史研究室"（1986 年改为"体育史研究所"），进行系统的中外体育史研究，成为体育史研究领域公认的"领头雁"②。这是我国第一个体育史学术研究机构，标志着体育史学科已渐趋成熟。台湾学者吴文忠，先后出版《中国近百年体育史》(1967)、《中国体育发展史》(1981)、《中国体育史图鉴及文献》(1993) 等体育史著，在中国体育史研究方面产生了重要影响。难能可贵的是，登山界的周正、技巧界的张素央分别完成了《登山简史》(1982)、《中国技巧运动史》(1990) 著作，为研究专项运动史做出了贡献。

在奥林匹克学研究方面，宋如海首开介绍、探索奥林匹克运动之先河。作为中国参加第九届奥运会的副代表和观察员（当时仅派出两位代表），他对该届奥运会的考察工作竭尽全力，先后自阿姆斯特丹向国内寄回 14 篇特约通讯，连续刊登在上海申报体育版内。归国后，他将"OLYMPIADE"译为"我能比呀"，著成《世界运动会丛录》一书，在 1930 年 3 月出版。该书图文并茂，约六万余字，对第九届奥运会及当时中国的体育进行了介绍，并对中国运动员参加奥运会、为国争光提出希望③。该书是迄今所见最早的有关中国参与奥林匹克运动的论著，揭开了关注、研究奥林匹克运动的序幕。另外，沈嗣良（《第十届世界运动会》1933）、董守义（《国际奥林匹克》1947）、吴文忠（《奥林匹克运动会史》1952）等人在奥林匹克运动的早期研究方面进行了努力。

体育管理学、体育统计学、体育社会学是中国现代出现的新兴学科。体育留学生回国后，对这些学科也陆续进行了开创性的探索。庞醒跃的《体育管理》(1924)、金兆钧的《体育行政》(1931)、张咏的《美国各州体育卫生组织与行政》（博士学位论文 1932）、郝更生的《体育组织与行政》（译著 1969）是较早对体育管理学的研究。特别是张咏 1932 年学

---

① ［美］D. B. 范达冷，B. L. 本夸特，张咏译：《美国的体育》，人民体育出版社 1991 年版，第 1—8 页。

② 谷世权：《我国体育史研究工作的历程、现状与前瞻》，《体育文化导刊》2003 年第 11 期，第 58—61 页。

③ 汤铭新等：《简论宋如海〈我能比呀·世界运动会丛录〉在中国奥林匹克史中的地位与影响》，《浙江体育科学》1999 年第 1 期，第 16—19 页。

成归国后，正值南京国民政府教育部筹备召开第一届全国体育会议，并起草"国民体育实施方案"，他将自己的博士学位论文《美国各州体育卫生组织与行政》推荐给有关专家。专家十分欣赏张咏在论文中提出的有关体育组织行政管理的建议，采纳并写入了"实施方案"，后被正式通过和实施①。这是体育留学生在管理学方面的研究成果被政府采纳并付诸实践的成功案例。徐英超是我国体育统计学科的开创者。在抗战期间，他完成了"体育测验"初稿，并将留学时学到的概率论应用到体育研究中，第一个开设了"体育统计"课程。1965 年他完成 20 万字的学术著作《体育统计方法》初稿（于 1981 年正式出版发行），标志着一个新学科——体育统计学的诞生，他也成为该学科的创立者。此后，全国各体育学院均开设这门新课程，他的这部著作还被美国巴森图书馆永久收藏②。林启武是体育爱好者和特长者，曾就读于燕京大学，先后获得该校社会学学士学位、硕士学位。1937 年前往美国哥伦比亚大学研读体育，1938 年获得体育硕士学位。体育特长与社会学专业的结合，使林启武开始了一个新学科的探索。1981 年他在全国体育科学理论学会上作了《体育社会学》的报告，这是全国第一次关于体育社会学的报告。同年，他的《体育运动社会学》一书由北京大学体育教研室印发③。林启武成为我国体育社会学研究的先驱者。

另外，在 20 世纪 50 年代，方万邦（留美体育生）教授在华南师范学院（今华南师范大学）创立了体育学的二级学科——体育人文社会学科，为该学科后来的腾飞奠定了基业。体育人文社会学科在 20 世纪 80 年代由林笑峰教授带领的团队进一步拓展，成为全国最早获得硕士学位授予权的体育人文社会学科之一；在 20 世纪 90 年代，该学科在杨文轩教授带领下，处于全国领先地位，2007 年该学科被教育部确定为国家重点（培育）学科④。

---

① ［美］D. B. 范达冷、B. L. 本夸特，张咏译：《美国的体育》，人民体育出版社 1991 年版，第 1—8 页。

② 臧权、刘明哲、王瑞瑄：《记一生献给体育教育事业的徐英超》，《体育文史》2001 年第 2 期，第 28—29 页。

③ 孙德旺：《无私的奉献——访北京大学著名体育教授林启武》，《辽宁体育》1990 年第 3 期，第 42—44 页。

④ 体育学刊刊讯：《华南师范大学体育人文社会学学科被确定为国家重点（培育）学科》，《体育学刊》2007 年第 14 卷第 9 期，第 33 页。

（三）体育留学生与运动技术学科

在运动技术学科方面，体育留学生在运动项目推广，运动技术教学和创新，运动规则和裁判规则的翻译与介绍，以及相关教材和专著的翻译、撰写等方面付出了努力。

近代以来，体育留学生主要在以下运动项目发展以及学科建设方面做出了贡献：篮球（如董守义、牟作云等）、六人制排球（如林启武、马启伟等）、足球（如陈成达、曾雪麟等）、羽毛球（司徒桐、林启武等）、网球（马启伟等）、田径（黄健、薛济英、田学易、田继宗等）、体操（陆恩淳、叶培基等）、技巧（张素央、姜龙南等）以及举重（黄强辉等）、登山（周正等）等。这些内容在第三章第三节和相关章节已有论述，为了避免重复和节约篇幅，具体内容这里不再赘述。

本章小结

近代以来，体育留学生除了在器物、技术层面为发展中国体育做出努力外，还在制度层面进行了积极探索。本章从体育教育、运动竞赛和科学研究三个方面，分析体育留学生在制度层面所做的贡献。

在体育教育体制方面。体育留学生回国后较早地创建了部分体育院校（系科），培养了早期的体育师资；体育留学生编写了早期的体育教材，尤其是运用外语专长，翻译了部分外国教材，对引进西方体育教学内容、丰富体育教学手段起了一定作用；体育留学生在教学中比较认真、规范，效果良好，在当时具有一定的示范效应；体育督学的创设，在一定程度上提高了学校体育的地位，加强了对学校体育的规划和管理。

在运动竞赛体制方面。一是体育留学生创建、参与了部分体育运动社团。辛亥革命前建立的运动社团以体育练习为形式，虽以培养、训练反清革命力量为目的，但在客观上推动了近代体育的发展；辛亥革命后建立的运动社团主要是为了推广体育运动，为组织和参加各级、各类体育比赛服务。二是体育留学生回国后开始在国内、国际的重要比赛中，担任筹备、组织和裁判等工作，逐步改变了中国各类体育赛事由外国人掌控的局面，为中国体育走向自主化和中国近代运动竞赛体系的发展，做出了积极努力。

在体育科研体制方面。一是建立了部分体育学术团体并开展研究工作，为体育科学研究奠定了组织基础。有的还在国际学术团体中任职，提高了中国体育学术地位。二是分别创办了旧中国和新中国最早的体育学术期刊以及其他期刊，为开展学术研讨、交流学术成果提供了媒介。三是完成了一定数量的专著和译著，部分著作在当时具有一定的奠基性和开创性，推动了体育学术研究。四是初步建立了部分体育学科，涉及体育自然学科、体育人文社会学科和运动技术学科，为新中国建立完善的体育学科体系奠定了基础。

体育留学生在上述体育教育、运动竞赛、科学研究等方面的努力，超越了器物层面，为中国体育补充了体制化因子，使中国逐步建立起现代体育体制。

第 五 章

留学生与中国体育

——思想层的演进

恩格斯曾指出："每一个时代的理论思维，以及我们时代的理论思维，都是一种历史的产物，它在不同的时代具有完全不同的形式，同时具有完全不同的内容。"[1] 思想层是文化圈层结构中继器物层、制度层之后居于最里面的一个层次，是文化圈层中的核心和灵魂。柯林伍德曾言"一切历史都是思想史"[2]，意即任何历史的过程都是行动的过程，而行动过程总有一个由思想的过程所构成的内在方面。为了更深入揭示历史运动的各种机制，必须要研究人们的思想，探究人们对事物的认识过程。因此，在揭示体育留学生在器物层、制度层的活动与贡献之后，有必要进一步分析他们在体育思想层面所产生的影响。

体育思想的表现形式主要包括与体育有关的各种思想、理论、观念等。近代以来，体育留学生在思想方面的影响主要包括传播军国民体育思想和自然体育思想，倡导民族体育思想，以及参与体育思想的讨论与争鸣等。

第一节　留学生与军国民体育思想

一　军国民体育思想简介

军国民体育思想是军国民教育思想在体育领域的发展形式，是指在非

---

[1] 《马克思恩格斯选集》，人民出版社 1995 年版，第 284 页。

[2] 伍德：《一切历史都是思想史》，载丁耘、陈新编《思想史研究（第一卷）：思想史的元问题》，广西师范大学出版社 2005 年版，第 1—14 页。

常时期通过体育手段训练国民身体，使其具备尚武精神和军人素质，以达到强兵强民、救亡图存目的的一种体育思想。军国民体育思想是在晚清遭受西方列强一系列侵略打击、日德等国家军事发展引人注目、国内各界求变尚武呼声渐长的情势下逐步发展起来的。

台湾学者许义雄认为，清末民初的军国民体育思想因其时间的递嬗而有不同的呈现与内容。在其形成过程中，先以保种、武备教育思想为前导，后以全民皆兵、培养军国民为后续，前后脉络一贯，均基于洗雪"东亚病夫"之耻辱，强调尚武救国、强种强国之理念。他把军国民体育思想的发展分为五个时期①：

第一是先导期，约自1862年同文馆设立开始至1902年新教育制度确立为止。由派遣留学生学习坚船利炮等军事技术，到设立武备学堂习练兵操，是军队编练、兵操引入到身体锻炼的觉醒期。这一时期重在人人皆兵，保种图存，尚武救亡思想兴起。

第二是萌芽期，自1903年钦定学堂章程订立开始至1905年为止。主要特点在于"军国民教育"概念开始提出，舆论较多关注，仁人志士开始讨论、献策。

第三是成长期，自1906年晚清学部尚书荣庆等奏请宣示"忠君、尊孔、尚公、尚武、尚实"五项教育宗旨开始，至1911年各省教育总会提出《请定军国民教育主义案》为止。这一时期军国民教育制度形成，法令确立，具有明确的实施方案。

第四是盛行期，自1912年民国教育总长蔡元培宣布军国民教育方针开始，至1917年欧战结束前一年为止。这一时期军国民教育列为教育宗旨，且与体育合而为一；加以欧战爆发，素行军国民教育之德国势如破竹，国内羡慕有加，军国民体育思想风靡一时。

第五是衰落期，自1918年欧战结束，德国大败，至1919年五四新文化运动爆发为止。这一时期德国战败，民主共和思想兴起，社会舆论反对军国民教育思想；新文化运动中引进实用主义教育，自然体育思想兴起，致使军国民体育思想渐趋衰落而沉寂。

---

① 许义雄：《中国近代体育思想》，启英文化事业公司1996年版，第37—40页。

二　留学生对军国民体育思想的传播

宣传、推介和发展军国民体育思想的留学生，由于所处阶级、领域不同，可分为军事界、政界（资产阶级革命派）、教育界以及体育界等不同群体。

（一）军事界留学生的宣传

我国军国民体育思想最早是由一批军事留学生直接从日本引进的①。1902 年留日学生蔡锷、蒋百里、铁生、飞生等人，先后在《新民丛报》《江苏》《浙江潮》等刊物上发表文章，宣传军国民体育思想。如蒋百里在《军国民之教育》一文中主张要扩充军人教育于学校和社会，飞生在《真军人》一文中提出"非军国民主义无以发公共之观念"。其中，蔡锷是军事界留学生宣传这一思想的代表。

蔡锷（1882—1916），原名艮寅，字松坡，湖南宝庆人。1899 年 7 月蔡锷赴日留学，先后入陆军成城学校、陆军士官学校学习。其在军国民体育思想方面的观点主要为：第一，国民之体力为国力之基础。当时民众的现状是"体魄之弱，至中国而极矣"，身体健全者不过十分之一，因此必须重视国民体育。第二，体育是提高国民体力的良方。认为"疾在筋骨，非投以补剂，佐以体操，则终必至厥痿而死矣"②。并指出"灵魂贵文明，体魄则贵野蛮"③。第三，提倡尚武精神。蔡锷以古希腊斯巴达和东邻日本国为例，指出尚武精神的重要性，"柔弱之文明，卒不能抵野蛮之武力"，并提出"欲建造军国民，必先陶铸国魂"。第四，提倡学习西方国家的体育经验。如奖励体育活动，注重医疗卫生，设立体育组织，开展体育教育，发展妇女体育等④。

（二）资产阶级革命派留学生的宣传

留日归来的资产阶级革命派黄兴、秋瑾、徐锡麟等人，以体育作为革命的手段，在军国民体育的发展上也起了一定作用。其中，黄兴在体育思

---

① 崔乐全、罗时铭：《中国体育思想史·近代卷》，首都师范大学出版社 2008 年版，第 109 页。

② 曾业英：《蔡松坡集》，海人民出版社 1984 年版，第 1249 页。

③ 同上书，第 21 页。

④ 喻丹：《蔡锷的军国民体育思想初探》，硕士学位论文，湖南大学体育学院，2009 年，第 23 页。

想方面具有一定的代表性。

黄兴（1874—1916），原名黄轸，字克强，湖南省长沙人。1902 年赴日本东京弘文学院师范科学习。其与军国民体育有关的思想主要是：第一，中国需要军国民教育。黄兴认为："自欧战开始而后，战线之军队动以百万、数百万计，是非仅各国军队之发达，乃其生产力充足，故养此巨额军队而有余耳。""以吾国现在之生产力论，实无此养育巨额军队之能力，故今后宜注意于军事的国民教育。"① 第二，对学生进行军国民教育。黄兴曾说："自小学以上，于普通教科中加入军事教育，则国中多一就学之儿童，即多一曾受军事教育之公民。一旦有事，征集令朝下，夕可得国民军在千万以上。"因此"对于军事的国民教育，宜注意及之"②。因为"国际竞争最后解决于武力"，若"中学而上，令学兵学二年，俾军事教育普及全国，则不待养兵而全国皆兵矣"③。第三，国民教育优先于军事教育。他认为："惟欲提倡军事的国民教育，当先提倡国民教育""用知政治不改良，必无教育发达之望，而吾所谓军事的国民教育，尤将等于梦呓矣。"④"立国之基本，以振兴教育为急务。教育普及，而后人民智识日进，文明之程度日高，始能立足于国竞之漩涡中。"⑤

（三）教育界留学生的宣传

教育界留学生传播军国民体育思想的主要有蔡元培、范源濂等。其中，蔡元培是教育界留学生宣传军国民体育思想的代表人物。

蔡元培（1868—1940），字鹤卿，又名蔡振、周子余，浙江绍兴人。1907 年赴德国柏林莱比锡大学研习教育四年。1913 年再次赴法国从事学术研究三年。其关于军国民体育思想的主要主张为：第一，学堂的任务就是保国强种。蔡元培认为，"今天下志士，所抵掌奋谭，为保国强种之本者，非学堂也哉。""中国所以以四万万之众，而亟见侮于外国，以酿成亡国亡种之祸者，弱积所致也。"因而，在他的教育实践中，明确要求各级学校要有体操课，"为锻炼精神，激发志气之助也"⑥。第二，军国民体

---

① 崔乐全、罗时铭：《中国体育思想史·近代卷》，首都师范大学出版社 2008 年版，第 90—92 页。

② 湖南省社会科学院：《黄兴集》，中华书局 1981 年版，第 450 页。

③ 同上书，第 95 页。

④ 同上书，第 50 页。

⑤ 同上书，第 382 页。

⑥ 《蔡元培全集·第一卷》，中华书局 1984 年版，第 166 页。

育在中国最为急需。蔡元培认为，军国民教育虽"在他国已有道消之兆，然在我国，则强邻交逼，亟图自卫，而历年丧失之国权，非凭借武力，势难恢复。"所以"所谓军国民教育者，诚今日所不能不采者也"①。第三，军国民体育是复兴民族的良方。他指出："要复兴民族，第一步是设法使大家的身体强健起来。"而"提倡体育是一个改进民族的很好的办法"。他说："日本人提倡体育，很有进步，就影响到了全体民族。所以，我们不能不认识到，体育乃是增加身体的健康，同时谋民族的健康，而非为出风头。"② 第四，军国民体育重在培养纪律性。他特别强调"战争以军人为主体"，故"为军人者，俱能奋勇前进。""军国民教育的主旨是整齐严肃，绝对服从。此种主义常用军法嘱望学生具有这种精神"③。到后来，随着形势的变化和对体育认识的加深，蔡元培的体育思想开始由军国民主义向自然体育以及体育的真义逐渐回归④。

（四）体育留学生的宣传

清末民初的体育留学生具有三个基本特点：一是以留日学生为主（许多非体育专业留学生也兼习体育）；二是大多参加同盟会，回国后即投身到反清革命浪潮之中；第三，他们对体育的贡献是实践多于理论。

这一时期，在体育方面影响较大的是徐一冰和徐傅霖（又名徐卓呆）。徐傅霖在体育方面的主要贡献是创办体操学校，翻译、撰写体育教材和著作，后来更多地投入到戏剧、小说、电影的创作方面。就目前掌握的资料来看，尚未看到徐傅霖在体育思想方面的论述。徐一冰是这一时期体育留学生的杰出代表，他出国学习的是体育，回国后终生从事体育事业，在体育实践、体育思想方面均有建树。为避免重复，关于徐一冰的体育思想与实践将在第六章第一节的个案研究中进行专门分析。

三　军国民体育思想的影响

军国民体育思想是在清末留日学生的发起下，在扬弃中国传统尚武文化因子和吸取德、日等国军国民主义教育的基础上形成的体育思想。军国

---

① 《蔡元培全集·第二卷》，中华书局1984年版，第130页。
② 《蔡元培全集·第七卷》，中华书局1984年版，第81页。
③ 《蔡元培全集·第三卷》，中华书局1984年版，第335页。
④ 罗时铭、苏肖晴：《蔡元培体育思想研究》，《体育学刊》2008年第15卷第7期，第28—32页。

民体育思想的基本内容是提倡尚武精神，用体育、军事手段训练国民，主要目的是强种强国，抵御外侮。军国民体育思想是中国近代以来最早流行的一种体育思想。在外敌入侵、民族危亡的时代背景下，该思想有一定的必然性和合理性，并对当时及后世体育的发展产生了深远的影响。其影响主要表现在以下几个方面：

（一）军国民体育的积极影响

1. 为学校体育发展提供了良好的社会环境

军国民体育思想对学校体育产生的重要作用主要在于加强了社会各界对体育课（尤其是兵式体操）的重视。如 1906 年的《学部奏宣示教育宗旨折》中已提出要把"尚武"列为宗旨之一，要求"凡中小学堂各种教科书，必寓军国民主义。"并特别强调学校体育课应以兵式体操为主。在 1911 年的《请定军国民教育主义案》中提出"奏请特颁谕旨，宣布实行军国民教育主义；通令高等小学及与之同等以上至学堂，一律注重兵式体操；中等以上学堂，一律打靶，并讲授武学；各种学堂，体操课一律为主课。"① 在后来 1912 年南京临时政府教育部颁发的《普通教育暂行办法》、1915 年《大总统颁定教育要旨》以及同年全国教育联合会做出的《军国民教育实施方案》中，都颁布类似条文，要求各级各类学校开设以兵式体操为主的体育课程。这样，以法令形式规定体育教学内容，要求全国各地区遵照执行，使学校体育得到前所未有的重视，具备了较好的发展环境。

2. 为民族传统体育的研究和发展提供了契机

辛亥革命后，在军国民体育思想影响下，在全社会推崇西方兵式体操的同时，许多有识之士（主要是一些政府要人、社会名流以及民间武术团体负责人）受到激励和启发，主张对民族传统体育进行挖掘和整理，从中找出"在时间上、能力上、经济上都合算"的"适宜运动来"，这样，本国自有的东西同样可以达到兵式体操的目的。于是，全国出现了整理和研究武术的浪潮。马良在《中华北方武术体育五十余年纪略》中揭示了民国成立这一时期武术发展的盛况②：

---

① 罗时铭：《中国体育通史·第三卷》，人民体育出版社 2008 年版，第 206 页。

② 成都体育学院体育史研究所：《中国近代体育史资料》，四川教育出版社 1988 年版，第 12 页。

各名流或组织武术机关，造就武术教材；或汇集各界人士，研究武术；或著述武术专书；或编辑武术杂刊；或设武术场，传授生徒；或延聘武术，教授其子女。而军警或以为正式体操，或以为普通运动。各男女学校，或列入课外；各军警长官，更多编辑一部分专门武术之军队；各村镇庄乡，更多组织武术场，聚集同志，练习武术。至此武术教育，遂得复振。

3. 对社会体育发展的影响

军国民体育思想对社会体育较重要的影响主要是女子体育的提倡和体育会的相继成立。1903 年陈撷芬的《论女子宜讲体育》、1907 年纯夫的《女子体育》以及 1908 年情佛的《女子教育评议》等文章①，受军国民体育思想渐染，均强调女子参与体育活动的重要性，为开展女子体育活动提供舆论氛围。晚清以来，受军国民体育思想影响，民间成立了许多诸如大通学堂、精武体育会等体育会。这些体育会或秘密结社，作为救国建国之手段；或强身强种，洗刷病夫之耻辱，目的虽有不同，但与军国民体育思想的强种、尚武的主旨并无二致。这些体育会，内容多以兵式体操、武术为主，对推动当时社会体育的发展起了一定的作用。

（二）军国民体育思想存在的问题

当然，作为早期的一种体育思想，还存在种种不足，主要表现为消化不良、内容枯燥、师资匮乏等。

所谓"消化不良"是指在引进兵式体操时，没有进行充分的认识和理解，没能结合学校实际进行改进，存在生硬模仿和全盘照搬现象。郭沫若回忆了他小时候上体育课的情景，对这些情况进行了形象的揭示②：

"蒙学堂的先生姓刘，是嘉定人。他是成都新开办的师范养成所的第一批学生，也很热心，很忠于职守的一个人。由于他的到来，我们乡里人才知道有洋操了。""那时的洋操真有趣，在洋操的时候，差不多一街的人都要拢来参观。""那时候的立正并不叫立正，是叫'齐奥次克'，向右转是'米拟母克米拟'，向左转是'西他里母克他里'，走起步来的时候

---

① 许义雄：《中国近代体育思想》，启英文化事业公司 1996 年版，第 10 页。
② 苏竞存：《中国近代学校体育史》，人民教育出版社 1994 年版，第 58 页。

便'西、呼、米，西、呼、米'的叫着，大家莫名其妙，只觉得有趣，又觉好笑。这些奇怪的口令，在当时的人自觉得是真正的洋货了，但不知道是那一洋。这私密在现在当然是解决了的，这全是日本的口令，所谓'西呼米、西呼米'者，就是'一二三、一二三'而已。成都才办学的当时，请来的日本教习特别多，其中竟连日本的皮匠师傅都聘请来了，聘金特别贵，就像这样骗小孩的体操都用日本教习来教，连那样基本的口令都没有翻译成中文，可见当时办学人的外行，也可见中国人办事的草率了。"

在 1915 年前后，体育界一批有识之士，曾对废科举兴新学以来中国体育之发展进行检讨。不少人感到几十年来，中国"往往学了西国皮毛"而对体育缺乏详细的研究[1]。

所谓"内容枯燥"是指体育课教学内容不变，教学方法单一。学生刚接触兵式体操时，还觉得新奇，但是长此以往、毫无变化地练下去，就会对教学内容产生枯燥、厌烦之感。毛泽东对当时学生的体操课情况描写道[2]：

> 故愚观现今之体育，率多有形式而无实质。非不有体操课也，非不有体操教员也，然而受体操之益者少。非徒无益，又有害焉。教者发令，学者强应，身顺而心违，精神受无量之痛苦，精神苦而身体亦苦矣，盖一体操之终，未有不貌瘁神伤者。

所谓"师资匮乏"是指在全国各级各类学校开设兵式体操课，普遍存在师资不足的问题。师资不足，一时难以解决，只能借助于军队士兵来充任体育教师。令人意想不到的是，兵士充当体育教师，竟给学校体育带来了较大的危害。徐一冰揭示了当时兵士担任体育教师的情况[3]：

> 一般无知识无道德之士兵，竟一跃而为教师。品类不齐，非驴非

①　许义雄：《中国近代体育思想》，启英文化事业公司 1996 年版，第 102 页。
②　国家体委体育文史工作委员会等：《中国近代体育文选》，人民体育出版社 1992 年版，第 34 页。
③　徐一冰：《二十年来体操谈》，《长沙体育周报特刊》，1920 - 01 - 05。

马。既不识教授为何物，又不知学校为何地。酗酒狂赌，好勇斗狠，无所不为。不一年，学校之名誉扫地，社会之信仰尽失，学生父兄多仇视体操一科。

随着时局的发展和教育的进步，军国民教育思想的弊端日渐显露，也面临着其他体育思想的挑战。

第二节　体育留学生与自然体育思想

一　自然体育思想简介

所谓自然体育，字面意思就是天然的、符合人本性的、非人造的体育。自然体育思想来源于卢梭等人的自然主义教育思想。

1901 年，美国哥伦比亚大学师范学院的伍德、赫塞林顿等人提出了名为"新体育"的自然体育思想，同欧洲的体操改革、奥地利的"自然体育"一起，成为 19 世纪末 20 世纪初体育改革的代表。后经威廉姆斯的发展，形成了一整套"自然体育"的概念、理论和方法，成为美国 20 世纪 20—40 年代居于主导地位的体育思想①。美国哥伦比亚大学师范学院是自然体育发展的中心，其代表人物主要是麦克乐、纳许和威廉姆斯等人②。

自然体育思想的基本理念包括：身心一元论、体育即生活、体育教育化、体育科学化、体育教学个别化、体育教学环境自然化以及体育内容游戏化等③。

二　体育留学生对自然体育思想的推介

麦克乐（美国体育家、基督教青年会体育干事）于 1913—1926 年曾两度来华，推介过自然体育思想。我国的袁敦礼、方万邦、吴蕴瑞等人先后赴美留学，均受业于自然体育思想代表者之一、美国体育家威廉姆斯。

---

①　崔乐全、罗时铭：《中国体育思想史·近代卷》，首都师范大学出版社 2008 年版，第 199 页。

②　许义雄：《中国近代体育思想》，启英文化事业公司 1996 年版，第 369—374 页。

③　黄月婵：《五四运动前后自然学派的体育思想》，《国民体育季刊》1991 年第 20 卷第 3 期，第 168—179 页。

学成归国后，这些留学生就成为自然体育思想的主要传播者。他们通过在大学教学、发表文章、撰写著作等方式进行介绍和研究，从而使自然体育思想成为继军国民体育思想之后第二个对中国体育产生深远影响的思想流派。

（一）袁敦礼的体育思想

袁敦礼（1895—1968），字志仁，河北徐水人。1923年赴美留学，先后在芝加哥大学、哥伦比亚大学、霍善金斯大学攻读生理学、体育理论和公共卫生学，获生理学硕士学位。袁敦礼留学时师从美国自然体育思想代表人物之一——威廉姆斯，受其影响较大。袁敦礼的体育思想主要为：

第一，坚持身心合一的体育观。袁敦礼认为，生命是一元的，精神与身体是互相依赖、互相影响的。体育一定要使精神愉快，生活丰富，不但要锻炼身体，并且要同时训练精神和培养良好的社会行为。他说：“体育上之活动无处不为个性之表现及感情之发舒；且无处不与社会价值、道德标准、人与人之关系等相连属”“体育之意义无论为‘身体之教育’或‘从身体活动中实施教育’，与身心两方面均有密切关系”“体育活动表面上不得不谓之身体之活动，但就其意义而言，实全部机体之行为也”。他反对在体育中将身心分开的思想，反对在体育中不注意心理发展的现象。袁敦礼认为，体育道德的败坏，竞赛日趋于商业化，运动员的教育出现失误等种种现象，都是由于“忽略其感情之状态及精神之成份……皆由于主持者未对于此身心—机体——唯一之事实加以深切之注意也”。[①]

第二，坚持体育的教育化取向。袁敦礼以身心合一的体育观为基础，通过对近代体育发展过程的分析，认为20世纪的体育应为教育的一环，体育应向教育化的方向发展。体育的教育化发展是相对于军事化、竞技化、商业化等发展取向而言的。袁敦礼的体育教育化取向主要体现在四个方面[②]：体育目标应有教育价值、体育内容选择自然活动、体育方法采用“视人如人”的方式、体育师资以传统师范教育为表率。为了实现体育的教育价值，袁敦礼援用美国全国教育会所采用的目标，包括身心的健康、

---

① 崔乐泉、罗时铭：《中国体育思想史·近代卷》，首都师范大学出版社2008年版，第207—210页。

② 许义雄：《中国近代体育思想》，启英文化事业公司1996年版，第347—354页。

基本工具与技能的运用、养成良好的家庭分子、辅助促进职业的技能、训练成良好的公民、善用余暇的习惯、充实伦理的品格等①。这些目标基本融合了杜威的"教育即生活""生活即教育"的理念，体现了体育在各个领域的教育价值。

第三，反对体育领域有悖教育原则的竞技化。袁敦礼对美国的校际竞赛、我国参加的远东运动会以及奥林匹克运动会进行了分析，发现这些竞技运动中出现了运动道德不善、职业训练过重、商业气息过浓、政治动机太强等问题，使得体育出现工具化倾向，甚至还出现了赌博、暴力等不法现象。袁敦礼反对这些背离和违反了教育本质的竞技运动，他曾批评道："我国体育界领袖、机构的言论态度都是期望在远东运动会得胜利、出风头、求国际上的荣耀，并且由远东运动会所兴奋来的各种运动会，其政治和商业化，同世界奥林匹克运动会如同一辙。"②但袁敦礼从教育的角度进行思考，认为竞技运动如能坚持公平与合作的原则，勿使其沦为政、商或图名利者的工具，仍不失为具有教育性的活动③。

（二）方万邦的体育思想

方万邦（1893—1969），福建省闽侯县人。1926年赴美国哥伦比亚大学学习体育，获得体育学士、硕士学位。方万邦师从哥伦比亚大学体育系主任威廉姆斯，深受其教诲和影响。回国后，他对自然体育思想进行了介绍和阐释。方万邦的体育思想主要为：

第一，坚持体育教育说。他认为："体育本身并不是一个目的，而只是一种方法，或是一种工具，尤其可用为达到教育目的的工具。"他把体育定义为"是以身体大肌肉活动为工具，而谋达到教育目的的一种教育"。体育的目的在于"供给精明能干的领袖，优良合理的环境和适宜运动的机会，使个人或团体，在此情形之下，能获得康健的身体，快活的精神和健全的人格"④。后来，他进一步提出"六化"体育，即体育的教育化、生活化、游戏化、科学化、自然化、普遍化。这是对自然体育思想较为全面的解说。

---

① 袁敦礼、吴蕴瑞：《体育原理》，勤奋书局1933年版，第153—160页。

② 袁敦礼：《世界奥林匹克运动会的价值及对于我国体育的影响》，《体育周报（天津）》1932年第1卷第15期，第15—19页。

③ 许义雄：《中国近代体育思想》，启英文化事业公司1996年版，第362页。

④ 徐隆瑞：《方万邦体育思想初论》，《体育文史》1989年第1期，第8—12页。

第二，重视青年体育。1946 年他写了《青年体育》一书，用以指导全国青年进行体育锻炼。他认为，"青年是国家的元气，社会的命脉""国家的富强，社会的进步，民族的复兴，是有赖于奋发有为、坚苦卓绝的青年"，强调青年对于国家、民族的重要性。他认为，青年体育的价值为"增进青年健康幸福，加强青年抗战建国的力量，发展青年优美的德行，增进青年生活的能力"①。他还要求青年注重良好姿势的养成、健康的检查和危险的预防，要讲究饮食、皮肤和睡眠方面的卫生。

第三，倡导健康教育。出于对国民身体健康状况的忧虑，1940 年方万邦完成《健康教育》一书，大力提倡国民健康教育。他把健康教育视为"复兴民族健康的救世主，抗战建国的原动力"，指出"健康是人生莫大的幸福，国家最大的富源"。提倡健康教育应尽早实施，小学最重要，中学次之，大学和民众又次之。方万邦还专门研究了性教育问题。在《健康教育》一书第八章中，方万邦用一章的篇幅论述了性教育，认为"性教育是道德教育的一部分"。还提出把性教育加入小学（如自然、卫生、体育）、中学（如动物、植物、体育、卫生、社会）、大学（专科研究）的课程中②，进行普及。在旧中国，公开进行性教育宣传和研究，方万邦是体育界第一人，开创了体育界从事性教育之先河。

（三）吴蕴瑞的体育思想

吴蕴瑞（1892—1976），字麟若，江苏江阴人。1927 年，江苏省教育厅首次设立一个体育专业官费留学名额，吴蕴瑞以优异的成绩考取而赴美留学。他先入芝加哥大学攻读人体解剖和生理学，后入哥伦比亚大学研究院专攻体育，获硕士学位。吴蕴瑞在赴美留学之前，曾在南京东南大学体育系进修学士学位，深受当时的系主任麦克乐的影响；在美国哥伦比亚大学留学期间，师从威廉姆斯研习体育。麦克乐和威廉姆斯均为美国自然体育思想的代表人物，对吴蕴瑞的体育思想的形成具有重要影响。吴蕴瑞的体育思想主要有以下几方面：

第一，坚持身心一统的体育观。这是对自然主义体育思想的继承。他主张身心一元论，反对体育只偏重于身体的教育。他指出："体育之意义

---

① 徐隆瑞：《方万邦体育思想初论》，《体育文史》1989 年第 1 期，第 8—12 页。

② 张苏萌、张丹红：《近代以健康教育为书名的著作评述》，《中华医史杂志》2003 年第 33 卷第 1 期，第 51—54 页。

只限于身体方面的教育，或界定为身体之教育，即传统的身心二元论之遗毒，亦即以人之身体视为解剖台上尸体之见解也。""吾人之所为体育者，乃为人之整个之机体之教育。体育之意义乃以身体活动为方式之教育也。"① 他认为，体育应培养人的社会行为、道德情操、民主精神以及基本生活技能等，体育的真谛在"运用身体之活动，以教育我人""体育教师之责任，在于发达儿童之身体，重于培养儿童之品格"②。

　　第二，主张体育学术化。在 20 世纪 20 年代末，吴蕴瑞提出"体育学术化"的主张，强调体育的科学教育和学术研究。他分析中国在远东运动会上成绩落后的主要原因之一是"缺乏科学之基础"，认为"欲求进步，设讲求科学方法岂有他道哉？"呼吁"科学家应与体育家携手，以解决体育上一切疑难问题"③。在实践中，他使用科学和哲学的方法进行体育学术研究。在运用科学方法方面，他以人体解剖学和力学原理分析动作技术，于 1930 年完成了我国第一部运动生物力学专著——《运动学》；还先后发表了《踏步式与摆动式两跑法力学根据》（1933）、《升高四百米接力跑成绩的新方法》（1933）、《五十米百米终点之裁判法及其心理学上之根据》（1933）、《对于许多肌肉究竟如何》（1936）等多篇研究论文④。另外，1933 年他与袁敦礼合著了《体育原理》一书，将哲学的态度与方法引入体育学领域，拓宽了我国体育学术界的研究领域。吴蕴瑞在体育学术方面的主张和实践，对提高体育学在学术界的地位，改变体育学以术科为主的刻板印象起到了一定的作用。

　　第三，倡导体育的文化取向。吴蕴瑞主张："办体育者应以文化主义为主要之原则，故体育亦应以传达文化与创造文化为目的……体育之效用与目的至为广大，绝非肤浅与局部之应用而已。体育之目的若专在技能上之应用或藉练体育之活动达一种与文化无关系之目的，则根本错误。"⑤为提高体育人才的文化素养，他主张文理兼修。在理科方面，他认为："欲明人体之性质，须知生命之生物学的基础及其进化至目前状况之路

① 吴蕴瑞、袁敦礼：《体育原理》，勤奋书局 1933 年版，第 126 页。
② 同上书，第 9 页。
③ 罗时铭、崔乐泉：《中国体育思想史·近代卷》，首都师范大学出版社 2008 年版，第203 页。
④ 许义雄：《中国近代体育思想》，启英文化事业公司 1996 年版，第 375 页。
⑤ 吴蕴瑞、袁敦礼：《体育原理》，勤奋书局 1933 年版，第 136 页。

径"①。并从解剖学、生理学、运动学等方面研究体育；在文科方面，他运用哲学、历史学、社会学、伦理学、教育学、心理学等学科的理论和知识，分别对体育的价值、近代体育的产生和发展过程、体育的社会文化现象、体育道德和体育精神、体育的教育功能、体育意识与行为等方面进行了研究②。这些都体现了他学贯中西、文理兼容的文化素养和学术功底。

上述三人的体育思想，基本反映了自然体育思想的核心内容，即体育的目的在于教育人，体育即生活，推崇自然活动，强调个性发展等。三者在阐述这些基本思想的同时，也有所侧重，如袁敦礼关于体育的教育化、吴蕴瑞关于体育的科学化、方万邦关于青年体育和健康教育等，体现了在借鉴中有所发展的特点。

三　自然体育思想的影响

自然体育思想是近代以来对我国体育产生重要影响的思想流派之一，其影响可从积极和消极两个方面进行分析。

（一）自然体育思想的积极影响

第一，增加了对学校体育功能和目标多元化的认识。在自然体育思想的影响下，人们从教育的高度认识学校体育，并根据体育在实现教育目的中的作用，开始从生理、心理、社会、伦理等角度思考学校体育，从而使人们对学校体育功能有了多元化的思考与认识。同时，人们在确立学校体育目标时，不再仅限于重视体力发展的生物学视野，而是吸取了近代科学的研究成果，按照个体在生理、心理、社会、生活教育等方面的需要来制定学校体育的目标。如：南京中央大学体育系主任吴蕴瑞等从身体、品格、人格、能力、技能等方面制定体育目标；天津南开大学体育部主任章辑五从身体、技术能力、发达人格、增加权威、培养文化、心理卫生、智力、习惯养成等八个方面来确定学校体育目标③。这些反映了在自然体育思想影响下，学校体育目标的确立不再拘泥于某一方面，而是趋于多元化。

第二，促进了人们对学校体育的研究。自然体育思想给学校体育界带

---

①　吴蕴瑞、袁敦礼：《体育原理》，勤奋书局1933年版，第65页。

②　罗时铭、崔乐泉：《中国体育思想史·近代卷》，首都师范大学出版社2008年版，第204页。

③　同上书，第239—240页。

来了新鲜的学术气息，人们对学校体育理论的论争和研究开始活跃起来，如关于外来体育和本土体育、普及体育和选手体育、体育教育化和体育军事化的论争等。同时，人们也开始进行教学方面的研究，如"设计模仿法""分组教学法"以及体育测验研究等。另外，自然体育强调体育运动要适应人的生理和心理特点，在一定程度上促进了运动生理、运动心理、运动解剖以及人体测量等学科的发展，尤其是在20世纪30年代出现了众多介绍学科知识的体育论著，带动了体育的科学化发展[①]。

第三，自然体育思想成为反对军国民体育思想和兵式体操的理论依据。军国民体育思想在19世纪下半叶传入我国后，对我国近代体育发展曾产生过积极的影响。但进入20世纪后，欧美各种体育思想蜂拥而至。相比之下，这种以兵操为主的体育形态便显得落伍了，但仍有不少人从不同的角度提倡兵操。要反对这种渐趋僵化的体育思想，必须要有更先进的思想取而代之，自然体育思想便应运而生，成为反对兵操的理论武器。1919年7月长沙《体育周报》第29期上就有人以自然体育的观点，批驳兵式体操："体育的目的是什么？就是生活的满足。军国民体育的结果，恰恰与生活上满足的目的背道而驰。"同年11月长沙《体育周报》第46期"编者的话"批评兵操"束缚个性自由发展""妨碍身体平均发育"[②]。"五四"和新文化运动时期许多体育界人士就是从自然体育思想的角度去反对军国民体育和兵式体操的。

第四，丰富学校体育内容，促进学校体育竞赛的发展。自然体育主张体育的自然化，提倡在体育教学和课外活动中尽量采用诸如田径、球类等"包含许多人的自由在内"的运动，强调"多注重校内竞争游戏"，为田径、球类等西方近代体育项目进入学校创造了条件，丰富了体育内容；同时引起了学生参加体育活动的积极性，促进了校内、校际运动竞赛的开展。

（二）自然体育思想的消极影响

由于种种原因，自然体育思想也带来了一些不良影响，主要表现在：

自然体育思想强调体育"教育人""培养社会行为道德""陶冶人格"等功能，把体育增强体质的功能说成是体育自然的"副产品"，是附

---

① 何启君、胡晓风：《中国近代体育史》，北京体育学院出版社1989年版，第315页。
② 同上书，第314页。

带的或次要的任务。这样使得体育的任务显得空泛、模糊，忽视了体育增强体质的根本任务，导致教学效果不明显①。

自然体育思想强调以儿童为中心，体育要适应儿童现在的生活，适应他们的兴趣，让他们感到满足，并强调让学生自己体会和发展。这样，教师的主导地位无形降低，并影响教学的计划性、系统性。造成的结果，体育课堂常表现为散漫的自由活动，易被人套上"放羊式"教学的标签。

自然体育思想强调"多注重校内竞争游戏"，但由于受条件限制难以形成体育的普及化，只是在一定学生范围内促进了校内、校际等各级运动会的开展，成为"锦标主义""选手体育"勃兴、盛行的推手，为体育军事化和国术救国论者提供了批判的理由②。

第三节 体育留学生与民族体育思想

一 民族体育思想简介

体育史上所谓的"民族体育思想"并不是通常所理解的关于"民族传统体育"或"少数民族体育"的思想，而是一个特定概念，是专门论述"民族的体育化"问题的系列主张和观点，体育史学界又称之为"民族体育观"③。其核心内容是在中国实行"为民族而体育""全民体育化"和"体育军事化"等。

民族体育思想是战争年代的产物。在 20 世纪 30 年代，日本帝国主义发动的侵华战争步步升级，东北、华北相继沦陷；国内又接连出现了新、旧军阀之间的战争以及国民党对共产党发动的多次围剿，中华民族处于内忧外患、存亡绝续的关键时期。在这种情况下，一部分从德国归来的体育留学生，在刊物上发表一系列文章，提出了"民族体育"这一思想，以达到"强种强国""复兴民族"的目的。这些留德体育生主要包括程登科、吴蕴、袁浚以及萧忠国等人。其中，程登科是宣传民族体育思想最早、最给力的一位，也是思想较为全面、系统的学者。下面对程登科的民族体育思想予以重点分析。

---

① 苏竞存：《中国近代学校体育史》，人民教育出版社 1994 年版，第 192 页。
② 许义雄：《中国近代体育思想》，启英文化事业公司 1996 年版，第 462 页。
③ 罗时铭等：《中国体育通史·第四卷》，人民体育出版社 2008 年版，第 187 页。

二　程登科的民族体育思想

程登科（1902—1992），号健蜀，祖籍湖南衡山，生于重庆。1920 年考入南京东南大学（中央大学前身）体育系，受教于美国体育家麦可乐。毕业后曾任教于苏州中华体专，该校校长柳伯英（日本武官学校毕业生）主张体育军事化和体育为国防服务，程登科受到一定启发。1929—1933 年赴德国柏林国立体育大学留学，德国的全民体育化和体育军事化体制对其留下深刻的印象，为后来提出"民族体育"思想打下基础。

程登科原来接受的是东南大学自然体育思想教育，后弃之转而接受德国的军事化体育训练，与其所见国际政治局势有关。他看到列强诸国重视训练青年并渐成风气，加之国内正处于内忧外患之际，遂产生强烈的危机意识，从而选择了这种具有自卫和卫国功能的体育路线[1]。从 1935 年初开始，他在不同刊物上陆续发表了一系列文章，阐述其民族体育思想。其内容主要有以下几个方面：

（一）民族体育的目的是"复兴民族"

"民族体育"一词，程登科自认是自己所创，提出的目的并非标新立异，而是"救亡图存"与"复兴民族"[2]。体育本来的目的，是为了国民的健康和娱乐。但就程登科看来，在弱肉强食、优胜劣汰的时代，尤其在外敌威胁和入侵的年代，不容许把体育的目的视为健康与娱乐了。他认为，应把体育作为"强国强种与复兴民族"的工具，尽力实现"为国家而体育，为民族而体育"[3]。程登科说："目前我国体育何尝不是为个人而体育，为少数人娱乐而体育，为少数人健康而体育，何曾施惠小民，更何曾为国家而体育，为民族而体育。……今后我们要找出一个时代的产儿，以适应我环境，吻合我国情。……目前体育目的，因为只在求健康与娱乐，以致形成现在学校体育无中心训练、无组织、无纪律，浪漫、自由造成少数选手，多数向隅。使体育日益堕落，运动道德沦亡。"[4] 可以看出，

---

① 徐元民：《中国近代知识分子对体育思想之传播》，师大书苑公司 1999 年版，第 184 页。

② 同上书，第 185 页。

③ 程登科、袁浚：《中国现在及将来所需要的体育人才》，《勤奋体育月报》1936 年（第 4 卷）第 2 期，第 102—103 页。

④ 程登科：《读方万邦先生〈我国现行体育之十大问题及其解决途径〉中所持对体育军事化不切实用的检讨》，《体育季刊》1935 年（第 1 卷）第 3 期，第 358 页。

程登科并未完全否定体育健康与娱乐之本质，只是在救亡图存的时代背景下，应予以变革，发挥其"救国"功能。为此，他后来又把"复兴民族"的目的进行了具体、全面的发展，进一步提出了"十化主义"体育目的，即"训练化（训练人格）、革命化（复兴民族）、军事化（雪耻救国）、中国化（提倡国术）、纪律化（守法遵命）、民众化（普及全国）、健康化（陶冶身心）、卫生化（免除嗜好）、艺术化（讲求健美）、世界化（各国适合）"①。这标志着他的民族体育思想趋于全面和成熟。

（二）民族体育的原则是"洋土合一"

程登科认为，中国提倡体育数十年，成效不大，为应时局之需，需脱离欧美体育之羁绊，希望创立救亡图存、保国卫族的民族体育。为此，他提出了实施民族体育的原则②：

①以中国科学化的国术（土体育）为中心，采择欧美体育（洋体育）之精华，并能适用于国人者，力求洋土合一，作为创造"民族体育"之元素。

②以"复兴民族"为因，取消"东亚病夫"为果。

③以"收复失地"为锦标，谁能"御侮抗凌"为冠军。

④以"体育"为民族之骨，"军事"为民族之髓，表里相通，互相为用，进行体育军事化。

在当时的时代背景下，这一原则突出了其民族体育思想"救亡图存""复兴民族"的精神本质，同时又体现了一定的包容性，能看到欧美体育的精华，并能为我所用。后来，为实施这一原则，他提出了一些颇有新意的建议，如仿照欧洲各国建立体育管理机构、颁发体育奖章、确定国民游戏项目、制定民族体育的具体实施办法等。

（三）主张全民体育化

程登科认为，几十年来中国体育走错了道路，使体育"变成贵族子弟的专利品、娱乐品"，以致平民"体弱的，变成愈弱；愈弱的，变成格外弱"，这种情况无法胜任"涤雪国耻""健民强国"的任务。他认为，在经济落后、人员缺乏的情况下，要使体育普遍发展，就必须实行"全

---

① 程登科：《推进国民体育的实际问题》，《教与学月刊》1937 年第 2 卷第 7 期，第 181 页。

② 程登科：《我们能否提倡中国的民族体育》，《勤奋体育月报》1936 年第 4 卷第 1 期，第 7 页。

民体育化"，即让"每个人民得受体育锻炼的机会"，养成"民众御侮抗敌的意志和忍苦耐劳的精神"。如何才能做到"全民体育化"？他认为，应"以平民化的运动去实施全民体育化。以我固有的国粹体育，衡取合我国情的外国运动，冶于一炉，求得一个中心的训练"①。这是其"洋土合一"原则的具体体现，切合当时的实际情况，反映了其务实的学术态度。

在具体操作层面，他从学校体育、民众体育、体育专业三个方面提出了自己的构想：在学校体育方面，体育的对象是全校性的，整合了国术、军训、童子军和体育等课程，并提出提升学校体育行政机构的层级、增加体育时间以及落实早操、课间操以及课外活动等建议②；在民众体育方面，为了普及全体国民参与运动，即使穷乡僻壤也不遗漏，又考虑到国家经济、财力的限制，程登科提出利用军警的力量推行全民体育，即先训练干部人才（军警、保安队、消防队、救火员等），分派指导民众参与体育活动，民众则利用早晚业余时间，编组参与运动并接受运动指导，内容包括国术、健身操、球类、打靶、器械以及歌唱等③；在体育专业方面，他认为，欲以体育为复兴民族的工具，培养体育专业师资人才为当务之急，他对体育教师提出的要求是学、术兼优，人格导师，有创造性④。

（四）倡导体育军事化、军事体育化

程登科认为，当时需要的体育犹如一碗水，我们要使这一碗水"用人工法"变成一碗冰。以一碗水的力量，绝对不能致敌伤痛，现在把一碗水凝固成一碗冰，虽不能致敌死，足使其重创。我国的体育就是要像一碗冰，要绝对硬性化⑤。为此，程登科提出了另外两个重要的民族体育思想，即"体育军事化"和"军事体育化"思想。

---

① 罗时铭：《中国体育通史·第四卷》，人民体育出版社 2008 年版，第 189 页。

② 程登科：《今后中学体育应有之动向》，《体育研究通讯（镇江省立体育场）》1934 年第 1 卷第 5 期，第 10—12 页。

③ 程登科：《怎样利用军警权力辅助民众体育使全民体育化》，《体育季刊》1935 年第 1 卷第 2 期，第 181—186 页。

④ 程登科、袁浚：《中国现在及将来所需要的体育人才》，《勤奋体育月报》1936 年第 4 卷第 2 期，第 102—107 页。

⑤ 程登科：《读方万邦先生〈我国现行体育之十大问题及其解决途径〉中所持对体育军事化不切实用的检讨》，《体育季刊》1935 年第 1 卷第 3 期，第 358—359 页。

程登科所谓的"体育军事化"，是指在"体育教学、体育活动之中，渗入军事活动，吸收了军事活动的优点，尤其是军事化的精神方面、军事化的管理方面，整齐又划一"①。程登科说："现在的学生对于体育浪漫成性，而施教者亦无训练目标。故不但学生浪漫自由成性，即体育教师的精神，也有多半颓唐、不振的。是以当前的体育目的，连健康也发生疑问，即使有，也不过为极少数的学生所享受。所以，我们要挽回这个颓风，整顿体育，改革过去的浪漫行为，则必需体育军事化……"② 意即实行体育军事化，是为了改变青年及其他民众的颓废之气，振奋精神，以实现矫正时弊、救亡图存、复兴民族的根本目的。其关于"体育军事化"的具体主张有："以三民主义为中心原则，实行教（礼义廉耻教育，笔者注，下同）、养（衣食住行要整齐、清洁、简单、朴素）、卫（严守纪律、服从命令、共同一致）合一的体育训练；健全国家中坚细胞，以达发扬民族精神、充实民族力量、绵延民族生命的目的；矫正一般错误体育观，使之守纪律，如服从、爱民族、爱国家；实行复仇雪耻的国术、军事、体育打成一片的革命体育"③。

他所谓的"军事体育化"是指在"军事活动中，加入体育训练，以丰富军事生活，改换沉闷冷酷的空气，充实军队的训练，提升士兵的战斗力量"④。程登科通过分析影响军队战斗力的因素，把对军事有帮助的运动项目应用到军队训练中去，以提高士兵的身体素质和作战能力，实际上是在提倡一种专门性、应用性的体育。为实现军事体育化，他还提出了建立军事体育化的组织体系、实行军事体育化的管理、选择军事体育化的教材、进行军事体育考试等建议⑤。

由上可见，体育军事化是用之于学生和民众的，军事体育化是用之于军队的。这种思想在民族危亡、士气不振的时期，具有一定的现实意义。

---

① 程登科：《世界各国体育军事化的例证》，《教与学月刊（重庆中正书局）》1940 年第 5 卷第 3 期，第 7—8 页。

② 程登科：《体育、军训、童子军三者在中学课程中之相互关系》，《体育季刊》1936 年第 2 卷第 1 期，第 9—17 页。

③ 程登科：《体育军事化的教学刍议》，《教与学》1936 年第 1 卷第 7 期，第 280—281 页。

④ 程登科：《世界各国体育军事化的例证》，《教与学月刊（重庆中正书局）》1940 年第 5 卷第 3 期，第 7—8 页。

⑤ 罗时铭、崔乐泉：《中国体育思想史·近代卷》，首都师范大学出版社 2008 年版，第 305—306 页。

三　民族体育思想的影响

程登科的民族体育思想，是历史、现实和国际潮流的产物。他跳出了军国民体育强兵强种的狭隘理念，立足本民族文化，提出全民化体育的新思路；该思想是在外敌威胁和入侵的危机情况下提出的救国、卫国思想，符合民族根本利益；他借鉴了西方国家训练青年的方式和手段，并创造性地提出了利用军警力量推广体育，为国分忧，可谓用心良苦。我们应辩证地分析该思想产生的影响。

在积极方面，该思想是在全面抗战开始前民族正处于危急关头提出的，充满了危机意识和爱国激情，符合抗战御敌的现实需要，为抗战时期的体育发展指明了方向，成为"战时体育"的指导理论。在该思想的影响下，1935年行政院令教育部拟定《利用军警全力辅助民众体育使全民体育化》计划并通令全国实行，江西、湖北等地方政府成立党政军学体育促进委员会，促进军事体育化①，对推动全民抗战起到了积极的作用。该体育思想也是在当时"洋土"体育争鸣的情况下提出的，又进一步引起了关于体育教育化与体育军事化的争鸣，把体育学术思想由概念论争引向了发展道路的探讨，使学界提高了对民族体育的认识，也促进了体育学术的发展。另外，民族体育思想是一种战时体育思想，是外敌入侵时的一种被迫的应急反应，对和平时期体育和国防的发展具有一定的借鉴意义。在和平时期，利用体育的健身和国防教育功能，提高青少年身体素质，传授国防的基本知识和技能，居安思危，日常备战，以避免因战事突发、预备不足而重蹈历史覆辙。

当然，该思想也有消极的影响。一方面，它片面地夸大了体育的作用。国家的强大，民族的复兴以及取得反侵略战争的胜利，体育并不是决定性因素，而是主要靠经济、军事、科技等硬件因素起作用。体育在提高民族体质、振奋民族精神上具有重要的作用，但不能越俎代庖，包治百病，片面强调或拔高体育的作用，会导致愿望的落空或实践的失败。另一方面，"民族体育"思想来源于当时法西斯德国的体育实践，带有浓厚的专制主义色彩，对民主思想的发展和青少年的健康成长具有不利的一面。

---

① 徐元民：《中国近代知识分子对体育思想之传播》，师大书苑公司1999年版，第192—194页。

这一点必须要有清楚的认识。

总之，民族体育思想立足民族本位，应战时之需，是基于挽救危亡、复兴民族的愿望而提出的一套发展体育的主张。它虽具有一定的局限性，但其爱国本质、积极作用是明显和主要的。

第四节 体育留学生与体育思想的讨论与争鸣

学术讨论和争鸣是科学发展过程中的正常现象，它是科学进步的驱动力量，也是政治民主和学术繁荣的表现。近代以来，在体育界开展的重要学术争鸣中，许多体育留学生也厕身其中，建言献策，为我国体育学术的发展和繁荣做出了一定的贡献。近代以来体育留学生参与的学术争鸣主要有"土体育"与"洋体育"之争、体育教育化与体育军事化之争、普及体育与选手体育之争以及新中国成立初期体育思想的"破旧立新"等。

一 "土体育"与"洋体育"之争

（一）争论的背景

所谓"土体育"一般是指以武术为代表的中华民族传统体育项目，又叫"固有体育"；所谓"洋体育"是指由欧美传入的近代田径、球类等运动项目。1931年"九一八"事变爆发，民族处于危难之际，远东运动会中国队成绩又每况愈下，体育界开始深入思考中国体育发展的前途和道路问题。1932年，全国体育会议在南京召开，会议准备讨论制定《国民体育实施方案》。正在此时，刘长春参加奥运会又惨遭淘汰，立刻引起体育界人士的强烈反响，他们在会前纷纷发表对体育的主张，从而引发了一场"土、洋体育"之争。这场论争从1932年开始，断断续续延续到1937年抗日战争的全面爆发为止。

（二）争论的基本内容

这场论战中，"土体育"一方的主要代表者是以中央国术馆馆长张之江为首的武术界人士和天津《大公报》等，"洋体育"一方的主要代表者是体育留学生（以吴蕴瑞、谢似颜等为主）和天津《体育周报》等。

1932年天津《大公报》首先发表了题为《今后的国民体育问题》的

社论，极力反对开展洋体育。认为土体育有三大优点，即祛病延年、锻炼筋骨、卫国治产。同时指出洋体育有四大缺点：有闲阶级之事，无法普遍；有损国民健康；捧角心理过重；有损中国自尊①。其扬土抑洋倾向明显。

与之呼应，张之江在《致天津大公报社函》一文中指出："国术之用，不仅健身强种，且可拒寇御侮，既合生理卫生，又经济便利，不拘性别老幼，不限于时间空间，富美感，饶兴趣，锻炼甚便，普及亦易"等②。张之江对土体育的优点进行了全面概括。

吴蕴瑞在天津《体育周报》上针对上述观点进行了反驳：竞赛非体育的全部，因竞赛夭折者仅为特例；运动为休闲活动之一，可提升工作效率；任何体育活动皆需相当之设备；参加国际赛会另有政治目的；土体育祛病延年之说缺乏依据。吴蕴瑞认为，洋土并非截然二分，他不反对体育有捍卫国家之功能，但在选择实施时，仍需审慎取舍③。

随后，谢似颜也对天津《大公报》进行了反驳。他在天津《体育周报》上发表了《评大公报七日社评》一文，认为上述文章对国术之功效犯夸大狂症，言过其词；体育的目的不限于养生之道与锻炼筋骨；赞成学生应受军事训练，但反对作为体育唯一的正宗；赞成学生劳动化与农工化，但反对以劳动代替运动④。

此后，还有一些报刊陆续发表文章，表达双方各自的观点。

（三）争论的影响

这场讨论对当时的全国体育会议产生了一定的影响，大会结束时所发表的宣言，对双方的意见进行了总结，得出了比较公允、合理的结论："凡不背科学原则及适合人类天性之种种体育运动，不以其来源之不同有所轩轾……一律提倡之。抄袭模仿固失其民族自信力，故步自封亦失其民族之伟大性。故本会谋为我国体育前途计，深望国民，对各种身体方法，抱择善而从之之态度，毋分新旧中外……"⑤ 该分析为和谐之言，比较公

---

① 大公报社论：《今后之国民问题》，《大公报（天津）》1932年8月7日第2版。
② 张之江：《致天津大公报社函》，《大公报（天津）》1932年8月7日第2版。
③ 吴蕴瑞：《今后国民体育之我见》，《体育周报（天津）》1932年第1卷第33期，第2—3页。
④ 谢似颜：《评大公报七日社评》，《体育周报（天津）》1932年第1卷第30期，第1页。
⑤ 《全国体育会议大会宣言》，《申报》1932年8月22日第5版。

允、到位。

洋土体育之争，是中、西体育文化在交流过程中产生的现象。经过争论，暴露出各自的问题。洋体育实施者着重于训练选手、参与竞赛、争标夺奖，导致畸形发展，误导体育之真谛，多为土体育支持者诟病；土体育以国术界为主，教材未经仔细整理，未能运用科学的理论与方法，说服力不够，使洋体育支持者难以接受。双方的互相争论与检讨，使人们看到两种体育各自的利弊。中国当时存在的这两种体育，唯有互相借鉴，各取所长，才会充分发挥它们的功能。

在这场论争中，体育留学生的主要作用体现在跳出国家和民族的视野，用科学的、跨文化比较的眼光审视固有体育，经过分析、比较，找到其不足，这对民族体育的发展大有裨益。然而，对如何改造、发展民族体育，还没有找到合适的办法。

二　体育军事化与体育教育化之争

（一）争论的背景

从 20 世纪 20 年代开始，美国的自然体育思想在体育界逐渐居于主导地位。到了 30 年代，在日本帝国主义加紧侵略，我国处于危难之际，遂产生了民族体育思想，其以体育军事化为主要观点。主张体育军事化者，从思想与实际批评了自然体育；主张自然体育者也发表文章进行论辩。于是，在继"土、洋体育"之争后，我国体育界又开展了"体育军事化"与"体育教育化"之争。这场论争从 20 世纪 30 年代中期开始，到抗日战争全面爆发后渐趋沉寂。

（二）争论的基本内容

"体育军事化"与"体育教育化"之争的双方代表人物主要是体育留学生。其中"体育军事化"论者是以留德体育生程登科、吴澂、萧忠国等为干将，"体育教育化"论者以留美体育生方万邦、吴蕴瑞等为主力。因此，"体育军事化"与"体育教育化"在一定程度上是留德生与留美生之争，或者说是"德意体育派"与"英美体育派"之争。

程登科首先抛出"体育军事化"观点。他说："中国体育是走错了路，贵族的路！他剥夺了平民的运动，叫平民袖手旁观。……他又叫运动变成贵族子弟的专利品、娱乐品。""现在学生对体育浪漫成性。……所以我们要挽回这个颓风，……需要体育军事化，才能适应现在的环境，革除过去的颓风"①。他认为，在当时国情形势下，中国体育的发展走体育医学化、体育教学化的道路是不切实际的，只有实行体育军事化，才可称之为"时代的体育，是适合我国国情的体育，是纠正我国目前颓败现象的体育，是使强种强国不致成为体育口号的体育，也就是复兴民族体育一线曙光的体育"②。

留德体育生吴澂和萧忠国对程登科予以声援。吴澂1933年在《我国今后体育上应行注意的几点》一文中认为，应注意军事体育，并强调体育的目的为应对战争，作为通国皆兵之准备，以达民族生存之目的。萧忠国1933年发表《德国青年概况》一文，支持程登科、吴澂的体育军事化思想，并介绍德国体育的核心——青年体育，阐明德国体育军事化的精神与做法，作为我国引用之参考③。

程登科等人的"体育军事化"观点得到留美体育生的回击。其中反对较为激烈的是方万邦。1935年他发表了《我国现行体育之十大问题及其解决途径》一文，提出体育不宜军事化的理由：第一，现代战争完全是科学的，尤以化学、物理、数学等应用科学最为重要，非如古代战争所用之弓马刀枪等可比，现代所用的专门战术，皆为体育课程所未备，所以体育军事化在实际上并没有什么用处。第二，若体育与军事教育有密切的关系，要行军事化，那么与军事教育更有密切关系的历史、公民、物理、化学等科更应先行军事化了，体育实无单行军事化之理由。第三，就实际而论，目前教育宗旨首重民族复兴，与其体育以军事化为目的，不如以复兴民族为目的，因为复兴民族是需要各个国民有健全的身体、健全的精神和健全的人格，体育就是造就这种国民的良好工具。第四，以目前国内军队情形观之，体育军事化不如军事体育化，以训练军士坚强的体格及精神④。

反对体育军事化的还有吴蕴瑞，他认为："军事训练，性质重纪律，方法尚严格，动作欠自由。以之训练高中学生或成人则可，以之训练小学

---

① 程登科：《怎样利用军警权力辅助民众体育使全民体育化》，《体育季刊（上海中华全国体育协进会）》1935年第1卷第2期，第181—186页。

② 罗时铭：《中国体育通史·第四卷》，人民体育出版社2008年版，第189页。

③ 许义雄：《中国近代体育思想》，启英文化事业公司1996年版，第532—535页。

④ 方万邦：《我国现行体育之十大问题及其解决途径》，《教育杂志》1935年第25卷第3期，第29—38页。

儿童、初中学生，不啻违反其本性，剥夺其发展身体之机会，所谓军士之体格，将何以养成？"①

1935 年，程登科撰文对方万邦的反驳予以回应。他说，体育教育化"在理论上说，谁也不能否认这是一个极端健全的结论，著者也是十二分钦佩的。不过，内察我国环境，似不宜施行这种文雅体育。目前，外察国际风云，千端万变，我们处在这个凶涛骇浪中，环顾我国邻邦日益狰狞可畏。内观我国民族性，几乎丧失殆尽。……体育教育化好吗？好是好的，可惜没有顾到时间性，或者可以说，只恨这个号称文明古国的中华，还没有滋长到这么一个园地。……体育本以促进人类健康与娱乐为目的，不过处在这个 20 世纪强食弱肉的时代，也就不容许我们把体育视为健康与娱乐为目的了。……目前复兴民族的呼号已声彻云霄，而复兴民族，则必持军事化来完成这个目的。那么，体育既系复兴民族的工具，体育当然尤先必须军事化。"②

后来，留美体育生章辑五以较为公允的立场，对双方的观点给予评论。他说，方万邦和程登科两位是"站在教育过程的两极端讲话，方先生是照顾儿童身心的健康，根据近代生理学及心理学所贡献的原则，发挥体育对人类之功能；程先生是用历史的观察和民族竞争的需要说到体育的可能，他们各是其是而忽略了整个教育的过程。""有的专家说教育的起点应该照顾儿童的天性与本能，又有人说教育的终点应该照顾社会、人类的需要。方先生仿佛站在科学家与心理学家的立场上说话，而程先生是站在历史学家和社会学家的立场上说话，所以发生意见上的冲突"③。章辑五的分析比较准确和深入，指明双方因站在不同的立场和角度而产生了不同的主张，但又各有所长。

（三）争论的影响

体育军事化和体育教育化之争，虽有其他人士的参与，但体育留学生在其中发挥了主导作用。通过这次论争，双方宣传了各自的主张，使人们进一步加深了对体育主导思想和体育发展道路的认识。

---

① 吴蕴瑞：《体育与军事训练之关系》，《体育季刊》1936 年第 2 卷第 2 期，第 140 页。

② 程登科：《读方万邦先生〈我国现行体育之十大问题及其解决途径〉中所持对军事化不切实用的检讨》，《体育季刊》1935 年第 1 卷第 3 期，第 353—361 页。

③ 章辑五：《读了方万邦程登科两先生的大著之后》，《体育季刊》1936 年第 2 卷第 3 期，第 343—349 页。

抗战前我国的体育军事化思想主要源自于德国，由留德体育生积极倡导，拟以德国的全民体育化、体育军事化体制移植中国，通过体育军事化和军事体育化两个渠道实施，以达到抵御外侮、体育救国之目的。其不足是有碍个性的发展和兴趣的培养。

体育教育化思想源自美国自然体育思想，由留美体育生积极引入，认为身心一元，体育为教育之一环，主张通过大肌肉活动的手段，达到培养完整的、适应社会的人之目的。其不足是自由散漫，在非常时期难以起到强兵抗敌、救亡图存的目的。

体育军事化思想是战时的产物，为应急之作，在抗战期间得到认可并部分付诸实践，对民族抗战的胜利起到一定的作用，抗战结束后渐趋沉寂。体育教育化思想是正常时期开展体育活动的思想，在抗战艰苦时期大力提倡易受人诟病，但在和平年代更易被接受，后逐渐成为主流思想。

三　"选手体育"与"普及体育"的论争

(一)　讨论的起因

所谓"选手体育"，又叫"学校选手制"体育(简称"选手制")，是指学校为获得办学声誉和提高知名度，采取选定优秀学生组成运动队，对外代表学校参加体育比赛，重视代表队队员的训练并给予特殊待遇，而忽视其他学生健康和体育活动的做法。所谓"普及体育"是针对"选手体育"而提出的一个相对概念，即学校体育面对全体学生，其设施、经费等为全体学生的健康和体育活动服务。早在五四运动时期，就有人提出"选手制"存在的问题。在20世纪30年代，由于南开学校进行取消选手制的改革，结果引发了一场关于"选手体育"与"普及体育"的争论。

在近代，天津南开学校的体育活动一直享有盛名，特别是其篮球代表队曾威震南北，享誉全国。但在1932年，南开学校取消了选手制。章辑五向社会介绍了这一做法的原因：运动人数增加，学校经费困难；选手依赖学校成性，失掉独立人格；选手制未能顾及大家的体育；选手制易步入商业化、职业化歧途，且弊端丛生，有悖教育原则；南开学校选手成绩好，易遭嫉妒，影响天津体育的团结和发展；受苏联体育民众化思想影响，多提倡团体运动，少从事贵族类、出风头的个人项目①。这也表达了他们对选手制的不满和反对的态度。南开取消选手制一经公布，即引起学界的讨论。

（二）讨论双方的观点

支持选手制的主要有王焕如、王复旦等人。体育留学生方万邦、吴蕴瑞、郝更生等参加了讨论，主张普及体育，对选手体育进行了批评。

1. "选手体育"支持者的观点

王焕如认为，应该恢复选手制，他认为："选手制存在的时候，所有院际或班际比赛，选手概不准参加，……取消选手制，院际比赛的几个代表仍是一般选手，而我们要提倡的倒没有机会参加，反不普遍。"他反对取消选手制的还有另外两个理由："一是选手制废除，使爱护团体的心由大变小，如同由国家观念变到家族观念一样；二是不必顾及因为选手制的存在而妨碍天津体育的发展。"② 所以主张恢复选手制，但要取消选手的特殊待遇。

王复旦也支持选手制。他首先对选手体育和普及体育的关系进行了论述："选手体育和普及体育是绝对不冲突的。应由选手体育，推进而达普及体育；应由普及体育，再进而研究选手体育，非特不冲突，并可相互扶助而行的。"接着，他通过比喻的方式，说明了选手制的作用："在一班之中，或一校之中，必有许多学生，得天独厚，身体较其他学生高超，要使全校体育兴趣浓厚，必须利用身体较强、技术较优之选手从中引导，使身体较弱、技术较劣之学生，有所比较，于动作上、技术上得有所模仿，作为楷则。好像主持教育者，欲一班或一校的学科程度提高，亦必有用成绩展览或成绩揭示等方法，使成绩较劣的学生得有比较。所谓成绩展览等方法，实即体育上之选手运动也。"另外，他还指出了选手制的不足："至于近年来所产生的选手制的流弊，如学校优待运动员也，运动员不用功读书也，运动员之品性傲慢等弊病，鄙意以为这是体育由不普及而普及，由不发达而发达的过程中所必经之阶段，不是选手制本身的问题。鄙人没去过欧美，没有目睹欧美体育真相，听说对于以上所述有流弊的阶

---

① 章辑五：《南开学校半年来取消选手制后的新实验》，《天津体育周报周年纪念特刊》1933年第1卷第21期，第8—10页。

② 社评：《南开应否恢复选手制?》，《天津体育周报》1932年第1卷第45期，第1—2页。

段，亦是经过的。……我们现在既然知道这种方法是不好的，不必空谈，大家以身作则地来改革，来留意就是了，何必因噎废食呢？"①

王焕如和王复旦都在肯定选手制作用的同时，也看到了其存在的问题，并主张进行改革，解决问题，而不能因噎废食，这是符合事实的。但对于改进的方法，并没有进一步说明。

2. 普及体育支持者的观点

方万邦认为："我们应该提倡普及体育，不应该注重选手体育，在理论上已不成问题了。但在事实上却大大不然，眼看现在学校和社会的体育，哪一处不是提倡选手狂热的比赛呢？教育机会均等是天经地义无人敢反对的，选手体育只是造就少数技能优越的选手，而于一般身体衰弱、需要体育训练的学生，反被那少数人剥夺了机会。这样畸形发展的选手制，在教育机会均等的原则下，绝无存在的理由。"② 方万邦是自然体育思想的提倡者，主张体育教育化、生活化和普遍化，注重教育机会平等原则，当然反对选手体育而支持普及体育。

吴蕴瑞具体分析了选手制的利与弊。他认为，选手制的优点在于："聚一单位一团体之优秀之精华，谓此乃代表该单位团体之精神成绩，一单位一团体与各单位、团体比赛，表演精彩，成绩优良，号召各地之观众，引起剧烈之竞争，竞争愈浓，兴趣愈大，直接间接于无形上推进体育；而动作姿势，足可作一般后进运动员之示范，俾其与技术上有所取法。"他又指出，选手制也存在一定的弊端："各学校为争一时之光荣，甚且优待运动员，以运动员作广告，进而体育教师服务生命，亦因选手之拥护与否为隆替，近已有人为文讥之为马戏客与虎豹犀象，叫花子与狗，此诚吾体育界伤心之事也。因其优待，故重于技术之锻炼，忽于学业之灌注，日常管理，学校规则，不无宽容，以此常引起一班不好运动者反感；因其重形势，作广告之宣传，于是免费用，暗拉拢，无形上使运动员养尊处优，形成特殊阶级，致年少气盛之选手，目空一切，流风所至，物议沸腾。此选手制兴而运动界之光荣坠，美德变为恶德矣。"③ 可以看出，选

---

① 王复旦：《体育上几个纷争问题的讨论》，《上海体育》1937年第1卷第2期，第1—5页。
② 方万邦：《我国现行体育之十大问题及其解决途径》，《教育杂志》1935年第25卷第3期，第29—38页。
③ 吴蕴瑞：《运动选手制与运动总锦标》，《勤奋体育月报》1935年第3卷第1期，第25—26页。

手制弊大于利，并对体育界产生较大的危害。

郝更生反对选手体育而主张普及体育。他认为，选手制盛行的必然结果是："体育活动一天天变成少数学生的一种特殊的活动。对于大多数的学生，不发生多大的关系。"因此，他主张必须通过改进而"使得每一个学生，不仅仅有参加的机会，而且有参加的必要，这样才可以把过去锦标式的体育课外活动，变成一种体育上的普遍训练"①。

留美体育生坚持自然体育的观点，主张体育的生活化、普遍化，支持普及体育而反对选手体育，但对于如何改进体育，促进学校体育的普及化，也未提出具体措施。

（三）争论的影响

这场关于普及体育和选手体育的讨论，实际上是普及和提高问题在学校体育领域的具体反应。经过讨论，双方对学校领域的选手体育有了较为明确的认识。选手体育支持者强调运动选手对学校体育的示范与带动作用，同时也看到了其弊端，但认为不能因噎废食；普及体育支持者着眼于全体学生的教育机会和体育利益，认为选手体育弊端丛生，有悖于体育教育化原则。

虽然争论双方均未对改进选手制和促进学校体育普及化提出有效的对策，但通过争论，引起体育界对学校体育竞赛问题的重视，并推动着体育界在实践中继续探索这一问题。章辑五最初主张废除选手制，后经过两年的观察和在欧美长期的研究，再加上南开大学三年的实验，最后放弃了原来的主张。他说："天津南开大学可以说是第一个取消选手制的，然而最近二年来，个人观察所得，及南开三年来实验的结果，选手制度，实在有存在的必要。"② 也就是说，选手制的废与立，实践最有发言权。作为留美体育生，他通过实践及时纠正了原来的观点，体现了学者所具有的重视实践、勇于探索的严谨态度和务实作风。

四　新中国成立初期在体育思想方面的"破旧立新"

中华人民共和国的成立，标志着中国体育事业进入了一个前所未有的

---

① 成都体育学院体育史研究所：《中国近代史体育资料》，四川教育出版社 1988 年版，第 119—120 页。

② 王复旦：《体育上几个纷争问题的讨论》，《上海体育》1937 年第 1 卷第 2 期，第 1—5 页。

新时代。新中国在继承和发扬革命根据地、解放区体育传统，接受和改造旧中国体育的基础上，初步形成了新民主义体育思想。在这一体育思想的转变过程中，体育留学生也发挥了积极的作用，主要表现在对美国式体育的批判和对苏联体育的宣传。

新中国成立后，体育思想战线经历了一个"破旧立新"的过程。"破旧"是指运用马克思主义的观点和阶级分析的方法，对旧中国流行的美国式体育进行了分析和批判。体育留学生徐英超、马约翰、马启伟、管玉珊、梁兆安等人通过新、旧中国的对比，并结合自己在旧社会的经历，揭露了美国体育和旧中国体育的本质。徐英超曾撰文指出："30年来中国体育理论、制度、方法、作风几乎完全是美国的一套。""美国是资本主义发展到帝国主义的国家，它的政治、经济、军事、教育等都是为资产阶级服务的，体育自然也一样，不能设想一个帝国主义国家为资产阶级服务的体育，对于一个半殖民地半封建国家受压迫的人民会合适和有益处。""我们旧体育工作者中这种毒太深了……自然美国体育一部分关于技术、生理方面的有些价值，但其实是为统治阶级服务的少数人的体育运动，广大劳动人民没有享受体育的权利和可能。"[1] 马约翰指出："中国提倡体育已有50多年的历史，我们想一想，50年来提倡体育所得到的是什么？是为少数人服务。"他认为，50年来体育技术、业务上进步缓慢的根本原因是"受旧社会、反动统治的种种限制，同时因我们没有为人民服务的思想，对体育的认识不够，缺乏正确的观念，把握不住方向"[2]。马启伟认为："解放前我国的体育，特别是大学和一些教会学校的体育，大多是挪用美国的一套。有些人认为美国体育一切都好，盲目崇拜美国体育。这种做法和思想是受了美国的欺骗宣传与毒化教育的影响，对美国的教育缺乏足够的认识。""美国的体育活动，只是少数人的买卖行为与工具罢了。"[3] 管玉珊、梁兆安等也纷纷在《新体育》上撰文，揭批美国体育的本质。上述这些观点，是在社会主义立场上对美国体育和崇美思想的重新认识和深刻反思，也是当时抗美援朝运动时期反美思想在体育领域的反映。

---

① 徐英超：《论改造体育的两个问题》，《新体育》1950年第7期，第10页。
② 马约翰：《我们对体育应有的认识》，《新体育》1950年第7期，第18页。
③ 马启伟：《我对美国体育的认识》，《新体育》1950年第6期，第10页。

　　"破旧"是为了"立新"。在体育领域，破坏一个旧世界意味着要建设一个新世界。新中国刚成立，在受到帝国主义的全面封锁又缺乏建设社会主义经验的情况下，学习苏联就成为当时的唯一选择。这一时期，在批判崇美思想和旧中国体育的同时，我国开始引介苏联体育理论和实践。体育留学生牟作云、徐英超、方万邦等首先开始对苏联体育的学习和介绍。1950 年 7 月，牟作云在新中国第一家全国性体育杂志《新体育》上，从创刊号开始，连续三期刊载了我国第一篇全面介绍苏联体育经验的长篇文章《今日苏联的体育》。该文系统介绍了苏联体育的发展简史、制度与作风、原则与方法、组织机构、各项运动最高纪录、劳卫制的各项锻炼标准等[①]，揭开了介绍苏联体育的序幕。1950 年 8 月，以徐英超为团长，包括中华全国体育总会筹委会、中国人民解放军、各大行政区代表共 12 人组成的代表团应邀访苏，这是新中国第一个出访的体育代表团。该团对苏联体育运动的组织领导、干部培训以及学校体育等做了较为系统的考察和学习，参观了全苏田径运动大会、莫斯科斯大林体育学院、中央体育研究院，以及列宁格勒和基辅等地工厂、学校和公共机构的体育活动[②]，并带回了全面、系统的 20 多种考察资料，写出了对初创我国体育事业具有重要意义的《赴苏体育访问团对于今后开展体育工作计划的意见》[③]。这次出访不但实际考察了苏联的体育实践，带回苏联体育的第一手资料，而且开创了新中国的体育外交事业。1953 年，《新体育》杂志社创办了重点介绍苏联等社会主义国家体育经验、理论和科研成果的刊物——《体育译丛》（后改为《体育文丛》），方万邦在其创刊号的首篇位置发表了《巴甫洛夫高级神经学说在体育教育上的应用》一文[④]，在国内较早地介绍对我国运动人体科学产生重要影响的苏联体育理论——巴甫洛夫高级神经学说。上述对苏联体育的早期引介活动，为后来我国体育界掀起邀请苏联专家讲学，翻译苏联体育论著，派遣留学生、运动员出访等全面学习苏联体育的热潮做了铺垫。

---

　　① 毕世明：《论 50 年代学习苏联体育经验》，《体育科学》1992 年第 12 卷第 3 期，第 9—12 页。

　　② 熊晓正、钟秉枢：《新中国体育 60 年》，北京体育大学出版社 2010 年版，第 58 页。

　　③ 林淑英、杜利军、胥德顺等：《中国与前苏联东欧体育交往及其影响的研究》，《体育科学》2000 年第 20 卷第 6 期，第 11—14 页。

　　④ 徐隆瑞：《方万邦》，《学校体育》1988 年第 1 期，第 78 页。

新中国成立初期在体育思想领域的"破旧立新",对我国体育的发展产生了重要影响。它使包括留学生在内的体育工作者树立了正确的世界观和学术立场,扫清了美国资产阶级和旧中国体育的影响,为学习苏联先进的体育理论和实践,形成中国的社会主义体育理论奠定了思想基础。但在"破旧立新"过程中出现了"全盘否定"和"盲目照搬"的两种倾向,对西方体育先进的一面和苏联体育存在的问题认识不足,对后来的体育实践带来了一定的影响。但这毕竟是新中国体育事业初创时期出现的问题,其本身就是一笔财富,对当代中国体育的发展仍具有借鉴意义。

本章小结

思想层是文化圈层结构中居于最里面的一个层次,是文化圈层中的核心和灵魂。体育思想的表现形式主要包括与体育有关的各种理论、主张、观念等。近代以来,体育留学生回国后,以其跨文化的实践和视野,参与了几乎所有重大体育思想的传播与研讨,在繁荣和发展中国体育思想方面做出了一定贡献。体育留学生在思想层面的活动,主要体现在传播军国民体育思想和自然体育思想,倡导民族体育思想,参与体育思想的讨论与争鸣等。

军国民体育思想源于德国、日本,包括体育生在内的留日学生是其主要传播者。该思想在中国主要流行于 20 世纪初至五四运动时期,对中国学校体育、社会体育以及民族传统体育的发展起过促进作用,但也有机械、僵化、不符合学生身心特征等弊端,后随形势的变化而最终流于沉寂。

自然体育思想源于美国,吴蕴瑞、袁敦礼、方万邦等留美体育生是其主要传播者。该思想自 20 世纪 30 年代传入中国一直到新中国成立前,是影响中国的主要体育思想。自然体育思想在丰富学校体育内容、促进学校运动竞赛开展、加强学校体育科学研究等方面起到了积极作用,但也有忽略学生体质、助长"放羊式"教学和"选手体育"等不足,新中国成立后对其进行了批判和重新认识。

民族体育思想是以程登科为代表的留德学生受到德国全民体育化和体育军事化体制影响而提出的一种思想,主要流行于 20 世纪 30 年代后期至抗战结束这段时间。该思想是在民族危机情况下提出的救国、卫国体育思想，符合民族根本利益，对推动全民抗战起到了一定作用，但也存在夸大体育作用、裹挟专制主义等不足，后随抗战胜利而销声匿迹。

近代以来，体育留学生还先后参与了"土体育"与"洋体育"、体育教育化与体育军事化、普及体育与选手体育以及新中国成立初期"破旧立新"等学术讨论与争鸣。这些论争，对于深刻认识和比较中外关于体育本质和特征的理解、解决当时体育实践问题、推动体育学术发展起了积极作用，其中的部分观点，对当今体育实践和学术研究依然具有借鉴意义。

留学生在体育思想方面的传播与争鸣，是近代以来西方文化与本民族文化撞击、交融在体育领域的反映。随着时间的推移，外来文化特质逐渐融入本民族文化之中，最终演化为中国现代体育思想体系的组成部分。

第六章

个案研究

"任何人类历史的第一个前提无疑是有生命的个人的存在"①。前面各章从历史发展、基本特征、主要贡献（器物层、制度层、思想层）三个大的方面，对我国近代以来的体育留学教育及体育留学生群体进行了宏观的分析。本章从微观角度，采用个案分析法，对近代体育留学生中的典型人物进行分析，以展现体育留学生的个体风貌。考虑到人物所处的历史时期、工作性质、留学国家、影响程度等因素，本章选取了产生一定影响的留美幼童（清末时期出国、中国最早官派留学生、留美）、徐一冰（清末时期出国、体育教育家、留日）、董守义（民国时期出国、体育运动专家、留美）、袁浚（民国时期出国、体育教育家、留德）、陈镜开（新中国成立后出国、著名运动员、留苏）、杨天乐（新中国成立后出国、体育科技专家、留匈）等六位（类）进行具体分析。

第一节　清末时期留学生与体育活动个案研究

一　留美幼童与体育活动

1871 年，由容闳倡议，在李鸿章等人的支持下，饱受西方列强坚船利炮欺凌的清政府决定派遣青少年留学美国，学习西方先进文化。1872年到 1875 年，清政府先后派出四批共 120 名学生（平均年龄 12 岁左右）赴美学习，主要培养实业、外交人才，史称"留美幼童"。1881 年，由于保守派官僚的阻挠，原定 15 年的幼童留美计划不幸夭折，幼童被召回国。

关于留美幼童，人们熟悉的大多是他们回国后在政治、经济、军事、

_____

① 《马克思恩格斯全集》（第 3 卷），人民出版社 1960 年版，第 23 页。

外交、铁路、矿冶、邮电、交通、教育等方面的贡献，而他们在留学期间的体育活动却鲜为人知。留美幼童积极参与体育活动，较早地给美国人留下了中国人的"体育形象"。

（一）留美幼童的体育活动

在中国传统教育中，体育教育一直未得到应有的重视。这些十几岁的孩童到美国后，一改传统的"文弱书生"形象，对各种西方体育活动表现出极大兴趣，并很快成为美国孩子的竞争对手。留美幼童参与的体育活动主要包括棒球、赛艇、橄榄球、滑冰、狩猎、自行车等。

1. 留美幼童与棒球运动

现代棒球运动源于英国、发展于美国，后被美国总统塔夫脱批准为"国球"。幼童来到美国后，接触最多的就是棒球运动。

据一位抚养过幼童的美国友人讲："幼童们喜欢各种运动，尤其喜欢棒球。我当时住在森孟纳街，孩子们到住的地方总要经过我住的房子，他们总是将球和球棒放在我家前厅。"[1] 第一批留美幼童梁敦彦（广东顺德人，后任清朝外务尚书、北洋政府交通总长——笔者注，下同）棒球技术高超，据说"他出手时，身体弯曲扭转，同他的辫子形成不同的几何曲线。"[2] 第一批留美幼童詹天佑（祖籍江西省上饶，生于广州南海，后为中国首位铁路总工程师）在留学期间也是棒球爱好者，在湖北武汉詹天佑故居里还保存着一张他当时参加纽黑文中学棒球赛的照片。第四批留美幼童吴仰曾（广东四会人，后为矿业工程师，任清朝开平矿务局副局长、国民政府工矿厅工程师）也是投球高手，"在棒球场上，曾（吴仰曾）是最佳投手，他投的球几乎没有能被击中的可能。"[3]

使留美幼童的棒球技艺蜚声海外是"东方人"棒球队及其与美国人的比赛。

1873 年，第一批留美幼童中的詹天佑、梁敦彦、蔡绍基（广东香山人，后任中国近代第一所大学——北洋大学校长）、黄开甲（广东镇平人，后任清朝轮船招商局经理、电报局总办）、陈钜溶（广东新会人，病逝于海军）、钟俊成（广东香山人，供职于外国领事馆），与第二批留美

---

① 于建勇：《中国首批留学生与他们的体育活动》，《体育文史》1990 年第 1 期，第 46—49 页。

② 高宗鲁：《中国留美幼童书信集》，传记文学出版社 1986 年版，第 60 页。

③ 钱钢、胡劲草：《清末留美幼童的故事》，《乡音》2004 年第 6 期，第 44—46 页。

幼童中的李桂攀（广东香山人，清朝最后一任上海电报局总办、民国第一任电报总局局长、中国电报事业奠基人之一）、吴仲贤（广东四会人，后为外交官）、邝咏钟（广东南海人，爱国军人，后在中法马江海战中阵亡）等人组建了"东方人"棒球队。他们不仅常与美国朋友进行友谊赛，增进相互了解，而且"多次为耶鲁大学争得荣誉"。①

留美幼童回国经过旧金山时，与美国一支球队——奥克兰棒球队进行了一场著名比赛。留美幼童温秉忠后来回忆说，那时"谁又看过东方人玩棒球呢？中国投手之高招，使奥克兰队已感情势不妙，球场观众大哗——中国人打美国的国球，且使老美溃不成军，不可思议！全场终局，中国队大胜，幼童及华侨兴高采烈。……"②

这些幼童们训练有素，技艺精湛，可以看出他们是经常玩棒球的。只可惜"这是他们合打的最后一场球，因为他们回华以后，天南地北各自一方，再也没有打球的机会了"。③

2. 留美幼童与橄榄球运动

橄榄球运动起源于英国，是一种比较激烈、刺激的身体接触型运动，是美国最流行的团队竞技运动之一。幼童到达美国后，对橄榄球运动也产生了浓厚兴趣。耶鲁大学的菲尔浦斯教授是当时幼童的美国同学，他后来在自传中多次提到中国幼童参加体育活动的情况。他在其书中写道④：

> 这些男孩子穿着打扮和我们一样，只是头上留着长长的辫子。他们玩橄榄球的时候，会把辫子藏在衬衣里，或盘在头上。如果辫子松了，那可是给对手一个太强的诱惑。……我至今清楚地记得，当我们玩橄榄球选人分队时，聪一定是首选。因为他又矮又壮，身材天生接近地球，跑动起来像只小猎犬，躲闪的功夫又像只猫。如果说聪在速度和风度上占优势，那么康则是力量型选手。他身材健壮，脸上永远挂着善意的微笑，他可以穿越四五个美国同学的封锁，闯过目标线。

菲尔浦斯教授所说的"聪"是指邓士聪（第一批留美幼童，广东香

①　罗时铭：《中国体育通史》（第三卷），人民体育出版社 2008 年版，第 94 页。
②　经盛鸿：《詹天佑评传》，南京大学出版社 2001 年版，第 53—55 页。
③　高宗鲁：《中国留美幼童书信集》，传记文学出版社 1986 年版，第 80—83 页。
④　钱钢、胡劲草：《大清留美幼童记》，当代中国出版社 2009 年版，第 83—84 页。

山人，归国后任北洋海军军官、天津税务局主管），"康"是指康赓龄（第三批留美幼童，上海人，早年病逝于美国）。可以看出，在直接身体对抗项目上幼童们也不输给美国学生。

3. 留美幼童与赛艇运动

英、美著名大学之间经常举办体育对抗赛赛，其中重要的一项是划艇运动。特别是哈佛大学和耶鲁大学、牛津大学和剑桥大学每年一度的划艇大赛，几乎成为大学声誉的比拼。要成为划艇队的一员，不但要技艺高超，还要品学兼优。这样难得的地位，就是当代中国留学生也很难获得。但在留美幼童中出现了一位划艇明星——钟文耀（第一批留美幼童，广东香山人，后任外交官、铁路官员），他是耶鲁划艇队的领袖——舵手。

哈佛和耶鲁的划艇比赛，自 1852 年至今已经举办了近二百届，总成绩是耶鲁胜少负多。在钟文耀担任舵手的两年，耶鲁均获得难得的胜利。在耶鲁大学的赛艇运动史上，留下了中国留学生钟文耀的名字。

4. 留美幼童与打猎、跳舞

打猎是一项休闲运动，留美幼童也参与其中，而且技艺非凡，自得其乐。菲尔浦斯教授描写道[1]：

> 我在高中最亲密的朋友是 CHO……几乎每个周末，CHO 和我都要到西哈特福德打猎，主要是打金翼啄木鸟和草地鹨。CHO 有一把超过 12 磅重的猎枪，他可以终日毫无怨言地扛他的这把宝贝枪，并且具有百步穿杨的好枪法。最后，当这些孩子令人遗憾地被召回时，CHO 把他的这把猎枪赠给我，作为我们永久友谊的见证。

文中的"CHO"指的是曹嘉祥，第三批留美幼童，广东顺德人。曹嘉祥回国后担任海军部次长，是中国新式海军发展的决策者之一；后任天津巡警总局首任总办，成为中国近代警察制度的创始人。

跳舞是一项文体活动，也是一种重要的社交手段。这些幼童到美国后，很快就学会了这种交流方式。菲尔浦斯教授回忆说[2]：

---

[1]　钱钢、胡劲草：《大清留美幼童记》，当代中国出版社 2009 年版，第 83—84 页。

[2]　同上。

这些男孩不但在体育场上压倒美国人，他们还在另外一些场合让我们心碎。当这些中国年轻人出现在社交场合的时候，就没有我们什么事了。他们对女孩的态度，有优雅的恭顺，是我们学不来的。我不知道，女孩子喜欢他们，是因为和东方人共舞的异国情调，还是真的受到他们言谈风度的吸引？但事实就是，在舞会上，在一些招待会场，那些最漂亮最有吸引力的女孩总是会挑选这些东方男孩。我至今还记得，那些美国男孩痛苦的神情，他们眼睁睁地看着那些他们心仪的女孩特意地从他们身边走过，去接受他们的对手——那些中国男孩的邀请……那些中国男孩的舞跳得真是很棒！

5. 留美幼童与其他体育运动

另外，幼童们还参加冰球、滑冰、自行车等运动，甚至独领一时之风骚。

菲尔浦斯教授回忆说："我们玩的所有游戏，对他们来说都是陌生的，但他们很快就成了棒球、橄榄球、冰球的好手，在花式滑冰场上技术更是超绝。当单车（自行车）刚刚出现的时候，学校第一个买它的就是曾。我现在仿佛还可以看到，他骑着这奇怪的家伙在避难山路上走。"①这里所说的"曾"指的是前面提到的吴仰曾。

回国后，留美幼童薛有福在给美国友人的信中写道："我盼望我能再溜冰，即使几小时也满足了。你知道，我是多么热爱溜冰。相信赫约克仍有溜冰场，今年冬天又是溜冰的好季节。"②该文字一方面说明当时幼童对滑冰的喜好程度，另一方面也揭示了幼童回国后对体育运动的怀念与渴望。

（二）留美幼童对中国近代体育的影响

中国近代体育的发展是西方体育文化向中国传播的过程，也是中国不断吸收西方体育文明成果的过程。留美幼童作为中国最早的官派留学生群体，最早接触、体验西方体育，并对中国近代体育的发展产生了积极影响。

---

① 钱钢、胡劲草：《大清留美幼童记》，当代中国出版社 2009 年版，第 95 页。
② 高宗鲁：《中国留美幼童书信集》，传记文学出版社 1986 年版，第 80—83 页。

　1. 较早地在西方树立中国人体质健康、素质优良的正面形象

　　这些幼童在美国求学期间，爱好运动，刻苦好学，表现卓越，给西方人留下了体质健康、素质优良的良好形象。

　　首先，这些幼童到达美国后，投身于各种体育活动中，并表现出较高的技艺，给西方人留下了体质健康、善于运动的印象。留美幼童的同学菲利普教授回忆说，幼童"在教室及球场上，很快熟悉了英语。他们脱下了丝质官式长袍，短短几个月中，幼童已经可以在球场上及教室中，向美国学生挑战而一决高低了"。[1] "事实是这样，在哈德福的乡下学校以及中学里，我最好的朋友大部分都是中国孩子……他们有卓越的风度，都是运动健将，机警好学。"[2] 和幼童一起长大的路易斯小姐也回忆说："余视为游伴之学童，他们年轻、聪明而有趣。在游戏场上，经常获胜。"[3]

　　其次，幼童们珍惜机会，勤奋好学，给美国朋友留下了学业卓越的印象。菲利普教授谈到对幼童们的印象时说："他们不但体育好，各门功课都好，我所见过各国学生中，要属中国学生最出色了……"[4] 美国教育界对幼童评价道："贵国派遣之青年学生，自抵美以来，人人能善用其光阴，以研究学术。以故于各种科学之进步，成绩极佳。"[5] 当时的美国《纽约时报》赞誉道："他们机警、聪明、好学、智慧。像由古老亚洲来的幼童那样能克服外国语言困难，且能学业有成，吾人美国子弟是无法达成的。"[6]

　　再次，幼童在异国他乡以自己卓越的表现，为国家赢得了荣誉。耶鲁大学校长波特先生给清政府总理衙门的信中说："凡此诸生言行之尽善尽美，实不愧为大国国民之代表，足为贵国增荣誉也。盖诸生年虽幼稚，然已能知彼等在美国之一举一动，皆为祖国国家之名誉极有关系，故能谨言慎行，过于成人。"[7] 当听说这些幼童要被撤回时，美国教育界无比遗憾

---

　　① 高宗鲁：《中国幼童留美史》，珠海出版社 2006 年版，第 25 页。

　　② 王焕琛：《留学教育——中国留学教育史料》，台湾编译馆 1980 年版，第 32—33 页。

　　③ 郭力、郭琳：《近代体育思想对留美幼童人格影响》，《军事体育进修学院学报》2010 年第 29 卷第 1 期，第 9—12 页。

　　④ 李喜所：《近代中国的留学生》，人民出版社 1987 年版，第 48 页。

　　⑤ 容闳：《西学东渐记》，湖南人民出版社 1981 年版，第 102—103 页。

　　⑥ 经盛鸿：《詹天佑评传》，南京大学出版社 2001 年版，第 53—55 页。

　　⑦ 容闳：《西学东渐记》，湖南人民出版社 1981 年版，第 102—103 页。

地说："学生既有此良好之行为，遂亦收良好之效果。美国少数无识之人，其平日对于贵国人之偏见，至此逐渐消灭。而美国国人对华之感情，已日趋于欢洽之地位……今学生如树木之久受灌溉培养，发芽滋长，行且开花结果矣，顾欲摧残于一旦而尽弃前功耶？"①

幼童赴美后，积极参与各种体育运动，迅速摆脱在国内时的那种羸弱体质，锻炼出强健的体魄。另外，他们在汲取美国文化中积极因素的同时，也把中国人勇敢、智慧、优雅的一面展示给美国人。

2. 较早地显示了中西方体育文化的差异

中国传统文化以个体农业经济为基础、以宗法家庭为背景、以儒家思想为核心，形成了尚自然、尊人伦、重道德、崇礼教的民族品格和精神。反映在体育文化上，就产生了具有健身养生思想，注重内外兼修、身心并育的气功、武术、围棋等运动项目②。尤其是在学校教育方面，由于长期以来独尊儒术、重文轻武，体育教育一直未能得到应有的重视。第二批留美幼童李恩富（广东香山人、报人、作家，最早在美国出版图书的华裔）记载了出国前他在国内接受传统教育的情况："清晨六点，课堂里所有的男孩都在声嘶力竭，扯开嗓门大声朗读……一个学生拿起自己的课本走到先生桌前，转身背对先生，开始背诵。"他对这种教育的切身感受是："我的头脑在童年受到禁锢。像所有孩子一样，我想要大声喊叫，要蹦蹦跳跳，要到处跑，要表达我的厌恶和喜好，要尽情地宣泄我狂野的天性和爱意的冲动。但是，像匹初次套上缰绳的小公马，出于对长辈的恐惧，我被控制着，被套上了马嚼子，我的舌头被约束着，我的脚被钉上马掌。"③

而19世纪80年代的美国是一个年轻有为的国家。当时美国大众经历了革命共和的洗礼，饱尝了争取民主自由的艰辛，他们在一片生机勃勃的沃土上创建了一个令人向往的和平、自由的国家。美国整个国家所具有的蓬勃向上的氛围，美国民众身上所具有的批判、创新精神，美国社会生活中丰富多彩的体育、竞技文化，与当时处于垂死挣扎阶段的清政府、以迂腐懦弱为主要特征的国民性格以及以重文轻武为主要特点的传统教育形成

①　容闳：《西学东渐记》，湖南人民出版社1981年版，第107—110页。

②　郭力、郭琳：《近代体育思想对留美幼童人格影响》，《军事体育进修学院学报》2010年第29卷第1期，第9—12页。

③　洪叶、王秀丽：《李恩富自传中的华人形象分析》，《赤峰学院学报》，2012，33（11），第122—125页。

鲜明的对比。远道而来的幼童在这片思想开放、开拓创新的沃土上，必然体会到东西方体育文化的差异，体味到西方体育文化的魅力，并积极付诸实践①。

古语云："橘生淮南则为橘，生于淮北则为枳"（《晏子春秋·内篇杂下》）。这些幼童在国内环境下尚静少动甚至手无缚鸡之力，一到美国即刻如鱼得水，喜爱并投入各种体育活动中，显然是东西方体育文化的差异所导。幼童在国内外体育活动的巨大差异，正如容闳所言："彼等既离去故国而来此，终日饱吸自由空气，其平昔性灵所受极重之压力，一旦排空飞去，言论思想，悉与旧教育不作，好为种种健身之运动，跳掷驰骋，不复安行矩步，此皆必然之势……"② 这正揭示了东西方体育文化的差异及其对青少年的影响。

3. 较早地向中国传播西方体育

这些留学生受到欧美体育教育、体育文化潜移默化的影响，掌握了一种或多种运动技能，养成了一定的运动习惯。他们归国后直接或间接地向其家人、亲友以及所在地区传播西方近代体育。

首先，他们掌握了一定的运动技能，这些技能往往成为他们自己健身的方式，并影响到他人。如容尚谦（1863—1954），号辉珊，珠海南屏人。1872 年入选第一批留美幼童，学习采矿，归国后任清政府五品海军军官。据其后人回忆："容尚谦一直和次子容鸿一家生活在上海。他每天的生活非常有规律，坚持做体操和散步，90 岁都没有用拐杖。容尚谦爱好旅游和游泳。每年夏天都会带上家人去青岛避暑，教大家游泳。"

其次，幼童深受西方学校体育的影响，回国后为中国学校体育的发展起了一定的作用。第一批留美幼童梁敦彦在北京帮办税务期间，成为北京税务专门学校的网球比赛的发起人之一③。唐国安（第二批留美幼童，广东香山人）任清华学校校长时，对学校进行了全面整肃，制定学制和课程，开设了体育课程④；他提出德、智、体、美、群五育并举、和谐发展

①　钟芳芳：《中国近代留美幼童双重人格探析》，《黑龙江史志》2009 年第 12 期，第 155—156 页。

②　容闳：《西学东渐记》，湖南人民出版社 1981 年版，第 107—110 页。

③　高宗鲁：《中国留美幼童书信集》，传记文学出版社 1986 年版，第 80—83 页。

④　牟翔：《清华大学第一任校长唐国安》，《广东史志》2002 年第 2 期，第 60—61 页。

的思想①，在教育界产生积极影响。第三批留美幼童唐绍仪（广东香山人，清政府总理总办、中华民国首任内阁总理），与后来出国的留美生伍廷芳、王正廷、张伯苓等人发起成立"全国学校区分队第一次体育同盟会"。这些活动，均对当时的学校体育起到了倡导作用。

再次，留美幼童回国后，积极推广西方体育运动，对我国近代社会体育的发展起到了启蒙作用。梁敦彦回国后，一直提倡体育运动，他还在自己家里建了中国第一个网球会，举办了多次网球比赛②。第一批留美幼童黄仲良（广东番禺人，曾任清政府外交官、铁路官员），回国后一直喜欢棒球运动，没事时经常带着孙子黄源镇去天津的英租界看棒球比赛。他一边看比赛一边告诉黄源镇棒球规则，教他怎么玩。后来黄源镇上中学后，也开始玩棒球了③。唐绍仪在 20 世纪 30 年代初年担任广东省中山县县长。在把中山县建设成为南京国民政府"模范县"期间，他聘请体育专家及热心体育事业人士组成"体育委员会"，主持全县体育工作，使该县体育运动有较大发展④。

4. 较早地发挥了体育的外交功能

体育运动是一种国际化的形体语言。在现代社会，这种形体语言已经被全世界各民族所接受、理解和使用⑤。幼童在美国参加体育活动，甚至成为清末中外文化交流、外交活动的一种方式。其中，留美幼童梁诚和他的棒球运动，在近代中美外交活动中产生了积极影响。

在美国马萨诸塞州安度华的菲利普斯学校图书馆的墙壁上，悬挂着一位中国人的肖像，他就是梁诚。梁诚（1864—1917），原名丕旭，第四批留美幼童，晚清著名外交家。梁诚于 1903 年至 1908 年间任晚清驻美国公使，并代表清政府出访美洲多个国家。他在与美国政府交涉争回部分庚子赔款、筹资兴建清华学堂、推动晚清留学教育发展等方面做出了积极努力和杰出贡献。

---

①　吴雁飞、唐国安：《情系清华、爱校如家的"守业"校长》，《教育与职业》2008 年第 5 期，第 106—106 页。

②　张绍祖、张建虹：《交通总长梁敦彦的传奇生涯》，《天津政协》2007 年第 11 期，第 40—46 页。

③　查九星、黄仲良：《拒绝袁世凯封官许》，http://www.chisa.edu.cn/chisa/article/20050824/20050824008430_1.xml, 2005 - 08 - 24.

④　张焕宗：《唐绍仪与清末民国政府》，河北人民出版社 1998 年版，第 167—168 页。

⑤　周西宽：《体育基本理论教程》，人民体育出版社 2004 年版，第 115 页。

1878 年，梁诚在美国马萨诸塞州安度华的菲利普斯学校就读，并在该州西部著名学院阿默斯特学院学习希腊文。梁诚是著名的棒球手，在校际比赛中凭着精湛的技术和积极的努力多次创出佳绩，在当地产生了很大影响，数十年后仍为美国人乐道。1903 年，梁诚任驻美公使，再次来到美国。他应邀出席母校成立 125 周年大会，以驻美公使和校友身份发表演说。美国总统西奥多·罗斯福问梁诚："当年获得好评，蜚声校际的棒球好手是谁？"梁诚回答："就是我。"从那时起，"总统和梁诚的关系增强和接近了十倍。"① 梁诚留学时打棒球的光辉经历以及罗斯福总统的厚待，为他后来在美国办理外交事宜带来极大的好处："对于交涉事项，一帆风顺，而白宫政员无不刮目相看。"② 人们称之为"棒球外交"。

近代国际交往遵循的是实力原则，强权政治当道，弱国必须屈从于强国的意志，即"弱国无外交"。梁诚在担任驻美大使期间"交涉事项，一帆风顺"，首先是因为梁诚在外交方面具有突出的智慧和才能，同时与他充分发挥体育的社会交往功能、利用棒球运动在美国社会的重要影响不无关系。正如著名外交家顾维钧对梁诚的评价："中国学生和美国公众对他都很钦佩，因为他是一名棒球运动员，参加过安度华棒球队。"③ 梁诚的"棒球外交"可能是中国近代史上体育为外交服务的最早案例④。

（三）对幼童留美与体育活动的评价

幼童留美作为中国近代留学教育的发端，是中国近代社会艰难转型期的产物，又是推动中国社会转型的重要力量。幼童留美运动虽然半途而废，但幼童们较早地参与、感受西方体育运动，亲身实证了东、西方体育的巨大差异，在中外体育文化交流史上留下了不可忽视的一页。幼童回国后向国内传播西方体育文化，为中国现代体育事业的发展起了启蒙作用。特别是 140 多年前，幼童们勇闯大洋彼岸，取得骄人的学业成就，回国后又能担当大任，对中国当前体育留学教育尤其是青少年留学生教育留下了

① 程新国：《庚款留学百年》，东方出版中心 2006 年版，第 9 页。
② 吴文忠：《中国体育发展史》，三民书局 1981 年版，第 71 页。
③ 梁碧莹：《梁诚：一位让弱国外交闪光的外交家》，《学术研究》2013 年第 6 期，第 112—118 页。
④ 罗时铭：《中国体育通史（第三卷）》，人民体育出版社 2008 年版，第 95 页。

无限的启迪与思考。

二　留日体育教育家徐一冰

（一）徐一冰生平简介

徐一冰生于 1881 年，原名益彬，又名逸宾，浙江省吴兴县南浔镇人。生长于书香门第，自幼聪颖好学，喜诗文，21 岁中秀才，入南浔高等小学，正式接受学堂教育。平时威武而严肃，又喜武事，常习射、角力①。1903 年，为响应《钦定学堂章程》的颁布，兴办"养蒙学塾"，发展地方新式教育②。1905 年远涉重洋，赴日本大森体育学校专攻体育，并加入同盟会，"极力鼓吹革命"③。1907 年学成归国，先后担任上海爱国女校、湖州旅沪公学、民立中学、中国公学等学校体操科教师。1908 年在上海与人合办中国体操学校，任训育、校长，曾组织学生军参加辛亥革命。1913 年任北京农政学堂学监，后辞职而致力于教育事业。1915 年变卖家产，在家乡南浔镇创办贫儿教养院，收留孤儿并进行教育④。1920 年，因学生开展抵制日货活动而结怨于上海当局，徐一冰把中国体操学校从上海迁到南浔镇，继续培养体育专门人才。终因劳累过度而患肺结核，不幸于1922 年逝世，享年 42 岁。生前曾主办体育刊物《体育界》和《体育杂志》，并撰有部分诗文及体育著作。

（二）徐一冰的体育实践活动及其体育思想

1. 主要体育实践活动

徐一冰一生主要投身于体育教育事业，其主要活动包括办学、办刊、学术研究及革命活动等。

1908 年，徐一冰与徐筑岩、王季鲁等六人在上海创办中国体操学校，其目的是"秘密宣扬革命，志在颠覆满清，同时提倡国民体育，以图强

---

① 郑志林、赵善性：《我国近代体育教育家——徐一冰》，《杭州大学学报》1981 年第 11 卷第 4 期，第 104—108 页。

② 徐元民：《中国近代知识分子对体育思想之传播》，师大书苑公司 1999 年版，第 103 页。

③ 成都体育学院体育史研究所：《中国近代体育史资料》，四川教育出版社 1988 年版，第 299 页。

④ 徐元民：《中国近代知识分子对体育思想之传播》，师大书苑公司 1999 年版，第 102 页。

身御侮，发扬民族精神"①，成为我国开办较早、具备一定规模的体育专门学校。学校章程表明其办学宗旨是："提倡正当体育，发挥全国尚武精神，养成完全体操教师，以备教育界专门人才"。该校从 1908 年开学至 1927 年停办，毕业生共 36 届，培养学生 1500 余人②，其学生毕业后多在京师高等师范学校、初级师范学校、女子师范学校及各地其他学校担任体操、游技课教师。毕业生中的杰出代表有庞醒跃和傅球（上海东亚体专创办人）、华豪吾（中国女子体育师范创办人）、吴志青（中华武术会创办人）、陆礼华（上海两江女校创办人）、蔡倔哉（浙江体育师范创办人）、杨振峰（广东体专创办人）、朱重明（苏州中山体专创办人）、柳成烈（苏州成烈体专创办人）、尚士元（奉天体育学校创办人）、顾拯来（上海童子军创始人）、王怀琪（学校体育三段教学法创始人）等③。在当时体育师资十分匮乏的情况下，中国体操学校为我国培养了一批杰出的早期体育专门人才，为中国近代体育教育事业做出了重要贡献。另外，该校师生富有革命热情，在"二次革命淞沪之役，该校师生全体参加协助攻击制造局，是役第六期学生沈可刚等均为主义而成仁"④。

　　1909 年，徐一冰创办了我国近代最早的体育刊物《体育界》。该刊初为不定期出版，后改为月刊，前后陆续出版了 20 期。内容以倡导体育、介绍近代体育知识为主。1914 年 3 月，徐一冰与王均卿又在上海创办了《体育杂志》，其目的是"忧国之羸弱，造学子于健全"。《体育杂志》的内容比《体育界》更为丰富，兼有学术、科普、新闻等内容，是以学术为主的综合性体育期刊⑤。《体育界》和《体育杂志》一方面在提倡尚武精神、抨击文弱之风、传播体育知识方面起了重要作用。另一方面，在体育教学和研究方面进行了初步探索，刊登的文章涉及体育社会学科、运动技术学科等不同领域，推动了早期体育学术的开展。

　　徐一冰在办学、办刊之余，还积极从事于体育教学和学术研究。他先

---

　　①　成都体育学院体育史研究所：《中国近代体育史资料》，四川教育出版社 1988 年版，第 299 页。

　　②　郑志林、赵善性：《我国近代体育教育家——徐一冰》，《杭州大学学报》1981 年第 11 卷第 4 期，第 104—108 页。

　　③　罗时铭：《中国体育通史》（第三卷），人民体育出版社 2008 年版，第 77 页。

　　④　成都体育学院体育史研究所：《中国近代体育史资料》，四川教育出版社 1988 年版，第 299 页。

　　⑤　赵蕴、黄玉舫：《中国早期体育报刊》，《体育文化导刊》2002 年第 5 期，第 90 页。

后在《体育杂志》《体育周报》等刊物上发表了《体育与武力辩》《体育史》（连续发表）《音乐竞技法》《整顿全国学校体育上教育部文》《二十年来体操谈》《论学校体育》《体操游技科单级教授法之研究》等文章，并撰有《徐氏体育学》《体育原理》《希腊体育史》等著作①。1914年他在《整顿全国学校体育上教育部文》一文中，论述了学校体育的重要性，抨击当时教育的弊端，从六个方面提出了对学校体育具有创见的改革意见，这是较早关于学校体育发展的论著。1914年6月和7月他在《体育杂志》第一、二期发表了体育史系列论文，这是我国最早系统研究中国体育史的论著。

徐一冰还是一位儿童教育家、慈善家。1915年，他变卖家产，多方筹资在家乡创办南浔贫儿教养院，自任校长。该院招收孤苦无依的少年儿童入学，提供膳宿，半工半读。教学内容分为知识和技能两类，并重视体育活动。知识课主要有修身、国文、算术、习字、体操等科；技能课主要包括园艺、牲畜、手艺、音乐4科。该院还经常举办运动会、游艺会、修身演讲、艺科会演、英文会演、化学游戏等活动，向社会展示教育成果，深得社会各界赞赏②。

2. 主要体育思想

徐一冰一生积极投身于体育教育实践，同时还从事学术研究，逐步形成了自己的体育思想。徐一冰的体育思想主要包括以下几个方面：

第一，"体育为救国之首冲"。徐一冰青年时期，正值外敌不断入侵，清朝腐败软弱，民族处于危难之中。他决心从事体育事业，以达强种强国的目的。他的诗作"乙巳走东瀛，立志挽文弱。归挟武士魂，海上胹秉铎"③，就表达了他赴日留学、体育救国的想法。他认为："值此有强权无公理之世界，非持武力，实难生存，欲有强大的武力，则非有强壮之体魄不可。""一个人体质强了，在农民则生产丰，工人则制作精，商贾则通有无也便，士人则脑筋灵活，易于创作。故一世一事，莫不有赖于健康之身体，强国必须强种，此之谓也。""体育不讲，人种不强，国将安赖"，

---

① 徐元民：《中国近代知识分子对体育思想之传播》，师大书苑公司1999年版，第102页。

② 韩锡曾：《徐一冰毁家兴学》，http：//www.lybs.com.cn/gb/node2/node802/node327871/node393962/userobject15ai5424302.html.2008-07-05.

③ 储剑虹、钟瑞秋：《徐一冰先生的诗》，《体育文史》1983年第1期，第50—51页。

"救国之策，虽有多端，我意体育救国，当为首冲。"① 可以看出，这是一种"体育救国论"。虽然体育不是救国的主要手段，但可以感受到其爱国报国的热情。

第二，"教育之本，体育为先"。他在《整顿全国学校体育上教育部文》中开宗明义道："强国之道，重在教育；教育之本，体育为先。""古今来贤人志士，其能负荷艰巨、忍耐艰苦、建伟大事业于世界者，虽其德行才学之所致，然究其所以能勇往直前、殚劳竭智、贯彻初终，要皆恃有健康强固之身体，坚韧不屈之精神。"② 他反复强调健康的重要性，以揭示其在教育中的地位。他撰文指出："体育之原理，为保存人类之健康。人生之天职，仍须经营一切事业，俾有益于国家社会，此一天职非有健康的身体不可。体育正是维护吾人身体健康之法，实为教育上及事业上之根本，吾人处世立身之道。"③ 从而他认为体育是"强国之道，教育之本也"。他意识到体育事关国家、教育之大局，为此终生致力于所选择的体育教育事业，并鞠躬尽瘁，死而后已。

第三，兵式体操不同于体育。清末民初实行军国民体育政策，推行兵式体操，使学校体育几乎沦为军事训练。徐一冰身为体操科教师，赴日留学时也接受过兵式体操的训练，但对把兵式体操作为教材编在体育课程中，则表示怀疑。他认为："兵式教练，属于军事方面，国家备有专门，所以防御外侮。故其训练目的，无非攻占杀伐，本非学校体操保存健康之普及法也。"④ "凡恃武力以为解决天下事端者，乃强凌弱，众暴寡，以致灭国之术，杀人之法层出不穷，使崇尚公理者，反崇尚武力；崇尚道者，反崇尚武力，这正是人人威避的、变质的军事体育。"⑤ 徐一冰反对兵式体操，除了兵式体操教员多为兵士充任，其旧式军人作风给学校体育带来不良影响外，还因为兵学比较深奥，不适合小学儿童及正在成长的青年。即使有志青年愿投军从戎，为国效命，可在学校求学时，先循序渐进，锻炼好健全的体格，再转入军校专门学习，才是正途⑥。也就是说，兵式体

① 苏竞存：《中国近代学校体育史》，人民教育出版社 1994 年版，第 128 页。
② 徐一冰：《整顿全国学校体育上教育部文》，《体育杂志》1914 年第 2 期，第 1—6 页。
③ 徐一冰：《体育与武力辩》，《体育杂志》1914 年第 1 期，第 2 页。
④ 徐一冰：《整顿全国学校体育上教育部文》，《体育杂志》1914 年第 2 期，第 1—6 页。
⑤ 徐一冰：《体育与武力辩》，《体育杂志》1914 年第 1 期，第 2 页。
⑥ 徐一冰：《整顿全国学校体育上教育部文》，《体育杂志》1914 年第 2 期，第 1—6 页。

操与体育不同，前者属于国防训练的组成部分，后者为学校教育之一环，两者不能混为一谈。

第四，主张对学校体育进行改革。他在观察、总结当时学校体育开展情况的基础上，于1914年发表了《整顿全国学校体育上教育部文》一文，提出了统一体操和游技教学、取消兵式体操、增加国术内容、建立体育学校、设置学校体育管理人员、女校体操课由女教师担任等六个方面的建议，对学校体育进行改革。这些措施，在当时的社会和教育环境下，实属远见卓识，难能可贵。

（三）徐一冰的影响和评价

徐一冰自幼喜诗文，尤好武事。青年时"乙巳走东瀛，立志挽文弱"，赴日学习体育。回国后主要从事体育教育事业。他创办体操学校，培养早期体育师资；创办体育刊物，宣传近代体育文化；加入同盟会，支持学生参加反清革命；毁家创办孤儿院，从事儿童教育和慈善事业，直到生命最后一刻，才停止了终身奋斗的事业。

徐一冰由于其贡献和影响，被人们尊称为"徐师一冰"。1914年6月，国民政府教育部授予他一等金质嘉禾章和"思教无穷"匾额。同年11月，江苏巡抚使奉大总统令授予他七等嘉禾章①。1988年，浙江省吴兴县南浔镇人民为纪念他，新建造的游泳馆命名为"徐一冰游泳馆"，其子作家徐迟撰写碑文，女婿伍修权为游泳池题词。

徐一冰是我国近代史上著名的体育教育家，也是一位革命者和爱国者。作为清末民初时期的体育教育家，尽管一些观点受资产阶级民主思想的局限，但其品德、事业心和奉献精神给后人留下了深刻的影响；其42年短暂的奋斗历程，在中国体育教育史上留下了一段珍贵的记录。

第二节　民国时期体育留学生个案研究

一　留美体育活动家董守义

（一）董守义生平简介

董守义，又名兴顺，笔名君由、心竞，1895年出生于河北蠡县郑村

---

① 郑志林、赵善性：《我国近代体育教育家——徐一冰》，《杭州大学学报》1981年第11卷第4期，第104—108页。

一农民家庭。早年就读于教会学校通州协和书院，接触了西式体育，并对篮球特别感兴趣。大学时代（协和书院大学部）任学校篮球队队长、体育会会长等职，曾代表学校参加了三届华北运动会、一届全国运动会和连续4年的三校对抗赛①。毕业后到天津青年会体育部当练习生。1917年以篮球队队长的身份，代表中国赴日本东京参加第三届远东运动会②，回来后到上海青年会全国协会主办的体育学校学习。1919年任天津青年会体育干事，并经张伯苓校长聘请，任南开学校体育教师兼篮球教练③。

1923年5月，董守义被青年会推荐到美国春田学院留学，师从篮球运动发明人奈·史密斯，学习篮球技术和理论，并受到重视。留学期间，他获得美国中部青年夏令营体训班网球比赛双打冠军、棒球比赛冠军；担任春田学院网球队队长，夺得美国东部青年会夏令营网球比赛的单打和双打冠军；同时他还是春田学院橄榄球代表队的中锋。两年的留学生活使他深刻感到，中国人并不缺乏运动的天赋，所缺乏的是练习的机会。校方对董守义十分赏识，极力挽留他留校工作。但董守义没有留恋美国优越的工作和生活条件，1925年毅然回到祖国④。

回国后，董守义任天津南开学校体育教师、天津青年会体育部主任、"南开五虎"篮球队教练。后离开天津，先后任北平师范大学、北平民国大学、北平女子文理学院、西北联合大学、浙江体专等校体育教授⑤。他还先后担任国民政府教育部国民体育委员会委员、常务委员，中华全国体育协进会副总干事、总干事。董守义曾以运动员身份代表中国参加了第三、四、六届远东运动会比赛，先后担任第八、九、十届远东运动会中国篮球队教练，担任第十一、十四、十五届奥运会中国代表团篮球队教练⑥。1936年当选为国际篮球裁判会会员，1947年当选为国际奥委会委员。

①　张绍祖：《天津走出的两位国际奥委会委员》，http://epaper.tianjinwe.com/tjrb/tjrb/2008-07/12/content_5762920.htm.2008-07-12.

②　徐元民：《中国近代知识分子对体育思想之传播》，师大书苑公司1999年版，第473页。

③　董尔智：《董守义》，《民国档案》1985年第2期，第124页。

④　天津图书馆：《津门群星：董守义》，http://dlibrary.tjl.tj.cn/jmqx/renwu/dsy.htm.2010-12-20.

⑤　周棉：《中国留学生大辞典》，南京大学出版社1999年版，第395页。

⑥　陈青：《董守义先生的敬业精神》，《体育文史》1996年第2期，第42—43页。

新中国成立后，曾在西北师范学院体育系任教。先后担任全国体总副主席、中国篮球协会主席、国家体委运动司副司长、中国武术协会主席等职务。还当选为第二、四、五届全国政协委员，民进中央委员。曾任第15届赫尔辛基奥运会中国代表团总教练，先后赴赫尔辛基、巴黎、科蒂纳、墨尔本、索非亚等地参加国际奥委会会议①。"文化大革命"中受到迫害，被下放劳改。平反后，恢复国家体委运动司副司长职务，重新回到体育战线。1978年6月13日，因患癌症医治无效在北京逝世，享年83岁。

(二) 董守义的体育实践活动及其体育思想

1. 主要体育实践活动

董守义一生忠诚于自己所选择的体育事业，矢志不渝。他的活动以篮球运动为主线，遍及学校体育、社会体育、竞技体育以及学术研究等方面。

在学校体育领域，董守义在体育教学、课外训练、师资培训等方面做出了积极的努力。董守义在体育教学上认真负责，精益求精，体现出大师风范。据他指导过的学生肖景龄回忆："董老师看到了我们的不足或错误，从不严厉的批评，总是从正面诱导或鼓励，耐心地、手把手地教，直到学会。如给我们教墙球，我们还不能掌握基本技术时，他鼓励我们学，一次一次地示范，一次又一次地指导练习。当我们掌握了基本技术时，他就诱导我们逐步进入比赛，有时喂球并大声喊使劲，有时他还击出刁钻险球，启示我们在比赛中击球的真相。我们在不知不觉中增强比赛能力，进步很快。"② 董守义在任天津南开学校篮球队指导期间，经他精心培育，南开学校篮球队成绩突出，培训出了唐宝堃、李国琛、王锡良、刘建常、魏逢云等名将，被誉为"南开五虎"；在任教北平师范大学时，北平师大篮球队名将王玉增、刘冠军、赵文选、陈盛奎、赵伯炎、赵文藻、张连奎、刘云章、牟作云、杨道崇等，都曾接受董守义的训练③。从1930年到1943年，清华大学、哈尔滨、广州、北京师范大学、中华全国体协、陕西南郑、重庆、教育部等地方和单位先后举办了体育师资培训会

---

① 董尔智：《董守义》，《民国档案》1985年第2期，第124页。

② 肖景龄：《怀念老师董守义》，《西安体育学院学报》1984年第1期，第20—22页。

③ 李辅材、文福祥等：《中国篮球运动史》，武汉出版社1991年版，第311—314页。

（班），他积极参与筹办，并亲自任教①。

在社会体育领域，他曾参与筹办群众体育团体、组织慈善性质的运动竞赛、开发简易运动器材等活动。如在抗战期间协助成立中华全国体协西安分会，举办救济朝邑和平民二县水灾篮球比赛、慰劳抗日将士募捐篮球赛，自制垒球和球棒、创制板羽球和运动规则等②，推动了群众性体育活动的开展。《垒球运动史》记载了抗日时期董守义等如何开展垒球活动："西北联大迁到城固后，董守义克服种种困难，先是用玉米秆编成垒垫，后来又亲自找到鞋匠张文林家中，拿着棒球的样品教他缝制垒球，就这样，张文林'照猫画虎'地把球缝了出来……没有球棒，他们就用山木、树干全旋削出来。其他，就谈不上什么设备了。既没有手套，更没有护具，然而，就是在这样简陋的设备和条件之下，西北地区的垒球运动却开展得相当活跃。"③

在竞技体育领域，董守义在运动训练、组织竞赛以及推广篮球运动等方面做出了积极贡献。他布阵细致周密，指挥稳健果断，对篮球运动的特点与方法有较为系统的研究，在组织训练和指导比赛方面有丰富的实践经验，是中国近代篮球界拥有很高声望的篮球指导之一。如在董守义指导下，天津篮球队和以天津队为骨干的华北队、河北队，在第三至第六届全运会上一直蝉联冠军④。董守义还连续担任第八、九、十届远东运动会中国篮球队指导。1936年第十一届奥运会在德国柏林举行，为了参加这届运动会的篮球比赛，全国进行了选拔，董守义任主任委员，主持了选拔队员和训练篮球队的工作。后来为争取新中国在国际奥委会中的合法权益，与国际奥委会中妄图分裂中国的分子进行了坚决的斗争，并做出了贡献。董守义还积极宣传、推广篮球运动。1943年，为了开展大后方的篮球运动，董守义率中华全国体育协进会巡回辅导团篮球队到成都、昆明、贵阳等地辅导表演，对所到地区篮球运动的开展起到了一定的推动作用⑤。

---

① 陈青：《董守义先生的敬业精神》，《体育文史》1996年第2期，第42—43页。

② 常毅臣：《董守义体育思想与实践研究》，《体育文化导刊》2010年第4期，第143—146页。

③ 张振美、吴振芳、韩宏珠等：《中国垒球运动史》，武汉出版社1990年版，第18—19页。

④ 天津图书馆：《津门群星：董守义》，http://dlibrary.tjl.tj.cn/jmqx/renwu/dsy.htm. 2010 - 12 - 20.

⑤ 李辅材、文福祥等：《中国篮球运动史》，武汉出版社1991年版，第311—314页。

在积极参加体育运动实践之余，董守义还致力于体育学术研究。1944年，他担任《体育通讯》发行人，开展体育学术研究。特别是，他从《体育通讯》第4期开始一直到第36期（除第20、21期外），以连续30期的篇幅发表《竞赛裁判问题研究》①，成为我国较早专门研究竞赛裁判问题的专家之一。董守义撰写的专著有《篮球术》《最新篮球术》《篮球训练法》《田径赛术》《足球术》《国际奥林匹克》等，其中《篮球术》是中国第一部篮球技术理论专著。他还在各类刊物上发表文稿150多篇②。

2. 主要体育思想

董守义一生具有丰富的体育实践，在此基础上他进行总结、提炼，撰写了大量的文章，逐渐形成了自己的体育思想。董守义的体育思想主要为：

第一，坚持"以身心健康为中心"的学校体育观。

由于师资力量、教学条件等限制，体育在当时的学校并不被重视。同时，学校中出现"选手制""锦标主义"等误导学校体育发展的现象。为此，董守义提出自己的看法。首先，强调学校体育的重要性。他认为："学校为社会的预行阶段，尤其是小学教育，是每一国民必须经过的场所，就年龄而言，正是生长发育需要良好培育的时期，体育的重要，毋庸赘言。"其次，他倡导学校体育应"以身心健康为中心"。他认为，学校体育"应由幼稚园起讫至大学，各阶段各年级应有的体育和卫生实施的纲要细目以及考核标准，都予以具体规定，并且要注意体育实施与成绩考核。对于身心健康，卫生知识习惯与态度和身体的基本运动能力等，更应特别注意。至于各类运动的技术，只是利用以达到上列目标的工具而已。换而言之，今后的学校体育，应以学生身心健康和需要为中心，不应以教材为中心。成绩的考核，也要以学生身心为对象，不应以教材为对象。"再次，提出对学校体育的改进措施。他认为："关于学校体育的改进，是体育与卫生及训育应配合一致，因为体育不能脱离卫生而有效，卫生又非从训管不能实行。三者应在身心健康的目的下，切实的分工合作。"③ 由此可见，董守义认为学校体育主要是为了发展学生的身心健

---

① 许义雄：《我国近代体育报刊目录索引》，师大书苑公司1994年版，第583—597页。

② 杨爽：《中国篮球之父董守义》，《体育博览》2008年第2期，第82页。

③ 董守义：《我国体育的初步改进——为胜利年"体育节"而作》，《体育通讯》1945年第26期，第1—3页。

康，竞技活动只是手段而已，这显然是美国自然体育思想中"体育教育化"的主张。

第二，坚持"培养国民体魄"的社会体育观。

董守义重视社会体育，特别关注民众的健康和体育活动。首先，他意识到体育是关系到民族发展的大问题。他认为："一个民族的盛衰，完全是以整个民族的健康、道德为依据，近代体育运动的原理，直接是发展我们的身心，间接是陶冶我们的种种美德，所以要有健全的民族，就先有健全的体魄与精神。"① 这是他重视社会体育的出发点。其次，特别强调社会体育的重要性。董守义在谈到抗战胜利后体育的发展问题时认为："仅就立国基础之一——国民的体魄与精神而言，较诸被我们战败的敌国，且相去甚远。有一等体魄的国民，始能建立头等的国家。这是一句至理名言。然则应如何使国民具有第一等的体魄，实为整个建国工作的重要基础问题，也是不可忽略的当前急务"②。他把国民的体魄与精神看作是立国的基础，如何发展国民的体魄是建国的当务之急。再次，他多次提到开展社会体育活动的办法，即积极宣传、政府协助。董守义主张媒体应积极宣传体育，他曾对《勤奋体育月报》提出过两点希望："一是对于今后体育理论与知识的多量介绍，是应采择一种有系统的目标；二是今后切不要忽略所应负有的使命，务使体育活动能够推及到广大的群众中去。"③ 他还认为，在发展社会体育过程中，"尚亟得到政府的努力，尤其应用政府与经济的力量，大量建立运动场所供人民使用，资助各民众团体的发展。使社会任何一部门，无论军警学政工商乡镇保行会及其他社会的部门，都有体育的设施，全国无论男女老幼，都有享受健康生活的机会，国民体育始能发达，而臻于普及，并可收事半功倍之效"④。这一设想在当时经济和政治条件下，只是一种美好的愿望而已，但通过宣传引导、政府协助等途径发展体育运动，对当今发展社会体育依然适用。

---

① 董守义：《提倡体育的原动力》，《勤奋体育月报》1934 年第 2 卷第 1 期，第 26—27 页。

② 董守义：《我国体育的初步改进——为胜利年"体育节"而作》，《体育通讯》1945 年第 26 期，第 1—3 页。

③ 董守义：《提倡体育的原动力》，《勤奋体育月报》1934 年第 2 卷第 1 期，第 26—27 页。

④ 董守义：《我国体育的初步改进——为胜利年"体育节"而作》，《体育通讯》1945 年第 26 期，第 1—3 页。

　　第三，倡导"自重包容、遵守规则、至诚至公"的运动竞赛观。

　　在运动竞赛中，常会出现不认真、失误、违纪、争执甚至冲突等不良现象，在近代体育运动的发展中更是如此。1927 年在上海举办了第八届远东运动会，董守义担任篮球裁判长，发现运动员在比赛中出现的一些问题："少数选手运动精神欠佳，不肯专心训练和比赛，甚至临阵弃权，缺乏团队精神与为国争光的态度。"① 1930 年第四届全国运动会出现混乱的情况："女子 200 米接力赛，裁判员判决不出第一、二的名次；男子10000 米比赛，记圈员发生错误；发令员技术不高，被运动员赏了一记耳光；足球比赛中，运动员大闹裁判不公，裁判因怕挨打，逃到看台下面，但仍被抓出痛殴一顿，头发被抓落一片，弄得该裁判昏迷不省人事。"② 在后来的第五、六、七届全运会上也出现类似现象。为改变运动竞赛过程中出现的问题，董守义针对比赛主客队、运动员、裁判员等提出了一系列要求。对比赛中的主、客队，他提出："主队应给客队热烈的欢迎仪式，方便与舒适的环境和位置、君子风度的掌声和勉励，而非侮辱式的嘘声而引人反感。至于客队，要尽量入境随俗，彬彬有礼，不任意怠慢。至于比赛过程，必然要遵守一切规则上的规定以及裁判的判决，一切举止应自重，心存包容，勿将胜负看得太重，以免一时心急而误入歧途。"③ 对运动员，他提出一名优秀的运动员应遵守三个信条："一是在任何运动中，当绝对遵守那种运动规则；二是自己一到运动场上，要消除自己一切的脾气，对人应当较平时更加和蔼可亲；三是不以胜败为荣辱，只用全力求技术的精进，身心的健全，变成一个有用的中华国民。"④。对裁判员，他提出了七条规范："一是娴熟规则，并灵活运用；二是拥有健康的身体和饱满的精神；三是有丰富的实际经验，虚心精研，时时自省；四是潇洒大方、诚恳和悦、机警精密的态度，切戒傲慢、鬼祟与粗糙；五是仪容力求整齐与清洁；六是公平的裁判，秉至诚至公的态度，以辨别是非曲直；七

---

① 董守义：《我底第八届远东运动会观》，《体育（北平杂志社）》1927 年第 1 卷第 3 期，第 6 页。

② 何启君、胡晓风：《中国近代体育史》，北京体育学院出版社 1989 年版，第 253—257 页。

③ 董守义：《竞赛与友谊》，《体育周报（天津）》1932 年第 1 卷第 10 期，第 1 页。

④ 董守义：《运动员应守约三个信条》，《体育周报（天津）》1932 年第 1 卷第 1 期，第 2 页。

是派中立人担任裁判。"① 这些对运动竞赛相关人员的具体要求，体现出一定的竞技伦理思想，对当今的体育竞赛仍然具有指导意义。

（三）董守义的影响和评价

董守义一生中曾先后接受过教会学校协和书院、美国春田学院以及社会主义学院②等不同形态体育及思想的教育，经过篮球国手、教练员、裁判员、赛事组织者、体育管理者以及国际奥委会委员等多种身份的转换，参与了学校、校际、地区、全国、国际等不同级别的比赛，具有深刻的人生经历和丰富的体育实践。他在以篮球为中心的体育教育、训练、竞赛、科研、管理等方面做了大量的工作，为中国的篮球运动及体育事业的发展做出了重要的贡献。正因为如此，新中国成立后，他被国家任以全国体育总会副主席、国家体委运动司副司长等重要职务，被选为第二、四、五届全国政协委员，获得"中国篮球运动之父"③"竞技运动体育家"④"我国体育界颇具敬业精神的典范"⑤"中国现代体育事业的奠基人之一"⑥ 等赞誉。

董守义一生至少经过了三次重要选择——教会学校毕业时在当传教士和从事体育事业之间、美国春田学院毕业时在留校和回国之间，以及新中国成立前在赴台湾和留大陆之间，他每次都毅然选择自己所喜欢的地方、所钟爱的事业。一生专注于一个事业而从不改变，他是执着的；一生中从事自己所喜欢的事业而获得国家和人民的认可，他又是成功和幸福的。

二 留德体育教育家袁浚

袁浚（1901—1989），号澈庵，湖南岳阳人。中国民主促进会会员，著名体育教育家，中国提倡军事化体育的先驱者。1926 年毕业于国立东南大学体育系，1930—1932 年赴德国柏林国立体育大学留学。学成回国

---

① 董守义：《裁判员应具备的条件》，《体育通讯（重庆）》1945 年第 1 期，第 4—5 页。

② 徐元民：《中国近代知识分子对体育思想之传播》，师大书苑公司 1999 年版，第 75 页。

③ 江鸟：《中国篮球运动之父董守义》，《天风》2008 年第 15 期，第 6—7 页。

④ 徐元民：《中国近代知识分子对体育思想之传播》，师大书苑有限公司 1999 年版，第 493 页。

⑤ 陈青：《董守义先生的敬业精神》，《体育文史》1996 年第 2 期，第 42—43 页。

⑥ 常毅臣：《董守义体育思想与实践研究》，《体育文化导刊》2010 年第 4 期，第 143—146 页。

后，先后担任多所大学体育系主任，在多个国家级、省级体育及社会团体兼职。袁浚一生悉心教学，积极进取，在发展我国游泳运动和体育教育事业方面做出了重要贡献。主要著作有《田径规则》《游泳》以及译著《游泳力学分析》等。

（一）出国以前：展现体育特长

袁浚出生在中国第二大淡水湖——洞庭湖所在的岳阳县，少年时代随父学习驾船，从小在江河湖泊中磨炼出坚韧的毅力和永不服输的闯劲。1916 年，袁浚考入湖滨中学，开始显露出卓越的体育才能。当时湖滨学校设有"湖滨巨人"奖，获奖条件是连续 3 年获得体育比赛冠军，各科学业成绩平均 80 分以上。他连续 7 年担任湖滨学校（包括中学部和大学部）足球队队长，1921 年在岳阳县第一届运动会上分获 4 个项目的第 1 名，各科成绩均达优秀，成为该校第一个获得"湖滨巨人"奖的学生。1922 年，袁浚升入湖滨学校大学部就读，并兼任学校的体育助教。

1924 年，袁浚又考入东南大学体育系。在上学期间，他除了刻苦攻读体育理论课程外，还认真学习田径、球类、体操等术科，各科成绩优异。他还是全校足球、篮球、排球和田径代表队的队员。在该校与东吴大学进行的一次田径对抗赛中，他获得了五个项目的第 1 名。在该校与另一所实力雄厚的大学——上海光华大学进行足球比赛时，袁浚勇敢机智，表现突出，最终战胜了光华大学足球队，他因而被公认为南京足坛不可或缺的台柱[①]。

1926 年，袁浚获东南大学体育系教育学士学位。毕业后回湖滨大学任教，兼体育主任。后来又先后任浙江省立一中、杭州高级中学体育教员、体育主任[②]。

（二）留学时期：立志为国争光

1930 年 12 月，袁浚与同学程登科、章民彝、萧忠国等考入德国国立体育大学学习军事体育。在该校学完射击、滑翔及其他体育课程后，又转入德国国家警察体育学校游泳班，专攻游泳。该校游泳教学尤为严格，教

①　杨应涛：《袁浚教授的体育生涯》，载中国人民政治协商会议岳阳市委员会文史资料研究委员会《岳阳文史·第 3 辑》，中国人民政治协商会议岳阳市委员会文史资料研究委员会编印，1985 年，第 171—182 页。

②　岳阳市地方志办公室：《岳阳市志·12·人物卷》，中央文献出版社 2004 年版，第 439—440 页。

练规定，学生进入游泳池后，五分钟内不准在池边停靠休息。游泳是袁浚所学体育项目中最薄弱的一项。上第一节课时，还没游到三分钟，袁浚就支持不住了，只好用手抓住池边。教练不声不响地走过来，举起皮鞭，对着袁浚的手背猛抽一鞭，打得他眼冒金星，只得忍痛扎进水里。他边游边想："这一鞭是对中国人的鄙视，我就是累死也要顶住，绝不给中国人丢脸。"从此，袁浚下定决心，刻苦练习。一次，由于运动量过大，昏倒在池边，一位教练深受感动，特意将多年积累的游泳经验和珍贵资料传授给他。

　　1931 年冬，学习游泳不到一年的袁浚，申请参加德国国家游泳考试。游泳班的班主任好心劝阻，建议他只参加学校的考试，因为国家考试和学校考试在同一天进行，如果国家考试通过不了，再参加学校考试，有可能体能不支。经过袁浚的再三要求，班主任和教练只得同意。全班 320 名学生中有 50 多人报考德国国家游泳考试，最终被录取 32 名。袁浚以前十名的优异成绩，被批准为德国游泳界的两个权威组织——国家游泳教练员联合会和游泳救生会的会员。在宣布考试成绩时，教练把他拉到队伍前，对全体学员说："这位中国人上第一节课时，因游不到五分钟挨了我一鞭，但他坚持了下来，现成为国家游泳教练员联合会和游泳救生会的会员。而我们许多德国人却没有考取，真是令人伤心！"袁浚在异国他乡为国家争得了荣誉①。

　　（三）回国以后：献身体育事业

　　袁浚学成回国后，积极努力，奉献所学，全身心投入到自己所热爱的体育事业中。他在推广游泳运动、发展体育教育、参加社会活动等方面做出了重要贡献，表现了高贵的品质，也获得了众多荣誉。

　　1. 推广游泳运动

　　游泳是袁浚在德国留学时主攻的运动项目。学成回国后，袁浚首先在国内开展游泳运动，并产生了积极影响。

　　新中国成立前，封建思想盛行，大部分中国人还难以接受女子游泳。旧中国第五届全国运动会于 1933 年 10 月在南京举行，第一次把女

---

　　① 杨应涛：《袁浚教授的体育生涯》，载中国人民政治协商会议岳阳市委员会文史资料研究委员会《岳阳文史·第 3 辑》，中国人民政治协商会议岳阳市委员会文史资料研究委员会编印，1985 年，第 171—182 页。

子游泳列为正式比赛项目。然而在看台上发生了令人尴尬的一幕：部分
清朝遗老看到女子运动员身穿泳衣出场，便慌忙离座，有人还说道：
"罪孽！罪孽！女子洗澡，还招人来看，真是不知羞耻。"① 即使到了新
中国成立后的 20 世纪 50 年代，当时参加游泳的妇女人数仍然较少，许多
人还认为女同志穿着游泳衣，露着胳膊和腿不雅观②，封建、保守思想对
体育的影响可见一斑。

　　1933 年，袁浚在武汉大学任教。当时在武汉的张学良听说袁浚组织
学生在东湖开展游泳活动，于是特意前往拜访袁浚，并参观东湖新开的天
然游泳池。张学良看到东湖游泳池建得很好，于是亲自下水试游，并请袁
浚进行技术指导。张学良的游泳技术有了提高，兴趣更浓。时隔半月，张
学良再次来东湖游泳。这次同来的还有当地的一些要员及其夫人。这一消
息不胫而走，女生们特别感兴趣，纷纷赶来观看，东湖一时热闹非凡。那
时，女子很少游泳，武汉大学明文规定不准女生游泳。袁浚借此机会，立
即向校方建议开设女生游泳课，校方不得不表示同意③。武汉大学于是成
为中国最早开设女子游泳课的国立大学。1933 年上学期初，该校校委会
讨论并通过了男、女生毕业时游泳必须达标的规定④。这不仅是一项开创
性的体育活动，也是一项解放思想、引导潮流的社会活动。

　　为了进一步发展游泳运动，1934 年 9 月 9 日，由张学良与袁浚倡导，
在武汉首次举行了横渡长江游泳比赛，袁浚担任比赛总裁判。这是中国近
代体育史上的一个壮举⑤。

　　经过多年游泳课教学实践，袁浚于 1936 年编写了《游泳》一书，由
上海商务印书馆出版发行。全书着重介绍了初学者掌握游泳技术的基本方
法与经验，对推动游泳运动的开展起了积极的作用⑥。1958 年，袁浚与孙

　　① 林天宏：《杨秀琼：泳池内外的沉浮》，《视野》2008 年第 18 期，第 16 页。
　　② 罗京生：《陈运鹏：绿水风流》，http://swimming. sport. org. cn/about_ us/memorabilia/
2004 - 04 - 28/31431. html. 2004 - 04 - 28.
　　③ 黄萃炎：《体坛耆宿袁浚教授二三事》，《体育文史》1986 年第 6 期，第 36—37 页。
　　④ 湖北省地方志编纂委员会：《湖北省志·体育》，湖北人民出版社 1990 年版，第 14 页。
　　⑤ 韩幸：《是谁结束了旧中国禁止女大学生参加游泳的历史》，http://blog. sina. com. cn/
s/blog_ 62913cf90100f8zn. html. 2009 - 10 - 18.
　　⑥ 杨应涛：《袁浚教授的体育生涯》，载中国人民政治协商会议岳阳市委员会文史资料研究
委员会《岳阳文史·第 3 辑》，中国人民政治协商会议岳阳市委员会文史资料研究委员会编印，
1985 年，第 171—182 页。

雄曾合作翻译了德国人汉斯·李希特的《游泳的力学介绍》一书，由人民体育出版社出版。这是国内第一本合作翻译的运动力学著作①，对推动游泳运动的科学研究起了积极作用。

2. 倾心体育教学

学校体育是现代体育的基础，而体育教学是学校体育的核心工作。袁浚除了积极开展游泳运动之外，在体育教学实践中也投入了大量精力，而且取得了突出成效。

在武汉大学任教期间，袁浚在体育教学中态度认真，技术全面，要求严格，很快地改变了学校不重视体育课的现象。他在教务会议上提出：各院系学生必须上体育课；缺课六小时以上者按体育不及格处理；体育不及格者不发给毕业文凭，待留校补足上体育课时数后再发给毕业文凭。这一规定经校务会议研究通过，从此，武汉大学体育风气大为改观。1937年，国民政府教育部向全国发出通知，肯定武汉大学是全国开展体育教学最好的三所大学之一，并推广武汉大学的体育教学经验②。

抗日战争爆发后，袁浚转到湖南大学任体育系主任。他严格把关，亲自为各系各年级上第一堂体育课。根据湖南大学所在地的自然环境，他在体育课中增加了爬山、湘江中游泳、沙滩上掷手榴弹和摔跤等内容。在他的言传身教和严格要求下，学生提高了对体育课的认识，增加了对体育活动的兴趣，湖南大学的体育学风迅速改善③。

1944年12月，袁浚来到成都，出任四川省立体育专科学校校长。针对原来体育教学中的弊端，经过深入研究、实践，他创造了一种新式排课法。该排课法既突出体育技术训练课，又保证体育理论课，使两者紧密衔接，互相促进；同时又合理安排师生的休息时间，使学生在上技术课时有充沛的体力，在上理论课时有清醒的头脑，在自己练习专项时有较快的提高。该校以前的体育教学质量比较差，各项体育比赛在全省一直处于落后地位。1945年3月，该校开始实行新的排课方法，八个月时间就取得了积极效果。1945年10月，该校参加成都地区大专院校田径运动会，当地

---

① 广东省地方史志编纂委员会：《广东省志·体育志·华南师范大学体育系》，http：//www.gdsports.net/shengzhi/docc/tiyurencai/diyijie2.htm，2014-10-10.

② 岳阳市地方志办公室：《岳阳市志·12·人物卷》，中央文献出版社2004年版，第439—440页。

③ 黄萃炎：《体坛耆宿袁浚教授二三事》，《体育文史》1986年第6期，第36—37页。

各大报纸用头版头条位置刊登《四川省立体育专科学校一鸣惊人，获田径运动会三个总分第一名》的消息，轰动了巴山蜀水。这一成绩的获得，主要得益于袁浚的辛勤工作和大胆革新①。

1951 年 8 月，广州中山大学、广州师范学院、广东省立文法学院、广州大学、岭南大学等院校的教育系合并，组成了华南师范学院，袁浚担任该学院体育系主任。他带领全系师生，自力更生，艰苦奋斗，在一片水草地上修建了一个标准较高的体育场地，并陆续添置了许多体育设施，从而又使华南师范学院的体育活动迅速开展起来②。

1982 年，他以 81 岁的高龄担任在北京举行的第一届全国大学生运动会组委会委员，在学校体育科研交流会上介绍自己毕生从事体育教育的工作经验，提出改革学校体育教学的建议，受到与会者的一致赞扬③。他对体育事业的由衷热爱，对后学的拳拳之心，让人肃然起敬。

3. 发展体育事业

在搞好体育教学工作的同时，袁浚还在加强体育场馆建设、组织运动竞赛、进行体育科学研究等方面做了大量工作。

在担任武汉大学体育系主任期间，袁浚经过多方奔走，争取到黎元洪家属的 10 万元捐资（实用 12.7 万元），建成一座学校体育馆——"宋卿体育馆"（以黎元洪的号命名）。该馆由上海六合公司承建，于 1935 年 10 月开工，1936 年 7 月竣工。体育馆长约 35.05 米、宽约 21.34 米、建筑面积 2748 平方米。该馆里有看台，外有观景台，屋顶覆绿色琉璃瓦，利用密檐高差采光通风，侧墙用框架结构，山墙取巴洛克式，既体现了现代大跨度结构的建筑技术，又保持了中国传统建筑的特色，是典型的中西合璧建筑。宋卿体育馆是当时中国规格最高、设施最先进的大学体育馆（现为全国重点保护文物）。

为推动体育运动的深入开展，袁浚不畏艰辛，奉献所学，积极参与运动竞赛的组织工作。1934 年春，湖北省体育运动会在武汉阅马场举行，他出任大会总干事长。1937 年春，在长沙受聘担任第三届华中运动会总

---

①　杨应涛：《袁浚教授的体育生涯》，载中国人民政治协商会议岳阳市委员会文史资料研究委员会《岳阳文史·第 3 辑》，中国人民政治协商会议岳阳市委员会文史资料研究委员会编印，1985 年，第 171—182 页。

②　同上。

③　黄萃炎：《体坛耆宿袁浚教授二三事》，《体育文史》1986 年第 6 期，第 36—37 页。

裁判。1940年和1942年又担任湖南省第一、二届运动会的副总裁判和总裁判①。

袁浚与程登科合作，提倡军事化体育，即发展体育"力求洋土合一"；要以"复兴民族为因，取消'东亚病夫'为果"；"以收复失地为锦标"，以"体育军事化为髓骨，军事体育化为骨养髓"，实现"中华民族中国体育站起来"。这些主张部分得到实践和推行，对我国当时体育及抗战事业起了一定作用。

4. 保持高贵情操

袁浚在严谨治学、发展我国体育事业的同时，注重修养，安贫乐道，与人为善，表现出了高贵的人格和情操。

袁浚十分重视体育教师的师德修养，主张要做"人格导师"型的体育教师。他认为，许多体育教师"对'涵养'不加注意，慢说不能为人师表，潜移默化去感化别人，即连自己的人格，也使人受极大的反感，因此体育的效能——运动中养成德性也使人发生极端的性疑。"为此，他特别主张："今后的体育教师，为负起复兴民族的责任和体育事业的前途，必须在'以身作则'上多下功夫，要真正的负起青年的模范典型。"②

袁浚一生淡泊名利，艰苦朴素，是安贫乐道的楷模。"文化大革命"结束后学校复课，广州体育学院请他带研究生，解放军体育学院请他出任副院长。他认为，年轻人可以担当大梁，都予以婉言谢辞，而转向创建岳阳市民主促进会的工作。晚年时，每年冬天来临，袁浚都会备一些稻草铺床，第二年春天拿出来晒干扎好，放到第二年再用，第三年冬天才换新的。他晚年坐的藤椅是退休前学校送给他的礼物，也是他退休后家中仅有的家具。

袁浚不计前嫌，高风亮节，又成为高尚人格的典范。在十年动乱期间，他同众多爱国知识分子一样饱受摧残。"文化大革命"结束后的一天，单位有人来看望他，当袁浚问到他的一位学生的情况时，来人说："你还提他？就是他带头批判你这个'反动学术权威'的，他现在得了直肠癌，想叫学校木工帮他做一张凳子，木工说：'袁老师对你那么好你还

①　岳阳市地方志办公室：《岳阳市志·12·人物卷》，中央文献出版社2004年版，第439—440页。
②　袁浚：《中国现在及将来所需要的体育人才》，《勤奋体育月报》1936年第4卷第2期，第102页。

整他，我不给你做。'"袁浚马上说："这就是你们不对了，回去请师傅马上给他做，需要的钱从我退休金里扣。"袁浚马上给患病的学生写了一封信。当新做的凳子交给患病学生时，该学生已不会说话了。当听完袁老师鼓励的来信后，学生已是泪流满面……

1986 年，袁浚因病住院。他在病床上依然关心着岳阳市民主促进会的工作。10 月 16 日上午，正在听取工作人员汇报时，袁浚因心脏衰竭不幸去世[①]。

5. 获得崇高荣耀

袁浚一生没有留下金银财宝，也没有留下房屋田产。与其他老一代体育人一样，他留下的是一腔炽烈的体育热情和一笔宝贵的精神财富。当然，国家没有忘记他对中国体育事业所做的贡献，并给予了他崇高的荣誉。

新中国成立前，袁浚先后担任国立武汉大学、湖南大学、中山大学体育系主任，四川省立体育专科学校校长。

新中国成立后，他先后担任华南师范学院、广州体育学院体育系主任。先后当选为广东省第一届人民代表大会代表，中华全国体育总会第一至第四届委员会委员，中华全国游泳协会委员和历届广州市游泳协会主席。1957 年作为中国体育教师小组成员赴莫斯科参加了第四届世界青年联欢节和世界大学生运动会。1965 年，作为广东省体育界特邀代表应邀参加了第二届全运会和国庆十六周年庆祝大会，光荣登上天安门城楼观礼台，见到了毛泽东主席和中央其他领导同志[②]。

1966 年 4 月，袁浚从广州体育学院退休，回到故乡岳阳。1979 年当选为政协湖南省第四届委员会委员、岳阳市政协副主席、岳阳市第二届人民代表大会代表。1980 年当选为中华全国体育总会湖南分会副主席。1983 年任民进湖南省委顾问、民进岳阳市委主委、岳阳市政协副主席、岳阳市老年人体协副主席等职务[③]。

---

① 韩幸：《是谁结束了旧中国禁止女大学生参加游泳的历史》，http://blog.sina.com.cn/s/blog_ 62913cf90100f8zn.html. 2009 - 10 - 18.

② 杨应涛：《袁浚教授的体育生涯》，载中国人民政治协商会议岳阳市委员会文史资料研究委员会《岳阳文史·第 3 辑》，中国人民政治协商会议岳阳市委员会文史资料研究委员会编印，1985 年，第 171—182 页。

③ 岳阳市地方志办公室：《岳阳市志·12·人物卷》，中央文献出版社 2004 年版，第 439—440 页。

（三）袁浚的影响和评价

袁浚自小家境贫寒，但由于先天体育禀赋、后天不懈努力特别是个人对体育的万分热爱，经历国内、外两种文化的熏陶，以及新、旧两个社会的洗礼，一直坚守体育事业。他对我国游泳运动、体育教育的发展做出大量扎实、有效乃至开创性的工作，为我国体育事业的发展做出了重要贡献。尤其是他的师德修养、谦虚品行，以及安贫乐道、与人为善的精神，更是我们学习的楷模。

第三节　新中国成立初期体育留学生个案研究

一　留苏著名运动员陈镜开

陈镜开（1935—2010），广东东莞人，新中国第一个打破世界纪录的运动员，首批运动健将之一。1954 年参军并入选"八一"举重队。1955 年 5 月入选中国青年举重队，赴苏联训练举重。陈镜开一生连续 10 次打破最轻量级和次轻量级挺举世界纪录，五次获得国家体育运动荣誉奖章，分别被亚洲举重联合会、国际举重联合会授予金质奖章，被国际奥委会授予奥林匹克银质勋章。他连续四次当选全国人大代表，先后担任广东省体委副主任、中国举重协会主席、亚洲举重联合会终身名誉主席等职，共受到毛泽东主席六次接见。

（一）留学前：热爱健身，幸遇恩师

陈镜开 1935 年 12 月生于广东省东莞县石龙镇。小时候他就喜欢挤进大人群里举石担、耍石锁[1]。1950 年，他到广州华南联合大学附中就读，并在附近的谭氏健身学院打工。谭文彪当时是该健身院的老板，也是陈镜开走上举重道路的启蒙老师。

1952 年 8 月，第一届全军运动会在北京举行，举重被列为正式比赛项目。正当中南军区体工队的举重教练李启龙到处发掘体育人才时，谭文彪向他推荐了陈镜开。他推荐陈镜开的原因有两个：一是这个 1.49 米的小个子两腿很粗，全身肌肉发达；二是为陈镜开找到一口饭吃，因为当时国家对多项农产品实行计划收购和供应，饭量很大的陈镜开根本吃不饱

---

[1] 麦著善、金晓华、杨喜乐：《永攀高峰的百名中外体育健将》，中国国际广播出版社1994 年版，第 108—111 页。

饭。李启龙认为，陈镜开虽有足踝内翻的美中不足，但有一定的潜力，是可造之才，遂将其招入麾下①。于是在 1955 年初，陈镜开光荣参军，加入中南军区体工队正式进行举重训练。

在 1955 年 3 月举行的全国举重测试赛中，经过短期训练的陈镜开挺举成绩只有 95 公斤，在所有最轻量级选手中仅排第七名。该成绩很难进入仅有八个名额的国家举重集训队。此时已调入国家集训队担任教练的李启龙认定了陈镜开这块可塑之材，竭力举荐他。这样，陈镜开正式进入国家举重集训队。现在看来，新中国体育史上第一个重大突破正是源于李启龙的准确预见。

当时国内训练条件相当差。北京仅有两处可以训练举重的地方：一是解放军队的训练馆，是由一间教室大小的房间改造而来；二是北京体育学院东门右边的篮球场，击剑、拳击、摔跤都在这里练，场地十分紧张。最关键的问题是缺乏高水平的训练理论和方法指导，不但训练成绩提高缓慢，而且常常发生运动损伤。国家计划参加的 1955 年"世界青年联欢节"已经迫在眉睫，1956 年墨尔本奥运会也为时不远。于是，向世界举重发达国家学习，就成为当时条件下的一个迫切的选择②。

（二）留学中：刻苦训练，不负使命

为了迅速提高新中国举重运动水平，1955 年 5—10 月，我国选派陈镜开等 9 名青年运动员去当时举重发达国家苏联学习。在国外学习期间，苏联选派具有丰富经验的教练员普斯特沃依特和奥西波夫负责中国青年举重队的训练工作。

1. 普斯特沃依特教练的指导

普斯特沃依特对中国青年举重选手给予了热情的指导。他带着运动员做练习前的各种准备活动，认真地讲解每个动作的要领，并亲自做示范动作。他很注意陈镜开的动作，甚至最细小的、别人从不注意的动作他也十分留心。

在经过几次练习以后，苏联教练发现了中国举重选手有一个相当普遍的特点：身材比较矮，腿部力量比较大。他们建议中国选手把两腿前后分

---

　　①　吴策力：《陈镜开：一口饱饭和十次纪录》，《看历史》2011 年第 1 期，第 158—160 页。

　　②　韩永：《竞技体育下的第一位"民族英雄"陈镜开》，《中国新闻周刊》2008 年第 6 期，第 32—34 页。

开的剪步式改成两腿左右分开的下蹲式。该方式在拉引杠铃时缩短了距离，对腿力大的人较为有利。特别是陈镜开，腿力尤为突出。他掌握这种动作后，挺举成绩从原来的 95 公斤提高到 120 公斤，足足提高了 25 公斤，取得了惊人的进步。

普斯特沃依特采用各种办法，使中国运动员能够正确、迅速地掌握新技术。一次，普斯特沃依特讲解完抓举的动作以后，就把杠铃加到 100 公斤，亲自做示范动作。中国运动员劝说普斯特沃依特，让他不要举这个重量。因为对已四十四岁的他来说，举这样的重量十分危险。但普斯特沃依特仍然坚持亲自做示范。

陈镜开训练很专心，也很刻苦。回到旅馆以后，还对着镜子做教练教过的动作，仔细观察和纠正自己的姿势。普斯特沃依特十分赞赏陈镜开好学勤练的精神，他常对人说："我当了几十年的教练，很少见到这样尊重教练、遵守纪律、努力练习的年轻人，陈镜开能够在短短的时间里把总成绩提高 37.5 公斤，并不是靠他得天独厚的身材，更主要的是他有一个真正的运动家的品质。"[1]

2. 奥西波夫教练的培养

奥西波夫教练也给予中国运动员耐心的指导和帮助。中国举重选手在莫斯科参加的两次友谊赛中，奥西波夫都亲临现场为中国选手作指导，比赛前后还给中国选手们做按摩。

一次，中国青年举重队和苏联建筑者协会举重队进行比赛，这是陈镜开第一次和外国选手较量。比赛开始时陈镜开很顺利，但当抓举加到 85 公斤时，陈镜开两次试举都没有成功。当他走下比赛台的时候，脸部表情显得十分紧张。奥西波夫让陈镜开躺下来，闭上眼睛。他一面给陈镜开做按摩，一面让翻译告诉陈镜开："不要发慌，一定能够举起来；下一次腿不要分得太开，分得太开就把力量分散了。"并且要翻译多次对陈镜开说："下一次准能行！"陈镜开重新握紧杠铃，一鼓作气，把 85 公斤的杠铃举了起来。他突破了 82.5 公斤的全国最高纪录，为国家创造了一个新的成绩。奥西波夫第一时间向陈镜开表示热烈的祝贺。

不久，两国运动员又进行了挺举比赛。陈镜开举起了 115 公斤，又打

---

① 舒夫：《我国第一个世界纪录创造者：陈镜开》，人民体育出版社 1958 年版，第 18—20 页。

破了全国最高纪录。陈镜开想成为最轻量级总成绩的全国纪录创造者，他要求在下一次挺举中把杠铃加到 135 公斤。奥西波夫不同意贸然增加这么多的重量，希望只加 5 公斤。但陈镜开没有接受这个意见，结果试举三次都失败了。由于没有听从奥西波夫的意见而导致失败，陈镜开深感懊悔和难受。他向奥西波夫表示自己的歉意和错误，奥西波夫笑着说："对一个年轻人来说，有这一股勇气是极为宝贵的，没有它，就不会成为优秀的选手……你还是一个经验不足的选手，刚开始走上举重运动的道路，需要的是经验和技术。如果你的技术比较成熟了，经验也丰富了，就像一只手要拿起两个大苹果来一样，并不是不可能的。"奥西波夫的话给陈镜开极大的启发，他吸取教训，继续加紧训练，以尽快提高技术和丰富经验①。

3. 留学苏联成效初显

在留苏期间，队员们心里清楚，在国外他们一个人的花费相当于在国内培养 30 名大学生的费用，因此每个人都非常刻苦。"不怕流汗，不怕流血"成为所有队员的口头禅，带伤训练是司空见惯的事。参加训练的赵庆奎现在腿部膝盖以下伸不直；薛德明的腰受伤；陈镜开则是一、四节腰椎各有一处骨裂，二、三节腰椎各有两处骨裂②。

功夫不负有心人。由于中国选手的刻苦训练，再加之苏联教练的认真指导，近五个月的留苏训练取得了初步成效。首先，选手们较好地掌握了标准的推举、抓举、挺举技术，学习了苏联举重训练的先进方法和有关竞赛规则，丰富了参加国际比赛的知识和经验。其次，运动成绩有了明显的提高。9 名队员中除曲炳瑜因病中途回国外，其余 8 位队员提高成绩的总和达到 272 公斤，平均每人提高 34 公斤。1955 年 10 月 9 日在莫斯科与苏联运动员进行的友谊比赛中，先后有 8 人 36 次打破 18 项全国纪录，有的成绩还达到了第二届世界青年联欢节举重赛前 6 名的水平。

苏联教练对中国运动员的勤学苦练精神和良好的身体条件十分赞赏，预言将在他们中间出现世界纪录创造者。1955 年 10 月，中国青年举重队完成了训练任务即将回国，奥西波夫教练在赠给陈镜开的相册上写道：

---

① 舒夫：《我国第一个世界纪录创造者：陈镜开》，人民体育出版社 1958 年版，第 20—22 页。

② 吴策力：《陈镜开：一口饱饭和十次纪录》，《看历史》2011 年第 1 期，第 158—160 页。

"祝你在最近两年内，成为世界上最优秀的举重运动员，并创造挺举世界纪录。这个纪录，将是对我的劳动最好的奖励！"[1] 事后证明，奥西波夫独具慧眼，果然一语中的。

（三）归国后：愈战愈勇，创造辉煌

1. 创新举重技术

留学只能解决一时之需。要进一步提高中国举重运动技术水平，在推广苏联先进训练技术的基础上，还要结合中国运动员的实际情况，走创新发展的道路。

当时，外国运动员大多采用剪步式提铃技术，创造了许多世界纪录。而中国运动员腿部力量较强、腰背力量较弱，因而腿力大、拉力差。在这种情况下，陈镜开等人大胆采用先进的下蹲式提铃技术，从而为举重成绩的提高打下了技术基础。

中国举重队在苏联学习时，教练员普斯特沃依特出于纠正提铃技术的需要，教中国运动员用上拉带做轻于抓举重量的宽上位，当时苏联运动员很少使用上拉带做这项练习。回国后，中国运动员在掌握提铃上拉技术的基础上增加了上拉练习的负荷和强度，从而迅速提高了抓举、挺举成绩。此后，中国运动员使用上拉带进行大强度上拉练习的方法在苏联和东欧运动员中传开，促进了上拉训练方法的变革[2]。

2. 屡破世界纪录

从苏联回国后，陈镜开向世界纪录发起了一轮又一轮的冲击。

1956 年 6 月 7 日，在上海市体育馆，中国人民解放军队和上海市联队与来访的苏联举重队进行了一场友谊赛。陈镜开以 133 公斤的成绩打破了美国运动员温奇保持的 132.5 公斤的最轻量级挺举世界纪录，成为中国体育史上的第一个世界纪录。陈镜开的这一举，开创了中国举重运动发展史上的新纪元，打开了中国体育走向世界的第一个突破口[3]。

在 1956—1964 年的国内外重大比赛中，他又先后 9 次打破最轻量级和次轻量级挺举世界纪录，成为中国打破世界纪录最多的运动员[4]。陈镜

① 国家体委文史工作委员会、中国举重协会：《中国举重运动史》，武汉出版社 1996 年版，第 86—88 页。

② 同上书，第 90—91 页。

③ 同上书，第 94 页。

④ 陈秋玲：《奥运风云人物 100》，中国石油大学出版社 2008 年版，第 215 页。

开连续 10 次打破世界纪录的情况见表 6 - 1。

表 6 - 1 　　　　　　　陈镜开打破举重世界纪录统计

(Statistics of the Weightlifting World Record Broken by Chen Jingkai)

次序	时间	地点	比赛	成绩
第 1 次	1956 年 6 月 7 日	上海	中苏举重友谊赛	133 公斤 （最轻量级挺举）
第 2 次	1956 年 11 月 11 日	广州	中国奥运会代表团访穗比赛	133.5 公斤 （最轻量级挺举）
第 3 次	1956 年 11 月 11 日	广州	中国奥运会代表团访穗比赛	135 公斤 （最轻量级挺举）
第 4 次	1956 年 11 月 29 日	上海	中国奥运会代表团访沪比赛	135.5 公斤 （最轻量级挺举）
第 5 次	1957 年 8 月 6 日	苏联 莫斯科	第 3 届国际青年友谊运动会	139.5 公斤 （最轻量级挺举）
第 6 次	1958 年 9 月 26 日	德国 莱比锡	社会主义国家第一届友军运动会	140.5 公斤 （最轻量级挺举）
第 7 次	1959 年 3 月 14 日	苏联	"莫斯科杯" 国际举重锦标赛	148 公斤 （次轻量级挺举）
第 8 次	1961 年 5 月 7 日	太原	全国举重分区赛	148.5 公斤 （次轻量级挺举）
第 9 次	1963 年 4 月 20 日	北京	优秀运动员比赛	151 公斤 （次轻量级挺举）
第 10 次	1964 年 5 月 18 日	上海	全国举重比赛	151.5 公斤 （次轻量级挺举）

3. 扶掖举重新人

陈镜开退役以后，担任国家举重队的教练工作，先后指导、训练了陈满林、陈伟强等一批打破世界纪录的举重选手①。

得益于陈镜开的感召和影响，他最小的弟弟陈满林较早地参加了举重训练，并取得了重要成绩。陈满林 1954 年开始练举重，1958 年入选国家

---

① 彭玉康：《军队体育史话》，解放军出版社 2000 年版，第 118 页。

举重队。1965—1966 年，先后三次打破最轻量级、次轻量级推举世界纪录，两次获国家体育运动荣誉奖章。

十年"文化大革命"使我国的举重事业遭到了破坏。到了 1973 年，中国的体育界百废待兴，举重界更是满眼荒芜。正当陈镜开对中国举重人才青黄不接忧虑不安时，他的大哥从家乡石龙赶到广州，将二哥的儿子陈伟强亲自交给陈镜开参加举重训练。陈镜开把保存了二十多年的笔记本送给陈伟强，希望他能够完成自己未能完成的夙愿。陈满林也将自己一直使用着的举重腰带送给伟强，希望他能够再现中国举重的辉煌①。陈伟强果然不负众望，1977—1978 年连续 8 次打破世界青年纪录，1979 年两次打破世界纪录，1984 年获得两次世界冠军。特别是在 1984 年第 23 届洛杉矶奥运会上，陈伟强获得了一枚奥运会金牌，不仅圆满地结束了自己的运动生涯，也完成了叔叔陈镜开因为当时国际政治环境影响而无缘夺取奥运会金牌的夙愿。

在当时中国 28 个举重世界纪录中，陈氏叔侄就创造了 16 个②，不但极大地推动了广东举重事业的发展，也造就了中国举重运动史上"一门三杰"的神话。

4. 形成"镜开精神"

陈镜开不但在举重比赛中获得了重要成绩，他在训练、比赛中体现的个性，以及在为官、做人方面形成的作风，逐渐汇聚成了一种独特精神。这就是"意志之坚、拼搏之勇、平和之心、感恩之情"的"镜开精神"。

（1）意志之坚

举重训练是一个十分单调、枯燥的练习过程，也是一个需要巨大意志力去克服困难的过程。陈镜开在家乡石龙训练时，用旧床改造了一个练推举的装置，他在上面不断进行推举练习，时间一长居然留下了明显的臀部凹痕③。在苏联学习期间，由于不适应大运动量，每次训练后身体经常累得几乎支持不住，再加之技术动作改变，杠铃常常把胸骨打得红肿，手掌在练习时经常磨出鲜血④。为了在比赛前控制体重，他采用了土法"桑拿"，穿着军大衣在体工队厨房里的锅炉边闷汗，另外在比赛前还进行节

① 胡豫生：《世界著名体育明星传》，河南人民出版社 2000 年版，第 11—12 页。
② 吴策力：《陈镜开：一口饱饭和十次纪录》，《看历史》2011 年第 1 期，第 158—160 页。
③ 同上。
④ 中国青年杂志社：《应该怎样对待困难》，中国青年出版社 1959 年版，第 48—49 页。

食。这些措施对控制体重确有帮助，但在发力时容易出现瞬间缺氧，但他还是撑了下来①。正如陈镜开自己所说："从我的举重生活中，使我体会到困难到处都有，但主要看我们对它的态度。如果我们碰到困难就害怕而不敢去和它斗争，那必然使自己意志消沉，而逐步走下坡路；但是如果我们碰到困难敢于藐视它而和它决斗，就会使我们通过克服各种困难而取得胜利。"② 这种勇于克服困难的坚强意志是陈镜开取得成功的关键因素。

身处逆境最能体现一个人的境界。在"文化大革命"中，体育被视为"封、资、修"，优秀运动员被当作"白专道路"的典型，许多教练员被打成了"特务""反革命""帝国主义的代言人"。陈镜开的启蒙教练谭文彪多次遭到批斗，戴高帽子游街，身心受到极大的摧残。陈镜开自己则因为到苏联参加过学习和比赛，被当作里通外国的"修正主义分子"，被逼着一次次地检讨，一次次地过关。他被迫离开他所钟情的举重事业，下放到广州郊区的一家工厂，当了一名钳工③。但陈镜开不十分消沉，对举重事业的信心和热爱并没有减低。他在工作之余，经常向喜欢举重的工友们传授举重心得④。正是他的这份坚守，等到了 20 世纪 70 年代我国举重事业的再度腾飞。

陈镜开的顽强意志还体现为与伤痛、病魔不断做斗争上。因为长期大运动量、超负荷的训练，腰脊椎方面的病痛一直在缠绕着他。1957 年 8 月 6 日莫斯科一战，陈镜开的腰伤加剧。每当训练时，每举一次腰就痛得麻木，站在原地三四分钟不敢动，额头布满豆大汗珠。这样"残酷"的训练，陈镜开坚持了 8 年。更令人吃惊的是，陈镜开在这 8 年与伤病斗争的同时，竟 8 次打破世界纪录⑤。1995 年，陈镜开因心肌大面积梗死住进医院，经过抢救和治疗，住院 4 个月后转危为安，创下了"第十一次打破世界纪录"的医学奇迹。2010 年，陈镜开在第 16 届亚运会前夕再次住进医院，经过全力救治再次转危为安，又创造了"第十二次打破世界纪录"的医学奇迹。精神之珍贵，生命之顽强，让人肃然起敬。

① 吴策力：《陈镜开：一口饱饭和十次纪录》，《看历史》2011 年第 1 期，第 158—160 页。
② 中国青年杂志社：《应该怎样对待困难》，中国青年出版社 1959 年版，第 48—49 页。
③ 胡豫生：《世界著名体育明星传》，河南人民出版社 2000 年版，第 10—11 页。
④ 吴策力：《陈镜开：一口饱饭和十次纪录》，《看历史》2011 年第 1 期，第 158—160 页。
⑤ 刘清黎、科文、裴海泓：《体育五千年》（下册），吉林人民出版社 2000 年版，第 365—367 页。

（2）拼搏之勇

1956年6月7日在上海体育馆举行的中苏举重友谊赛上，陈镜开勇敢地向最轻量级挺举世界纪录133公斤发起了挑战。第一次试举，陈镜开滑了手，宣告失败。第二次试举，陈镜开不畏失败，再次挑战，终于获得成功，中国人第一次打破了世界纪录。但是国际上个别敌视中国的人别有用心地污蔑：中国人的纪录是假的，是用笔写出来的。陈镜开十分气愤，下决心再创世界纪录，用事实粉碎谣言①。

1957年8月6日在莫斯科第三届国际青年友谊运动会上，陈镜开怀着再创纪录、粉碎谣言的愿望参加比赛。在最后一举之前，对手分数已遥遥领先，主办方已将苏联国旗挂到了第一名的旗杆上。临上场时陈镜开对队友说了掷地有声的一句话："反正是杠铃底下找人——要么就举起来，要么就给砸趴下。"② 他在有伤的情况下，竟然要求一次将杠铃增加10公斤，此非大胆的挑战和勇敢的拼搏精神不可。他竟意想不到地成功了，有力回击了西方国家的污蔑和嘲讽，为祖国赢得了荣誉。"反正是杠铃底下找人——要么就举起来，要么就给砸趴下"这句话，连同容国团的"人生能有几回搏，此时不搏更待何时"成为时代精神的最强音，极好地诠释了以陈镜开等运动员为代表的中国人民顽强拼搏、不言放弃的民族精神。

（3）平和之心

与其竞技场上那股拼劲、狠劲不同，日常生活中的陈镜开为我们树立了谦逊、和蔼的另一种形象。

陈镜开退役后，1973年9月被任命为广东省体育运动委员会副主任，但他谦逊谨慎，清正廉洁，普通战士的本色保持不变。广东省体育局工作人员回忆起他说："他从不让别人叫他陈主任，大家也随他的意思，从老到少，都叫他'开叔'，他听到了就笑得乐呵呵的。"③ 广州下基层工作或出外参加会议，他通常是骑自行车往返，有人因此而称他为"单车主任"④。

---

① 刘清黎、科文、裴海泓：《体育五千年》（下册），吉林人民出版社2000年版，第365—367页。

② 夏莉娜：《陈镜开：新中国第一个打破世界纪录的运动员》，《中国人大》2010年第22期，第48—50页。

③ 吴策力：《陈镜开：一口饱饭和十次纪录》，《看历史》2011年第1期，第158—160页。

④ 胡豫生：《世界著名体育明星传》，河南人民出版社2000年版，第1—12页。

他牢记周恩来总理对他和运动员的嘱咐："抽烟、喝酒对身体不好，尤其是运动员，更不能涉及"，一生不沾烟酒。这位世界级体育明星喜欢宁静的普通人生活，多年来一直不愿接受媒体的采访，一再强调自己现在只是一名普通人而已①。晚年，他除了种花养鸟、散步健身外，仍不忘举重事业，坚持收看体育比赛节目；还专注于整理自己和陈满林、陈伟强的举重生涯资料，让儿子陈竞奎建立了专门的网站②。

(4) 感恩之情

作为世界著名的举重名将，陈镜开取得了他人难以企及的成就。但他始终没有忘记他的成功离不开国家的培养和人民的鼓励。20世纪50年代，国家还比较贫穷，许多人吃不饱饭，但国家还是送他们去苏联留学。"你们每一个人的花费，相当于培养30个大学生"这句话在苏联训练期间他一直铭刻在心，并付诸刻苦训练中去，没有丝毫懈怠。

1956年6月7日陈镜开第一次打破世界纪录时，全国群情振奋，反响巨大。他在接受《新体育》报记者采访时说："我打破世界纪录是党和政府培养，同志们帮助的结果。这是党和祖国的荣誉，同志们共同的荣誉。"③ 1957年8月6日在莫斯科举行的第三届世界青年运动会上再次打破世界纪录。当五星红旗在第一名的旗杆上冉冉升起后，有记者问他："是什么力量让你举起这么大的重量？"陈镜开回答："我是用6亿人民的力量举上去的。"④ 这句话在当时场景下是真挚的，也是发自肺腑的。他的爱国之心、感恩之情油然而生，溢于言表。

性格开朗的陈镜开，无论是运动员时代还是担任体育官员时期，都和媒体保持良好的关系。退休后，他却一直保持低调的生活，婉拒了很多采访。但在纪念周恩来总理诞辰110周年的活动中，他却主动积极地配合了采访，回忆了周总理关心中国体育、关心运动员的感人故事。周恩来总理等国家领导人对举重运动的关注和对运动员的关怀，这是一线运动员驰骋沙场的精神动力，也是陈镜开一生感激不尽的事情。

---

① 夏莉娜：《陈镜开：新中国第一个打破世界纪录的运动员》，《中国人大》2010年第22期，第48—50页。
② 陈镜开，http://baike.baidu.com/view/127743.htm? fr = aladdin, 2014 - 10 - 20.
③ 蒲远祥、陈伟、陈宁：《名人论体育道德》，电子科技大学出版社1993年版，第169页。
④ 夏莉娜：《陈镜开：新中国第一个打破世界纪录的运动员》，《中国人大》2010年第22期，第48—50页

在当时的困难条件下，党和国家的支持以及领导的关怀，是运动员取得突破性成绩的重要因素之一。而运动员站在领奖台上、面对鲜花和荣耀时，在心底保持对养育自己的国家及人民的感激之情，也是真情的自然流露。常怀感恩之心，多做奉献之事，是包括陈镜开在内的这一时代优秀运动员的共同特征和基本修养。

5. 获得辉煌荣誉

由于陈镜开在举重运动中取得非凡成绩，党和政府给予了他崇高的荣誉。陈镜开是中国首批获得运动健将称号的运动员，荣获中国举重协会贡献奖金奖。他先后5次获得国家体育运动荣誉奖章，被中国人民解放军总政治部授予一等功，被国家体委授予特等功、一等功。先后被评为"建国40年杰出运动员""新中国体坛45英杰""新中国体育50星""新中国60年历史上最具影响力的体育人物"等荣誉称号。陈镜开担任广东省举重协会主席、广东省体育运动委员会副主任、广东省体育总会副主席、中国举重协会主席、国家举重队教练等职务。由于陈镜开在体育战线取得的重要成绩，他被推选为第二、三、四、五届全国人大代表，曾经受到毛泽东主席的六次接见以及周恩来总理、贺龙副总理的多次慰问。

陈镜开连续十次打破世界纪录，对世界举重运动的发展做出的突出贡献也获得了全世界的认可和尊重。他曾担任亚洲举重联合会终身名誉主席，被亚洲举重联合会授予金质奖牌和最高殊勋金质勋章，被国际举重联合会授予金质奖章和最高荣誉铜质奖牌，被国际健美联合会授予银质勋章和金质勋章，还光荣入选国际举重联合会名人馆。陈镜开被国际奥委会主席萨马兰奇授予奥林匹克银质勋章，成为第一个获此殊荣的中国运动员①。

2010年12月6日，75岁的陈镜开在广州与世长辞。上千名普通群众自发赶到公墓向这位为新中国首破世界纪录的体育健将送行。国家体育总局摔柔中心主任马文广亲手书写的"开中国力量之先"横幅高悬在陈镜开的遗像上方②。这是对他拼搏一生和光辉业绩的最好概括。

---

① 东莞市石龙镇博物馆：《石龙历史人物录》，东莞市石龙镇博物馆编印，2012年，第136—142页。

② 任晓峰：《铁臂英雄陈镜开与新中国"开国第一举"》，《兰台世界》2014年第4期，第75—76页。

（四）陈镜开的影响与评价

陈镜开从小家境贫困，但性格勇毅，热衷运动。为了解决吃饭问题，他走向了举重道路。时代的呼唤，国家的需要，海外的学习以及个人的拼搏，造就了"新中国大力士""开国第一举"的伟业与荣耀。他一生连续十次打破世界纪录，造就了中国举重运动史上的传奇，也为中国体育赢得了世界的尊重。他去世前夕还在关注体育赛事，把一生奉献给自己热爱的体育事业。尤其是他的意志之坚、拼搏之勇、平和之心、感恩之情——由此而形成的"镜开精神"，是时代精神的浓缩，也是他留给后人最重要的精神财富。陈镜开是 20 世纪 50—60 年代新中国优秀运动员的典型代表，他的成功及"镜开精神"对当前中国体育事业的发展仍然具有一定的启迪价值和现实意义。

二　留匈体育科技专家杨天乐

（一）杨天乐简介

杨天乐，1932 年生，祖籍浙江杭州，出生于上海一个普通知识分子家庭。1951 年毕业于杭州蕙兰中学。同年进入大连医学院医疗系学习，毕业时，在全年级 140 多个毕业生中，他成为被选派匈牙利留学的四个学生之一。

1957 年 5 月，杨天乐成为匈牙利配切（PèCS）医科大学生理研究所的研究生，师从著名生理学家里夏克（K. Lissak）院士攻读运动生理学及运动内分泌学。杨天乐在匈牙利碰到的第一大困难是语言关。在匈牙利写论文和答辩都必须使用匈牙利语，在国内学习的俄语和英语都派不上用场，只能从头刻苦攻读匈牙利语。另外，匈牙利本国的学生必须经过 6—7 年的大学课程，然后再工作 5—6 年积累经验，成为主治医师或讲师后才有资格报考研究生。他们对这位来自中国的既无工作经验又不懂匈语而攻读副博士学位的年轻学生并不看好。在一次大白鼠肾上腺静脉插管取血的动物实验中，杨天乐操作的外科手术做得非常精细，使在座的老师和同事十分佩服。通过不懈努力，他在匈牙利发表多篇有关运动与垂体—肾上腺皮质方面的科研论文，顺利通过所有考试，最终赢得导师的赞誉和同学的认可。1961 年 4 月，通过严格的匈牙利文论文答辩，杨天乐获得医学科学副博士学位（相当于欧美的博士学位）。在中国派遣的两批研究生中，他是第一个在匈牙利获得该学位者①。

杨天乐回国后担任国家体委体育科学研究所运动生理研究室负责人。1986 年后任国家体委运动医学研究所所长，中国兴奋剂检测中心筹建领导小组副主任、筹建办主任。1990 年后任国家体委运动医学研究所党委书记、所长。曾任北京亚运会兴奋剂检查中心主任、东亚运动会组委会兴奋剂检查中心主任等职务。

在学术领域，杨天乐主要从事运动生理及运动生化研究。他先后担任中国体育科学学会副理事长、中国运动医学委员会秘书长、中国奥委会反兴奋剂委员会委员。1984—2003 年连续五届担任亚洲奥林匹克理事会医学委员会委员，1992—2000 年担任亚洲运动医学联合会副主席，1988—2003 年担任国际奥林匹克委员会医学委员会委员，还担任过国际反兴奋剂委员会委员②。

（二）杨天乐的主要科研活动及其成果

1. 主要科研活动

回国后，杨天乐在体育科研方面的主要活动包括：

第一，创建中国兴奋剂检测中心。1984 年北京申办 1990 年第十一届亚运会，亚奥理事会提出的重要条件之一是中国必须承担亚运会的兴奋剂检测任务。1985 年 11 月国家体委决定筹建中国兴奋剂检测中心，并责成杨天乐具体负责筹建、创办工作。杨天乐率领同事经过大量的艰苦工作，逐步克服了人才、资料、设备、技术等难关。最后遇到了最大困难——检测兴奋剂需要建立标准品库、阳性尿库以及各种兴奋剂的超微量检测方法。当时规定的兴奋剂种类有一百多种，不少阳性尿极难找到。国外一般是高价雇人服药以获得阳性尿样品，这不但需要大量经费，并且准确性不高。为解决这个问题，实验室的科技人员自愿义务以身试药，忍受着呕吐、抽搐、失眠、过敏等痛苦，甚至冒着休克等危险，最终建成完整的阳性尿库。经过国际奥委会 5 次预考和一次正式考试，1989 年 11 月，实验室终于通过了国际奥委会兴奋剂检测资格考试，成为当时世界上第 20 个、亚洲第三个、发展中国家第一个国际奥委会确认的兴奋剂检测实验室。国

---

① 虎网医药网：《杨天乐冷言挞伐体育"顽症"》，http：//www. tignet. cn/Info/3763. html. 2006 – 04 – 13.

② 中国当代留学归国学人大典编委会：《中国当代留学归国学人大典》，香港教科文出版有限公司 2003 年版，第 219 页。

际奥委会主席萨马兰奇、国际兴奋剂检测权威多尼克教授在视察了中国兴奋剂检测中心后，都给予了高度评价与赞誉。

第二，开展兴奋剂检测工作。在1987—2001年期间，杨天乐先后亲自主持、组织并出色地完成了多项重大赛事的兴奋剂检查工作，主要包括1990年北京亚运会、1996年哈尔滨冬季亚运会、1993年上海首届东亚运动会、2001年北京世界大学生运动会，以及第六、七、八届全运会，第二、三、四届全国城市运动会等。他还先后代表国际奥委会及亚奥理事会监督过七届奥林匹克运动会、七届亚洲运动会的医务及反兴奋剂工作。他所领导的奥运科研攻关小组，在多届奥运会中为中国运动员反兴奋剂工作做出了重要贡献——连续三届奥运会中国运动员未出现兴奋剂问题。杨天乐还为我国反兴奋剂工作培养了一大批骨干力量，并与中国奥委会反兴奋剂委员会共同建立了一套与国际反兴奋剂接轨的反兴奋剂措施程序、尿样收集及人员培训系统[1]。

第三，筹办世界运动医学大会。第29届世界运动医学大会于2006年6月在北京举行。全世界的运动医学专家云集北京，不仅发表了临床和基础运动医学的最新研究成果，还专题讨论了北京2008年奥运会的医疗保障、传统医学在体育科学中的应用、运动康复、运动心理、运动营养以及兴奋剂控制等热点话题。世界运动医学大会是运动医学领域的"奥运会"，这是第一次在中国举办。杨天乐是成功申办本次大会的功臣。他不仅担任本次大会的学术委员会主席，而且是本次大会的反兴奋剂专家[2]。

另外，杨天乐还是国家体委运动医学研究所的创办人，中国运动医学杂志的创办者之一[3]。

2. 重要科研成果

1964年由杨天乐改良的"血乳酸超微量分析法"，被我国体育界作为经典分析方法而广泛采用，对推动我国运动员训练监控及血乳酸的研究起

---

① 虎网医药网：《杨天乐冷言挞伐体育"顽症"》，http：//www.tignet.cn/Info/3763.html.2006-04-13.

② 杭州第二中学校友网：《校友杨天乐介绍》，http：//218.108.56.173：8080/sites/xqw/template/show.aspx? id=75.2010-03-12.

③ 中国当代留学归国学人大典编委会：《中国当代留学归国学人大典》，香港教科文出版有限公司2003年版，第219页。

了积极作用。

在科学研究领域，杨天乐取得了两项重大科研成果。20 世纪 80 年代，作为课题组长之一、第一完成人所完成的《我国优秀青少年运动员科学选材研究》为我国运动员科学选材打下良好基础，填补了国内空白。这项成果 1985 年获国家体委科技进步奖一等奖，1987 年获国家科技进步奖二等奖。作为课题组长之一、第二完成人所完成的《兴奋剂检测方法的研究与实施》科研成果，1991 年获国家体委科技进步奖特等奖，1992年获国家科技进步奖一等奖①。该项奖是迄今为止我国体育科技领域获得的最高荣誉。

在奥运会科研领域，杨天乐也取得了一批重要成果。他先后获得1992 年巴塞罗纳奥运会"备战奥运科研攻关及科技服务奖"二等奖、1996 年亚特兰大奥运会"备战奥运科研攻关及科技服务奖"一等奖、2000 年悉尼奥运会"备战奥运科研攻关及科技服务奖"特等奖等重要奖项②。

另外，杨天乐 40 多年来先后在国内外发表科研论文近 100 篇，著有《老年体育保健》（1987）、《对兴奋剂说："不！"》（1998）等专著。

（三）杨天乐的影响和评价

杨天乐在体育科研战线做出了突出贡献，获得了较高的荣誉。他曾当选为第八、九届全国政协委员。1991 年中国共产党建党 70 周年时，被中共中央组织部授予"全国优秀领导干部"光荣称号；1999 年被国家体育总局授予"体育科技荣誉奖"；2002—2003 年连续两次被国家体育总局授予"体育工作荣誉奖章"；2002 年并被国际运动医学联合会选为院士③；2004 年被中国生理学会运动生理专业委员会授予"中国运动生理学开拓者"荣誉称号；2005 年被中国科学技术学会授予"全国优秀科

①　黄汉升：《中国华人民共和国体育科技发展史》，科学出版社 2002 年版，第 251—274 页。

②　虎网医药网：《杨天乐冷言挞伐体育"顽症"》，http://www.tignet.cn/Info/3763.html. 2006 - 04 - 13.

③　中国当代留学归国学人大典编委会：《中国当代留学归国学人大典》，香港教科文出版有限公司 2003 年版，第 219 页。

技工作者"荣誉称号①。2008 年被香港浸会大学授予荣誉社会科学博士学位②。

杨天乐是国家体委运动医学研究所、中国兴奋剂检测中心的创办人，中国运动医学杂志的创办者之一，是我国最早从事反兴奋剂研究的专家，也是我国最早从事内分泌研究的学者之一③，在中国体育科技战线具有重要的影响。杨天乐是新中国派出的体育留学生的优秀代表，为中国体育科技事业的发展做出了突出贡献。他在反兴奋剂等领域取得的成就以及在国际体育科研机构的任职，也为中国体育科学研究赢得了国际声誉。

本章小结

本章从微观角度，采用个案分析法，对近代体育留学生中的典型人物进行研究，以具体展现体育留学生的个体风貌。个案研究对象的确定，主要根据人物所处的历史时期、工作性质、留学国家、影响程度等因素，最终选取了产生重要影响的留美幼童、徐一冰、董守义、袁浚、陈镜开以及杨天乐等六个个案进行分析。

留美幼童，清末时期出国，中国最早的官派留学生。这些十几岁的孩童到美国后，一改传统的"文弱书生"形象，积极参加棒球、赛艇、橄榄球、滑冰、狩猎、自行车等活动，并表现出较高的技术水平。幼童留美运动虽然半途而废，但他们较早地参与、感受西方体育运动，亲身实证了东、西方体育的巨大差异，在中外体育文化交流史上留下了不可忽视的一页。幼童回国后向国内传播西方体育文化，丰富了中国近代体育的内容，为中国现代体育事业的发展起了启蒙作用。

徐一冰，清末时期出国的留日体育生，体育教育家。他一生投身于体育教育事业，其主要实践活动包括办学、办刊、学术研究、革命以及

---

① 虎网医药网：《杨天乐冷言挞伐体育"顽症"》，http：//www. tignet. cn/Info/3763. html. 2006－04－13.

② 新华网：《陈映真、侯孝贤等获香港浸会大学荣誉博士学位》，http：//news. xhby. net/system/2007/10/12/010134635. shtml. 2007－10－12.

③ 中国当代留学归国学人大典编委会：《中国当代留学归国学人大典》，香港教科文出版有限公司 2003 年版，第 219 页。

慈善活动等，并提出了"体育为救国之首冲""教育之本，体育为先""兵式体操不同于体育"等思想和观点。徐一冰是我国近代史上著名的体育教育家，也是一位革命者和爱国者，他以其高尚的品德、强烈的事业心和奉献精神给后人留下了深刻的影响，并赢得了国家和人民的尊敬。

董守义，民国时期出国的留美体育生，体育运动专家。一生经历了篮球国手、教练员、裁判员、体育管理者以及国际奥委会委员等多种身份，始终忠诚于自己所选择的体育事业。他的实践活动以篮球运动为主线，遍及学校体育、社会体育、竞技体育以及学术研究等方面。其主要思想体现在"以身心健康为中心"的学校体育观、"培养国民体魄"的社会体育观以及"自重包容、遵守规则、至诚至公"的运动竞赛观等方面。董守义是我国著名的篮球专家、体育活动家，在以篮球为中心的体育教育、训练、竞赛、科研、管理等方面做了大量工作，为中国的篮球运动及体育事业的发展做出了重要贡献。

袁浚，民国时期出国的留德体育生，体育教育家。自小家境贫寒，但由于先天体育禀赋、后天不懈努力特别是个人对体育的万分热爱，经历国内、外两种文化的熏陶，以及新、旧两个社会的洗礼，一直坚守体育事业。他留德期间，刻苦求学，为国家争得了荣誉；回国后在推广游泳运动、开展体育教育等方面做出大量扎实、有效乃至开创性的工作，为我国体育事业的发展做出了积极贡献。尤其是他的师德修养、谦虚品行以及安贫乐道、与人为善的精神，更是后人学习的楷模。

陈镜开，新中国派出的留苏体育生，著名举重运动员。为解决吃饭问题，走向了举重道路。一生连续十次打破世界纪录，造就了中国举重运动史上的传奇，也为中国体育赢得了世界的尊重。他去世前夕还在关注体育赛事，把一生奉献给自己热爱的体育事业。尤其是他的意志之坚、拼搏之勇、平和之心、感恩之情——由此而形成的"镜开精神"，是时代精神的浓缩，也是他留给后人最重要的精神财富。

杨天乐，新中国派出的留匈体育生，体育科技专家。主要实践活动包括创建国家体委运动医学研究所和中国兴奋剂检测中心、开展兴奋剂检测工作、申请和筹办世界运动医学大会以及从事运动生理和运动生化领域的科学研究等。他主持和参与的"我国优秀青少年运动员科学选材研究""兴奋剂检测方法的研究与实施"等课题获得国家级的重大科研成果奖励。杨天乐是我国最早从事反兴奋剂的专家，也是我国最早从事内分泌研究的学者之一，为中国体育科技事业的发展做出突出贡献。他在反兴奋剂研究等领域的努力及其业绩，也为中国体育科学研究赢得国际声誉。

第七章

体育留学教育的发展规律和体育
留学生的历史使命

第一节 体育留学教育的发展规律和启示

一 体育留学教育的发展规律

（一）多因素制约规律

马克思曾说过："历史是这样创造的，最终的结果总是从许多单个的意志的相互冲突中产生出来的，而其中每一个意志，又是由于许多特殊的生活条件，才成为它所成为的那样。这样就有无数互相交错的力量，有无数个力的平行四边形，由此就产生出一个合力，即历史结果，而这个结果又可以看作一个作为整体的、不自觉地和不自主地起着作用的力量的产物。"① 体育留学教育是发生于国家之间的一种体育交流活动，它不是一个孤立的文化现象，而是受到国内、国际诸因素的综合影响和制约。这些因素主要包括国内时局和战争、国家关系、经济形势、留学政策以及留学所在国体育发展情况等因素。

在国内政局相对稳定与和平时期，体育留学人数较多并且比较稳定，往往形成留学高峰；一旦发生革命、动乱、战争等，往往会造成留学生大量回国，形成留学人数的低谷。如民国时期，在抗战爆发前，由于国内局势相对稳定，体育留学生相对增多；抗战爆发后，大批留学生回国抗战，致使 20 世纪 40 年代初出现留学低潮。

国家之间关系的相背疏密也是影响体育留学的基本因素。新中国成立后，由于国际敌对势力的封锁，国家实行"一边倒"的外交政策，向社

---

① 《马克思恩格斯选集》（第四卷），人民出版社 1995 年版，第 696—697 页。

会主义国家苏联、匈牙利等派出一批体育留学生，苏联也给予积极帮助，从而在20世纪50年代出现了近代以来体育留学的历史高潮；后来，国际政治风云突变，中苏关系交恶，从而导致20世纪60年代体育留学生几近绝迹。

国际经济形势尤其是外汇汇率的变化是影响留学生去向的直接原因之一。如20世纪30年代中期国际市场金价下跌、银价上涨的变化，导致了中（银本位制）、日（金本位制）之间汇率的改变，"在上海攻读，反不如东渡日本合算"①，成为这时期留日学生人数一改往日颓势而急剧上升的主要原因之一。韩国儒、吴文忠、白春育、张长江等就是这一时期赴日本学习体育的。

留学政策也是影响体育留学的因素之一。第一次鸦片战争以后，"落后就要挨打"的历史教训，促使各届政府认识到向先进国家学习的重要性，并制定出相应的留学政策。如清政府对出国留学生授予功名与官职，国民政府先实行宽松政策、后强调留学生的专业素质，新中国则"严格审查、争取多派"等，不同程度地推动了当时留学教育的发展。

另外，体育留学生大多前往当时体育比较发达的国家留学，而且还选择这些国家的体育名校。民国时期中国体育留学生多数前往美国，许多人选择了春田学院体育系——美国最早的体育系、现代篮球运动和排球运动的发源地。而莫斯科中央体育学院是新中国成立后体育留学生最集中的地方，该校是苏联规模最大的高等体育院校。

（二）爱国精神驱动规律

近代以来，在国家积贫积弱、屡遭欺凌的时代背景下，体育留学生出国的主要动机不外乎有两个：一个是基本动机，即学习西方先进体育文化，发展中国体育，以实现强种强国的目的；另一个是直接动机，即洗雪"东亚病夫"之辱，打破西方国家对中国人的刻板印象，重塑中国人的新形象。这两种动机中贯穿着一个鲜明的主题，即斗志激昂的爱国主义精神。对中国体育留学生而言，为中国人争气的"雪耻情结"则更为明显。

刻板印象是个体对某一类人或群体形成了一种较为固定、简单的印象，并据此来形成对该类型或群体中缺乏深入了解的个人的认知。刻板印

---

① 周晓明：《多源与多元：从中国留学族到新月派》，华中师范大学出版社2001年版，第106—107页。

象常见的有性别角色刻板印象、社会角色刻板印象、国民刻板印象、地区刻板印象、国家刻板印象等①。近代以来，列强屡屡入侵，国势日危，民气不振，西方人对中国人形成了"东亚病夫"的"刻板印象"，这是一种典型的国家刻板印象，常常刺痛着中国人。如1925年，夏翔参加第七届远东运动会归来，途经上海，适值"五卅"惨案之后，帝国主义在中国横行霸道。而当时中国的留学生在外国连房间都住不上；坐外国的船只能是三等舱；上岸时，唯独要检查中国人的大、小便，说中国人穷、脏、有传染病②，这是对中国人的奇耻大辱。因此，留学教育也成为一个受到爱国精神驱动并贯穿始终的活动。体育留学生主要表现为在国外大都具有强烈的国家意识和雪耻情结——刻苦学习和训练，获得最好的成绩或荣誉，为国争光，以洗雪"东亚病夫"之辱。下面以袁浚和舒鸿为例进行说明。

袁浚在德国国家警察体育学校游泳班学习时，为了给中国人争气，下定决心刻苦锻炼，游泳技术提高得很快。1931年冬，他学习游泳不到一年时间，就报名参加德国国家游泳考试。全班报考50多人，合格的只有32名，他以前十名的优异成绩被德国游泳界两大组织——国家游泳教员联合会和游泳救生会吸收为会员。当他考入"两会"后，学校的教练专门召集全班同学，对他进行表扬："中国人有志气，有毅力，不怕困难，后来居上，真了不得。"③ 袁浚在德国以优异成绩为同胞赢得赞誉。

1936年奥运会，男篮首次成为正式比赛项目，留美体育生舒鸿担任篮球决赛的裁判。这是奥运史上第一场篮球决赛。比赛开始后，来自篮球故乡的美国人并没把当值裁判舒鸿放在眼里。刚开场几分钟，一个美国队员故意做了个隐蔽的小动作，舒鸿立刻用流利的英语予以制止，并果断地判罚美国队拉人犯规。美国队员从此不敢轻视裁判。比赛结束后，一直在场边观战的篮球之父奈·史密斯教授特意走到场内，对满场奔跑、判罚精准的舒鸿竖起了大拇指，舒鸿为中国体育留学生赢得声誉。舒鸿执法奥运会男篮决赛的消息传出后，国内的报纸当天因来不及详细报道，纷纷加印号外。上海有一家报纸的号外，整整一大版只有几个大红字"舒鸿为国争光"。1936年奥运会中国代表团铩羽而归，但有两件事让世界了解了中

---

① 李文华：《现代社会心理学》，华中科技大学出版社2007年版，第107—108页。

② 《文卫科技界——夏翔》，http://bbs.212300.com/thread-291906-1-1.html.2010-12-12.

③ 黄萃炎：《体坛耆宿袁浚教授二三事》，《体育文史》1986年第3期，第36—37页。

国体育，一个是武术表演，另一个就是留学生舒鸿担任篮球决赛裁判。

体育留学生在国外刻苦求学，取得优异成绩，屡屡挑战西方人的刻板印象，为自己赢得尊严，也为祖国赢得了荣誉。

（三）跨文化优势主导成就规律

"世界上没有一杆秤能称出自身的重量，没有一把尺子能量出自身的长度。我们的民族文化是要在与其他文化体系的成果的比较中才能显出优劣高低来"①。体育留学教育是一种跨文化交流。所谓跨文化交流是指不同文化背景的个人或群体之间的交流。跨文化交流有两个基本作用：一是它帮助我们全面了解异国文化。特别是分析强国之所以强大的文化因素，我们可以决定异国文化中有哪些成分可为我所用。二是有助于我们反省自身文化。将本民族文化置入世界环境中，我们就有可能发现本民族文化要健康发展还需要补充什么养分②。体育留学生回国后之所以比普通人做出较大贡献，主要在于他们的跨文化交流特质：外语能力强、在国外接受系统体育专业学习、具有中外体育文化比较的视野与实践。通过跨文化的比较与分析，可以发现各自的长处与不足，才有可能学习和借鉴，进行改进和发展。

晚清留美幼童出国前接受的是缺乏体育活动的传统文化教育："下完课，他们只是各处走走发呆，或是做他们的功课，从来不运动，而且不懂得娱乐。"③ 但到美国后，立刻被美国的各项体育运动所吸引，还成为棒球等运动的高手，这是他们在异文化环境中体验了中国传统文化中所没有的东西——近代西方体育运动。程登科留学德国后，观察了德国全民体育化、体育军事化的体制，回国后结合抗战时期的国情，提出了民族体育思想。董守义在美国留学期间，参加各种项目活动，而且多次夺冠，他从实践和观察中得出自己的跨文化意识："中国人并不缺乏运动的天赋，所缺乏的是练习的机会"④。在 20 世纪 30 年代的土、洋体育之争中，留美学生就是用一种异域文化的视角和理论，在跨文化比较中分析"土体育"

① 曾传辉等：《圣经故事》，中国社会科学出版社 1995 年版，第 6 页。

② 林大津：《跨文化交际研究：与英美人交往指南》，福建人民出版社 1996 年版，第 29—30 页。

③ ［英］寿尔：《田凫号航行记》，载中国史学会编《洋务运动（八）》，上海人民出版社 1961 年版，第 387 页。

④ 黄卫、王志辉：《百年中国看天津奥运情缘第一城》，http://past.tianjindaily.com.cn/docroot/200507/19/kb01/19093601.htm. 2010 – 12 – 26.

的优、缺点，获得对本民族体育文化全面、深刻的认识。总之，跨文化的视野和实践是体育留学生在体育方面做出突出贡献的根本原因。

（四）由自发到自觉的发展规律

近代以来，中国体育留学教育是中国留学教育的一个基本组成部分，但它晚于其他领域的留学教育。体育留学教育经历了一个由自发到自觉的演进过程。容闳和留美幼童等早期留学生出国时，在国外学习其他专业时，较早遇到国内没有经历过的西方体育，并深受其影响，积极参加体育活动，有的还成为运动高手。但这只是一种自发的、无意识的行为，并非专门的、有目的的体育留学。在清末留日大潮中，有的留学生专攻体育，如柳大任、葛谦、徐一冰等，但人数相对较少；有的在学习其他专业的同时兼习体育，如杨任、郭公接、柳伯英等；更多的是在留学期间加入同盟会，以学习体育的名义进行反清活动。这时的体育留学生以自费为主，是一种自发的非政府行为，而且以反清革命为主要特征。到民国时期，初期赴美学习体育者，多是由基督教青年会派往春田学院；直到1932年公布的《国民体育实施方案》中，明确规定了有关体育留学的政策："按期选送体育界服务多年成绩优良者，赴各国实地考察及研究；各省保送留学时，应慎选学、术兼优体育人员，分赴国外留学体育；教育部及各省举行留学考试时，应列体育名额。"[①] 这样，体育留学教育上升为政府的自觉行为，演变为一项正式的国家政策。新中国成立后，国家在20世纪50年代向苏联等国派出了大量的体育留学生，学习他们先进的技术和理论，掀起了近代以来国家派遣体育留学生的高潮。后虽有波折，但体育留学教育终于成为时代潮流，并成为留学教育中不可或缺的组成部分。因此，近代以来中国体育留学教育经历了一个由被动到主动、由民间到官方、由自发到自觉的演变历程，并最终发展成为一种现代教育制度。

（五）文化输入和输出相结合规律

现代传播学认为，每个人都会向他人传递文化信息。人类都处于不同的文化群体之中，群体中的个人又是文化的携带者，因此，在个体所汇集的群体中必然会互相影响、相互作用，这种影响和作用就是一种传播行

---

① 成都体育学院体育史研究：《中国近代体育史资料》，四川教育出版社1988年版，第83页。

为①。近代以来，中国虽然以输入外国先进体育文化为主导，但体育留学生在国外留学期间，也携带着中国传统文化的基因，并非完全单一地接受西方体育文化信息，也把自身的文化信息传给所在地区，在一定程度上传播了本国体育文化。

在民国时期，他们主要从两个方面传播了中国体育文化。首先，他们在技术层面上推介中华武术。王润生1905年东渡日本留学，入东京宏文书院学习。留学前已精通"八拳"，留学期间研究日本柔道，曾将日本柔道名家田野清太郎摔倒三次，在留学生和日本武术界影响很大，被誉为"拳王"。1913年再赴日本，考入帝国大学体育系，课余在大森俱乐部习练武技，并向部分中国留学生（如柳午亭、黄兴、向恺然等）传授"八拳"，在域外传播中国武术②。另外，1931年李仲三赴德国学习体育，同时教德国士兵习练中国武术③。其次，他们把武术作为中国传统文化介绍到国外体育学术界。1929年，程登科留学德国，考入柏林国立体育大学，把中国式的健身体操"八段锦"介绍给该校副校长、国际奥委会组织委员会主席卡尔·迪姆（Carl Diom），并被卡尔·迪姆收入《世界各国体操》一书中④。在美国留学期间，马约翰在其学位副论文《中国拳术入门》中，首次把"形意拳"介绍到西方世界，而且试图"选择西方最出色的拳击和格斗技术，并与东方的拳术结合，从而发展成为一种新的、更加有效防身形式"⑤。体育留学生在国外的这些活动，是一种超越"雪耻"情结的文化传播活动，是一种民族文化自觉意识和行为。

新中国成立后出国的体育留学生，他们学成回国后在本领域做出了突出贡献，后又出国向国外传播中国传统体育文化。如鲍乃健于1955年赴苏联莫斯科斯大林体育学院学习体操，学成回国后在体操领域取得显著成绩。1986年应邀前往英国任教，把中国的武术、中医治疗带到英伦三岛。英女皇曾专门接见他们，感谢在英国工作的成绩，表彰为中英文化体育交流做出的贡献。韦俊文曾赴苏联列宁格勒体育研究所主攻运动生理学，获

---

① 萧杨、胡志明：《文化学导论》，河北教育出版社1989年版，第240页。

② 羊定国、周楚毓、刘建勇：　《王润生：湖南拳王威震东瀛》，http：//bbs. rednet. cn/thread - 18492803 - 1 - 1. html. 2006 - 11 - 27

③ 郭凤岐：《天津通志·体育志》，天津社会科学院出版社1994年版，第588页。

④ 《程登科》，http：//baike. baidu. com/view/3493121. htm. 2010 - 10 - 18.

⑤ 傅浩坚：《中国近代体育史的传奇人物——马约翰》，北京体育大学出版社1998年版，第22页。

得副博士学位。回国后主要从事运动生理学、运动医学、体育养生学的教学、科研工作，曾多次出访日本国讲学，传授《中国养生学》的理论与方法。贾金鼎曾留学苏联，获医学副博士学位，回国后主要从事"体育运动对心血管系统的影响"课题的研究。在20世纪80年代，贾金鼎又分别赴保加利亚、日本、美国等国家，把中国传统医学——针灸、按摩和气功向国外进行传播和交流。留学生先赴海外学习西方体育文化，学成而回国；后再次出国，把本国体育文化积极传播到国外，这是一种典型的留学文化"反哺"和"环流"现象。这种文化"反哺"和"环流"现象，有利于国际体育文化的交融与发展。

（六）主导作用递减规律

体育留学教育是文化逐代传递过程，即较早一批留学生（第一代）回国后，首先把学到的先进文化传播给自己的学生或身边人，这些受传者（第二代）或者受到其影响而出国留学，或者把接受的东西传递给下一代（第三代）。这样使得体育留学生的重要作用在体育文化传播的早期更为明显；随着体育人才队伍的逐代壮大，其主导作用则随之逐级递减。如清末体育留学生徐一冰回国后，创办了中国近代较早的体育专门学校——中国体操学校，该校毕业生是中国自己培养的第一代体育师资；中国体操学校早期的毕业生，如庞醒跃、华豪吾、吴志青、陆礼华、蔡倔哉、杨振峰、朱重明、柳成烈、尚士元等人，又各自开办了体育学校，培养出中国第二代体育师资；这些学生毕业后，许多人回到生源地西北、西南等地，发展地方体育事业，有的开始培养第三代体育人才。新中国成立后，由于缺乏竞技体育人才，派遣体育留学生赴苏联等国学习田径、体操、游泳、举重、足球等技术，这些留学生学成回国后大多成为新中国第一代运动健将。他们中许多人还成为优秀教练，又继续培养下一代竞技体育人才。这些著名的教练，田径如步润生、周成之等，游泳如熊开发、涂广斌等，体操如陆恩淳、陈孝彰等，举重如黄强辉、赵庆奎等，足球如张宏根、年维泗等。也就是说，体育留学教育过程是一个由文化依赖向文化自主发展的一个过程。体育留学生最主要的作用体现在早期的开创性贡献上。

二　体育留学教育的启示

（一）体育留学教育是一项应长期坚持的工作

邓小平同志曾讲："任何一个民族、一个国家，都需要学习别的民族、别的国家的长处，学习人家的先进科学技术。我们不仅因为今天科学技术落后，需要努力向外国学习，即使我们的科学技术赶上了世界先进水平，也还要学习人家的长处。"① 体育留学教育是体育人才培养和体育文化交流的重要组成部分，是一种常态行为，也是衡量体育文化开放与封闭、僵化与活跃的标志之一。在落后挨打的近代时期，为了挽救危亡、洗雪耻辱，体育留学教育虽有间断，但一直持续着；在建设体育强国的进程中，为了保持体育文化的开放、创新与活力，还要继续发展体育留学教育。

（二）在体育留学教育中必须保持民族性

"中西文化各有优势，如果学习西方是以厌恶自己的文化、丢弃自己的传统为前提，那么这种学习就将是扭曲的，就是对另一个'完整的世界'的文化摧毁。"② 中华民族传统体育文化是中国传统文化中的瑰宝，也是中华民族给予世界体育文化的重大贡献。在派遣体育留学生、学习外国先进体育文化的同时，应加强民族体育文化的保护、研究和交流，努力使之成为具有民族特色并享誉世界的文化输出品。

（三）在体育留学教育中必须坚持创新性

近代以来，体育留学教育以引进、模仿、移植为主，在体育项目、体育体制、体育思想的创新方面尤其欠缺。留学教育是一种异质文化间的交流活动，重在创新与发展。我们应在近代以来体育留学生奠定的基础上，在技术、理论、学科等方面继续努力，做出一些在国内、国际上具有独创性的成果。

（四）保持留学教育的平衡性

体育留学教育应改变出国多、来华少，男性多、女性少，东部多、西部少，运动竞赛多、教学科研少的局面，促进体育留学教育的流向、性别、地区、领域的平衡。

---

① 《邓小平文选》（第二卷），人民出版社 1994 年版，第 91 页。
② 丁国旗：《我们的文化自信从何而来?》，《湖南社会科学》2012 年第 1 期，第 6—9 页。

（五）坚持体育留学教育中的爱国主义优良传统

近代以来，贯穿整个体育教育过程的主线就是高昂的爱国主义精神，具体表现为体育留学生大多具有救亡、雪耻、强国意识，把增强民族体质、振奋民族精神作为基本使命，在留学期间和回国后均为之积极努力，并做出了成绩。这是体育留学生留下的宝贵精神财富，应一代又一代地继承和发扬下去。

（六）充分发挥体育留学生的作用

近代以来，体育留学生背井离乡，负笈海外，克服了重重困难，掌握了西方体育文化知识与技能，其主要目的就在于奉献所学，报效国家。如果说大学生是时代之骄子，那么留学生就是人才中的精英。应充分为体育留学生提供发挥才干的机会和舞台，避免楚才晋用或者用非所学。

（七）要保持民族自信心

鲁迅在《坟·观镜有感》一文中曾经说过："汉唐虽然也有边患，但魄力究竟雄大，人民具有不至于为异族奴隶的自信心……"。即在盛唐时期，我们十分自信，曾让"四方来贺"，成为吸引外国留学生的文化高地。这虽已成为历史，但它是民族自信心的源泉。近代以来我们落伍了，一直以单向性出国留学为主，但国际留学教育的中心在大洲、国家之间不断轮回辗转。我们坚信，随着国家发展的加快、综合实力的提升以及民族文化的昌盛，包括体育在内的留学教育将成为一种平等、双向、多元的文化交流活动，我们也终会成为体育留学生的主要接受国，中华民族体育文化也将成为外国留学生竞相学习、传播的对象。

第二节 体育留学生的历史地位和文化特质

近代以来，在中国体育发展的进程中，许多人物或群体做出了积极的努力。体育留学生作为一个特殊群体，拥有独特的文化品质，他们在留学期间或学成归国后，为传播西方体育、发展本国体育做出了重要的贡献，奠定了他们在中国体育史上的地位。

一 体育留学生的历史地位

学者李涛曾对近代中国留学生群体的地位进行了概括："近代中华民族的莘莘学子出国留学深造，就其大多数而言，绝非单纯或狭隘地完善自己的人生，寻求一己的私利，也不是世俗社会所期盼的光宗耀祖和出人头地。他们从来都是怀着追求科学与民主的崇高信念，为了国家的独立、富强和尊严，以天下为己任，先善其身，后善其国，或者在善其身的同时兼善其国。"[1]　其他留学生如此，体育留学生更是如此。

前文已述，近代以来体育留学生克服艰难，负笈海外，回国后在器物层、制度层和思想层三个层面为中国体育的发展做出了积极努力。体育留学生在器物层的贡献主要包括体育运动的引介、场地器材的创制和运动技术的发展；在制度层的作用主要体现在体育教育体制、运动竞赛体制和科学研究体制的发展等；体育留学生在思想层面的活动，主要体现在传播军国民体育思想和自然体育思想，倡导民族体育思想，参与体育思想的讨论与争鸣等。

体育留学生学成归国后，从上述三个层面为传播西方体育、发展本国体育做出了重要贡献。特别是在从外国人手中接过主办权使中国体育走向自主化，积极推广各项运动使体育走向普及化，努力从事人才培养和科学研究使体育走向科学化方面，起到关键作用。

总之，体育留学生是中国体育现代化发展进程中的先驱者。

二　体育留学生的文化特质

近代以来，体育留学生在传播西方体育、发展本国体育方面做出突出贡献，在中国体育史上享有重要地位，究其原因，主要是因为体育留学生拥有自己独特的文化内涵与品质。

（一）拥有突出的体育禀赋

唯物辩证法认为，事物的发展既有内因，又有外因。内因即事物的内部矛盾，是事物发展的源泉和动力，决定事物的性质和发展方向[2]。近代以来出国的体育留学生（除新中国成立后少数出国专攻基础理论者外）中，许多在体育教学、训练、竞赛、管理等方面做出杰出成就的，大多自小喜欢体育，青少年时代在某项运动上表现出卓越的才能，得到所在学校老师的赏识或引荐，最后争取到出国深造的机会。

新中国成立前出国的，如王润生（早年习武，精通"八拳"）、马约

---

① 李滔：《中华留学教育史录》，高等教育出版社 2005 年版，第 1—3 页。

② 庄福龄：《毛泽东哲学思想史》（第 3 卷），江西人民出版社 1991 年版，第 770 页。

翰（出国前为学校足球、网球、棒球、田径代表队的主力，擅长中长跑）、刘香谷（在校期间曾连续3年获得江南八所大学女子网球单打冠军）、张龄佳（大学期间入选中国代表队参加第九届远东运动会，在1933年第五届全运会上平远东铁饼纪录，破远东十项全能纪录且在国内保持20余年）、李仲三（1930年第四届全运会男子跳高冠军）、吴德懋（在大学期间参加第五、六、七届远东运动会，在第七届远东运会上夺得五项全能冠军）、江良规（上大学时获江南八所大学越野赛跑冠军）、白春育（参加第十六、十八届华北运动会，获田径中级组个人总分第1名，创造标枪、铁饼、铅球中级组全国纪录，铅球全国纪录保持到新中国成立后）、管玉珊（大学期间为校篮球、棒球、田径代表队队员，跳高、跳远、撑竿跳在校运会上年年夺冠）、马杏修（中学时喜爱排球和篮球，参加广东省第十二届运动会获男子甲组100米和200米冠军）、夏翔（大学期间在江苏省分区运动会上获得三项冠军和个人总分第1名，获旧中国第三届全运会撑竿跳高冠军，代表国家参加第六、七、八届远东运动会）、杨守文（1941年参加在天津举行的万国运动会田径比赛获得个人总分第1名）、牟作云（中学时打破全国标枪纪录和华北三级跳远纪录，入选中国篮球队参加第十届远东运动会获亚军，大学时再次入选中国篮球队参加第十一届柏林奥运会）、马启伟（在大学期间连续三年获得全国网球公开赛冠军）、李鹤鼎（中学时期即代表河南省参加过旧中国第十五、十六、十七届华北运动会及第五届全国运动会的足球、篮球、排球、田径等项目比赛）等，个个少年早慧，体育特长明显。

新中国成立后出国的运动员更是如此，如足球界的张俊秀、张宏根、年维泗、陈成达等，游泳界的涂广斌、陈运鹏、徐致祥、穆祥雄、穆祥豪、戴丽华、郑素绯等，举重界的陈镜开、黄强辉等，体操界的陆恩淳、张飞子、郑馥荪、戚玉芳等，田径界的田学易、黄世杰、杨传广、纪政等，均为天资聪颖，身体条件十分突出。

锥处囊中，必将脱颖而出。体育留学生大多拥有一定的体育天赋，加之有幸出国深造，汲取西方先进体育文化，迅速成长为本领域中的明星级人物，为中国体育的发展做出了重要贡献。

（二）深谙本国的体育实际

当代学者的研究成果表明，出国留学应达到一个适当的年龄，应有一定的学业基础或社会经验积累。低龄留学生容易出现以下问题：（1）自理能力差，缺乏必要的独立生活能力（如相当一部分独生子女从小被父母过分溺爱，具有极强的依赖性）；（2）易出现一定的心理问题（如语言障碍、文化障碍、教育模式障碍等压力下，容易产生失落、悲观、焦虑、封闭、厌学等心理问题）；（3）必须独立面对社会中的各种安全隐患（如人身安全、资金安全，以及产生交友不慎、迷恋游戏，甚至沾染赌博、吸毒、暴力、同居等不良行为）；（4）易导致学业困难（如由于文化迥异、社会环境差异、教育方式不同等造成听课困难等）①。

从近代以来体育留学生的身份构成，可以大致了解他们出国前的年龄、受教育及社会阅历情况。具体见"体育留学生身份构成情况统计"一览表（见第79页表2-5）。

在清末可知身份的8位体育留学生中，体育教师和运动员多达5人，基本代表了当时体育界的精英。民国时期体育留学生中，体育教师（主要是高校教师）是主要来源，占一半以上；基督教青年会在体育留学活动中也具有一定的影响。新中国成立后国家向苏联、匈牙利等社会主义国家派出了优秀的运动员、学生（包括体育以及医学等相关专业的大学生、研究生），他们构成了出国的主力；归国华侨运动员也是新中国体育留学生的一个来源。由此可见，近代以来体育留学生以高校体育教师、运动员、大学生为主，不但不会出现上述低龄留学的弊端，而且具备良好的留学条件，并具有较大的留学预期收益。这是因为：第一，他们已经成人，具有一定的社会阅历，具有较强的学习、辨别能力；第二，他们在国内已经拥有丰富的体育知识和较强的运动能力，具备学习、深造的专业基础；第三，他们常参加国内的学校体育、竞技体育等活动，洞悉当时中国的体育国情，便于进行体育专业的跨文化学习、鉴别与交流。事实也证明，他们学成回国后，大多把国外先进的体育思想、理论和方法，运用到教学、科研实践中，留学效益较高，影响深远。如民国时期流行的自然主义体育思想、体育军事化思想以及一些新的体育学科的出现，都是这些高校体育教师身份的留学生引进或开创的。新中国时期一些新的训练方法的出现、众多全国和世界纪录的打破、许多体育领域重大科研成果的产生大多是运动员或大学生身份的留学生获得的。正如一位中国驻澳大利亚使馆的教育

① 郭鑫、和欣、彭富强：《中国学生留学低龄化问题的教育反思》，《四川文理学院学报》2011年第21卷第4期，第126—128页。

参赞所说："一般人在大学本科毕业后，不仅心态比较成熟，对社会和国外的情况都比较了解，此时选择出国深造才是最好时机。"①

（三）具有良好的外语交流能力

世界是多样性的，各国人民创造了丰富多彩的文明。各种文明相互交流和借鉴，是人类进步的动力。掌握外语这个工具，不但能更好地了解世界各国多姿多彩的文明，同时也可以向世界各国人民介绍本国从古至今优秀的文明成果②。"作为异国人的地位去了解任何他国文明，如果缺乏运用这个民族语言的能力，如不能直接用这种语言进行交流，那么其效果总是有着极大的局限性。"③因此，熟练掌握留学所在国的语言，是留学生出国深造、学有所成的基本前提，也是留学生群体区别于非留学生群体的重要特征之一。

马克思说过："外国语是人生斗争的一种武器。"④留学生拥有熟练的外语能力，能直接学习和研究外国文化，跨文化比较意识和能力突出，有利于进一步了解本国文化，吸收和引进外国先进文化。体育留学生通过出国前及留学期间的刻苦攻读，熟练掌握了留学所在国的语言，在以下方面做出了特殊的成果：一是完成学业，如他们用外语完成毕业论文，通过了学位论文答辩，获得了相应的学位，如郝更生、杨天乐，分别用英文、匈牙利文完成学位论文，分别获得博士、副博士学位。二是翻译著作，如前所述，体育留学生运用外语特长，翻译了大量的西方体育著作或教材，为传播西方体育文化做出突出贡献。三是传播思想，如军国民主义体育思想、自然体育思想、民族体育思想以及苏联体育理论等各个时期先进的体育思想与理论，主要由留学生传播、引入国内。四是对外交流，凡是近代国际上的体育竞赛、国际会议、对外考察、学术交流等活动，体育留学生是主要参与者，如1936年第十一届柏林奥运会中国运动员的组织和国际体育会议的参与，1936年中国赴欧洲体育考察团的组织和参与等。五是搜集情报，如体操界的李惠青、叶培基，田径界的吴之仁、薛济英，登山

---

① 中国青少年研究中心课题组：《我国低龄留学生发展状况研究报告》，《中国青年研究》2013年第11期，第5—25页。

② 于永年：《外语在当代的价值、外语教学目标和教学途径》，《基础教育外语教学研究》2003年第1期，第12—13页。

③ 李传松：《新中国外语教育史》，旅游教育出版社2009年版，第16页。

④ ［法］保尔·拉发格：《忆马克思》，载中共中央马克思恩格斯列宁斯大林著作编译局译《回忆马克思恩格斯》，人民出版社1973年版，第6页。

界的周正等，在体育情报、信息的搜集、翻译、整理等方面做出了重要贡献。

（四）积极汲取外国先进体育文化

留学教育是人类不同文化、不同教育之间进行平等、互惠交流的一种形式。近代以来，随着中国封建社会的全面衰退和西方资本主义社会的蓬勃兴起，中、西文化出现了此消彼长的过程，同时由于中国传统文化缺乏先进的体育因子，使得近代中外体育文化交流过程表现出明显的单向性特征——以中国学习、借鉴西方先进体育文化为主[①]。

近代以来，不同时期出国的体育留学生，大多十分珍惜在国外的学习机会，努力钻研体育理论，刻苦练习运动技术，虚心请教外国老师，表现出中国留学生突出的刻苦求学精神。徐一冰 1905 年奔赴日本大森体育学校，全面学习体育理论和技术，立志用体育改善中国人民的文弱之躯。日本人举行体育运动会不准中国人入场观看，他备好铅笔和小本子，爬上墙头把运动场地的情形和比赛方法一一记录下来[②]。王润生 1905 年赴日本东京宏文书院留学，他认真学习、研究日本柔道，后来竟将柔道名家田野清太郎摔倒三次，被誉之为"拳王"[③]。舒鸿 1919 年在美国春田学院体育系留学期间，认真钻研篮球规则和裁判本领，为奈·史密斯所器重，担任了 1936 年柏林第十一届奥运会美、加篮球决赛的主裁[④]。袁浚 1931 年转入德国国家警察体育学校游泳班专攻游泳，短短不到一年时间就报名参加德国国家游泳考试，以优异成绩跻身于前 10 名，被吸收为德国游泳界两大组织——国家游泳教员联合会和游泳救生会的会员，引起德国老师和同学的惊诧和敬佩[⑤]。新中国举重运动员在留苏期间，"不怕流汗，不怕流血"成为队员的口头禅：赵庆奎现在腿部膝盖以下伸不直；薛德明的腰受伤；陈镜开则是一、四节腰椎各有一处骨裂，二、三节腰椎各有两处骨裂[⑥]，但他们依然坚持训练，成绩显著。杨天乐 1957 年赴匈牙利配切医

① 张宝强：《体育专业留学生与中国近代运动竞赛体制的形成》，《首都体育学院学报》2014 年第 26 卷第 3 期，第 234—238 页。

② 郑志林、赵善性：《我国近代体育教育家——徐一冰》，《杭州大学学报》1981 年第 11 卷第 4 期，第 104—108 页。

③ 万天石：《拳王王润生》，《体育文史》1984 年第 6 期，第 46—48 页。

④ 郑志林：《舒鸿》，《体育文史》1995 年第 4 期，第 53 页。

⑤ 黄莘炎：《体坛耆宿袁浚教授二三事》，《体育文史》1986 年第 3 期，第 36—37 页。

⑥ 吴策力：《陈镜开：一口饱饭和十次纪录》，《看历史》2011 年第 1 期，第 158—160 页。

科大学生理研究所攻读运动生理学及运动内分泌学，刻苦应对语言、课程两大难关。匈牙利本国学生必须经过6—7年的大学课程，然后再工作5—6年，积累经验成为主治医师或讲师后才有资格报考研究生。而杨天乐通过不懈努力，入学四年之后即通过严格的匈牙利文论文答辩，一举获得医学科学副博士学位（相当于欧美的博士学位），赢得所有导师、同学的赞誉和认可①。

近代以来，体育留学生积极汲取外国先进体育文化，为中国体育的现代化发展"盗取"火种，经过一代又一代体育人的不懈努力，最终使中国体育融入世界体育发展的大潮之中。

（五）享有突出的跨文化比较优势

所谓跨文化交流（Intercultural Communication），广义上是指来自不同背景、不同文化的个人、群体或者组织之间进行的交流活动。它既包括全球范围内不同文化圈、种族、国家之间的文化交流，又包含同一文化圈内不同国家、民族之间的文化交流，也包括同一国家内部不同地域、群体以及亚文化之间的交流。狭义上的跨文化交流仅指不同国家、不同文化之间的沟通和交流②。此处所说的跨文化交流指的是狭义概念。跨文化交流是人类文化进步和发展的重要动力。"它山之石，可以攻玉"，跨文化交流能帮助我们全面了解异国文化，通过比较研究我们可以确定异国文化中有哪些成分可为我所用。"以人为鉴，可知得失"，跨文化交流还有助于我们反省自身文化，将本民族文化置入世界环境中进行全方位、多层次的对比，就有可能发现本民族文化健康发展需要补充什么养分③。

近代以来，体育留学生利用熟悉本国传统文化、熟练掌握外语的优势，赴国外研习世界各国先进的、各具特色的体育文化，较早地进行了体育领域的跨文化交流，因而他们比其他人站得更高，想得更深，看得更远。近代以来中外体育跨文化交流不外乎器物层、制度层、观念层这三个方面。体育留学生回国后，在这三个方面对西方体育文化不遗余力地进行

---

① 余运西：《杨天乐冷言挞伐体育"顽症"》，http://www.zgygw.com/MedicineEnterprise/353/2006-04/116680.shtml.2006-04-12.

② 徐春毅：《中国武术跨文化交流之研究》，博士学位论文，上海体育学院，2011年，第26—27页。

③ 林大津：《跨文化交际研究：与英美人交往指南》，福建人民出版社1996年版，第30页。

了引进与传播，其中影响最大的就是在体育思想的引进与争鸣方面。

首先，近代以来体育留学生在各个时期先后向中国引进国外先进的体育思想和理论，如清末时期流行的军国民主义体育思想，民国时期引进的自然体育思想和创立的民族体育思想，新中国成立后引进的苏联体育理论等。这些中国传统体育文化中所缺乏的思想，对当时中国体育事业产生了重大的影响，直到今天还可以看到它们的影子。

其次，近代以来体育留学生积极参加了体育界的学术争鸣，如"土体育"与"洋体育"之争、体育教育化与体育军事化之争、普及体育与选手体育之争以及新中国初期体育思想的"破旧立新"等。在这些争鸣与讨论中，体育留学生敢于发言，积极献策，为我国体育学术的发展和繁荣做出了一定的贡献。

再次，体育留学生较早地开展了体育跨文化交流与比较研究。如在20世纪30年代开展的"土、洋体育之争"，是体育留学生参加的一次典型的体育思想领域的跨文化交流。在这场论战中，"土体育"（即中国传统体育文化）一方以武术界人士为主要代表，"洋体育"（即西方体育文化）一方以体育留学生为主要代表。经过争论，双方暴露出各自的问题，如"洋体育"倡导者着重于训练选手、参与竞赛、争标夺奖，易导致体育畸形发展；"土体育"坚持者使用的教材未经仔细整理，练习未能运用科学的理论与方法，说服力不够等。双方的互相争论与检讨，使人们看到两种体育文化的利与弊。在这场论争中，体育留学生的作用主要体现在跳出国家和民族的局限，用科学的、跨文化比较的眼光审视固有体育，经过分析、比较和鉴别，发现其不足，极大地开阔了人们的体育视野，对民族体育的发展与完善以及对西方体育的批判性接受等大有裨益。

总之，体育留学生的这些文化特质，是他们区别于非留学生群体的基本特征，也是他们近代以来发挥历史作用的主要原因。

第三节　体育留学生的历史使命

自清朝末年第一批留学生赴日本学习体育起，体育留学生便开始了发展中国体育事业的历史征程。直到1956年6月7日，陈镜开以133公斤的成绩打破最轻量级挺举世界纪录，创造了第一个世界纪录，中国体育终于实现了冲出亚洲、走向世界的梦想。在这半个世纪多的时间里，体育留学生先后承担了清末时期"体育救国"、民国时期"洗雪耻辱"、新中国初期"体育强国"等三大历史任务。进入 21 世纪，特别是 2008 年奥运会成功举办以后，体育留学生又面临着新的历史使命。

一 近代以来体育留学生的历史使命

（一）清末时期以"体育救国"为使命

清朝后期政治日益腐败，国势每况愈下，而西方资本主义国家正处于蒸蒸日上之时。第一次鸦片战争的失败，使清廷朝野认识到东、西方的差距。甲午中日战争中国再次落败，人们认识到日本获胜主要得益于明治维新。为获取日本强国的秘方，挽救国家于危亡，从 1896 年起，赴日留学蔚然成风。在清末这股留日浪潮中，产生了中国最早的体育留学生。

这一时期，体育留学生在日本就读的学校，主要包括日本体育会身体练习学校、大森体育会等。其中，大森体育会是 20 世纪初由我国留日学生中的民主革命激进分子在日本东京大森地区创办的一个革命性体育组织。它是革命党人赴日本学习军事、体育的重要组织，在中国资产阶级民主革命斗争中发挥了巨大作用①。

在清末这批体育留学生中，出现了徐一冰、徐卓呆、王金发、林修明、郭公接、王润生、段雄等一批体育界知名人士。他们回国后扛起"体育救国"的大旗。首先，在译介日本体育术语和文献、编译日本体育教材、创办体育专业学校、开展体育教学、组织早期运动竞赛等方面做了一些开拓性工作，在中国近代体育发展过程中起了奠基性作用。其次，清末体育留学生大多在留学期间加入了同盟会，成为反清的重要力量。他们回国后或举办体育学堂培养骨干，或直接参加反清起义，为辛亥革命做出了贡献。清末回国的体育留学生中，先后有葛谦、杨任、王金发、王建基、林修明、郭公接、柳伯英等人为革命牺牲。如葛谦为同盟会会员，在大森体育会学习，毕业后参加黄兴等人的一系列反清起义，被捕后英勇就义，葬于广州黄花岗。王金发为光复会会员，就读于大森体育会，学业优异，以第一名成绩毕业，回国后曾在秋瑾主持的大通学堂任体操教习，毕生从事反清斗争，二次革命后遇难，被誉为"东南一英杰"。

---

① 何启君、胡晓风：《中国近代体育史》，北京体育学院出版社 1989 年版，第 91 页。

"读书不忘爱国"是梁启超对这一时期留日学生的总体评价①。"体育救国"也成为中国最早一批体育留学生的时代使命。

（二）民国时期以"洗雪耻辱"为使命

"东亚病夫"一词，是对旧中国及生活在这一时期的中国人的非正常性称呼，是对旧中国衰微的国家实力、羸弱的国民形象、糟糕的体育成绩等的一种反映。与"东亚病夫"相近的称谓还有"病人""病夫""东方病夫""远东病夫"等，最常见的是"东亚病夫"。

依据史料记载，较早提及中国是"病人"的是1876年1月4日《申报》在《英大臣宣谕补述》一文中所述：中国"如土耳其国，早已素称病人"②。1895年3月，资产阶级改良思想家严复在天津《直报》发表的《原强》一文较早使用"病夫"一词。外国人至迟从1896年开始使用"东方病夫"一词形容中国，如1896年的《伦敦学校岁报》上有专文论及"东方病夫"问题。1904年晚清作家曾朴在撰写《孽海花》时，用"东亚病夫"一词作为笔名，以此来激励中国人自省、自励、自强。这是迄今所知国内第一个使用"东亚病夫"一词的人③。此后，该词在国内各界纷纷使用开来。

总之，"东亚病夫"以及类似的称谓，是对旧中国国家、国民现实状况的一种反映，由中国人自警、自励之词，逐渐演绎成外国人的歧视、污蔑之语，包含了旧中国忝弱的国家实力、衰弱的民族精神、羸弱的国民体质等多层含义。随着时间的推移，"东亚病夫"一词的外延逐渐缩小，后来演变成为外国人描述中国人体质衰弱、体育落后的专有名词④。

辛亥革命虽然推翻了清政府的腐朽统治、建立了中华民国，但压在中国人民身上的三座大山依然屹立，国家实力、国民形象、体育成绩等没有实质性的改观。在整个中华民国时期，"东亚病夫"这顶耻辱的帽子牢牢地扣在中国人头上，而洗雪"东亚病夫"之耻的担子也就重重地压在一代又一代体育人的肩上。最先走出国门专攻体育的留学生义无反顾地肩负

① 婉卉：《"学为世界人"的迷思——晚清民国文学中的留学生形象》，博士学位论文，武汉大学，2010年，第44页。

② 苏全有：《论"东方病夫"到"东亚病夫"的流变》，《求索》2014年第6期，第160—164页。

③ 王垂基：《词文化源考》，中山大学出版社2008年版，第3—4页。

④ 汪澎、李本刚、刘凤辰：《珍闻趣事由来》（下册），中国城市出版社1991年版，第169—170页。

起洗雪"东亚病夫"之耻的历史责任。

体育留学生在国外学习期间一方面刻苦求学，积极进取，为国争光，如王润生在留日期间研习柔道，力克日本柔道名家田野清太郎；董守义在美国留学期间，获得美国中部青年夏令营体训班网球比赛双打冠军、棒球比赛冠军；舒鸿在留美期间向篮球运动的发明人奈·史密斯学习篮球术，出色完成 1936 年柏林第十一届奥运会美、加篮球决赛的执裁任务；袁浚在留德期间痛下功夫，以让德国学生惊诧的速度跻身为德国游泳界两大顶级游泳组织的会员，得到教练的极力称赞；马启伟于 1946—1948 年在美国春田学院留学期间，一举击败美国春田学院连续 8 年的全校网球冠军等等。另一方面，他们在国外还积极传播中国文化，如王润生日本留学时向部分中国留学生传授"八拳"；程登科在德国留学时，在学校推介"八段锦""齐眉棍"等中国传统体育项目；马约翰在美国学习时，在其硕士学位论文副论文中首次把"形意拳"介绍到西方世界……这些活动使所在国的老师和同学对中国体育文化有所了解，用实际行动在一定范围改变了西方世界对中国人的刻板印象。

体育留学生在学成回国后。一方面通过创办体育专业学校，发展体育教育事业，在教学中时刻提醒学生努力求学，勿忘"东亚病夫"之耻。如庞醒跃认为，必须创办体育学校培养体育师资，方能达到促进全民体育，增强国民体魄，洗刷"东亚病夫"耻辱的目的，遂于 1918 年在上海开办上海东亚体育专科学校。马约翰自 1914—1966 年一直在清华大学从事体育教学，采取了强迫运动的方式，目标就是"不许人家说中国人是'东亚病夫'，要打倒'东亚病夫'"。[①] 程登科强烈呼吁，必须实行全民体育，才能彻底洗刷"东亚病夫"和"劣种"的侮辱，实现中华民族的自立自强等等。另一方面，他们回国后曾一次次试图在运动竞赛成绩上取得突破，但是由于旧中国经济、政治、科技及政府等各方面因素的制约，想在运动竞赛领域冲出亚洲、走向世界，彻底实现洗雪"东亚病夫"之耻的愿望，在新中国成立前始终难以实现。

（三）新中国成立初期以"体育强国"为使命

新中国的成立，彻底推翻了压在中国人民身上的三座大山，国家开始

---

① 转引自刘克选、方明东：《北大与清华：中国两所著名高等学府的历史与风格》（上），国家行政学院出版社 2011 年版，第 125—126 页。

焕然一新，人民从此扬眉吐气，中国体育事业迎来了春天。为提高新中国运动技术水平，彻底粉碎"东亚病夫"的帽子，大力发展社会主义体育事业，在 20 世纪 50 年代，国家向苏联、匈牙利等体育发达的社会主义国家派遣了体育留学生。

1954—1955 年，我国陆续向苏联、匈牙利派出了游泳、足球、登山、举重、体操等项目的运动员进行学习和训练。首先，这些运动员在苏联等国家经过刻苦学习、科学训练，运动技术水平获得较大提高，运动成绩获得了重大突破，如 1956 年 6 月陈镜开打破最轻重量级挺举世界纪录，成为我国第一个打破世界纪录的运动员；穆祥雄先后三次打破男子 100 米蛙泳世界纪录；张宏根 1957 年作为国家队成员参加世界足球锦标赛预选赛，打入中国足球队世界杯预选赛第一粒进球。其次，有的运动员学成回国后担任了教练，培养了一批高水平的运动员，如熊开发培养出了中国第一个打破游泳世界纪录的运动员——戚烈云；黄健先后培养出中国第一个打破田径世界纪录的女子、男子运动员——郑凤荣、倪志钦等；丛者余带领女足夺得中国足球第一座洲际冠军奖杯——第六届亚洲杯冠军等等。

1956—1959 年，为培养体育科研人才，我国又向苏联、匈牙利等国派出以体育科学研究为主的留学生，出国学习的主要学科包括运动生理学、运动医学和运动生物力学等。他们学成回国后，主要从事体育科研工作，在我国运动生理、运动医学、兴奋剂检测等体育科研战线做出重要贡献。如杨天乐等人完成的《兴奋剂检测方法的研究与实施》获得国家科技进步一等奖（1992），周正主持的《登山情报的调研及其效益问题》（1985）、岑浩望等人主持的《过度疲劳的综合评定研究》（1995）、陆绍中等人主持的《我国中长跑优秀运动员的耐力素质及其发展方法的研究——人体有氧代谢能力及其发展规律》（1997）先后获得了国家体委科学技术进步二等奖等。

这一时期，体育留学生在运动成绩、科学研究方面取得了重大突破，标志着我国体育事业取得了前所未有的进步。特别是在举重、游泳、田径等项目上屡破世界纪录，彻底摘掉了"东亚病夫"的帽子，充分显示出社会主义制度的优越性，也标志着近代以来中国人民通过发展体育运动实现国家繁荣、富强，建设"体育强国"这一目标在竞技体育领域的初步实现。

二 21世纪体育留学生的历史使命

经济全球化成为当今世界发展不可逆转的时代潮流，它深刻地改变着各国的社会状况和文化结构。特别是改革开放以来，全球化为中国经济的发展装上了强劲的引擎，极大地推动了中国社会的进步，尤其是加快了经济发展的速度。但是，以科技、教育、商品、信息及大众娱乐等为内容的西方文化伴随着全球化的进程，逐步成为当代世界的强势文化，不断地在全世界范围扩张，其他民族文化则在这种强势文化的侵袭下逐步地被消解。特别是近年来我国传统文化逐步遭遇冷落与尴尬，正如学者所描述的："在节日兴趣方面越来越成鲜明对比的"洋盛土衰"，在方兴未艾的英语狂潮中已赚得钵满盆溢的"托福""GRE""雅思"，在大众文化上随处可见的"好莱坞""麦当劳""肯德基"，在人生价值方面由"利益至上""拜金主义"带来的社会道德滑坡……在学术思想方面大量被奉为圭臬的西方学说、思潮，尤其是承载了传统文化元素和思维特点的汉语言文字正面临着被洋文的解构……"[①] 在西方文化的威逼和侵袭下，我们需要冷静思考，有所作为，以便在全球化这个"争夺表演权的舞台"上获得自己的生存和发展空间[②]。

在全球化浪潮的挟裹下，中国传统体育文化同样受到日益严重的威胁和挑战。"在体育方面整个社会趋之若鹜于'NBA'、'欧洲杯'、'国际球星'而民族传统体育的渐行渐远。"[③] "在这种全球化趋势下，作为西方强势文化的西方体育，也几乎取代了我国的民族传统体育的主导地位。由于奥林匹克理念和精神的普及性和辐射性，国人逐渐对中国武术的存在形式、内容及文化内涵逐渐产生了隔阂。"[④] "学校武术教育被形式化——有大纲规定，有教学内容，有教学计划；但在许多学校无人教，无人学，强化的武术指导纲要和弱化的武术教学实践形成强烈的反差。学校武术的确

---

① 周伟良：《论当代中华武术的文化迷失与重构——以全球化趋势下的国家文化安全为视角》，《首都体育学院学报》2007年第19卷第1期，第4—17页。

② 张柠、张闳：《2004文化中国（序言）》，花城出版社2005年版，第5页。

③ 周伟良：《论当代中华武术的文化迷失与重构——以全球化趋势下的国家文化安全为视角》，《首都体育学院学报》2007年第19卷第1期，第4—17页。

④ 王涌涛：《中国武术文化的"失语"与"话语"平台构筑的思考》，《体育学刊》2007年第14卷第7期，第67—70页。

出现了'谁来教，教什么，怎么教'的问题。"① "自 20 世纪 80 年代开始，国家体育部门多批次向海外派出教练员，但他们多以'竞技武术'为传授内容，以'高、难、美、新'为技术动作发展方向，忽视了对中国武术文化内涵、健身理念、思维方式、价值观等的传播。"② "通过对 2012 年 10 月 1 日—10 月 31 日 CCTV - 5 每晚 18：00 点播出的《体育新闻》的片头要闻，以及 2011 年 11 月 9 日—12 月 9 日《体坛周报》头版头条的内容进行统计发现：两家传统媒体的代表对本土的体育项目关注程度十分低；所关注的项目集中于三大球和网球。"③ 形势严峻，时不我待。

体育留学是一种教育活动，实质上是一种跨文化交流活动。近代以来，体育留学生为洗雪"东亚病夫"之耻、实现"体育救国""体育强国"的梦想而不断地奋斗着。改革开放以来，特别是 2008 年北京奥运会的成功举办，彻底实现了包括留学生在内的中国人的百年体育梦想。但进入 21 世纪以来，中国体育尤其是中国传统体育文化又面临着全球化浪潮的新挑战。作为体育领域跨文化交流的中坚力量——体育留学生，又肩负起新的历史使命。

（一）坚持平等、双向的体育跨文化交流

罗素在《中西文化之比较》中指出："不同文化之间的交流过去已被多次证明是人类文明发展的里程碑。希腊学习埃及，罗马借鉴希腊，阿拉伯参照罗马帝国，中世纪的欧洲又摹仿阿拉伯，而文艺复兴时期的欧洲则仿效拜占庭帝国。"④ 文化是人类共同的遗产，不同民族间的文化交流是人类社会革新、创造和进步的源泉，它对促进各民族之间相互交往和融合起着积极的作用。正如美国学者萨默瓦和波特在《跨文化传播》中所说："人类世界是一个由多元文化组成的社会。各种不同文化模式之间的交

---

① 赵进：《武术文化传承与发展式微的社会学分析：基于中、日、韩的跨文化比较》，《首都体育学院学报》2012 年第 24 卷第 1 期，第 20—24 页。

② 刘亚杰：《文化强国视域下太极拳国际化传播的思考》，人民体育出版社 2010 年版，第 83 页。

③ 黄旻旻：《跨文化传播视角下的奥运会体育展示的理论和实践研究》，硕士学位论文，北京体育大学，2013 年，第 25—27 页。

④ ［英］伯特兰·罗素：《一个自由人的崇拜》，胡品清译，时代文艺出版社 1988 年版，第 8 页。

流、沟通和互动是人类文化发展的基本动力。"①

　　跨文化交流的基础和前提是平等与双向。古语云："尺有所短、寸有所长"。每一种文化都有自己的长处，同样也都有其自身的不足和缺陷。只有相互学习和交流，才能弥补自身的缺憾，做到优势互补和互惠双赢。如果认为自己的文化优越、高人一等，把自己的文化凌驾于别人之上，强行推行自己的文化，就会遭到弱势文化的反感、排斥和抵制，甚至引发冲突和对抗。正如日本学者池田大作在《对话的文明》一书中所写："'要建造一切国家站在平等的立场上互相帮助的世界！'这是敬爱的周恩来总理在逝世一年前跟我说的话。为此而不可欠缺的，就是把人与人、民族与民族以及文明与文明联系起来的'对话'。我和很多人一样，怀着这种信念，奔走于世界，在各个层面，不断扩大和平与友好的'对话'。"② 由于历史条件、国家实力、教育和科学文化水平等因素的限制，近代中国体育留学教育是单向性的，主要是向国外派出留学生学习其先进的体育文化。由于国家缺少向西方传播中国传统体育文化的部署与举措，留学生在国外传播中国体育也是自发、零星式的。进入 21 世纪，中国社会发生了翻天覆地的变化，国家实力、教育和科学文化水平有了巨大的进步，体育留学生拥有了与近代不可同日而语的优越条件。体育留学生出国学习应坚持平等、双向交流的原则：既学习西方先进体育文化又保持民族文化自信，既引进西方先进体育经验又主动输出中华民族优秀体育文化。"任何一种文化或文明，都具有普遍性与特殊性、普遍价值与特殊价值，都是共性与个性、共同与差异、同质和异质的辩证统一。"③ 保持民族体育文化认同与自信，在平等、尊重的基础上相互交流，在求同存异、相互促进中共同发展，这是当代体育留学生的第一个原则和使命。

　　（二）弘扬中国传统体育文化

　　民族传统文化浸透着一个民族的斑斓历史，并展现着其特有的观念体系、思维方式、价值取向及心理结构等民族精神，支撑着该民族历史发展

---

① ［美］拉里·A. 萨默瓦、理查德·E. 波特：《跨文化传播》，转引自焦恒生《西部文化的当下传播与发展论评》，中国社会科学出版社 2006 年版，第 123 页。

② 赵启正、吴建民：《交流使人生更美好》，世界知识出版社 2010 年版，第 137 页。

③ 孙晶：《文化霸权理论研究》，社会科学文献出版社 2004 年版，第 197 页。

的心路历程①，是"一个民族和国家的全部文化积淀所在，同时也是解释一个国家的文化身份、显示文化个性的依据，是一个民族和国家自尊和自信的精神归宿"②。

"中西文化各有优势，如果学习西方是以厌恶自己的文化、丢弃自己的传统为前提，那么这种学习就将是扭曲的，就是对另一个'完整的世界'的文化摧毁。"③ 从历史发展看，在以往的东西文化交流中存在很大的逆差，东方国家过多地扮演接纳文化的角色，而西方国家的人民对东方文化的了解则相对较少④。全球化时代给中华文明再度兴盛、再次在世界文化发展中扮演重要角色带来了大好的时机。季羡林先生曾指出："今天，在拿来主义的同时，我们应该提倡'送去主义'，而且应该定为重点。……我们要送给西方的是我们文化中的精华。"⑤ 我们必须抓住这一历史契机，"有目的有计划地把中国文化的优秀成果送到西方去，以弥补中西文化交流上的不平衡状态之缺憾"⑥。

以武术为代表的中国传统体育文化，是中华民族优秀传统文化的重要组成部分，是中国人民对世界体育文化的杰出贡献。"中国武术作为中国文化的优秀载体，不论是在形式上还是内容上，都深深地留下了中华民族文化的历史烙印。它体现中华民族对攻防技击的理解和经验积累，以及自强、自卫、强身、健体、崇德的自我运作，同时展现了中华民族的思维方式、价值观念等民族文化特征。中国武术浓郁的人文特色，展现了中华文化的包容与大度，能够在多元文化的生态圈与其他文化和谐共存。"⑦ "中国传统武术养生是一种通过修养自身进而修养他人、修养万物的大养生观，它最终的对象是健全的个人与大同的世界，武术养生价值体现了中国

---

① 周伟良：《论当代中华武术的文化迷失与重构——以全球化趋势下的国家文化安全为视角》，《首都体育学院学报》2007 年第 19 卷第 1 期，第 4—17 页。

② 胡惠林：《中国国家文化安全论》，上海人民出版社 2005 年版，第 204 页。

③ 丁国旗：《我们的文化自信从何而来?》，《湖南社会科学》2012 年第 1 期，第 6—9 页。

④ 肖焕禹、方立：《奥林匹克运动跨文化传播价值及其发展策略》，《上海体育学院学报》2008 年第 32 卷第 2 期，第 20—23 页。

⑤ 刘烜：《评季羡林先生的重要文化思想——从"拿来主义"到"送去主义"》，《中国文化研究》2001 年第 3 期，第 55—57 页。

⑥ 张喜华：《中西跨文化交流理想之境》，《中国文化研究》2013（春之卷），第 11—17 页。

⑦ 徐春毅：《中国武术跨文化交流之研究》，博士学位论文，上海体育学院，2011 年，第 19 页。

崇尚和谐的大国风范，也表明了中国不会威胁他国的立场。"① 特别是中国传统体育文化的典型代表——中华武术，近年来在中外体育文化交流中发挥了媒介作用，逐渐成为中外不同文化之间进行沟通的"跨文化之桥"。但是，武术推广者的素质会直接影响武术的国际形象以及武术向世界的可持续性发展。例如，中国武术最基本的特点是讲究"内外合一"，如"内三合，外三合"；讲究外练筋骨皮，内练精气神等。这些让我们理解起来比较简单，但如果以我们熟悉的方式去向异文化的人传授，他们则难以理解和接受。我们只有在充分了解他们的文化特点与表达习惯的基础上，用他们可以接受的语言和动作演示，他们才能容易接受②。由此可见，要将中国武术最光辉灿烂的一面展现在世界人们面前，要求推广者既要具有过硬的武术技术，又要具有丰厚的传统文化底蕴，同时还要有相关的国际法规、外交知识以及跨文化交流经验。面对这些必备素质和条件，体育留学生无疑是最佳人选。在历史上，体育留学生曾是西方优秀体育文化的引进者；在今天，体育留学生还要成为中国传统体育文化的传播者——既掌握较高水平的传统体育技能，又能全面把握其历史脉络和精神内涵，并能够实现有效语言沟通与交流的跨文化体育专业人才。

"一个民族的文化越是得到世界的广泛认同，越有利于这一民族的发展，因为得到了世界的认同意味着这一民族文化获得了更大的生存空间，在国际竞争中拥有了更多的竞争优势。只有融入世界潮流的文化才是具有极大生命力的文化。"③ 因而，传播民族传统体育文化，是当代体育留学生义不容辞的时代担当。

（三）汲取西方先进体育文化

"一个民族或国度文化的进步，离不开文化传播的健康发展。'问渠哪得清如许，为有源头活水来'。没有交流的文化系统是没有生命力的静态；断绝与外来文化信息交流的民族不可能是朝气蓬勃的民族。"④ 对于当前的中国来说，不管是什么样的精神文化资源，只要有利于国家综合实

---

①　郭玉成、刘韬光：《武术构建中国国家形象的作用研究》，《广州体育学院学报》2012 年第 32 卷第 4 期，第 11—17 页。

②　姬瑞敏、张建新：《从文化视角看中国传统武术在跨文化传播中面临的机遇与挑战》，《搏击（武术科学）》2010 年第 2 期，第 9—11 页。

③　李振：《跨文化传播视野下奥运会体育展示的研究——以 2008 年北京奥运会为例》，硕士学位论文，扬州大学，2010 年，第 10—11 页。

④　冯天瑜：《中华文化史》，上海人民出版社 1990 年版，第 77 页。

力的提升，只要有利于中国在世界上地位的壮大，只要有利于中华民族凝聚力的加强，就都可以为我所用，就都可以构成中华文化的鲜活内容①。

西方世界的海洋文明、商业文化缺乏自给自足的能力，外在不足使得外向、竞争、开放成为西方文化的主流价值体系。西方体育就是在西方文化的熏陶下成长起来的，"民族精神也出现了许多以崇尚力量、征服自然为主要特征的文化教育内容，因而体育项目也表现出追求力量、高度、远度为标志的特殊性。"② 此外，西方人重视抽象思辨、理性分析，善于细致入微地剖析各种事物，并且冒险善变、勇于创新，这些精神特质也反映在西方体育文化中，如作为全球盛会的奥林匹克运动，永远追求"更高，更快，更强"；西方体育以公平竞争为精神核心，将"不断超越自我"作为不变信念③。

我国自古就生活在东亚大陆上，农耕成为主要生产类型，同时中国传统哲学、政治、伦理、宗教思想等诸多文化形态对全社会有着深刻的影响。在这样一种自然和人文背景下，身心和谐、形神合一成为我国传统体育项目的整体特征，个体和谐、人际和谐、天人和谐成为人们追求的最高境界。因此，我们的传统体育项目竞技性不强，主要表现为健身、养生、休闲、娱乐等，"形成了'君子之争，以和为贵'的伦理型竞技，追求人与自然的统一，反对人对自然的挑战与对抗，这就产生了相对封闭于其他体育体系的独特的中华民族传统体育"④。

季羡林先生曾指出，在世界文明古国中，中国是唯一保持了未曾中断的文化传统的国家。其所以如此，不外乎内外两种原因：内因是中国文化具有极大的包容性，外因是不断有充满生机和活力的外来文化与之交流⑤。中国在全球化背景下要继续发展，这内、外两个因素仍然缺一不

---

① 徐圻：《走出文化的自大与自卑——关于中西文化交流的反思》，《贵州大学学报（社会科学版）》2005 年第 23 卷第 1 期，第 11—16 页。

② 魏彪、赵岷、李翠霞：《关于中西方体育文化融合的几点思考》，《雁北师范学院学报》2003 年第 19 卷第 3 期，第 103—105 页。

③ 徐春毅：《中国武术跨文化交流之研究》，博士学位论文，上海体育学院，2011 年，第 44—45 页。

④ 李政：《中华民族传统体育文化面临的挑战与机遇》，《中国民族报》，2009 年 8 月 15 日第 6 版。

⑤ 徐圻：《走出文化的自大与自卑——关于中西文化交流的反思》，《贵州大学学报（社会科学版）》2005 年第 23 卷第 1 期，第 11—16 页。

可。中国体育文化要走向世界先进行列，必须以博大的胸襟面对滚滚而来的全球化浪潮以及随之而来的西方文化的冲击。在这种浪潮和冲击中进行理性的选择和主动的汲取，以实现吐故纳新，走向辉煌，而体育留学生在这一过程中必将再次发挥历史作用。

（四）维护世界体育文化多样化

2001 年 11 月 2 日，联合国教科文组织第三十一届（部长级）会议通过的《世界文化多样性宣言》宣称："文化在不同的时代和不同的地方具有各种不同的表现形式。这种多样性的具体表现是构成人类的各群体和各社会的独特性和多样化。文化多样性是交流、革新和创作的源泉，对人类来讲就像生物多样性对维持生物平衡那样必不可少。从这个意义上讲，文化多样性是人类的共同遗产，应当从当代人和子孙后代的利益考虑予以承认和肯定。"文化多样性是人类社会的一种客观存在，不同文化之间的交流与融合、碰撞与冲突，是各种文化共存、发展的基本条件和途径。在全球普遍交往中，应该倡导文化之间的尊重和包容，承认和发展文化多样性，推动文化之间的交流、沟通、对话和合作，进而建设一个和平、公正、和谐的世界①。

在当今世界，占据强势经济地位的西方国家日益把握着全球化的意义生产。吉登斯指出："全球化的意义生产是由西方的跨国资本主义利益集团来主导的。"而全球意义生产又以美国为首。在政治上，美国控制着全球的话语权，第二次海湾战争虽然遭遇联合国与众多国家的抵制，但美国政府仍一意孤行地发动了对伊战争。在经济上，它扮演着绝对的全球领袖角色，美国的"次贷危机"不仅使美国经济遭受重创，也深刻影响到了全球经济的走势，美国的加息、减税等刺激经济的策略可以迅速影响到全球的金融股市市场。在文化上，美国隐蔽地制造着观念、符号、象征和形象系统，利用好莱坞电影、迪士尼娱乐的快餐式文化作为文化领域意识形态的表征符号侵入别国，特别是第三世界的文化领域。因此，以美国为首的西方意识形态和价值观念不仅是西方社会意识形态的核心组成部分，也随着政治、经济、文化全方位的侵入，已成为全球性的话语符号②。正如

---

①　孙伟平：《论文化多样性与跨文化交流》，《山东社会科学》2011 年第 11 期，第 5—9 页。

②　汤筠冰：《跨文化传播与申奥片的国家形象建构》，博士学位论文，复旦大学，2008 年，第 15 页。

美国预测学家阿尔温·托夫勒说："世界已越来越离开暴力与金钱控制的时代，而未来世界政治的魔方将控制在拥有信息强权的人手中，他们使用手中掌握的网络控制权、信息发布权及英语这种强大的语言文化优势，达到征服和控制世界的目的。"我们已经看到这一点，因为越来越多的人不断地成为没有绿卡的美国公民——互联网的公民①。

德国哲学家伽达默尔早就提出："我所设想的人类团结不是全球均一，而是多样性的联合。我们必须学会欣赏和容忍多样性、复和性和文化差异……多样性的联合，而不是均一，是欧洲的遗产。这种多样性的联合必须扩展到整个世界——包括日本、中国、印度和穆斯林文化。每种文化，每个人都对人类的团结与幸福有其自己的独特贡献。"② 历史证明，各种试图消灭一切个性、多样性，从而让利益不尽相同、需要各具特色的文化主体"大一统"的做法，如同在自然界消灭生物的多样性从而导致生态灾难一样，是同样有害的③。

世界体育文化也是如此，以奥林匹克运动为代表的欧美体育文化席卷全球，一支独大。而以中国传统体育文化、印度体育文化、日本体育文化和伊斯兰体育文化或日渐式微，或沦为西方体育文化的陪衬。中西文化虽为异质文化，但各有所长；同时越是异质，互补性就越强。"西方与东方的影响是相得益彰的，我们忽视了任何一方面都会失去正确的观察判断能力。"④ "中西文化正如阴阳互补，因此互相学习能够帮助两种文明获取各自的动态平衡，最终为世界带来前所未有的和平、和谐与繁荣。"⑤ 因此，要防止中国传统体育文化或东方体育文化在世界体坛的失语症，必须树立正确的体育文化价值观：现代化未必意味着西方化，全球化未必意味着同质化。西方著名诗人歌德、中国文化巨匠鲁迅等人都明确指出，"越是民族的，越是世界的"。文化的发展具有特殊的规律，它与一定民族的传统

---

① 张兰：《跨文化交际中中国文化失语现象分析》，《西南民族大学学报（人文社科版）》2003 年第 24 卷第 8 期，第 339—341 页。

② 罗新星：《跨文化传播视野下的文化软实力》，《湖南社会科学》2011 年第 2 期，第167—170 页。

③ 孙伟平：《论文化多样性与跨文化交流》，《山东社会科学》2011 年第 11 期，第 5—9页。

④ ［比］乔治·萨顿：《科学的生命》，刘君君译，商务印书馆 1987 年版，第 146 页。

⑤ 张喜华：《中西跨文化交流理想之境》，《中国文化研究》2013（春之卷），第 11—17页。

紧密联系在一起。越是具有民族性特点的文化，往往越能开阔他人的视野，活跃他人的思维，越能促进文化创意的产生，因而越有价值和生命力，也就越能走向世界①。中国应团结东方世界及第三世界国家，共同发展各具特色的民族体育文化，联合振兴东方体育文化，一起促进世界体育文化的多样化发展。而具有跨文化交流视野与能力的体育留学生，应当承担起这一神圣职责。

总之，上述坚持平等、双向的体育跨文化交流，弘扬中国传统体育文化，汲取西方先进体育文化，维护世界体育文化多样化等四项任务，是对中国近代以来体育留学传统的继承，也是在时代背景下的新发展，是当代体育留学生义不容辞的光荣使命。

1988 年全世界诺贝尔奖获得者在巴黎召开会议时发布了震惊全人类的预言："如果人类要在 21 世纪生存下去，必须回到 2500 年前，去吸收孔子的智慧。"② 英国历史学家汤因比曾说，只有当中国文明的精髓引导人类文化前进时，世界历史才找到真正的归宿③。季羡林先生也说过，21世纪将是东方文化时代，三十年河西的西方文化将逐步让位于三十年河东的东方文化④。不管你是否同意，至少有一点是肯定的，即以中国传统文化为典型代表的东方文化将在世界舞台上扮演越来越重要的角色⑤。同样的道理，以武术为代表的中国传统体育文化在扬弃、交流和发展中也必将大放异彩，在世界体育文化百花园中熠熠生辉，璀璨夺目。

清末同治年间，同文馆刚设立时，民间舆论多持反对态度。当时有对联云："鬼计本多端，使小朝廷设同文之馆；军机无远略，诱佳弟子拜异类为师。"⑥ 可见当时人们对西方文化成见之深。2001 年 7 月 13 日，随着萨马兰奇的一声"BeiJing"，中华民族犹如一头沉睡的雄狮在那一刻突然

---

① 孙伟平：《论文化多样性与跨文化交流》，《山东社会科学》2011 年第 11 期，第 5—9 页。

② 王岗、刘帅兵：《中国武术跨文化传播的研究》，《南京体育学院学报》2012 年第 26 卷第 3 期，第 13—17 页。

③ 胡世庆、张品兴：《中国文化史》，中国广播电视出版社 1991 年版，第 8—9 页。

④ 季羡林：《21 世纪：东方文化的时代》，《文明》2009 年第 8 期，第 10 页。

⑤ 姬瑞敏、张建新：《从文化视角看中国传统武术在跨文化传播中面临的机遇与挑战》，《搏击（武术科学）》2010 年第 2 期，第 9—11 页。

⑥ 夏红卫：《跨文化传播视野下的晚清同文馆》，《北京大学学报（哲学社会科学版）》2007 年第 44 卷第 6 期，第 135—142 页。

惊醒，向世界发出了震耳欲聋的吼声：世界拥抱中国，中国走向世界。

　　当前，随着全球化的发展及对外开放的扩大，中国人留学海外的规模和数量达到前所未有的程度；在中国举办的各类地区性、世界性运动竞赛越来越多，中外体育文化交流也日益频繁。在这一背景下，体育留学生必将发挥着体育文化"西学东渐"及"东学西传"的双重角色，必将承担起新的历史使命，唱响中国体育跨文化传播的时代强音，在世界体育文化领域实现费孝通所说的"各美其美、美人之美、美美与共、天下大同"的美好理想。

本章小结

　　近代以来，中国体育留学教育的基本规律包括多因素制约规律、爱国精神驱动规律、跨文化优势主导成就规律、由自发到自觉的发展规律、文化输入和输出相结合规律、主导作用递减规律等。带给我们的历史启示主要是：体育留学教育是一项应长期坚持的工作；在体育留学教育中必须保持民族性；在体育留学教育中必须坚持创新性；保持体育留学教育的平衡性；坚持体育留学教育中的爱国主义优良传统；充分发挥体育留学生的作用；保持民族自信心。

　　近代以来，由于在器物层、制度层、思想层等方面对中国体育发展所做的贡献，使得体育留学生成为我国体育现代化发展进程中的先驱者。与其他群体相比较，体育留学生拥有自己独特的文化内涵与品质，这些文化特质主要包括拥有突出的体育禀赋、深谙本国的体育实际、具有良好的外语交流能力、积极汲取外国先进体育文化、享有突出的跨文化比较优势等。

　　进入21世纪，特别是2008年北京奥运会成功举办以后，体育留学生又将面临并肩负起新的历史使命：坚持平等、双向的体育跨文化交流，弘扬中国传统体育文化，汲取西方先进体育文化，维护世界体育文化多样化。

结　　语

19 世纪中期以后，西方列强以坚船利炮打开中国的大门，一方面给闭关自守的清政府以极大震慑，另一方面也促使中国的仁人志士不得不思考救亡图存的道路。出国留学于是成为一条挽救危亡、追求真理的重要途径。在留学生群体中，也有一部分体育留学生，在中国体育发展史上书写了重要的篇章。

近代以来，中国体育留学教育表现出整体上的单向性、性别上的差异性、时间上的波段性、生源上的不平衡性、留学国家的集中性、留学群体的差异性、专业的稳定性、留学成果的多样性等特征。"整体上的单向性"是指以出国留学为主，这是近代以来国家实力落后于西方社会的产物；"性别上的差异性"是指体育留学生中男性占主导地位，但女性的比例在逐步增加；"时间上的波段性"是指由于受国内时局和战争的影响，留学生的派出和人数具有较大的波动性，出现几次高峰与低谷；"生源上的不平衡性"是指留学生来源东部和西部差距较大，这是国家政治、经济和文化发展地区差异性的产物；"留学国家的集中性"是指留学对象国主要在日、美、德、苏等少数几个国家更替，这主要取决于地理位置和国家间的关系；"留学群体的差异性"是指留美体育生获得学位最多，留日生最少，新中国成立后留苏学生则在运动技术和科研方面见长；"专业的稳定性"是指出国前多为体育教师和运动员，学历逐渐提高，回国后主要以体育教师和运动员为业；"留学成果的多样性"是指清末体育留学生较早创办了体育学校，但以反清革命活动为主，民国时期对体育进行了较为全面的传播，新中国成立初期以提高运动技术水平和科学研究为主。

近代以来，中国体育留学教育体现出一定的规律性，主要包括多因素制约规律、爱国精神驱动规律、跨文化优势主导成就规律、由自发到自觉的发展规律、文化输入和输出相结合规律、主导作用递减规律等。"多因素制约规律"是指体育留学教育是发生于国家之间的一种体育文化交流活动，它的发展受到国内时局和战争、国家关系、经济形势、留学政策以及对象国体育发展情况等因素的制约；"爱国精神驱动规律"是指留学教育是一个受到爱国精神驱动并贯穿始终的活动，体育留学生主要表现为在国外大都具有强烈的民族意识和雪耻情结——刻苦学习和训练，获得最好的成绩或荣誉，为国争光，以洗雪"东亚病夫"之耻；"跨文化优势主导成就规律"是指体育留学生回国后之所以比普通人做出较大贡献，主要在于他们的跨文化交流特质，通过跨文化的比较与分析，发现中外体育文化各自的长处与不足，然后进行改进和发展；"由自发到自觉的发展规律"是指中国体育留学教育是中国留学教育的一个基本组成部分，但它晚于其他领域的留学教育，经历了一个由被动到主动、由民间到官方、由自发到自觉的演进过程；"文化输入和输出相结合规律"是指近代以来中国虽然以输入外国先进体育文化为主导，但体育留学生在国外留学期间，也携带着中国传统文化的基因，把自身的文化信息传给所在地区，在一定程度上传播了本国体育文化；"主导作用递减规律"是指体育留学教育是一个文化逐代传递过程，即较早一批留学生（第一代）回国后，首先把学到的先进文化传播给自己的学生或身边人，这些受传者（第二代）或者受到其影响而出国留学，或者把接受的东西传递给下一代（第三代），体育留学生的重要作用在体育文化传播的早期更为明显，随着体育人才队伍的逐代壮大，其主导作用则随之逐级递减。近代以来，中国体育留学教育带给我们一定的历史启示：体育留学教育是一项应长期坚持的工作；在体育留学教育中必须保持民族性；在体育留学教育中必须坚持创新性；保持体育留学教育的平衡性；坚持体育留学教育中的爱国主义优良传统；充分发挥体育留学生的作用；保持民族自信心。

　　体育留学生回国后在器物层、制度层和思想层三个层面为中国体育的发展做出了重要贡献。体育留学生在器物层的贡献主要包括体育运动的引介（运动项目的传播、运动规则的传入）、场地器材的创制（运动器材的制作、运动场地的建设）和运动技术的发展（如田径、游泳、体操等）；在制度层的作用主要体现在体育教育体制（体育系科的创建、教材的编译、教学的规范化、体育督学的设立）、运动竞赛体制（运动团体的建立、运动竞赛的开展）和科学研究体制（体育学术团体的建立、学术期刊的创办、著作的出版、学科的初创）的发展等方面；体育留学生在思想层面的活动，主要体现在传播军国民体育思想和自然体育思想，倡导民族体育思想，参与体育思想的讨论与争鸣等。这些贡献表明，体育留学生是中国体育现代化发展进程中的先驱者。

与其他群体相比较，体育留学生拥有自己独特的文化内涵与品质，这些文化特质主要包括拥有突出的体育禀赋、深谙本国的体育实际、具有良好的外语交流能力、积极汲取外国先进体育文化、享有突出的跨文化比较优势等。这些特质是体育留学生从器物层、制度层和思想层三个层面为中国体育发展做出重要贡献、成为我国体育现代化发展进程中的先驱者，以及能够在历史上肩负起"体育救国""洗雪耻辱""体育强国"等使命的基本原因。

当前，随着全球化的发展及对外开放的扩大，中国人留学海外的规模和数量达到前所未有的程度；在中国举办的各类地区性、世界性运动竞赛越来越多，中外体育文化交流也日益频繁。在这一背景下，体育留学生必将发挥着体育文化"西学东渐"及"东学西传"的双重角色，必将承担起"进行平等双向的体育跨文化交流、弘扬中国传统体育文化、学习西方先进体育文化、维护世界体育文化多样化"的历史使命，唱响中国体育跨文化交流的时代强音，在世界体育文化领域实现费孝通所说的"各美其美、美人之美、美美与共、天下大同"的美好理想。

附 录

中国体育留学生名录（1903—1963）（简表）

　　《中国体育留学生名录（1903—1963）》共列出 1903—1963 年间出国的 180 位体育留学生出国前指标（姓名、性别、生卒时间、籍贯、受教育情况）、留学中指标（出国时间、留学国家、留学学校、学习专业、学习成果、回国时间）、回国后指标（基本活动、兼职情况、突出贡献、重要著作）等三大类共 16 项信息。由于该名录篇幅较长，本书只列出该名录中 180 位体育留学生的姓名、性别、生卒时间、籍贯、出国时间、留学国家等 6 项信息。

序号	姓名	性别	生卒时间（年）	籍贯（出生地）	出国时间（首次）	留学国家
1	柳大任	男	1881—1949	湖南长沙	1903	日本
2	葛 谦	男	1884—1908	湖南湘乡	1903	日本
3	徐卓呆	男	1880—1958	江苏吴县	1904	日本
4	萧执中	男	1881—	四川成都	1904	日本
5	张文澜	男	1886—	四川资州	1904	日本
6	陈汉刚	男		广西容县	1904	日本
7	柳午亭	男	1877—1957	湖南长沙	1905	日本
8	杨 任	男	1885—1911	湖南辰溪	1905	日本
9	徐一冰	男	1881—1922	浙江南浔	1905	日本
10	王金发	男	1883—1915	浙江嵊县	1905	日本
11	王建基	男	1883—1911	山西五台	1905	日本
12	林修明	男	1885—1911	广东蕉岭	1905	日本
13	郭公接	男	—1911	广东大埔	1905	日本

序号	姓名	性别	生卒时间（年）	籍贯（出生地）	出国时间（首次）	留学国家
14	柳柏英	男	1884—1926	江苏吴县	1905	日本
15	王润生	男	1880—1941	湖南长沙	1905	日本
16	封祝森	男		广西容县	1905	日本
17	江鑑清	男		广西桂平	1905	日本
18	冯世祥	男		广西桂平	1905	日本
19	覃国书	男		广西武宣	1905	日本
20	苏乐群	男		广西藤县	1905	日本
21	李术	男		广西藤县	1905	日本
22	李日英	男		广西容县	1905	日本
23	吴明文	男		广西龙州	1905	日本
24	吴启文	男		广西龙州	1905	日本
25	汤剑娥	女		湖南	1905	日本
26	段雄	男	1880—1917	云南思茅	1907	日本
27	胡维楷	男		四川古蔺	1906	日本
28	陈英梅	女	1890—1938	广东新会（生于香港）	1906	美国
29	姚仿咸	男	1879—1942	广西桂平	1906	日本
30	曾绍舆	男	1891—1963	江西金溪	1912	日本
31	赵占元	男	1900—1981	广东新会	1913	美国
32	陆佩萱	男	1885—1955	江苏吴县	1914	日本
33	庞醒跃	男	1890—1940	江苏常熟	1914	日本
34	张端珍	女		福建福州	1914	美国
35	卓文	女		广东香山	1914	美国
36	宋君复	男	1897—1977	浙江绍兴	1916	美国
37	顾水如	男	1892—1971	上海松江	1917	日本
38	卢颂恩	男	1888—	浙江余姚	1918	美国
39	谢似颜	男	1895—1959	浙江上虞	1919	日本
40	马约翰	男	1882—1966	福建厦门	1919	美国
41	郝更生	男	1899—1975	江苏淮安	1919	美国
42	沈嗣良	男	1896—1967	浙江宁波	1919	美国
43	舒鸿	男	1894—1964	浙江慈溪（生于上海）	1919	美国
44	张信孚	男	1896—1972	浙江宁波	1919	美国

续表

序号	姓名	性别	生卒时间（年）	籍贯（出生地）	出国时间（首次）	留学国家
45	张汇兰	女	1898—1997	江苏南京	1920	美国
46	高梓	女	1902—	安徽贵池（生于江苏南通）	1920	美国
47	谢文秋	女		浙江山阴	1921	美国
48	林朝权	男	1906—1990	台湾台中	1921	日本
49	向志均	男	1897—1948	四川丰都	1921	日本
50	马心仪	女		山东临淄	1921	美国
51	林谨授	女	1900—	福建厦门	1922	美国
52	陈咏声	女	1901—1997	湖南长沙	1923	美国
53	许民辉	男	1890—1961	广东开平	1923	美国
54	董守义	男	1895—1978	河北蠡县	1923	美国
55	袁敦礼	男	1895—1968	河北徐水	1923	美国
56	吴蕴瑞	男	1892—1976	江苏江阴	1925	美国
57	陈美愉	女	1900—	浙江绍兴	1926	美国
58	方万邦	男	1893—1969	福建闽侯	1926	美国
59	张咏	男	1906—1989	山西汾阳	1926	美国
60	杨效让	女		上海	1927	美国
61	宋如海	男	1890—1958	安徽怀宁	1928	美国
62	吴清源	男	1914—	福建福州	1928	日本
63	黄丽明	女	1906—	广东花县（生于江苏南京）	1929	美国
64	程登科	男	1901—1991	湖南衡山（生于重庆）	1929	德国
65	吴蕰	男	1896—1974	江苏江阴	1929	德国
66	齐守愚	男	1901—	天津武清	1929	美国
67	袁浚	男	1901—1989	湖南岳阳	1930	德国
68	萧忠国	男	1906—	湖南浏阳	1930	德国
69	陈越梅	女	1908—	浙江宁波	1930	美国
70	卢惠卿	女	1907—1984	广东广州	1931	美国
71	李仲三	男		天津	1931	德国
72	杨宝瑜	女		江苏吴江	1931	美国
73	陈琏采	女			1932	美国

续表

序号	姓名	性别	生卒时间（年）	籍贯（出生地）	出国时间（首次）	留学国家
74	涂文	男	1896—1975	湖南浏阳	1933	美国
75	章辑五	男	1889—	天津	1934	美国
76	金兆钧	男	1898—1981	浙江诸暨	1934	美国
77	刘香谷	女	1910—1997	山东淄博	1934	英国
78	韦超	男	1911—1940	广西永福	1934	英国
79	韩国儒	男	1914—	河北丰南	1935	日本
80	张龄佳	男	1904—	辽宁金县	1935	美国
81	崔亚兰	女		湖北武昌	1935	美国
82	吴文忠	男	1911—2006	北京	1936	日本
83	吴德懋	男	1902—1942	福建莆田	1936	德国
84	徐英超	男	1900—1986	北京通县	1936	美国
85	江良规	男	1914—1969	浙江奉化	1936	德国
86	白春育	男	1914—	吉林永吉	1936	日本
87	李友珍	男	1903—1982	天津通县	1936	美国
88	张长江	男	1914—2006	安徽颍上	1937	日本
89	林启武	男	1907—	广东惠阳	1937	美国
90	管玉珊	男	1912—	山东恩县	1938	美国
91	梁兆安	男	1905—1992	广东南海	1938	美国
92	贾玉瑞	男	1915—	北京市	1938	日本
93	李玉雪	女		河北	1939	美国
94	马杏修	男	1912—1956	广东台山	1940	美国
95	夏翔	男	1903—1991	江苏丹阳	1941	美国
96	黄健	男	1927—2010	广东香山	1941	苏联
97	杨守文	男—	1915—	河北行唐	1942	日本
98	牟作云	男	1913—2007	天津武清	1946	美国
99	马启伟	男	1919—2003	福建厦门	1946	美国
100	李鹤鼎	男	1913—1991	河南太康	1946	美国
101	司徒桐	男	1909—2008		1946	美国
102	周纪馨	女		北京	1946	美国
103	孙淑全	女			1946	美国
104	吕彩英	女			1946	美国

续表

序号	姓名	性别	生卒时间（年）	籍贯（出生地）	出国时间（首次）	留学国家
105	刘天锡	男	1917—1980	福建莆田	1946	美国
106	吴之仁	男	1915—1993	安徽泾县	1947	美国
107	徐绍武	男	1901—1995	安徽合肥	1948	美国
108	王义润	女	1917—	江苏苏州（生于北京）	1948	美国
109	陶德悦	男	1914—	四川云阳	1948	美国
110	黄启宇	男		四川广安	1948	美国
111	周鹤鸣	男			1948	美国
112	薛济英	男	1914—1996	江苏苏州	1948	美国
113	董时恒	男	1916—	四川垫江	1948	美国
114	张素央	女	1925—	安徽巢县（生于广州）	1948	美国
115	吴志钢	男	1916—1990	北京	1949	美国
116	吴传玉	男	1928—1954	福建漳州（生于印尼）	1953	苏联
117	王世安	男	1930—	河北乐亭	1954	苏联
118	叶培基	男	1930—	福建同安	1954	苏联
119	沈守和	男	1932—	上海市	1954	苏联
120	姜龙南	男	1932—	吉林延吉	1954	苏联
121	李惠青	女	1934—	广东顺德	1954	苏联
122	周成之	男	1933—	浙江绍兴	1954	苏联
123	张俊秀	男	1934—	吉林浑江（生于天津）	1954	匈牙利
124	张宏根	男	1935—2003	上海	1954	匈牙利
125	年维泗	男	1933—	河北抚宁（生于北京）	1954	匈牙利
126	陈成达	男	1929—	上海	1954	匈牙利
127	曾雪麟	男	1929—	祖籍广东梅县（生于泰国）	1954	匈牙利
128	丛者余	男	1934—	辽宁大连	1954	匈牙利
129	涂广斌	男	1933—1987	黑龙江阿城	1954.	匈牙利
130	陈运鹏	男	1935—	广东惠来	1954	匈牙利
131	徐致祥	男	1934—1998	广东东莞	1954	匈牙利
132	穆祥雄	男	1935—	天津市	1954	匈牙利
133	穆祥豪	男	1935—	天津市	1954	匈牙利
134	肖黎辉	女			1954	匈牙利

续表

序号	姓名	性别	生卒时间（年）	籍贯（出生地）	出国时间（首次）	留学国家
135	戴丽华	女	1939—	上海	1954	匈牙利
136	黄帼会	女		广东	1954	匈牙利
137	郑素绯	女			1954	匈牙利
138	杨玉群	女		上海	1954	匈牙利
139	潘静娴	女	1933—	广东番禺	1954	匈牙利
140	赵锦清	女		广东	1954	匈牙利
141	陈嫣屏	女		广东	1955	匈牙利
142	傅翠美	女	1941—	福建南安（生于印尼）	1955	匈牙利
143	李菊	女		广东	1955	匈牙利
144	田继宗	男	1934—	河北深县	1955	苏联
145	陈镜开	男	1935—2010	广东东莞	1955	苏联
146	黄强辉	男	1930—	福建厦门（生于印尼）	1955	苏联
147	赵庆奎	男	1936—2009	天津	1955	苏联
148	周正	男	1929—	山西	1955	苏联
149	许竞	男		辽宁抚顺	1955	苏联
150	陆恩淳	男	1930—	北京	1955	苏联
151	鲍乃健	男	1936—1998	广东珠海（生于天津）	1955	苏联
152	陈孝彰	女	1934—1989	贵州安顺	1955	苏联
153	蓝亚兰	女	1933—	四川荣县	1955	苏联
154	郭可愚	女	1939—	福建福州（生于上海）	1955	苏联
155	张飞子	女	1937—	广东汕头	1955	苏联
156	孙孝贞	女	1938—	湖南	1955	苏联
157	郑馥荪	女		浙江温州	1955	苏联
158	戚玉芳	女	1938—2009	河北吴桥	1955	苏联
159	姜秀芝	女		辽宁大连	1955	苏联
160	黄孝瑛	女	1936—	福建福州	1955	苏联
161	廖先兴	男	1936—	广东潮阳	1955	苏联
162	步润生	男	1937—	浙江海盐	1955	苏联
163	陆绍中	男	1932—	江苏太仓	1956	苏联
164	岑浩望	男	1931—	浙江慈溪	1956	苏联
165	袁晋纯	男	1932—	广东兴宁	1956	苏联

序号	姓名	性别	生卒时间（年）	籍贯（出生地）	出国时间（首次）	留学国家
166	吴友莹	男			1956	苏联
167	卢建功	男	1937—	河北涿州	1956	苏联
168	高大安	男	1937—		1956	苏联
169	杨天乐	男	1932—	浙江杭州（生于上海）	1956	匈牙利
170	田学易	男	1932—	河北乐亭	1957	苏联
171	武福全	男	1933—	山西忻县	1957	苏联
172	张来霆	男	1935—	河南武陟	1957	苏联
173	黄世杰	男			1957	苏联
174	李世琳	男			1957	苏联
175	李学芹	男			1957	苏联
176	杨传广	男	1933—2007	台湾东台	1958	美国
177	韦俊文	男	1931—	浙江东阳	1958	苏联
178	黄瑞馨	女	1934—	广东番禺	1959	苏联
179	贾金鼎	男	1933—	河南禹县（生于湖南长沙）	1959	苏联
180	纪政	女	1944—	福建晋江（生于台湾新竹）	1963	美国

参考文献

一 著作

袁敦礼、吴蕴瑞：《体育原理》，勤奋书局 1933 年版。

〔日〕高桥君平：《留日学生名簿》，日华学会 1933 年版。

舒夫：《我国第一个世界纪录创造者：陈镜开》，人民体育出版社 1958 年版。

中国青年杂志社：《应该怎样对待困难》，中国青年出版社 1959 年版。

马克思、恩格斯：《德意志意识形态》，《马克思恩格斯全集》（第三卷），人民出版社 1960 年版。

〔日〕实藤惠秀著，谭汝谦、林启彦译：《中国人留学日本史》，三联书店 1960 年版。

中国史学会：《洋务运动（八）》，上海人民出版社 1961 年版。

〔美〕费正清著，孙瑞芹、孙泽宪译：《美国与中国》，商务印书馆 1971 年版。

马克思、恩格斯：《社会主义从空想到科学的发展》，《马克思恩格斯选集》（第三卷），人民出版社 1972 年版。

保尔·拉发格：《忆马克思》，《回忆马克思恩格斯》，人民出版社 1973 年版。

〔美〕汪一驹著，梅寅生译：《中国知识分子与西方：留学生与近代中国》，枫城出版社 1978 年版。

四川政协文史资料研究委员会等：《四川文史资料选辑（第十三辑）》，四川人民出版社 1979 年版。

王焕琛：《留学教育·中国留学教育史料》，台湾编译馆 1980 年版。

容闳：《西学东渐记》，湖南人民出版社 1981 年版。

薛福成:《出使四国日记》,湖南人民出版社 1981 年版。

吴文忠:《中国体育发展史》,三民书局 1981 年版。

湖南省社会科学院:《黄兴集》,中华书局 1981 年版。

[美] 拉法格著,高宗鲁译:《中国幼童留美史:现代化的初探》,华欣文
    化事业中心出版社 1982 年版。

中国大百科全书总编辑委员会《体育》编辑委员会:《中国大百科全书·
    体育》,中国大百科全书出版社 1982 年版。

商务印书馆编辑部:《辞源》(修订本第三册),商务印书馆 1982 年版。

陈象恭:《秋瑾年谱及传记资料》,中华书局 1983 年版。

张健:《中国教育年鉴 (1949—1981)》,中国大百科全书出版社 1984
    年版。

曾业英:《蔡松坡集》,上海人民出版社 1984 年版。

《蔡元培全集·第一卷》,中华书局 1984 年版。

《蔡元培全集·第二卷》,中华书局 1984 年版。

《蔡元培全集·第三卷》,中华书局 1984 年版。

《蔡元培全集·第七卷》,中华书局 1984 年版。

三民书局大辞典编纂委员会:《大辞典》,三民书局股份有限公司 1985
    年版。

成都体育学院体育史研究所:《体育史》,人民体育出版社 1985 年版。

沈福伟:《中西文化交流史》,上海人民出版社 1985 年版。

中国人民政治协商会议岳阳市委员会文史资料研究委员会:《岳阳文史·
    第 3 辑》,中国人民政治协商会议岳阳市委员会文史资料研究委员会编
    印,1985 年。

温秉忠:《一个留美幼童的回忆》,《中国近代教育史教育参考资料》,人
    民教育出版社 1986 年版。

高宗鲁:《中国留美幼童书信集》,传记文学出版社 1986 年版。

李喜所:《近代中国的留学生》,人民出版社 1987 年版。

[比] 乔治·萨顿著,刘君君译:《科学的生命》,商务印书馆 1987 年版。

成都体育学院体育史研究:《中国近代体育史资料》,四川教育出版社
    1988 年版。

[英] 伯特兰·罗素著,胡品清译:《一个自由人的崇拜》,时代文艺出版
    社 1988 年版。

舒新城：《近代中国留学史》，上海文化出版社 1989 年版。

萧杨、胡志明：《文化学导论》，河北教育出版社 1989 年版。

何启君、胡晓风：《中国近代体育史》，北京体育学院出版社 1989 年版。

西安市政协文史资料委员会：《祖国在我身边：老留学生忆留学专辑》，
　西安市政协文史资料委员会，1990 年。

张振美、吴振芳、韩宏珠等：《中国垒球运动史》，武汉出版社 1990
　年版。

谢朝权、魏协生等：《中国羽毛球运动史》，武汉出版社 1990 年版。

陈镇华、陆恩淳、李世铭：《中国体操运动史》，武汉出版社 1990 年版。

张素央、洪源长：《中国技巧运动史》，武汉出版社 1990 年版。

涪陵地区体育志编纂委员会：《涪陵地区体育志》，涪陵地区体育运动委
　员会编印，1990 年。

中国百科大辞典编委会：《中国百科大辞典》，华夏出版社 1990 年版。

黄新宪：《中国留学教育的历史反思》，四川教育出版社 1990 年版。

湖北省地方志编纂委员会：《湖北省志·体育》，湖北人民出版社 1990
　年版。

杜魏华：《先驱者的后代：苏联国际儿童院中国学生纪实》，中国民主法
　制出版社 1990 年版。

冯天瑜：《中华文化史》，上海人民出版社 1990 年版。

庄福龄：《毛泽东哲学思想史》（第 3 卷），江西人民出版社 1991 年版。

胡世庆、张品兴：《中国文化史》，中国广播电视出版社 1991 年版。

陈学恂、田正平：《中国近代教育史资料汇编：留学教育》，上海教育出
　版社 1991 年版。

毛泽东：《毛泽东选集》（第二卷），人民出版社 1991 年版。

毛泽东：《毛泽东选集》（第四卷），人民出版社 1991 年版。

樊渝杰：《体育人名辞典》，海天出版社 1991 年版。

李辅材、文福祥等：《中国篮球运动史》，武汉出版社 1991 年版。

［美］D. B. 范达冷、B. L. 本夸特著，张诹译：《美国的体育》，人民体育
　出版社 1991 年版。

王奇生：《中国留学生的历史轨迹（1872—1949）》，湖北教育出版社 1992
　年版。

李喜所：《近代留学生与中外文化》，天津人民出版社 1992 年版。

国家体委体育文史工作委员会等：《中国近代体育文选》，人民体育出版社 1992 年版。

自贡市体育运动委员会：《自贡市体育志》，四川辞书出版社 1992 年版。

蒲远祥、陈伟、陈宁：《名人论体育道德》，电子科技大学出版社 1993年版。

朱永和：《世界体育大事典》，中国致公出版社 1993 年版。

国家体委体育文史工作委员会，中国足球协会：《中国足球运动史》，武汉出版社 1993 年版。

国家体委体育文史工作委员会，中国登山协会：《中国登山运动史》，武汉出版社 1993 年版。

许义雄：《我国近代体育报刊目录索引》，师大书苑公司 1994 年版。

苏竞存：《中国近代学校体育史》，人民体育出版社 1994 年版。

郭凤岐：《天津通志·体育志》，天津社会科学院出版社 1994 年版。

麦著善、金晓华、杨喜乐：《永攀高峰的百名中外体育健将》，中国国际广播出版社 1994 年版。

山西省地方志编纂委员会：《山西通志·第四十二卷·体育志》，中华书局出版社 1995 年版。

陕西省地方志编纂委员会：《陕西省志·体育志》，陕西人民出版社 1995年版。

曾传辉等：《圣经故事》，中国社会科学出版社 1995 年版。

谷丙夫、于学岭：《一百位世界体育冠军》，中国青年出版社 1995 年版。

林大津：《跨文化交际研究：与英美人交往指南》，福建人民出版社 1996年版。

孙汉超、秦椿林：《体育管理学教程》，人民体育出版社 1996 年版。

许义雄：《中国近代体育思想》，启英文化事业公司 1996 年版。

长沙市志编纂委员会：《长沙市志·第二十卷·教育科技卫生体育》，湖南出版社 1996 年版。

史全生：《中国近代军事教育史》，东南大学出版社 1996 年版。

徐立亭：《晚清巨人传·严复》，哈尔滨出版社 1996 年版。

陈昌贵：《人才外流与回归》，湖北教育出版社 1996 年版。

国家体委文史工作委员会，中国游泳协会：《中国游泳运动史》，武汉出版社 1996 年版。

国家体委文史工作委员会，中国举重协会：《中国举重运动史》，武汉出版社 1996 年版。

陈书良：《梁启超文集》，燕京出版社 1997 年版。

广州市地方志编纂委员会：《广州市志·卷十五·体育卫生志》，广州出版社 1997 年版。

国家体委体育文史工作委员会，中国田径协会：《中国田径运动史》，武汉出版社 1997 年版。

张焕宗：《唐绍仪与清末民国政府》，河北人民出版社 1998 年版。

傅浩坚：《中国近代体育史的传奇人物——马约翰》，北京体育大学出版社 1998 年版。

黄健：《挑战高度——一个教练的回忆》，同心出版社 1999 年版。

徐元民：《中国近代知识分子对体育思想之传播》，师大书苑公司 1999 年版。

夏征农：《辞海》，上海辞书出版社 1999 年版。

周棉：《中国留学生大辞典》，南京大学出版社 1999 年版。

梁德润、郑建德：《21 世纪汉英词典》，外文出版社 1999 年版。

教育部国际合作与交流司：《出国留学工作 20 年》，高等教育出版社 1999 年版。

重庆市地方志编撰委员会：《重庆市志·第十一卷·体育志》，重庆出版社 1999 年版。

彭玉康：《军队体育史话》，解放军出版社 2000 年版。

胡豫生：《世界著名体育明星传》，河南人民出版社 2000 年版。

刘清黎、科文、裴海泓：《体育五千年》（下册），吉林人民出版社 2000 年版。

成都地方志编纂委员会：《成都市志·体育志》，四川辞书出版社 2000 年版。

李喜所、刘集林等：《近代中国的留美教育》，天津古籍出版社 2000 年版。

刘志强、张学继：《留学史话》，社会科学文献出版社 2000 年版。

周晓明：《多源与多元：从中国留学族到新月派》，华中师范大学出版社 2001 年版。

郝世昌、李亚晨：《留苏教育史稿》，黑龙江教育出版社 2001 年版。

经盛鸿:《詹天佑评传》,南京大学出版社2001年版。

黄利群:《中国人留学苏(俄)百年史》,中国文史出版社2002年版。

黄汉升:《中华人民共和国体育科技发展史》,科学出版社2002年版。

南京市地方志编撰委员会:《南京体育志》,方志出版社2002年版。

昆明体育志编纂委员会:《昆明体育志》,云南民族出版社2002年版。

李喜所:《中国近代社会与文化研究》,人民出版社2003年版。

陈学飞:《留学教育的成本与收益:我国改革开放以来公派留学效益研
　　究》,教育科学出版社2003年版。

中国当代留学归国学人大典编委会:《中国当代留学归国学人大典》,香
　　港教科文出版有限公司,2003年版。

浙江省体育志编撰委员会:《浙江省体育志》,方志出版社2003年版。

江西省体育志编纂委员会:《江西省体育志》,方志出版社2003年版。

周西宽:《体育基本理论教程》,人民体育出版社2004年版。

孙晶:《文化霸权理论研究》,社会科学文献出版社2004年版。

钱钢、胡劲草:《留美幼童:中国最早的官派留学生》,上海文汇出版社
　　2004年版。

吴霓:《留学与中国社会的发展:中国留学教育的历史与发展研究》,广
　　西人民出版社2004年版。

王华卓:《中国近现代体育课程史论》,高等教育出版社2004年版。

贵州省遵义市地方志编撰委员会:《遵义地区志·体育志档案志》,贵州
　　人民出版社2004年版。

岳阳市地方志办公室:《岳阳市志·12·人物卷》,中央文献出版社2004
　　年版。

胡惠林:《中国国家文化安全论》,上海人民出版社2005年版。

张柠、张闳:《2004文化中国(序言)》,花城出版社2005年版。

张连红:《金陵女子大学校史》,江苏人民出版社2005年版。

范铁权:《体制与观念的现代转型:中国科学社与中国的科学文化》,人
　　民出版社2005年版。

陈新:《思想史研究》(第一卷),《思想史的元问题》,广西师范大学出
　　版社2005年版。

焦恒生:《西部文化的当下传播与发展论评》,中国社会科学出版社2006
　　年版。

程新国：《庚款留学百年》，东方出版中心 2006 年版。

陈荫生、陈安槐：《体育大辞典》，上海辞书出版社 2006 年版。

郝勤：《体育史》，人民体育出版社 2006 年版。

李文华：《现代社会心理学》，华中科技大学出版社 2007 年版。

徐友春：《民国人物大辞典（增订本）》，河北人民出版社 2007 年版。

陈秋玲：《奥运风云人物 100》，中国石油大学出版社 2008 年版。

赵晓阳：《基督教青年会在中国——本土和现代的探索》，社会科学文献
　　出版社 2008 年版。

罗时铭：《中国体育通史》（第三卷），人民体育出版社 2008 年版。

罗时铭：《中国体育通史》（第四卷），人民体育出版社 2008 年版。

马宣建：《中国体育通史》（第八卷），人民体育出版社 2008 年版。

罗时铭、崔乐泉：《中国体育思想史·近代卷》，首都师范大学出版社
　　2008 年版。

钱钢、胡劲草：《大清留美幼童记》，当代中国出版社 2009 年版。

李传松：《新中国外语教育史》，旅游教育出版社 2009 年版。

张培富：《海归学子演绎化学之路：中国近代化学体制化史考》，科学出
　　版社 2009 年版。

熊晓正、钟秉枢：《新中国体育 60 年》，北京体育大学出版社 2010 年版。

刘亚杰：《文化强国视域下太极拳国际化传播的思考》，人民体育出版社
　　2010 年版。

赵启正、吴建民：《交流使人生更美好》，世界知识出版社 2010 年版。

东莞市石龙镇博物馆：《石龙历史人物录》，东莞市石龙镇博物馆编印，
　　2012 年。

二　报纸文章、期刊论文

徐一冰：《二十年来体操谈》，《长沙体育周报特刊》1920 年 1 月 5 日。

大公报社论：《今后之国民问题》，《大公报》（天津）1932 年 8 月 7 日。

张之江：《致天津大公报社函》，《大公报》（天津）1932 年 8 月 7。

全国体育会议：《全国体育会议大会宣言》，《申报》1932 年 8 月 22 日。

李政：《中华民族传统体育文化面临的挑战与机遇》，《中国民族报》2009
　　年 8 月 15 日。

徐一冰：《体育与武力辩》，《体育杂志》1914 年第 1 期。

徐一冰：《整顿全国学校体育上教育部文》，《体育杂志》1914 年第 2 期。

董守义：《我底第八届远东运动会观》，《体育》（北平杂志社）1927 年第 1 卷第 3 期。

董守义：《运动员应守约三个信条》，《体育周报》（天津）1932 年第 1 卷第 1 期。

董守义：《竞赛与友谊》，《体育周报》（天津）1932 年第 1 卷第 10 期。

董守义：《提倡体育的原动力》，《勤奋体育月报》1934 年第 2 卷第 1 期。

董守义：《裁判员应具备的条件》，《体育通讯》（重庆）1945 年第 1 期。

董守义：《我国体育的初步改进——为胜利年"体育节"而作》，《体育通讯》1945 年第 26 期。

袁敦礼：《世界奥林匹克运动会的价值及对于我国体育的影响》，《体育周报》（天津）1932 年第 1 卷第 15 期。

谢似颜：《评大公报七日社评》，《体育周报》（天津）1932 年第 1 卷第 30 期。

社评：《南开应否恢复选手制?》，《天津体育周报》1932 年第 1 卷第 45 期。

吴蕴瑞：《今后国民体育之我见》，《体育周报》（天津）1932 年第 1 卷第 33 期。

吴蕴瑞：《运动选手制与运动总锦标》，《勤奋体育月报》1935 年第 3 卷第 1 期。

吴蕴瑞：《体育与军事训练之关系》，《体育季刊》1936 年第 2 卷第 2 期。

程登科：《今后中学体育应有之动向》，《体育研究通讯》（镇江省立体育场）1934 年第 1 卷第 5 期。

程登科：《怎样利用军警权力辅助民众体育使全民体育化》，《体育季刊》1935 年第 1 卷第 2 期

程登科：《读方万邦先生〈我国现行体育之十大问题及其解决途径〉中所持对体育军事化不切实用的检讨》，《体育季刊》1935 年第 1 卷第 3 期。

程登科：《体育军事化的教学刍议》，《教与学》1936 年第 1 卷第 7 期。

程登科：《体育、军训、童子军三者在中学课程中之相互关系》，《体育季刊》1936 年第 2 卷第 1 期。

程登科：《我们能否提倡中国的民族体育》，《勤奋体育月报》1936 年第 4 卷第 1 期。

程登科、袁浚：《中国现在及将来所需要的体育人才》，《勤奋体育月报》
　　1936 年第 4 卷第 2 期。

程登科：《推进国民体育的实际问题》，《教与学月刊》1937 年第 2 卷第
　　7 期。

程登科：《世界各国体育军事化的例证》，《教与学月刊》（重庆中正书
　　局）1940 年第 5 卷第 3 期

章辑五：《南开学校半年来取消选手制后的新实验》，《天津体育周报周年
　　纪念特刊》1933 年第 1 卷第 21 期。

章辑五：《读了方万邦程登科两先生的大著之后》，《体育季刊》1936 年
　　第 2 卷第 3 期。

方万邦：《我国现行体育之十大问题及其解决途径》，《教育杂志》1935
　　年第 25 卷第 3 期。

袁浚：《中国现在及将来所需要的体育人才》，《勤奋体育月报》1936 年
　　第 4 卷第 2 期。

王复旦：《体育上几个纷争问题的讨论》，《上海体育》1937 年第 1 卷第
　　2 期。

马启伟：《我对美国体育的认识》，《新体育》1950 年第 6 期。

徐英超：《论改造体育的两个问题》，《新体育》1950 年第 7 期。

马约翰：《我们对体育应有的认识》，《新体育》1950 年第 7 期。

郑志林、赵善性：《我国近代体育教育家—徐一冰》，《杭州大学学报》
　　1981 年第 11 卷第 4 期。

江小蕙：《鲁迅学习柔道及其他》，《鲁迅研究月刊》1982 年第 2 期。

李喜所：《清末留日学生人数小考》，《文史哲》1982 年第 3 期。

林振新：《忆吴德懋先生》，《福建体育科技》1982 年第 4 期。

储剑虹、钟瑞秋：《徐一冰先生的诗》，《体育文史》1983 年第 1 期。

梁光桂：《秋瑾与体育》，《成都体育学院学报》1983 年第 2 期。

肖景龄：《怀念老师董守义》，《西安体育学院学报》1984 年第 1 期。

郝克强：《〈新体育〉创办前后》，《体育文史》1984 年增刊第 1 期

万天石：《拳王王润生》，《体育文史》1984 年第 6 期。

董尔智：《董守义》，《民国档案》1985 年第 2 期。

黄萃炎：《体坛耆宿袁浚教授二三事》，《体育文史》1986 年第 3 期。

许青：《继承父业的体育教育家—访北京体院院长马启伟》，《体育博览》

1986 年第 6 期。

肖冲：《清末留日学生对"欧化"的日本体育传入中国所起的作用》，《体育文史》1987 年第 3 期。

丁果：《关于振武学校的珍贵资料》，《上海师范大学学报》1987 年第 4 期。

徐隆瑞：《方万邦》，《学校体育》1988 年第 1 期。

芒地：《徐英超》，《中国学校体育》1988 年第 3 期。

冷雨：《林启武》，《中国学校体育》1988 年第 4 期。

阎乃华：《穆祥雄三破蛙泳百米世界纪录》，《体育文史》1988 年第 5 期。

徐隆瑞：《方万邦体育思想初论》，《体育文史》1989 年第 1 期。

韩君生：《她同体育结伴一生——记中国女子体育的创始人张汇兰》，《辽宁体育》1989 年第 7 期。

于建勇：《中国首批留学生与他们的体育活动》，《体育文史》1990 年第 1 期。

孙德旺：《无私的奉献—访北京大学著名体育教授林启武》，《辽宁体育》1990 年第 3 期。

黄月婵：《五四运动前后自然学派的体育思想》，《国民体育季刊》1991 年第 20 卷第 3 期。

谷世权：《深切怀念李鹤鼎教授》，《体育文史》1992 年第 1 期。

毕世明：《论 50 年代学习苏联体育经验》，《体育科学》1992 年第 12 卷第 3 期。

郑志林、赵善性：《中华体育考察团赴欧考察评述》，《体育文史》1992 年第 4 期。

戴学稷：《中法马江之战和甲午中日海战中的留学生》，《福建论坛》1994 年第 4 期。

郑志林：《舒鸿》，《体育文史》1995 年第 4 期。

卢元镇：《论中国体育社团》，《北京体育大学学报》1996 年第 19 卷第 1 期。

陈青：《董守义先生的敬业精神》，《体育文史》1996 年第 2 期。

高兆明：《器物、制度、观念新论纲》，《青海社会科学》1996 年第 2 期。

唐润明：《中国第一座跳伞塔的建成》，《民国春秋》1996 年第 5 期。

王秉彝、罗曼菲：《论我国体育学科发展缓慢的原因与对策》，体育科学

1996 年第 16 卷第 6 期。

田野：《运动生理学》，《体育文史》1997 年第 2 期。

谢作栩：《留学教育与中西文化交流》，《有色金属高教研究》1997 年第 4 期。

戴学稷、徐如：《略论近现代中国留学史的分期和中国留学生的时代使命》，《内蒙古大学学报》（人文社会科学版）1997 年第 4 期。

白肇杰：《体坛教育家谢似颜传略》，《体育文史》1998 年第 3 期。

葛嬷月：《中国妇女体育运动的先驱——陈咏声》，《体育文史》1998 年第 5 期。

朱萍华：《中国近代体育报刊考》，《中国体育科技》1998 年第 34 卷第 10 期。

汤铭新：《简论宋如海〈我能比呀·世界运动会丛录〉在中国奥林匹克史中的地位与影响》，《浙江体育科学》1999 年第 1 期。

崔石岗、李卫平、高发民：《鲁迅的体育活动和爱好》，《体育文史》1999 年第 1 期。

林淑英、杜利军、胥德顺：《中国与前苏联东欧体育交往及其影响的研究》，《体育科学》2000 年第 20 卷第 6 期。

臧权、刘明哲、王瑞瑄：《记一生献给体育教育事业的徐英超》，《体育文史》2001 年第 2 期。

刘烜：《评季羡林先生的重要文化思想——从"拿来主义"到"送去主义"》，《中国文化研究》2001 年第 20 卷第 3 期。

吕玉军，伯亮：《民国时期的中华全国体育协进会》，《历史档案》2001 年第 4 期。

牟翔：《清华大学第一任校长唐国安》，《广东史志》2002 年第 2 期。

叶隽：《中国人留学德国史研究情况之进展》，《德国研究》2002 年第 17 卷第 4 期。

金海：《体坛名宿张汇兰的人生追求》，《纵横》2002 年第 5 期。

尹大川：《体坛宗师马约翰》，《炎黄春秋》2002 年第 5 期。

赵蕴、黄玉舫：《中国早期体育报刊》，《体育文化导刊》2002 年第 5 期。

于永年：《外语在当代的价值、外语教学目标和教学途径》，《基础教育外语教学研究》2003 年第 1 期。

张苏萌、张丹红：《近代以健康教育为书名的著作评述》，《中华医史杂志》2003 年第 33 卷第 1 期。

萧萧：《马启伟——中国体育界的骄傲》，《中国排球》2003 年第 3 期。

刘涛、王玉海：《日本实践女学校对近代中国女子教育的影响》，内蒙古
社会科学（汉文版）2003 年第 24 卷第 3 期。

魏彪、赵岷、李翠霞：《关于中西方体育文化融合的几点思考》，《雁北师
范学院学报》2003 年第 19 卷第 3 期。

葛春林：《永远怀念我们的恩师—马启伟教授》，《中国排球》2003 年第
4 期。

陈建华：《平凡的伟大—怀念马启伟先生》，《中国排球》2003 年第 4 期。

中国心理学会体育运动心理学专业委员会，《心理学报》编辑部：《沉痛
悼念马启伟教授》，《心理学报》2003 年第 4 期。

张兰：《跨文化交际中中国文化失语现象分析》，《西南民族大学学报》
（人文社科版）2003 年第 24 卷第 8 期。

郭怡：《早期留美幼童之体育活动考》，《体育文化导刊》2003 年第 9 期。

谷世权：《我国体育史研究工作的历程、现状与前瞻》，《体育文化导刊》
2003 年第 11 期。

赵晓阳：《美国春田学院与近代中国体育人物》，《南京体育学院学报》
2004 年第 18 卷第 1 期。

邵伟德、马楚红：《体育学科分类体系的科学性探讨》，《中国体育科技》
2004 年第 40 卷第 1 期。

蓝勇、阚军：《近代日本对于四川文化教育的影响初探》，《中华文化论
坛》2004 年第 3 期。

钱钢、胡劲草：《清末留美幼童的故事》，《乡音》2004 年第 6 期。

王惠姬：《廿世纪上半叶留美女生与中国体育的发展》，《中正历史学刊》
2004 年第 7 期。

徐圻：《走出文化的自大与自卑—关于中西文化交流的反思》，《贵州大学
学报》（社会科学版）2005 年第 23 卷第 1 期。

李喜所：《学术文化事业下的中国留学生研究》，《史学月刊》2005 年第
8 期。

洪世梅、方星：《关于学科专业建设中几个相关概念的理论澄清》，《高教
发展与评估》2006 年第 22 卷第 2 期。

孔繁岭：《南京政府时期的留德教育》，《历史档案》2006 年第 2 期。

罗时铭：《近代中国留学生与近代中国体育》，《体育科学》2006 年第 26 卷第 10 期。

周伟良：《论当代中华武术的文化迷失与重构——以全球化趋势下的国家文化安全为视角》，《首都体育学院学报》2007 年第 19 卷第 1 期。

徐放鸣：《论人类历史上的留学运动》，《江海学刊》2007 年第 1 期。

吕科成、刘媛：《近代体育思想对留美幼童人格影响》，《体育文化导刊》2007 年第 2 期。

张亚群、肖娟群：《20 世纪 20—30 年代中国留德教育述论》，《徐州师范大学学报》（哲学社会科学版）2007 年第 33 卷第 5 期。

蒋凯、徐铁英：《近代以来中国留学教育的历史变迁》，《大学教育科学》2007 年第 6 期。

夏红卫：《跨文化传播视野下的晚清同文馆》，《北京大学学报》（哲学社会科学版）2007 年第 44 卷第 6 期。

王湧涛：《中国武术文化的"失语"与"话语"平台构筑的思考》，《体育学刊》2007 年第 14 卷第 7 期。

刊讯：《华南师范大学体育人文社会学学科被确定为国家重点（培育）学科》，《体育学刊》2007 年第 14 卷第 9 期。

张绍祖、张建虹：《交通总长梁敦彦的传奇生涯》，《天津政协》2007 年第 11 期。

肖焕禹、方立：《奥林匹克运动跨文化传播价值及其发展策略》，《上海体育学院学报》2008 年第 3 卷第 2 期。

杨爽：《中国篮球之父董守义》，《体育博览》2008 年第 2 期。

吴雁飞：《唐国安：情系清华、爱校如家的"守业"校长》，《教育与职业》2008 年第 5 期。

梁向武：《清末民初我国体育留学生的历史考察》，《广州体育学院学报》2008 年第 28 期第 6 卷。

林天宏：《杨秀琼：泳池内外的沉浮》，《视野》2008 年第 18 期。

韩永：《竞技体育下的第一位"民族英雄"陈镜开》，《中国新闻周刊》2008 年第 6 期。

罗时铭、苏肖晴：《蔡元培体育思想研究》，《体育学刊》2008 年第 15 卷第 7 期。

张天洁、李泽：《20 世纪上半期全国运动会场馆述略》，《建筑学报》

2008 年第 7 期。

徐梅：《1960 年"亚洲铁人"杨传广》，《南方人物周刊》2008 年第
　10 期。

江鸟：《中国篮球运动之父董守义》，《天风》2008 年第 15 期。

张庆新，毛振明：《中国近现代体育教材发展的回顾与展望》，《体育学
　刊》2009 年第 16 卷第 6 期。

季羡林：《21 世纪：东方文化的时代》，《文明》2009 年第 8 期。

姜文、崔庆玲：《国际留学教育与人才论》，《黑龙江高教研究》2009 年
　第 9 期。

钟芳芳：《中国近代留美幼童双重人格探析》，《黑龙江史志》2009 年第
　12 期。

郭力、郭琳：《近代体育思想对留美幼童人格影响》，《军事体育进修学院
　学报》2010 年第 29 卷第 1 期。

姬瑞敏、张建新：《从文化视角看中国传统武术在跨文化传播中面临的机
　遇与挑战》，《搏击》（武术科学）2010 年第 2 期。

王平：《对中国体育体制改革发展的思考》，《吉林体育学院学报》2010
　年第 26 卷第 2 期。

刘作忠：《首次由中国人主持的全运会》，《寻根》2010 年第 2 期。

常毅臣：《董守义体育思想与实践研究》，《体育文化导刊》2010 年第
　4 期。

张子沙、李远乐、马纯英：《黄兴体育思想研究》，《北京体育大学学报》
　2010 年第 33 卷第 8 期。

王晓梅：《下田歌子的实践女学校与中国早期的留日女生》，《大家》2010
　年第 14 期。

夏莉娜：《陈镜开：新中国第一个打破世界纪录的运动员》，《中国人大》
　2010 年第 22 期。

吴策力：《陈镜开：一口饱饭和十次纪录》，《看历史》2011 年第 1 期。

罗新星：《跨文化传播视野下的文化软实力》，《湖南社会科学》2011 年
　第 2 期。

郭鑫、和欣、彭富强：《中国学生留学低龄化问题的教育反思》，《四川文
　理学院学报》2011 年第 21 卷第 4 期。

孙伟平：《论文化多样性与跨文化交流》，《山东社会科学》2011 年第

11 期。

丁国旗：《我们的文化自信从何而来》，《湖南社会科学》2012 年第 1 期。

赵进：《武术文化传承与发展式微的社会学分析：基于中、日、韩的跨文
　　化比较》，《首都体育学院学报》2012 年第 24 卷第 1 期。

丁国旗、王岗、刘帅兵：《中国武术跨文化传播的研究》，《南京体育学院
　　学报》2012 年第 26 卷第 3 期。

郭玉成、刘韬光：《武术构建中国国家形象的作用研究》，《广州体育学院
　　学报》2012 年第 32 卷第 4 期。

洪叶，王秀丽：《李恩富自传中的华人形象分析》，《赤峰学院学报》2012
　　年第 33 卷第 11 期。

张喜华：《中西跨文化交流理想之境》，《中国文化研究》2013 春之卷。

梁碧莹：《梁诚：一位让弱国外交闪光的外交家》，《学术研究》2013 年
　　第 6 期。

中国青少年研究中心课题组：《我国低龄留学生发展状况研究报告》，《中
　　国青年研究》2013 年第 11 期。

任晓峰：《铁臂英雄陈镜开与新中国"开国第一举"》，《兰台世界》2014
　　年第 4 期。

三　网络文献

木力：《新中国击剑运动开拓者沈守和》，http：//sports. sina. com. cn/oth-
　　ers/9910/259496. shtml. 1999 - 10 - 25.

罗京生：《陈运鹏：绿水风流，中国游泳协会官方网站》，http：//swim-
　　ming. sport. org. cn/about＿ us/memorabilia/2004 - 04 - 28/31431. html.
　　2004 - 04 - 28.

南开大学招生办公室：《南开名人堂——董守义》，http：//zsb. nankai.
　　edu. cn/shownews. asp? newsid ＝ 612. 2004 - 10 - 21.

查九星：《黄仲良：拒绝袁世凯封官许》，http：//www. chisa. edu. cn/chi-
　　sa/article/20050824/20050824008430＿ 1. xml，2005 - 08 - 24.

于红立：《黄帼会抚今追昔畅谈门球人生》，http：//news. sports. cn/oth-
　　ers/others/2005 - 11 - 22/732283. html. 2005 - 11 - 22.

余运西：《杨天乐冷言挞伐体育"顽症"》，http：//www. zgygw. com/Medi-
　　cineEnterprise/353/2006 - 04/116680. shtml. 2006 - 04 - 12.

羊定国、周楚毓、刘建勇：《王润生：湖南拳王威震东瀛》，http：//
　　bbs. rednet. cn/thread－18492803－1－1. html. 2006－11－27.

国家体育总局：《关于重新公布我国正式开展的体育运动项目的通知》，
　　http：//www. sport. gov. cn/n16/n1167/n2718/165962. html. 2006－12
　　－26.

新华网：《陈映真、侯孝贤等获香港浸会大学荣誉博士学位》，http：//
　　news. xhby. net/system/2007/10/12/010134635. shtml. 2007－10－12.

胡群芳：《他的哨，吹出奥运男篮首冠》，http：//nd. oeeee. com/F/html/
　　2007－11/24/content_ 318287. htm. 2007－11－24.

任大猛：《体育教师多半喝过洋墨水》，http：//cswb. changsha. cn/CSWB/
　　20080704/Cont_ 1_ 72_ 70476. HTM. 2008－07－04.

韩锡曾：《徐一冰毁家兴学》，http：//www. lybs. com. cn/gb/node2/node802/
　　node327871/node393962/userobject15ai5424302. html. 2008－07－05.

孙健：《传奇裁判“黑衣法官”徐绍武》，http：//njgs. jllib. cn/doc/view/
　　2155. 2008－07－10.

张绍祖：《天津走出的两位国际奥委会委员》，http：//epaper. tianjinwe.
　　com/tjrb/tjrb/2008－07/12/content_ 5762920. htm. 2008－07－12.

谢振声：《宁波人与奥运会（上）》，http：//daily. cnnb. com. cn/nbwb/ht-
　　ml/2008－07/27/content_ 8691. htm. 2008－07－27.

郑有为：《为使中华女性更健美——访民革中央妇委委员、健美大师戚玉
　　芳》，http：//www. minge. gov. cn/txt/2008－10/30/content_ 2548431.
　　htm. 2008－10－30.

张培基：《我国近代体育事业的奠基者——张咏博士》，http：//www.
　　fzxq. org/html/200811/27/20081127111437. htm. 2008－11－27.

珠海新闻网：《鲍乃健》，http：//news. dayoo. com/zhuhai/200907/30/73586
　　_ 10164332. htm. 2009－07－30.

天津日报：《世界蛙王穆祥雄》，http：//epaper. tianjinwe. com/tjrb/tjrb/
　　2009－09/24/content_ 6859409. htm. 2009－9－24.

韩幸：《是谁结束了旧中国禁止女大学生参加游泳的历史》，http：//
　　blog. sina. com. cn/s/blog_ 62913cf90100f8zn. html. 2009－10－18.

杭州第二中学校友网：《校友杨天乐介绍》，http：//218. 108. 56. 173：
　　8080/sites/xqw/template/show. aspx？id＝75. 2010－3－12.

云南信息报：《专访中国第一个游泳世界纪录创造者戚烈云》，http：//www. hinews. cn/news/system/2010/10/30/011380598. shtml. 2010　－　10　－30.

《文卫科技界——夏翔》，http：//bbs. 212300. com/thread－291906－1－1. html. 2010－12－12.

北大体育教研部：《北大体育前辈赵占元》，http：//pe. pku. edu. cn/pk-uped/tysh/pkuman_ main. html. 2010－12－18.

肖杰：《百岁羽球老人林启武：迈出第一步的人》，http：//sports. qq. com/a/20090224/000081. htm. 2010－12－12.

潘家晋：《最早赴欧学习现代工业技术的苏州人——薛序镛及其一家》，http：//www. dfzb. suzhou. gov. cn/zsbl/332827. htm. 2010－12－22.

天津图书馆：《津门群星：董守义》，http：//dlibrary. tjl. tj. cn/jmqx/ren-wu/dsy. htm. 2010－12－20.

王庆环：《林启武教授喜迎百岁寿辰》，http：//www. gmw. cn/content/2006－09/13/content_ 479288. htm. 2010－12－20.

郝勤：《体育史课程介绍》，http：//www. jingpinke. com/course/details? uuid ＝ d1b71d4e－1274－1000－a323－b7b5f3b2d8d7&courseID ＝ S0800188. 2010－12－26.

黄卫、王志辉：《百年中国看天津奥运情缘第一城》，http：//past. tianjin-daily. com. cn/docroot/200507/19/kb01/19093601. htm. 2010－12－26.

华南师范大学：《域外体育·美国春田学院》，http：//www. mlty. net/yw-ty/gjxxtydt/200608/ywty_ 61. html. 2011－01－13.

广东省地方史志编纂委员会：《广东省志·体育志·华南师范大学体育系 》， http：//www. gdsports. net/shengzhi/docc/tiyurencai/diyijie2. htm，2014－10－10.

后　记

　　本书是在我的博士学位论文基础上经过较长时间的思考、修改后完成的。在书稿即将付梓之际，不由想起恩师周登嵩先生的谆谆教诲。2008年，先生不弃我之愚钝，招至门下，使我有机会得到学术的点化和人生的升华。先生是大师级的人物，博学多才而温文尔雅，慈祥和蔼而风度翩翩。在远离先生求学时，每遇学业与人生抑扬顿挫之时，由于生性木讷，不善言表，常以短信相扰，先生每信必回，充溢激励、善诱之词，累积起来，已逾百字："选准题目加勤奋，众人评说有良言""道德文章道为先，回望历史有宏观""作文如修行，修中练身心"……在论文的选题、开题、撰写、答辩等环节中，不断得到先生的指引和启迪。最难忘的是在先生身边的日子，我们不仅经常得到先生美味佳肴的款待，而且得到更多的、享用终生的精神食粮：从方法论到价值观，从生活细节到天下大事，从商场政界到人生追求，使弟子们得到全方位的感悟和提升。先生对我的指导远远超越了器物、技术层面，而是影响终生的道德熏陶和思想潜化。该书虽然经过反复思索、修改，但还难以达到先生所要求的高度，今后唯有加倍努力，不断进取，才能不负先生恩泽。感谢先生抽出宝贵时间为此书作序，师恩绵延，无以回报，谨祝吾师青春永驻，康乐常伴！

　　福建师范大学体育科学学院陈俊钦教授、黄汉升教授、梅雪雄教授、洪泰田教授、陈作松教授、刘一平教授、廖彩胜教授、郑又贤教授的热情指导与悉心授课，使我在专业知识与学术素养方面获益匪浅。首都体育学院李鸿江教授常在百忙之中与我们聚会、交流，热心指导我们的学业，首都体育学院研究生部提供了良好的治学环境与条件，使我能够徜徉书海，在首都度过了紧张而充实的日子。北京体育大学迟健教授、上海体育学院章建成教授、华南师范大学周爱光教授、华东师范大学季浏教授、苏州大学王家宏教授在以及福建师范大学黄汉升教授、梅雪雄教授、陈俊钦教授、陈作松教授、方千华教授在论文预答辩及答辩中提出了中肯的意见与建议。对以上老师的教学、指导和帮助表示衷心的感谢！

学长温博、文静，师兄杨少雄、胡永红以及师姐王书彦等在我读博期间给予了热心的帮助与关怀。我的同窗张明军、张长城、邹循豪、汪君民、曾晓进、王琪、袁金宝等博士在专业知识、技能以及生活等方面给予了我热情的照顾。三年来，大家在课堂上相互砥砺、操场上英勇拼搏、生活上同甘共苦、学业上共同进步，这种大家庭氛围成为我终生难忘的美好记忆！李英、屈宏强、宋忠良、王东升、胡文博、王丽、杨晶晶等师弟师妹陪伴我度过艰难、枯燥的求学生涯，给紧张的生活增加了欢乐与色彩。在这里对他们表示感谢！

国家图书馆总馆、古籍馆工作人员在我查阅文献资料时给予了热情的帮助。撰写书稿时我参考了众多相关的文献，并引用了一些学者的资料或观点，在此一并表示感谢！

感谢我的硕士生导师陈彦教授和师母仇爱玲女士！是陈老师把我带进了学术殿堂，并给我最初的教导，让我受益终生；是师母在为人处世方面给了我热情的教诲，使我在做人做事方面有了仿效的楷模。

在读博期间，我的单位——咸阳师范学院体育体育学院的领导和同事给予我极大的支持，凡是单位上与个人相关的事情均由各位领导进行协调，相关课程由同事分担，是他们使我能专心于课程的学习和论文的撰写，在此对他们表示感谢！

感谢爱人马竹英女士始终如一的鼎力支持！从我攻读硕士学位到博士学位，不管日子多么艰难，她一直在默默地承受着工作、生活以及养育子女的压力，为我提供殷实的物质基础和强大的精神支持，使我一直愧疚于怀，不敢有丝毫懈怠。感谢我的女儿张霄，每当我孤单一人、挑灯鏖战时，一看到她那活泼可爱的照片，幸福之感、奋斗之情油然而生！

我的父母，清贫一生，虽然没留下多少物质财富，但给予了我终身享用不尽的精神基因——与人为善、自强自立。在我负笈求学时，他们先后驾鹤西游，离我而去，成为我终身的遗憾。谨以此书献给我敬爱的父母！

此书的出版，得到教育部人文社会科学研究青年基金项目、咸阳师范学院学术著作出版基金的资助。中国社会科学出版社诸位老师付出了辛勤的劳动，特别是张林老师给予了热心的指导和帮助，提出了宝贵的修改意见。在此一并表示衷心的感谢!

每当捧起书稿,就想起读博期间在咸阳、福州、北京等地来回奔波的日子:空旷幽深的汉唐陵阙,青翠如画的长安山麓,人车攒动的蓟门烟树,以及寂静的教室,热烈的球场,挚爱的师友……一幅幅画面如幻灯般不时地在脑海萦绕、闪现……

《孟子·尽心》中说:"君子有三乐……父母俱存,兄弟无故,一乐也。仰不愧于天,俯不怍于人,二乐也。得天下英才而教育之,三乐也。"人生三乐,对于我来说,第一乐已不可得。今后唯有崇尚独立自由之精神,诚实做人,踏实做事,秉承母校之优良传统,牢记师友之谆谆告诫,把受之于母校和众多师友最美好的东西传承给我的学生,此生足矣,此生亦乐矣!

张宝强

2015 年 3 月于古都咸阳